U0918531

上海市普教系统“双名工程”
小学语文名师培养基地

见证穿越

小学语文教学改进实践探索

李永元 谢江峰 主编

目　　录

根植课堂　走向卓越

——上海市“双名工程”小学语文基地一组教师培养纪实

根据市教委对于普教系统名师培养工程提出的“造就一批有良好的师德修养、先进的教育理念、厚实的专业素养、开阔的国际视野、教改研究与教育创新能力和国际交往能力的骨干教师队伍,推动上海基础教育的发展”的要求,本基地在充分征求多方意见和反复讨论的基础上,确立培养理念与目标,制订具体实施方案,认真组织每次活动,取得了预期的培养效果,影响良好。

一、培养思路

(一) 内涵与目标

如何在“应然”取向与实际需求导向的有机结合中,确立高端教师发展的培养思路?经过反复梳理、讨论与征求意见,并依据基地学员的实际情况,确定基本的内涵取向、目标及相关培养要求。

培养目标:培养师德优秀、理念先进、素养良好,有较深刻的学术思想和创新意识,具备较强的教学实际能力和清晰的教学经验,逐步形成个人教学特色和风格,成为具有较大影响力的优秀教师、领军人才。

目标内涵指向:有开阔、高端的眼界;有承担高层次挑战的勇气与能力;有个性化的认知与话语;有热忱快乐的专业情感;有志同道合的专业合作伙伴。

达成目标的原则要求:专宽兼顾,坚实底子;行知协调,求变创新;严于律己,提升境界;励志登攀,追求卓越。

依据目标,进一步细化学科专业学习要求。

学科专业学习与素养提升的具体要求:

1. 深化学科理解。具有必备而坚实的学科课程教学的知识与技能,扎实学科课程论、教学论与教学法基础;对于学生学习、教材使用、引导技能等教学的基本元素有良好的理解，有较充分的个性化的实践经验与清晰的体会。

2. 拓宽专业视野。了解本学科教学改革的历史，了解国外近代母语教学的相关理念与典型经验；对于他人经验能在内涵性质层面具有一定的判断力，有一定的兼收并蓄的意识与能力，对学科教学的发展前景具有前瞻认识。

3. 正确认识自己。学会比较，能不断地在与他人的经验比较中发现本质性的异同，清醒认识自己与榜样的距离；能在比较、鉴别中不断学习吸收，为我所用，努力提升自己的实践、研究能力，锻造自己的思维、专业风格。

4. 提升思想境界。严于律己，能努力要求自己甘于寂寞，淡于名利，沉浸事业；在不断坚实自己的根基中，在高标准的榜样引导中，正确定位自己的人生坐标，勉励自己的教育理想，确立自己的教育思想，提升人格与精神境界。

要素模型：

底　子	——	路　子	——	励　志
眼界　素养		方向　特色		人格　抱负
（开阔　坚实）		（清晰　创意）		（改善心智　提升境界）

（二）课程模块与行动主线

从目标基本内涵要求出发设计培养内容。

课程模块：公共课程、学科理论（经验）、名师课堂、实践示范、专题研究、自主发展。

从主体发展的根本价值追求着眼确定培养纲领。

行动主线：在培养过程中立足课堂，凸显“行为能力、实践品格”，并以此带动课程整体。

二、课程实施

（一）细化课程模块，明确培养任务

“公共课程”一部分为市统一安排的课程，另一部分为在学习过程中机动选择的优质资源，如“课堂诊断与指导”等。

“学科理论”包括教学改革的部分重要经验。学科基础理论与经验，如对当前学科教学改革影响较大的国内外“当代教学理论”，关于学科课程、教材、教学法的基础理论，如学科教学的“史、论、法”等。

“名师课堂”主要选择国内（苏、浙、沪、京、粤、鲁等地及港台）当今活跃在讲台上的名教师代表（以特级教师为主），向其学习与交流的内容一般为两方面，一为“课堂观摩与交流”，二为“经验分析与评价”。

“实践示范”体现三要求，分别为“学科实质”“学生学习”与“教学个性”；落实三种行为，分别为“个体的专题性实践示范”，根据各自选题进行区、市乃至跨省市的公开教学和进行课例解析及经验介绍等。

“专题研究”重点关注读写教学，主要内容为“阅读教学的价值实质、任务与教学行为改进”“新课标与作文教学改进研究”及选择某一方面进行语文课程形态的研究与优秀经验学习等。

“自主发展”内容主要依据各自专攻方向而个性化选择，主要方式是相关书籍的阅读（如“中国语文教改实验”）和个性化实践。

部分课程内容选题举例：

▲ 学科教学经验视野 语文教学改革历史概览 现代教学理论与语文教学 国外语文教学概览 中外母语教材、教学法比较 当代语文教学主要流派及特点比较 名课介绍（观察）…… ▲ 学科教育科研 行动研究：课堂改进实验研究 典型名课解析 课堂教学观察技能……	▲ 学科课程教学法研究 新课程教材特点与语文学科性质、功能、任务再诠释 当前语文课堂教学现状与新时期语文教学问题讨论 阅读、作文教学专题研究 课堂改进专题研讨 相关专题经验报告 ▲ 名课博览 课堂教学观摩 课堂教学评论……

（二）清晰发展路径，引导专业自觉

基地能否有理想的培养成效，很大程度上取决于学员自身的基础条件与主观态度；适切的目标、合理的路径也是其中重要的影响因素。为此，基地通过“实际行为观察”“发放调查问卷”“学员个别访谈”等对学员的基本情况与发展定位作分析判断。每位学员梳理自己的个人经历，分析自己的优势与不足，客观冷静地解读自我，在此基础上各自制定个人五年发展规划。基地组织学员进行发展规划的交流，深入解剖自己，基地主持人对学员的规划进行个案诊断，提出针对性的建议，学员根据自己的实际与发展需求对个人规划进行修改调整。

基地学员要成长、成事，不仅要静下心来做学问，要着力关注师德、师能，要实事求是，做真人，教真语文，做真研究，踏踏实实做学问，专心致志搞研究，让心灵安静，把目光放远，还必须清晰自己的发展路径，并学会理智科学地规划、管理自己的发展定位、路径、成果，重视主体自身专业发展规划的严格管理，能较好地激励培养主体的目标达成意识、内驱力与专业的自律自觉。

以课题研究规划引导问题解决与专业发展的部分内容举例：

姓　名	课　　题	指导专家
陆莉莉	小学高年级学生个性化阅读的实践研究	吴忠豪
高　静	提高小学生习作修改与评价能力的策略研究	吴忠豪
朱　青	小学语文教学中正确处理文情互融关系的实践研究	薛　峰
张筱琳	基于学生自学能力培养的课堂教学结构改进研究	郑少鸣
吴志平	创新语文综合活动,有效提高学生语文素养的实践研究	郑少鸣
周雅芳	读者意识下小学阅读教学的深化研究	王荣生
郑　艳	基于学生立场的小学语文听,评课技能研究	王荣生
曹伟珍	小学生"作文笔记"范式及运用研究	吴立岗
徐建国	文本价值与主体独特体验碰撞的应对策略研究	薛　峰
郭亚熙	小学阶段故事作文教学系列探索	吴立岗
姚　凤	小学低年级诗画作文探新研究	郑润洲
徐柳花	小学语文教学中有序强化句段训练的策略研究	金哲民
万连红	小学语文课内外阅读有效衔接的实践研究	金哲民
张海萍	以学习支架引领课堂对话——小学语文阅读教学改进的实践研究	郑润洲

（三）立足课堂改进,寻求自我突破

名教师的根本价值特征应该是什么？名师培养尤其是基础学科的名师培养应该体现怎样的价值取向？名教师首先应该是一个优秀的教师,应当有教育教学的过硬本领;名教师应是扎根于实践的,应是从实践的严峻考验中走出来的。

如何鲜明地体现基地的培养思想,有效地实现培养目标？基地以"行为能力、实践品格"作为纲领主线,要求学员结合自己的研究方向,行知合一,扎根课堂,并不断地在课堂磨炼中求变创新,发展个性,寻求自我突破。主要做法为"开放自我,前台亮相"——"高端交流,锻造特色"——"突破自我,追求卓越"。为此,基地在这方面不仅拟定(商议)其方向、行为能力的内容任务,以任务驱动实践探索,也想方设法不断为学员创造条件与机会(详见以下诸表)。

表1　基地学员"四大行为能力"任务架构

课堂教学能力	课程建设能力	教学研究能力	教师指导能力
内容要素： *学科理解与视野 *课堂诊断分析能力 *教学设计、实施能力 *教学方案速构能力	内容要素： *基本的课程知识 *现状评估与选择 *设计与组织实施（包括团队共建）	内容要素： *教科研方法基础 *课题研究经历 *经验的筛选总结表达	内容要素： *教学改进设计辅导 *课堂解析（观评课） *专题性培训（讲座） *教研活动策划组织
实践路线： 自我诊断课-自选性实验课-小型研讨课、挑战课-开放展示课	实践路线： 问题-课题-课程（自下而上式）	实践路线： 经验比较分析-提炼-清晰讲述与文字化表达	实践路线： 教研与培训活动的组织（主题-内容-条件-过程组织-评估-改进）
成果： *个性化有创意的课堂展示或对外交流	成果： *个人课题的课程化 *参与基地共建课程 *参与其他课程建设	成果： *自己申报课题的立项 *参与相关课题研究或项目实施 *经验介绍成果发表	成果： *成为区级（及以上）教师专业发展指导者（如，成为团队核心、项目主持等）

表2　学员个人专场展示举例

主题（内容）	形　式	展示者	举办单位	时间、地点
课堂转型：有效组织学的活动（公开教学、经验介绍）	教学展示 教学论坛	张筱琳 吴志平	青浦区实验小学 市小语基地一组	青浦实验小学 2013.12
教在学生学的起点上（公开教学、经验介绍）	教学展示 教学论坛	郑　艳 曹伟珍	松江教师进修学院 松江区中山小学 普陀、闵行小语工作室 市小语基地一组	松江中山小学 2013.05
学科育德：文情相融，智能互惠（公开教学、经验介绍）	教学展示 经验交流	高　静 朱　青 陆莉莉	普陀区教育学院 普陀管弄新村小学 上海市新普陀小学	普陀管弄新村小学 2014.04
让学生真正具有会学的能力：学理取向的小学语文课堂改进（公开教学、经验介绍）	教学展示 教学论坛	曹伟珍 郑　艳	松江区教师进修学院 松江区中山小学 市小语基地一组	松江中山小学 2015.03

续 表

主题(内容)	形 式	展示者	举 办 单 位	时间、地点
基于学生立场 改进阅读教学(公开教学、经验介绍)	教学展示 经验交流	周雅芳	市教委人事处 市师资培训中心 嘉定区教师进修学院 市小语基地一组	嘉定区普通小学 2015.01
搭建学习支架,引领课堂对话(公开教学、经验介绍)	教学展示 经验交流	张海萍 徐柳花 万连红	奉贤区教育学院 奉贤区华亭学校 市小语基地一组	奉贤华亭学校 2015.04
变革的探索:转向学的课堂 (公开教学、经验介绍)	教学展示 教学论坛	姚 凤 徐建国 亚 熙	闵行区教育学院 马桥实验小学 明强小学 市小语基地	马桥实验小学 2015.11
让传统优秀文化滋养学生的心灵:学校读书课程的实践探索	教学论坛	陆莉莉	全国小学语文名师工作室联盟	江苏无锡育红小学 2015.11
名优教师课堂(公开教学)	教学展示	张筱琳	上海市小语会	上海一师附小 2016.01

注:近5年中基地学员的区、市及跨省市的公开教学与经验介绍共有130余次。

几年来,学员们在课堂的研究、公开、示范、展示的磨炼中,不忘"与使命同行",不断地进行着行知的互化,努力地求变创新发展个性。不断的实践、反思、学习交流不但使学员们在学科理解、课堂理解、学生理解和实际的课堂教学的行为、水平、能力有了显著的变化,而且他们的教学研究、教学指导能力和教育教学思想、教书育人的情怀等也同时得到了明显的提升与改善。由于基地的课堂实践改进是始终结合着基地团队课程"中国语文教学流派的特色分析与经验借鉴"的建设工作和学员自选的研究专题进行的,因此实际效果好于预期。

三、学员成长概况

既为"经师"更为"人师"。基地培训始终以师德要求为重要内容,通过聆听师德报告、读书、交流讨论等多种形式,要求基地学员做学问须先正己,养正务本才能有所成就。在培训过程中,学员感悟到要成为一名真正意义上的优秀教师,必须时刻要求自己既为"经师"更为"人师",而且应该从学做教师开始,教师职业不仅仅是一份工作,更是肩负着沉甸甸的育人责任。当如于漪老师所说:一辈子做教师,一辈子学做教师。在基地近五年的学习中,学员们的专业能力得到了提升,教育境界也上了一个新的台阶。其中,9位学员成长为校级主要领导，另 6 位学员分别担任了校学科领导或区教研员等，在各自区域内的学科团队领军方面发挥着积极作用。

欲成“名师”先为“明师”。明白之人才能使人明白。基地要求各学员要想成为名师，首要的是必先努力地使自己成为“明白之师”。明白自己肩负的责任，明白职业与学科的内涵价值，明白与他人的异同，明白课堂与学生，知道自己的现实和该有怎样的追求，究竟要往何处去。“明”才会使自己具有真正的底气与实力，“明”才能生慧、致远，这样，才不会被行进中暂时的迷障所遮蔽，才不会因一时的得失而“气短”。要“明”就须不懈学习，不断自省深察，须沉得下心做扎实自己的事，重视自身的修炼、突破与成就。

从“关注教”到“基于学”，研究学生，研究怎么让学习真正发生。在培养过程中，基地深入探索从“关注教”转向“基于学”，从研究“教法”到研究“学法”，从探索“课堂教学的基本过程”到探索“学习活动的有效组织”。在“基于学”的实践研究方面，基地组织了较多的研究展示活动，如在松江中山小学举行了“教在学的起点上”的教学论坛与展示，在奉贤华亭学校举行主题为“搭建学习支架 引领课堂对话”的教学展示，在闵行马桥实验小学举行“变革的探索：转向学的课堂”的教学展示研讨活动……这些教学展示和论坛，从实践到理论，对“学的课堂”的转型、建设进行了较为充分的探索。

从“上好课”到“上有自己思想的课”。基地培养立足课堂，强调课堂是教师成长的主阵地。在近五年的培养过程中，基地每一次的讲座、讨论、反思、展示都离不开课堂。学员们在课堂逐渐成长，同时，大家也逐步认识到要从“上好课”走向上“有思想”的课。“上好课”是基地学员的基本要求，但作为名师培养基地的学员，光“上好课”是不够的，更重要的是要上“有自己思想”的课。因此，基地在每位学员自己选择的研究方向的基础上，进一步要求学员进行课堂教学的深化研究，不求大但求精，每一次课堂教学，须清晰阐述自己的课堂理念、设计思想与过程特点，课后结合教学思想与实际成效进行反思，而后再进行改进设计与再实践，不断自反循环。

从“单兵作战”到融入与领衔“学科团队”。基地学员都是区级以上的骨干教师，如何充分发挥各自的作用，让学员经历从“自律→示范→辐射”的发展过程，我们的做法是：一是给每位学员配相应的指导专家，学员经常联系专家，专家也主动关心学员，为学员把脉诊断；二是放大学员每一次的教学活动，当学员举行教学展示、论坛时，基地要求他们主动联系所在区域的教研室、教育行政部门，并与这些部门联合举办活动，让学员的教学示范展示在更大的范围内辐射；三是要求学员在学校或区域内选择合适对象组建学科团队，一起进行实践研究，以在一定的区域内发挥更大的作用。目前 14 位学员，基本都拥有了自己的工作室或者研究小组，成了学科团队的领衔人。一群人走会走得更远，表3所示为其中的部分成果。

表3 部分成果数据

公开出版书籍(册)	公开发表论文(篇)	其他交流文章(篇)	市级以上公开课(节)
2	75	30	32
讲座报告(次)	研究课题(项)	教师培训课程(门)	荣誉获奖(项)
72	44	23	55

四、思考与展望

由于种种原因，基地中部分学员的教学经验、教学特色风格的形成与成熟仍需作主客观两方面的努力。学员们在完成基地学业后，如何让他们有进一步的发展机会，能否考虑一些相关的跟踪培养的措施，值得引起重视。

总之，基地的学习经历对学员在开阔专业视野、深化学科理解、清晰自身定位，锻造实践品格，提升育人境界等方面的影响均是十分深刻的，相信这样的经历也一定能成为他们以后发展历程中宝贵的精神财富！

同样，名师培养基地这种在职教师的学习方式，也必然会对其他相关的教师教育工作质量的进一步提升带来较多的启示。

学 习 与 成 长

追寻更好的自己

松江区中山小学　曹伟珍

曹伟珍　中共党员，中学高级教师，现任松江区中山第二小学校长。从事小学语文教学23年间，保持仰望星空的职业情怀，坚持脚踏实地的工作态度，追求朴实、扎实、厚实的语文课堂。多次承担市、区、校各类评比研究课，曾获区教学评比一等奖。坚持"读、教、思、写"并行的职业成长道路，所撰写的教学设计发表于《小学语文教师》等杂志，所撰写的论文多次在全国、市、区获等第奖。近年来，以"小学中高年级习作笔记的范式和运用的实践研究"为引领，探究多渠道积累，提高表达能力的策略方法，为学生形成良好的语文素养而努力。

2012年3月，我有幸成为上海市第三期"双名工程"名师培养基地学员，充溢心中的是喜悦——未来五年在基地的学习，是难得的机遇，是幸运，让我在有规划的丰富的滋养里，锻造自我。在导师提出的"课堂教学能力、课程建设能力、教学研究能力、教师指导能力"的目标引领下，我学习、实践、思考，接受一路的历练，收获一路的幸福。

一、学习，向着明亮的方向前行

一直记得丁炜教授的一句话——"坐井观天"是人认识事物的一种方式，每个人都在自己的井里。一直记得，是因为感觉到了自己就是那坐井的蛙；一直记得，是因为那么强烈地渴望跳出井。如此幸运，在基地的日子里，能拥有那么多学习的机会，让我对语文教学、对教育有了更清晰的认识。

（一）回望来处，脚步更坚实

五年中，导师们始终着力于夯实我们的基础，在专家们的精心准备下，一场场盛宴摆开：导师李永元“教学模式及其应用”的讲座，将漫长的教学史浓缩在九页文字中。各个时期国内外教育史上教育家的思想无比清晰地展现，原来那零星的了解被串连成线。在列表比较中，各种思想的区别、联系、发展一目了然。导师的话如晨钟敲响：信息飞速发展的时代，各种思想不断碰撞的时代，不要让种种声音迷惑了自己，要学会选择，找到最经典的言论，读懂它，消化它，会发现其他言论都出自于此。溯本寻源，才不致“乱花渐欲迷人眼”。吴忠豪教授“小学语文教学六十年”的讲座，从语文教育的起源、中国语文教育的四个时期、现代语文教育发展的重要事件、文道关系的讨论、语文工具性质的确立等对语文教育的历史沿革作了清晰的梳理。他将我们引领到时间之河，让我们审视过去，面对现在；让我们在语文教育的长河中，捉住那些代表中国语文教育发展的重大事件，感受她走过的艰辛的路。尽管如此，她却始终努力地改革，试图能够破冰，解决付出与收效的问题。在这些沉重的历史面前，作为一名语文教师，唯有脚步铿锵，往前行。

（二）眺望四方，头脑更自由

向远处看，当眼自由了，头脑便自由了。基地的两位导师便是这样精心安排着每学期的课程，让我每一次的基地之行总会满载而归，每一次的学习总有那么多的感受将心塞得满满的。谭轶斌老师“刍议当前阅读教学”的讲座，让我们谨记教好语文的第一步是好好地研读课本。走进文本，才能发现冰山下的秘密；学一些解读文本的方法，我们会离作者更近，离编者更近。顾泠沅教授在“课堂视野中的教师及其指导者”的讲座中指出课堂教学必须关注到学生的学，这是优秀教学的趋势，重视学生的感受，教会学生如何学习，达到今后教师不教学生也能学是教育的理想目标。是的，当教育不满足于传授，当学生不满足于做一个听众，放手是我们顺应教育的一种选择，学会放手是我们要磨炼的智慧。当我们寻找到那样的教学艺术，就能像陈鹤琴先生所说的那样“一只手领着孩子上路”。让我印象深刻的还有如北京亦庄实验小学的“万物启蒙课程”，至今还为它的目标——“人如何与世界妥善相处”所震撼，让孩子更好地适应生活不正是我们最美好的愿望吗？在实施这门课程中，不同学科的老师在同一主题的引领下，带领学生去探究、体验、实践，让学生在过程中收获着探究学习的方式和能力，体现了“以物为介，人在中央”的育人理念。由关注这项课程进而关注亦庄小学，我感受到学校的模样正在发生变化，学校应是像牧场一样给予孩子广阔的天地，释放他们属于孩子的天性，学校应是像村庄，遵循孩子成长的规律，让他们慢慢地生长，保持对世界的惊叹和好奇，逐渐成为更完善的人。

（三）细察课堂，意识更清晰

五年里，我有幸观摩了许多名师的课堂，感受着课堂教学的真谛。薛法根老师“猴子种树”一课的示范教学，确定了“讲故事”的教学目标，打破了语文阅读课“无朗读不语文”的惯性认识，提醒我们语文是一门综合性的课程，语文能力的培养是多样化的，教师一定要对文本的特性有充分的正确的认识，这样才能把准不同教学内容的学习意义取向。青浦高跃永老师执教的“埃及金字塔”一课，让我体会到了教学应关注学生学的过程，有过程的学习，才能让学生真实地得到生长；有过程的教学，考验着老师把学生当成儿童来教的能力。导师谢江峰老师多次课堂示范引领，让我们体会到了他基于儿童的教学理念，感受到了课堂应该简约而不简单，应该做到有情有趣有效。更难忘的是两次参加全国名师工作室联盟的活动。在小学语文教育的天地里，像薛法根、张祖庆、林莘等一批名师在联盟大会中，用自己的课堂诠释着对课堂变革的追求。名师们的实践让我看到了在语文教学的征程中他们以自己的睿智、影响力寻求着一条条突围之路。一系列的学习开阔了我的视野，激发我从“知”走向“觉”，领悟到语文教学要关注自己本体性的教学内容，在学生语言发展的黄金时期，尤其要注重语言的积累，规范语言的表达，适当进行方法知识的传授，无痕落实人文的教育。我也感受到，改变从每一堂课做起，没有比行动更美好的语言！

二、实践，借助反复的打磨提升

（一）课堂实战，提升教学能力

导师经常教导我们，作为基地成员要追求上好课，上出有思想的课。为此，课堂实战是我们磨炼成长的方式。五年中，我在基地里三次展示课堂。回想三次展示的主题——“教在学生学的起点上”“基于学理的小学语文教学”“课题研究主题汇报”，正述说着在基地导师的指导下，我们的课堂改进路线。在实践中，我体会到教在起点要善读文本：作为一个语文老师，要具备文学鉴赏的底子，要不断锤炼自己的眼光，如此才能更多地发现文章语言里的秘密，教在点子上。教在起点要善读学生：教学内容的取舍是一种智慧。而舍的前提是对学情的把握。学生站在哪里，我要引领他到那儿去。站在儿童的角度，站在课程的角度，去寻找起点和终点，我们需要更高的专业素养，在疑问处启发，在迷惑处点拨，在薄弱处夯实，在需要处提高。教在起点要善用方法：面对着一个个活泼泼的生命，面对着一个个动态的结果，设法激趣，促使学生兴味盎然学习；设法架桥，帮助学生跨越障碍，顺利到达目标。

（二）课程建设，提升编撰能力

在导师的规划组织下，我们承担起团队课程“语文教学流派特色分析及经验借鉴”的建设。与其说这是集大家的力量进行一次有意义的课程建设,不如说,是导师带领着我们以任务驱动的方式进行一次思辨性的学习。为完成自己的任务,我购买相关名家的书籍,了解其思想精髓,浏览各方人士的观点,寻找相关的案例,在各种声音里分辨它的价值,思考在新的背景下如何借鉴。因此完成这一份作业的过程不乏辛苦,但它也是快乐的。在专注于完成作业的过程里,我收获了传承的内涵和方式,感受了前辈教书育人的风范,更从“内容概述”“案例解读”“分析借鉴”等一个个栏目中收获了做学问的立场和角度。这一番经历是一次锻炼,也是宝贵的财富。如何去建设一门课程,去规划框架,点点滴滴,招招式式,都是最好的现场指导。我们付出的劳动其成果也许还稚嫩,但我相信,它对于小学语文来说,是一件有责任、有意义的事情,是我们微小的价值体现。也许一盏微弱的渔灯不起多大的作用,但一串渔火的闪烁也能形成一道风景吧。

(三)课题研磨,提升研究能力

导师要求我们要成为有特色的教师。从课题入手,聚焦研究,是打造特色的良途。在导师的帮助下,我确立了“小学生‘习作笔记’的范式和应用的实践”的课题,明确了致力于学生习作素材力的培养这一研究方向。这期间又有幸得到了专家吴立岗教授的悉心指导,在他的推荐下我反复阅读《搜集作文材料的能力》等资料,并结合学生习作常见的困难确定了笔记的内容——学生的见闻、生活感受以及生活中发现的语言材料,而后围绕课题学、做、思、讲。讲带来了压力,也促进着我们去思考,促动着我们去学习,去不断尝试。针对课题,我进行了两次公开教学汇报。实践中,在导师的指点下,我渐渐清晰习作笔记要以生活中的人、事、物为载体对学生语文能力进行基础训练,其初期必然是分类分点式的分项训练,以夯实学生的基本能力,而后考虑综合运用。有关方面的教学尝试也得到了吴忠豪教授的肯定。吴教授在听完我结合课题执教的《倾听,留下世界的声音》一课后作如是点评:这样的课是一种语文方法课,这种课型是很有生命力的。我们需要上这样一些专门的技能训练课,为学生今后语文能力的发展奠定很好的基础,养成好的习惯,形成注意积累的意识。导师的引路,专家的肯定于我而言是莫大的动力,更坚定了我做好研究、做出特色的信念。一路实践,导师说的“做一个手握明珠的人”时常在耳畔,就让这成为我的教学梦,不懈地走下去,去期待成为那样的人。

三、思考,促进点滴的感悟转化

顾泠沅教授说:“好教师不是培训出来的,是琢磨出来的。”我深以为然。在培训和实践中我们还面临着“转化力”的考验,像顾教授说的那样去琢磨,是提升转化力的关键。为此,我着力于将琢磨所得点滴感悟进行转化。

(一) 化于笔端,让思想更完善

在基地的培训促发的想法有时是一鳞半爪的,不及时记录会遗忘,不深入思考流于浅化。因此让想的想深入,把想的写出来是我选择的学习方式。这个行动也取得了一定的成绩,如我撰写的《变"讲词语"为"教词语"》《活动体验,引爆作文课堂》于2012年、2013年分别发表于《小学语文教师》,论文《小学中年级词语理解教学的"三变"和"三化"》《充分运用信息技术,促进语文课堂变革》获市小语会论文评比一等奖。

(二) 化于课堂,让教学更合宜

三年的学习,促进着我的自省,以及课堂的改变。我觉得教师在课堂上不应过分关注教学的形式,而忽略教学内容的把握;不应过分讲究教的技巧,忽视学生的感受;不应炫了教师的风采,削弱学生的表现。教师应该努力追求合宜的课堂。它是内容恰当的,学得快乐的,扎实有效的。

(三) 化于辐射,让引领更见效

基地的培训帮助我的发展,也赋予我示范辐射的责任。这是对所学的进一步消化,我乐此不疲:带教区内见习教师,培养学校青年教师,引领学校语文团队,承担区内展示教学,指导随迁子女学校教师,日子繁忙而有意义。付出总有回报,我设计的课程"小学语文教师的'三读'能力的培养"获得区三等奖,撰写的指导培训案例"实践引领课堂,改变丰富经历"获得了区二等奖,两次被评为区优秀指导教师。

有人说,一个人的路能走多远取决于你跟谁一起走。在这样一个共享的、缔结的时代,我常常庆幸这五年的光阴中,能与令人尊敬的导师、优秀的同学同行。五年的时光里,一次次的课堂实践,一次次的听课交流,一次次的学习分享,一次次的展示汇报,一次次的课题研磨……我们在相互的交流中分享着智慧,也汲取着力量;我们在彼此的交汇中激荡着热情,也沉淀着思想;我们在同行的过程中,守护着初心,也守望着信仰。我也常常庆幸在五年的培训里,能有机会做一次扎根沉淀的修行,从中汲取丰富的滋养,去追寻更好的自己。

追根求源　蓄力前行

普陀区新普陀小学　高　静

高　静　上海市新普陀小学党支部书记，中学高级教师，曾两度获得上海市中青年教师阅读教学评比一等奖，多篇论文获得全国论文评比一等奖。教学中，注重品味语言、体验情感、领悟内涵、积累语感，引发共鸣是其特长。她在教学中善于通过设置与教材相应的情景，从语体、语境、语情、语脉等方面引导学生去品味语言，培养学生语言的感受能力。

张爱玲说，因为相知，所以懂得；因为懂得，所以慈悲。行走于语文教学的一路上，有满目繁华，有坎坷崎岖，但这激情盎然的事业给了我自我修复的能力，给了我相知的理由。2012年春，第三届"双名工程"启动大会仿若还在眼前，可转眼，五年的学习之路已行将终点，回首这番学习历程，这是一段对语文教学本源的追根之旅，如果说懂得，恐怕还是不够资格的，但现在至少我能用自己的方式去演绎自己的教育理想，使之融入自己成长的血脉里，以真挚的心与我的学生们行走在这一草一木、一字一句间……

一、学习敞亮视界，树立前行之标

这近五年的时间里，两周一次的相约，跟随着李永元、谢江峰两位导师为我们制定的学习计划行走着、浸润着、思考着……无论是全国语文课堂教学评比的"桂林"之行，海峡两岸的学科研讨，全国小语界名师基地的展示活动，著名语文学科教学专家黄玉峰老师、吴忠豪教授的学术讲座，尹后庆主任关于"教育转型期骨干教师的责任与使命"的精彩报告，还是"走近名师"的系列活动，聆听薛法根老师、王崧舟、贾志敏等特级教师的课，分享专家、导师、伙伴们对语文教学的思考,这些都将我领入学术前沿,让我在开阔眼界的同时,更帮助自己完善教育价值观,让自己能从更高的层面上反思、认识当下的教育现实,便于自己思考教育的本源与归宿,以积极主动的状态迎接教育改革的到来。

汲取专家的经验与智慧,启发思考,让自己多了一份对语文教学本真的理解;而与书本的对话,则更多地让自己在理论研习中开智解惑。学习期间,我通读了《现代教学理论》《学与教的心理学》《中国当代语文教学实验》《语文教学研究大系(理论篇、教学篇)》《课堂教学观察》等一系列教育理论书籍,反复阅读,反复咀嚼,使自己对语文教学的学科本质有了更深刻的理解。在学习中与书本对话,与教育大师对话,不断开阔自己的教育视野,以教育理论的滋养,丰富自己的教育视界,丰实自己的教育行为,丰厚自己的教育人生。

一次次的报告、同伴间的交流除了给我留下一叠厚厚的记录外,更让我感受到一种最真实、最本色的语文教学状态。在翻阅笔记的过程中,消化着一句句耐人寻味的话语,细细品味个中滋味,让我真正走进教学研究的领域,更享受着静心沉思的时刻。

基于对语文教学本质的理解不断更新、逐步丰富,自己的课堂也在悄悄地发生变化。课堂中,我充分发挥教材优势,既有效指导学生把握文本内容,使他们受到人文熏陶;更立足文本,开发教材中语言训练资源,开展多种形式的语言训练,尽可能地给学生提供语言实践的策略,从而把阅读与表达训练有机结合起来,有意识地引导学生用自己对文本的独特感悟,通过习得的写作技巧得以运用,把言语表达训练有机融合于阅读教学之中,做到相得益彰,获得最佳的课堂效益,从而提高学生的语文综合素养。

二、名师启迪智慧,追溯前行之源

"善于学习前人的经验,在经验中汲取智慧,是探索教育改革与研究的关键。"导师睿智的话语引领着我们五年来的学习之路。在导师精心设计的学习课程中,我学习了自 1949 年以来语文教学改革的各种实验,走近了各路教学流派的代表名师。这样的学习显得厚重,在一篇篇经验总结、在一堂堂课堂实录中领略前人研究之路,读出的是教学经验与智慧,敬佩之余,更启发自身对语文教学的思考,这样的学习令人激动,更引领着我们站在"巨人的肩膀",把语文教学改革回到原点,探索符合学生需求、适合学生发展的规律。

在导师的策划下,基地合力进行了"语文教学流特色分析"市级共享课程的开发建设,由此,自己也有机会对引领小学语文教学改革方向的长者——袁瑢老师及其教学思想有了全面的了解,她"细、实、活、深、严"的独特教学风格在一堂堂课例中丰满展现。袁瑢老师阅读教学的思想、经验与特色放至今天，其教学思想的内核依旧具有现实意义，值得自己在教材研究中、教法选择上、教学设计与实施中予以借鉴学习。《颗粒归公》《少年闰土》等多篇教学案例的研读，让我感受到她的语言训练血肉丰满，饱含感情。她把学生视为充满生命活力、闪耀生命光华的精灵。细细揣摩、思索，对照我们当下的语文阅读教学，自己得到了“大处着眼，小处着手，尽显育人价值”“紧抠词句，实践运用，彰显语文本色”与“立足学生，循序渐进，促进思维培养”这三点启示。同时，蔡建兴、李家玲老师的习作教学改革研究的学习梳理，让我对激发学生写作兴趣、读与写的关系等方面有了进一步思考，为自己的基地专题研究奠定了基础。

一路研习，细密地走近了多位名师，风景无限，愈发觉得语文教学应该是简洁的、扎实的、本位的，是符合学生语文学习规律的，是在工具与人文间无痕交融的。

三、专题成就专业，厘清前行之径

“带着专题研究进行学习，力争在五年时间里在某个领域有所建树。”这是开学第一课上，导师们对我们的寄语。在回顾、梳理中，我了解身边教师们所苦恼的，教学中急需要突破的，自己想要通过研究带给学生们变化的，问题在思考中明晰，研究专题便也在那一刻凸显，在与导师的几番沟通后，确立了“小学习作教学评改策略研究”这一研究主题。从确立课题的那一刻起，我就带领着身边的语文教师们将课堂研究的主攻方向转向为“作文评改课模式的研究”，与老师们共同学习近二十年来作文教学的实践研究经验，走进管建刚老师的《作文教学新革命》，尝试属于我们自己的作文讲评课，实践着“先写后教”“以写定教”的教学原则，“我的朋友”“我”“奇妙的梦”“我战胜了________”“我喜欢的一堂课”等多堂作文讲评课的尝试，自己将写作教学的着力点置于学生写作的实际困难，在教学设计中寻找适合的解决策略与路径，让孩子在被赏识中建立写作兴趣；在纠错中治愈“文疾”，锤炼语言；在引领中建构选材意识、中心意识、构篇结构意识。

叶圣陶先生也说过：“我当过教师改过的作文不计其数，得到深切的体会，无自修自改便徒劳无益……假如着重培养自己改的能力，教师只引导和指导，该怎么改，让学生自己去决定，这是终身受用的。”叶老先生这几句话明确指出了作文评改的方向——“授人以鱼，不如授人以渔”。因此，无论是之前在阅读教学中进行基于文本的言语训练教学研究，还是现在正在实践研究的习作教学中的评改策略研究，都是秉承着内心中质朴的追求：专心致志地耕好自己的“一亩三分地”，回归语文的本色，把握好这门教育学生更多、更高、更好、更自觉地掌握与运用言语交往活动形式——听说读写的形式的课程，让我们的学生通过语文学习形成社会人必须具备的运用语言文字的能力。这应该是我们语文老师应有的共同追求。

围绕“作文评改策略”的研究，我与身边的教师们边实践、边探索，形成了一些对这一主题的初步认识与做法。所谓作文评改课，就是把作文教学传统程序的“讲评”和“修改”结合起来，变教师单方面的活动为教师为主导学生为主体的双向活动，它是作文教学的一个重要环节，是作前、作后指导的继续和深入，是更细致、更有针对性的“再指导”过程，它对提高学生的写作能力有直接的作用。

如此这般，聚焦教学改革的问题，开展有价值的研究，改进我们日常的教学，使之有效，培养并促进学生读写能力的发展，我想这便是我作为一名语文教师存在的价值与意义。

一路行走，一路思索，一路追根求源，一路收获着对语文教学渐趋明朗的认识。感谢基地提供的模块式课程学习，五年学习历程犹如职业生涯中的蓄力站为我继续扎实前行积蓄动力；感谢导师的悉心培养，春风化雨般的关怀下使我徜徉在语文教学研究的天地间。基地五年的学习经历，给予了我更为开阔的实践视野，同时也将成为自己蓄力前行的新起点。

课题引领我成长

闵行区七宝明强小学　郭亚熙

郭亚熙　女，中学高级教师，在闵行区七宝明强小学任教。

教育箴言：每天，迎着朝阳，思考一天的工作，踏着余晖，回想一天的收获，踏实过好每一天。

专业成长是我们当老师的永恒的追求。2012 年 9 月，我被推选为上海市小学语文名师培养基地学员。近五年的学习经历，丰富了阅历，增长了见识，尤其是两位导师在专业成长上对我的帮助。一直以来，两位导师紧紧抓住“课题”这个牛鼻子，促使我走上专业化成长道路。

长期以来，习作教学一直是整个语文教学中的薄弱环节。“作文难”“难作文”“文难作”这三个字无论怎样戏剧性地组合排列，都反映了一个道理——“难”。那么如何摘除扣在学生头上的惧写、怕写作文的“紧箍咒”呢？在专家、导师的帮助和指导下，我逐步确立了“小学阶段故事作文教学系列探索”这个课题，近五年来，每一次的基地活动中，导师们都要围绕各自的课题谈谈课题的进展，并为课题的发展提出可行的建设性建议。正是这样的引领和聚焦，我在教育教学过程中，对学生的观察能力、反思能力、实施教育的手段、引导学生学习的方法以及对学生成长的分析评价等这些能力逐步提高；正是课题的引领，我从教师向学者型教师成长。

当年，我教的是五年级学生，班级中大部分孩子对写作文不反感，也有不少孩子爱上了写作,他们成立了各种社团,自己编故事、演故事。但是也有少部分同学谈写色变,有时写一篇作文要熬到深夜,第二天交上来也是错字连篇,不知所云。如何让这些学生愿写作文,乐写作文,这一直是困扰我的一个难题。在一次基地活动交流时,我提出了这个问题,导师说要让作文走进和走近孩子的生活。如何让故事作文走进孩子的生活?如何建立孩子的生活和作文之间的纽带?我想到了我们班级的班级网站。自一年级开始,学校给每个班级都设置了一个班级网站,让学生在网站里交流学习和生活。自三年级开始,我鼓励学生将自己优秀的作文都上传在网站里。我班的学生作文如雨后春笋般地在班级网站里安了家,有单元作文,有生活日记,也有孩子们平时的小练笔……每天孩子们谈论的也几乎是网站上传的内容。不仅如此,我班的学生家长也是博客的常客,还不时地参与到网站作文的评论中来。如何发挥班级网站更大的作用?结合孩子们都非常喜欢《查理九世》这本侦探书,我想到要孩子们在班级网站上发表自己的连载故事,故事形式不限,可以是侦破故事,可以是魔幻故事,也可以是校园、班级故事。还要求,连续写半个月后,每个同学要推荐一个自己最喜欢的故事,并写出推荐理由,也发表在班级网站里。这个举措极大地调动了孩子们的写作热情,平时看到作文就抓耳挠腮的同学,每天也能在班级网站上发表三四百个字的故事。更让我欣慰的是,他们不仅写了故事,每天还要去看别人写的故事,还要写评论,家长们也都参与了进来,同学们说一天中最高兴的时候就是看到自己写的故事下面有长长的评价。15 天连续写故事活动结束了,果不其然,最受大家欢迎的是两个侦破故事,分别是男同学汪兆杨写的《命悬二线》和女同学郭含写的《永寿路 54 号》。如何让大家把续写故事的活动继续下去呢?我想到在班级开展“循环故事”的活动。把班级同学分成两部分,一个接一个分别续写这两个故事,每天发表在班级网站上,第二天,老师打开网站里的故事,带领学生一起读故事,并适当予以评价和修改。当天晚上,再由第二个同学接着上面的内容进行续写。两拨同学较上劲了,写作热情高涨,越写越长,越写越精彩。下了课,他们还围在一起讨论晚上回去该怎么写,循环故事如一股清新的风,在学生心潮上吹起了波澜,更吹出了写作教学的一片生机,实现了由“要我写”向“我要写”的转化。因为循环故事发表在班级网站里,这样也有效地促使学生仔细阅读其他同学写的故事,从中受到感染,得到启发。

这一届学生毕业的时候,我把他们写的这两本循环故事作为毕业礼物打印成书,送给每一个学生。这批孩子已经毕业将近两年了,有时,有些孩子在 QQ 上和我聊天,也会说起他们的业余爱好就是写连续故事,把写连续故事作为初中繁重学习压力下的解压方法。还有三位同学参加闵行区的作文比赛,获得一等奖,代表学校参加上海市的比赛。

送走了上一批孩子,又从头开始教新一届一年级学生了,低年级学生注意力很容易分散,同时他们爱幻想,容易沉浸在自己的世界中。怎样解决这个问题:既能集中孩子的注意力,又能让孩子爱上书本,喜欢阅读?在一次基地活动中,导师亲自给我们上了一节绘本阅读,这节课让我大开眼界,原来,语文课也可以这样上,让孩子们阅读到如此精彩的文学故事,是多么幸福的一件事!上完课,导师接着说绘本图文并茂,画面精美,符合儿童形象性思维的特点,尤其适合低年段的孩子阅读。我茅塞顿开,随后在导师的帮助下,选择适合孩子读的绘本故事,我每周给孩子阅读一个绘本故事。一年级开学不久,名师基地的导师和同学以及杭州市江干区的老师一起听了我上的一节绘本课"花园里有什么",课后的研讨活动中,专家、导师的点评让我明白了把绘本故事带进语文课堂的方法和策略。首先要确定好教学重点,第一个重点是阅读技巧方面的,包括语感、阅读的速度、好的句子的摘读积累等。第二个方面是关于阅读策略方面的,如"预测""归纳书本大意""了解文章结构"等。其次要把握好两种"语言"方式,图画书同时具备图像语言和文字语言,必须从"视觉、文字"的整体来体验图文关系、图像的连续性、图像的视觉感受、文字的音乐性和简洁性。首次的绘本故事课,让孩子们兴趣盎然,也拓宽了我的课题范围和内容。

学生升入二年级后,导师告诉我,绘本的文字都经过精心挑选与整理,这些语言活泼生动,朗朗上口,是孩子们模仿的经典学本。在教学时,要依托绘本故事教学,寻找绘本和写话训练的契合点,让绘本为写话教学注入灵动的活力。我有意识抓住绘本中有特色的词、句、段,让孩子迁移仿写,孩子们往往会给予我们意想不到的精彩。例如绘本《逃家小兔》讲述了一只小兔子和妈妈玩语言捉迷藏的故事,小兔与妈妈的对话都是这样的句式:"如果你……"××说:"我就要……"在绘本阅读中,让学生想象兔妈妈会变什么时,相机出示句式让学生模仿原文写一写。小兔和兔妈妈犹如孙悟空般的七十二变让学生的思绪轻舞飞扬起来。在模仿中,学生掌握了句子的规范表达,也体会到兔妈妈的爱。更关键的是,孩子们学会了运用准确生动的句群表达自己对妈妈的爱。在基地导师的帮助下,在依托绘本教学练表达的过程中,我努力挖掘绘本故事中的潜在的优质资源,模仿绘本故事中的特有的句式表达,提升孩子的写话水平,争取让绘本故事为学生叩开一扇"快乐写话"的大门。

基地的每一次活动,引导我逐步完善我的课题,提高理论修养,学习研究方法,基地导师的谆谆教导让我深入思考,改变思维模式,基地同学的课题研究让我拓宽视野,上下求索。五年来在课题的引领下,我在专业化成长的道路上越行越远。

共识·共鸣·共行

普陀区管弄新村小学　陆莉莉

陆莉莉　普陀区管弄新村小学校长，上海市第三批名师基地学员，中学高级教师，教育学硕士，第三、第四轮普陀区语文学科带头人工作室领衔人；曾任普陀区小学语文兼职教研员，获全国优秀中队辅导员、上海市新长征突击手标兵、上海市劳模（提名奖）、普陀区十佳杰出青年（银奖）、普陀区先进生产（工作）者、普陀区教育科研先进个人等称号；多次在市级、区级教学评比、论文评比中获得一等奖，个人研究课题“小学语文开架式教学的实践研究”获得第九届普陀区教育科研成果一等奖。由其参与主编的《开架教育与少先队自动化》由上海教育出版社出版。

今年是我参与第三期上海市名师培养基地，师从特级教师李永元、谢江峰研修语文教学，同时担任区小学语文学科带头人工作室领衔人的第四年。在近四年的学习中，我珍惜每一次学习良机，在学习的过程中深入思考，热烈讨论，参与考察实践，在完成学习任务的同时，有效地达成了共识、形成了共鸣、推动了共行。

一、理论学习，达成共识

四年来，小学语文一组的学习内容极为丰富，足见两位导师在课程设计过程中用心良苦。每个学期开学之初，所有学员总能拿到一份内容详尽的课程清单，班主任老师把本班要开设的课程及任课老师列成清单，让学员心中有数。这些课程，一是符合当前小学语文教学形势任务的要求，二是符合每一位学员的实际，三是努力贯彻上海市教委教研室对教师专业发展培养的意图。

在长达四年的基地学习中，通过一次次讲座的聆听与报告精华的汲取；通过一趟趟课堂教学的打磨；通过一次次外出学习实践，我的心灵在与大师的"对话"中被一次次升华，教育视野得到开阔，思想有了一个个新的飞跃。现简单地将所感所悟概括如下。

（一）有"心"才有"新"

培训之初以及培训过半时，两位导师为全体学员提出的"深化学科理解、拓宽专业视野、正确认识自己、提升思想境界""攻坚克难、追求卓越"的要求从很大程度上敲击着学员的心灵，使我们在学习的同时认真地反思着：怎样才能用全新的眼光审视自己的教育教学工作、个人的专业成长？……在基地学习临近结束之际，回顾所有学习，我简单地对以上思考作出一个阶段性小结，即有"心"才有"新"：作为一名语文教师，要对工作有热心，对学生有爱心，对教师有诚心，对事业有信心。只有在学校的教育教学、教育管理、个人的专业成长中时时处处做有心人，善于动脑筋，善于观察问题、分析问题、处理问题，总结新的教学经验教训，才能使教学开拓创新；同时，勤于思考，乐于奉献，勇于拼搏，才能创造新的工作局面。当然，"人的一生都在做一件事，积极不断地认识自己，发展自己"。因而，我们的思考不会因基地学习结束而终止，只会在实践中不断完善，日趋成熟。

（二）有"劲"才有"进"

两位导师曾经鼓励学员通过"思想境界、学术态度、攻克难题"等方面的努力来追求个人专业成长"攻坚克难、追求卓越"的发展目标。叫绝之余，不由对之后的历次讲课仔细咀嚼、认真回味。我在参加无锡市育红小学举办的首届全国语文名师工作室的高峰论坛中，对与会的北京市亦庄小学的钱锋老师的课程交流收获多多，也对他的"自由思想+行动跟进=改变当下"的追求为之震撼，作为一名教龄同样长的语文人，我们在新的环境中和新的形势下，总会遇到许多新情况、新问题、新矛盾，只有树立信心，鼓足干劲、迎接新的挑战，只有以饱满的精神状态、热忱的工作情感求实进取，教学才会有进展，事业也才能前进。

二、交流互动，形成共鸣

几乎每次学习活动，基地导师都会在学习之后安排我们进行一次主题与活动相匹配的座谈讨论，桂林的"小学语文全国大奖赛观摩"、无锡的"全国语文名师工作室的高峰论坛"，由于本基地成员都来自教育教学一线，详尽的工作经验，让现场讨论和答疑的气氛活跃，学员们围绕主题畅所欲言，交流思想，不仅消化了实践培训的学习内容，而且紧密联系教育教学中的现实问题，开展深入的讨论，既深化了对问题的认识，又起到了自我教育、互学互补和教学相长的效果。

我们又有幸在导师的精心安排下前往福州参加福州教育学院附属第四小学举办的“第二届全国语文名师工作室的高峰论坛”。特级教师林莘任校长的福州教育学院附属第四小学，以其精细化的人文管理和新型的管理理念也令我们获益良多。学员们在参观之余都在都在思考的同样的问题——如何根据学生的生情，在语文课堂的学习中真正提升语文核心素养？如何根据学校现有的优势、实际情况，借鉴先进学校的优秀办学经验，促使学校更好地持续发展？归途的车厢中空气燥热，然而比空气更为热烈的是学员们相互交流感受的氛围，参观实践活动有效地激发了学员们的共鸣，而有效的共鸣必将推动今后教育教学中的共行。

三、指导实践，推动共行

四年的学习经历，让所有学员学会了如何用全新、全局的眼光审视教育教学工作，获取个人专业发展。历经反思之后我们也对语文教学都有更多的思考。相信这些思考、经验都是指导我们今后教学工作的瑰宝，理论实践的学习所得，也必将成为推动今后工作的不懈动力。

正是认识到了本次培训的重要性，因此在整个培训期间，我努力调节好培训与工作的节奏，并认真将在名师基地学到的经验向自己在普陀区所任领衔人的学科工作室进行辐射，不仅先后四次开设区级公开展示活动并执教示范课，接受来自全市乃至全区教师的研究、评价，还在 2015 年 11 月，代表上海市名师基地参加与无锡举办的全国小学语文名师工作室高峰论坛，将学校学科建设的相关经验在论坛中进行“TED”演讲宣传，获得好评。因为实践中的努力，我荣获了“第三轮普陀区学科带头人工作室”考评成绩为“优”的佳绩，免评成为“第四轮普陀区学科带头人工作室领衔人”。

总之，四年多的时间里，在与众多名师的交流中，我进一步领悟到，学校管理也好，学科教学也好，全看我们所提供的教育服务能否满足学生的需求。大道至简。只有“明道”之后，才能“优术”。培训短暂，学无止境。本次培训让我学习到了很多很多，虽然由于本人心高手拙，不能一一列举，但仍要借此机会感两位导师为我们创设了这样一个极好的学习机会。我将不辜负导师们的辛勤教诲，在实践工作中不断学习，不断反思，不断发展，让自己更快更健康地成长起来；也会努力把在培训中与学员们形成的共识、共鸣与更多的工作伙伴共享，推动更多的工作室伙伴为各自的教育理想而共行。

一路走来　一路收获

奉贤区实验小学　万连红

万连红　本科学历，中学语文高级教师，现任奉贤区实验小学德育主任。教学风格亲切自然，课堂宽松而和谐，追求师生互动，严谨活泼，让学生在快乐中获得知识，在温润中领略语文的魅力。从事语文教学工作22年来始终热爱学生，和学生做真正的朋友，走进孩子们的内心世界，坚持以德化人、以身立教，在教育的百花园中辛勤耕耘，取得了可喜的成果：所带班级成绩始终名列前茅，本人也因工作突出曾三次获得"嘉奖"奖励，还被光荣地授予"上海市园丁奖""奉贤区名教师""奉贤区十佳师德标兵""奉贤区优秀骨干教师"……

时光荏苒，岁月不居。转眼，在"基地"的学习已有五年之久，回顾我们共同走过的五年，感慨万千……这五年，我们是充实的，因为我们全身心投入两位导师引领下的小学语文教学研究；这五年，我们是忙碌的，因为我们付出了很多，实践了很多；这五年，我们是喜悦的，因为我们共同收获了成长和经验…… 在两位导师的引领下，这五年我们一路走来，一路收获，走得分外踏实而坚毅！

一、专业理论引领，理念在更新中提升

五年来，在基地导师李老师和谢老师的精心安排下，我们有机会聆听了谭轶斌、吴忠豪、吴立岗、王荣生等许多专家教授的专题讲座，这些名家名师有的讲述自己的成长经历；有的侧重师德风范的阐发；有的讲解教育哲学；更多的则是探讨语文教学改革。每次讲座，无不显示了专家们独到的教育眼光。例如，薛峰老师的"关于文本细读"，对于教材的解读有其独到的见解；谭轶斌老师的“刍议阅读教学”，对于阅读教学的改革见解新颖；吴忠豪教授的“新课程背景下语文课程改革之路径”，回顾语文教学现状，追问语文课程要义，探索语文课改路径，目光远，思考深。这些真知灼见对今天的教学实践有着直接的指导意义，它使我们对小学语文教学的今后走向和变革任务有了一个清醒的认识。

2012年起，我们还聆听了一学年华师大的通识课程讲座，这些专题报告虽然时间不长，但信息量丰富，信息的含金量很高。这些理论都将潜移默化地影响我们的教育教学，讲座常常使我徜徉在专家教授高屋建瓴的理论报告中，我们的教学视野得到了开阔，我们学员一起合作编写了市级课程——中国语文教学流派简介与分析。通过与专家们进行零距离的接触，让我接受了大量的新的反映时代要求的教育理论，极大地冲击了我过去一直遵循的传统观念和习惯做法，促使我进行深刻地反思，推动了教育观念的更新，对于如何开展情感渗透的教学优化、如何做到深层次教学等都有了一定的了解和认识，对教育教学起了一定的指导作用。

二、聚焦课堂教学，塑造个性特质

课堂是教师自身价值的主阵地，课堂蕴涵着生命的资源，课堂是教师与学生共同成长的乐园。如果说教学理念是课堂教学的指明灯，那么教学实践是课堂教学的“心脏”。著名特级教师顾泠沅老师认为：“真正的名师是在学校里、课堂里摔打出来的。”教育教学艺术深厚与否是教育教学成败的关键，也是名师成长的核心要素。自踏进基地起，我们的成员纷纷执教研究课，诠释自己心中的语文课堂。犹记得姚凤老师首当其冲地为我们展示了一节绘本阅读指导课——“雪花”，姚老师的课清新和谐，特别是对绘本的解读、绘本阅读方法的渗透，儿童诗画作文的创编等方面引起了我们大家的思考和热烈讨论，开阔了大家的思路，受到了基地成员的一致好评。紧随其后的是我们的班长徐建国老师，他执教了课文《律师林肯》，徐老师的教学设计构思独特，课堂大气灵动，幽默的语言更是博得了学生的喜欢。高静老师的作文修改课上得扎实有效而又不失灵动活泼，我们陆校长的课题研究发言更是“高大上”，博得了专家们的一致好评。在一轮勇气非凡的自我磨剑风暴之后，张筱林老师在小语会年会上带来的《想别人没想到的》一课，给人耳目一新的感受，整节课充满了浓浓的文化味，语言文字的训练以及课程资源的挖掘和利用都恰到好处。她深入智慧地解读文本、巧妙设计教学环节、灵动处理教学过程，为所有听课老师奉献了一道语文教学大餐。

总之，五年来，追随两位导师，我们观摩学习了很多高质量的教学公开课，有一个名师班上的学员们的，也有其他老师的。一堂堂精彩的课，演绎了传统的教学精髓与课改理念的有效整合，揭示了课改发展新趋势。每次活动中学员们分享个人教学感悟、深刻体会和观点，思维的火花就在一次次的碰撞中越来越闪耀。导师的精彩点评都给以我很大的启发。尤其是两位导师，在很多方面都有自己独到的看法和见解，看问题也比较全面细致，有时不经意的一句话，往往使我有一种茅塞顿开的感觉。这种理论与实例相结合的教学研讨活动，使培训学习变得生动而精彩，同时开阔了我们的理论视野，启发我们站在理论的高度去思考我们的教育教学实践，反思我们的教学行为，从而得到理性的升华。结合这几年学习所得所思，我在自己的教学实践中尝试新理念、新做法，在教学中让自己不再是高高的执行者，而要成为学生学习的合作者，最可靠的朋友。正如导师谢江峰老师所倡导的那样：语文，为儿童而教……

首先，我学会在课堂教学中寻找——享受课堂。如教学课文《图书馆里的小镜头》时抓住作者对选取的三个小镜头描写的相关段落，适时引导学生认识并区分作者所采用的不同的写作手法，并通过朗读感受图书馆中的读者强烈的求知精神，同时激发自己对知识的向往。如果我们以享受的态度对待课堂，眼前就会充满明媚的阳光，耳边就会回响和谐的音乐，心灵就会体验诗意的灵感；如果我们以享受的眼光走进课堂，就会真心地热爱每一个孩子，就会把每一节课精彩地演绎，就会感觉自己的生命在闪光，一个懂得享受上课的人，课堂便自然会成为其享受幸福的重要舞台。课堂上当我们看着学生们专心致志的思考，听着学生们兴致勃勃的讨论，感受着学生们对知识的渴求，我们就会忘掉烦恼，感受无比的幸福。虽然我们改变不了这个世界，但可以改变自己的课堂。

其次，在师生交往中寻找——感谢学生。商家总是感谢客户，因为客户给他们带来利润；演员总是感谢观众，因为观众给他们带来掌声；作家总是感谢读者，因为读者给他们带来销量。老师最要感谢谁？当然是学生！学生给了我们幸福！每当我们走在教学楼的楼梯上，是学生们一声声清脆的“老师好”使我们的心里暖暖的；每当我们批阅作业时，是学生们一行行娟秀的字迹，使我们的心里甜甜的；每当学生考试后，是他们一次次进步，使我们的心里乐乐的；每当节日来临，是学生们一句句真挚的问候，使我们的心里满满的。法国小说家雨果曾说过：“生活中最大的幸福是坚信有人爱我们。”教师不仅拥有生活中最大的幸福，而且还拥有别的职业不曾有的幸福，就是学生的爱。

第三，在学习反思中寻找——快乐反思。叶澜教授说过：“一个教师写一辈子教案不可能成为名师，如果一个教师坚持写三年教学反思，就有可能成为名师。”在教学中，我们容易陷入机械重复的教学实践中，处在经验性思维定势、书本定势和惰性教学之中，久而久之，我们会感受不到教学的乐趣。“课堂教学是一门遗憾的艺术”，而反思能让我们弥补遗憾、减少遗憾。在设计教学方案时，我常常自我提问：“学生已有哪些生活经验和知识储备？”“学生在接受新知识时会出现哪些情况？”“出现这些情况后如何处理？”教学后，我也常常静下心来细细想想：“我的教学是有效的吗？”“教学中是否出现了令自己惊喜的亮点环节，这个亮点环节产生的原因是什么？”“哪些方面还可以进一步改进？”“我从中学会了什么？”“学生的积极性是否调动起来了？”“学生学得是否愉快？”“我教得是否愉快？”经过五年的积累，我也获得了一笔宝贵的教学财富。由此可见，对自己平常的教育教学行为进行反思研究，是一条促进自身专业成长最理想的途径，也可以使我们从生活的喧嚣和浮躁中解脱出来，获得心灵的宁静和充实。

三、深入课题研究，反思自我提高

课题研究为改进课堂教学提供了理论支撑，课堂教学也为课题的顺利开展提供了保障。自加入名师基地后，我更深刻体会了科研的重要性。记得刚开始研究课题的立项，我始终对课题立项这种理论性较强的工作有种无力感。但经过我们的导师以及专家的悉心指导，我发现是自己对课题研究有抵触感，觉得高深，没有像样的、新颖的课题不敢去立项研究。这是我的误区，课题是要把心沉下来去观察、琢磨的，切合自己自身条件的就是最适合的，不存在课题研究的“高大上”，反而要尽量做到“小精细”。缩小研究范围，精确定位研究对象，结合自身教学特点，这样的课题就是最好的。于是我确立了“推进小学语文课堂教学与课外阅读一体化的实践研究”课题，专家将我固有的课题研究观念改变了，我获得了一次新生的机会。这个课题引发了师生之间的阅读互动，更使学生学会了关注社会，懂得了感悟生活……可以说，这次的课题研究是我最走心的一次。

四、搭建交流平台，共享教育智慧

面对当下日新月异的社会发展，教育教学不能闭关自守，需要走出去学习与交流。基地导师一次次创造机会，搭建交流平台，将我们带到兄弟学校，甚至走出上海去开阔眼界，共享教育智慧。

五年来，导师带领我们基地成员去无锡、桂林等地学习，我们观摩了各级各类的课达上百节，有我们学科的全市教研活动公开课、研究课、展示课、比武课；有在桂林举行的优质课展示，有我们本班同学自己的同课异构课，还有我们还到桂林等地听当地知名老师的课。观摩后再听专家和导师的评课，总给我们有豁然开朗的感觉，受益匪浅。回校后，我们立足自己课堂，引用所学理念，模仿名家名师，锤炼自身的教育教学艺术。平日里在基地的培训中导师们每次的活动都让我们和名师、教育专家、特级教师零距离接触，聆听他们的教育思想和实践经验，分享他们的教育智慧，充分感受大师们多元的视界和深邃的思想。

再拿每次听课后评课活动来说，这为我们基地学员们之间相互交流、相互学习提供了一个平台，尤其是两位导师在最后高屋建瓴的点睛之语，总是让人茅塞顿开。在这里学员们不仅学到了语文教学的专业知识，更从名师身上看到了什么是"人格魅力"，什么是"孜孜以求"，什么是"毫无保留"。并且，我们的两位导师还利用成员 QQ 群、微信群，与成员分享教育类热点文章，日常交流中砥砺了大家的教学智慧，成了我们强大的支柱。

名师不是打造出来的，也不是培养出来的，而是在学习和实践中积淀出来的。五年的培训即将结束，回首这一路走来的点点滴滴——一次次的活动记载了我的成长足迹，成员们的共同参与，都感受到了基地浓郁的研讨氛围。这一切我深感充实与快乐，内心充满感激。五年的培养告一个段落，但我知道，教学生涯就如跑道，在这条跑道上，只有起点，没有终点。

积跬步　至千里

青浦区实验小学　吴志平

吴志平　男,40岁,上海市青浦区实验小学教育集团青湖校区副校长、语文教师。吴老师从参加工作的第二年开始任教小学语文,前十年在郊区农村学校,2005年调入青浦区实验小学,受多位名师指导,业务水平提升比较快,语文教学日趋成熟,风格渐显。吴老师对语文教学有自己的想法与实践,敢于取舍,善于集中力量在一个点上做实做透。他的语文课堂很有激情,不仅因为他自己容易投入,更在于他能够利用语言营造充满感情的课堂氛围,激起学生乐学的情绪和引发学生善学的思维。参加上海市名师培养基地的学习之后,在李永元、谢江峰等导师的指导下,在十多位有志同伴的感染下,吴老师更坚定了自己的追求,在语文教学这条道路上精神地行走着。

参加上海市双名工程名师培养基地的学习已近五年,这段经历是我宝贵的财富。回顾每两周一次的学习,有交流、有讲座、有课堂教学、有访学等,形式多样、内容丰富。虽然有时工作和学习之间的矛盾比较突出,但我还是克服困难积极参加,毕竟我是很珍惜这个机会的,而且我也确实从中得益的。能不能成为名师,并不重要,重要的是我们有幸在这样一个平台上,有导师的引领,有同伴的扶持,一小步一小步地前行,五年的时间磨厚了我们的脚底,让我们走得更远。

一、导师——迷茫中的光

有幸结识李永元和谢江峰两位导师。李老师早就是我的老师,他学识渊博,底蕴深厚,高瞻远瞩;谢老师钟爱语文,教艺高超,独树一帜。两位导师对我们可以说是尽心尽力,从课程设置到教学指导,可谓是一丝不苟。两位毕竟是专家,无论是看人还是看问题,都能看得深、看得透,切中要害。我记得当初刚开班不久,几次学习活动下来,就对我们了解得很全面,我们的教学特点和习惯、优势和不足,他们都了然于胸,因此在指导我们的发展方向时就有很强的针对性。我们自己往往缺乏审视自己的高度和视野,在工作中就会很盲目,而两位导师是这方面的专家,他们的指点和引导让我们少走了很多弯路。

导师有时像严父,在我们茫然懈怠的时候,会用掷地有声的话语严肃地指正,就像父亲举着藤条在我们身后抽打着地面,赶着我们向前跑;导师有时也有慈母的情怀,工作上的悉心指导,生活上的嘘寒问暖,给了我们一个温暖的港湾。

二、伙伴——篱笆上的桩

我们 14 名学员来自上海各区,经过近五年的相处,我们彼此越来越了解,也越来越和谐,每次学习活动都是我们相互交流、思维碰撞、取长补短的机会,有时是针对某篇课文,有时是针对某堂课,或是针对某个教学行为,我们都会围绕一个主题展开一系列的研讨,大家摆出自己的看法,或是分享自己与此相关的实践体会和研究心得。比如某位老师执教研究课后,我们会有针对性地进行交流讨论,有一说一,对事不对人。我们每个人都有一个研究的专题和发展的方向,除了导师会经常指导我们之外,我们同伴之间也会提出改进的意见和建议,这些中肯的意见和建议,我们都会欣然接受,如果有不同的看法,也会拿上桌面共同商榷。所以说,这几年,我从没觉得是一个人在走路,而是一群人,大家相互扶持着,是一个团队在行进。

三、课程——肥沃的土壤

基地给我们安排的课程很丰富。通识培训,从历史文化到教坛动态,让我们站在语文教学的原点,打开更广阔的视野,在一个更开阔的空间审视自己:我在哪里?我要去哪里?专家讲座,导师给我们请来了本领域里的权威给我们讲专业知识和业务能力。课堂研讨,接地气,实实在在,真刀真枪亮出来,根据自己的偏好和特色,设计专题,有自由,也有挑战。访学活动,跳出井底,站得更高,望得更远。

这些优质的课程,犹如点点春雨,滋润着我们,又如一片沃土,让我们固本培元。

四、探索——寻找自己的方向

导师常对我们说,我们要走对语文教学的大路,也要走出属于自己的那一条正道。

我研究和探索的方向是语文综合实践活动课的设计与实施。这是一种新的尝试，是以活动为主要形式，以学生为活动主体，以学习语言知识、形成语言能力为主要内容，以促进学生全面发展为主要目标的一门课程。也就是说它以学生的兴趣和直接经验为基础，在教师的指导下，通过多种形式的实践活动，让学生学习、运用语文知识与能力，并从中得到情感熏陶、思想的荡涤、视野的拓展，创新精神、实践能力的培养。

尽管“综合学习”是课程标准所提出的一项重要内容，教材中也有一定容量的内容，但是其设计编排的系统性不够清晰，跟课文教学的关系也缺乏解释与说明。从教师实际教学的情况来看，这一块内容几乎是一笔带过甚至是忽略的，老师仍旧是按部就班教课文，导致花费了大量的教学时间，但是学生的语文能力并没有取得理想的提升。

我认为“综合学习”在当今开放、多元的社会背景下是一种很好的学习方式。因此我在此基础上，尝试把阅读教学、写作教学、口语交际、综合学习等内容进行一个整体的重构，加大语文学习的综合性和实践性的分量，目的在于解决语文教学“知”和“能”的关系。传统的语文教教学模式往往在知和能之间摇摆不定，重了这头轻那头，而综合实践活动可以更好地把语文知识和语文能力融合在一起，实现知能并进。同时也解决“学”和“用”的关系。语文学习提倡“语用”，学和用两者的作用应该是相互的，学习是为了运用，而运用的过程也促进了学习，综合实践活动正是这样一个在学中用、在用中学的学习形式。因此，我把语文综合实践活动作为研究和探索的方向我觉得是有一定价值和意义的。

这一课题得到了导师和伙伴们的支持与帮助。从实验成果来看，是有一定成效的。首先，学生的学习兴趣得以提高。特别是主题性的语言实践活动，学习活动设计得好，学生参与的热情是相当高的。我们班级的自编小报已有一百多期，投稿相当踊跃。有几位学生甚至编了自己的随笔、作文集。其次，学生的学习视野得以拓宽。语言学习不局限在语文书和课文，学生知道生活中处处有语文，处处可以学语文，也处处可以用语文。再次，学生的语言运用能力获得了提升。学生乐于运用、善于运用，例如创编儿歌、童话、撰写个性化评语、演讲等，都让我看到了一定的成效。最后，教师自身的专业素养也得以提高。通过设计和实施语言实践活动，我对语文学科本质的把握也越来越清晰，课程执行力也在不断提高。

尽管在继续推进过程中，有很多问题需要思考，也有困难需要克服，但是不管怎样，我认准了这个方向，就要坚定地走下去，争取走出属于自己的一方天地。

五、收获——慢慢鼓起的行囊

这几年的学习，使我对语文学科有了更深的理解，母语教育是我们语文的基本立场，作为承载民族文化的母语教育，其功能在于促进生命个体的整体生成，促进人的整体素质的全面发展，建构完整的人。语文教师要引导学生正确理解和运用祖国的语言文字，丰富积累祖国文化，使他们逐步形成良好的个性和健全的人格，促进他们德智体美和谐发展。

基地安排的活动，让我有了更多教学实践和交流的机会，每个学期总要执教一堂面向基地或区内的公开课。备课、磨课、上课、反思的经历正是我学习、转变、提升的过程。付出是辛苦的，收获是幸福的。

在学习和实践的同时，我也不断地总结，撰写并发表了《在涵泳中构建文情互融的语文课堂》《文情互融知能并进》《让情感滋养心灵》等论文和经验性文章。

五年的学习历程即将结束，很高兴自己在不断成长，也很高兴跟两位导师以及十几位同伴共处共事。步子一点点地迈，本领一点一点地学，就这样稳稳地走下去，我相信前面的路会越走越宽。

强化“三力”　在实践中成长

闵行区七宝明强小学　徐建国

徐建国　明强小学党支部副书记兼任语文教学工作，小学高级教师，先后被评为闵行区骨干教师、学科带头人，现为第三期上海市“双名工程”名师培养对象。从1994年工作至今，长期致力于一线语文教学研究与变革实践。

近年来，多次在市、区范围内进行公开教学，发挥辐射、引领与示范作用，积极做好区“希望之星”的带教工作。《文本价值取向与主体独特体验冲突的应对策略》等多篇论文或案例在国家、市、区级刊物发表或获奖。几年来，曾先后获得第七届“全国中小学信息技术创新与实践活动”教师“教学实践评优”活动一等奖、“恩欧希教育信息化发明创新奖”、全国中小学教师说课专场展示活动一等奖；《生死相随的海鸥》获得“第十三届全国多媒体教育软件大奖赛”上海赛区“基础教育——信息技术与学科教学整合课例”一等奖。2008年至今，先后被闵行区记大功一次，记功两次，多次被评为七宝镇特色教师一二等奖。

时光匆匆，五年光阴转瞬即逝。五年来，我们在基地两位导师的带领下，读书、学习、课堂研究等一样也没落下。下面仅从三个方面加以回顾。

一、课外阅读力——突出一个“精”字

有人说，学习是为了丰厚教师的积累。作为一个语文老师，读书是教师日常最重要的一种学习方式。我在广泛阅读的基础上，重点精读了一本书——《教学原理》，作者是日本广岛大学名誉教授佐藤正夫。大概是阴差阳错的缘故，我将佐藤学和佐藤正夫等同于一个人（首先因为两者同为日本人，而且佐藤学同佐藤正夫的名气一样很大）。拿到了该书，我便废寝忘食地读起来，边读边做批注,直到福州全国语文名师工作室联盟大会上,见到了站在面前的佐藤学先生,才恍然大悟。原来,《教学原理》一书的作者早已仙逝。但也因为自己的阴差阳错,所以也就有了另外一分收获。

本书较为系统地阐述了教学论的历史发展,勾画了从古典教学论、近代教学论到现代教学论的发展线索。书中对教学内容的历史变革与选择,教学过程的本质、结构、阶段,教学方法的本质、分类,教学中的教育、教学组织等问题都作了较为详细地阐释,让我又重新对这些熟悉而又陌生的问题有了较为全面地认识和了解。

对于这本书的精读,更好地弥补了我在学校学习的不足,让我站在巨人的肩膀之上,更全面地认识与教育密切相关的一些问题。

精读,需要带着思考去读。读中发现新知,发现问题。需要带着批判的眼光去读。读中审视自我,审视当下。精读,更需要带着观点去读,让自己的观点与作者的观点在碰撞中擦出火花。

二、现场学习力——突出一个“深”字

有人说,现场学习力是教师最重要的学习能力。现场学习力表现为专注力、捕捉力、转化力。有这些能力的人会带着两样东西走进课堂。一是“钉子”。听课过程中全神贯注,不放过每一个细节,这就是“专注力”。二是“钩子”。努力把现场中涌现的有用资源“钩”出来,这就是“捕捉力”。把有价值的东西“钩”到笔记本上和自己的脑海中,依然不够,还要“钩”到日后的教学过程中,变成具体的教学行为,这叫“转化力”。这种“转化力”是教师现场学习力中最关键的能力,它集中体现了教师学习的宗旨:为转化而学习。

五年来,两位导师着力提升我们的现场学习力。听报告、听课、听交流等,处处都是学习,学习后的交流、讨论更是频繁。其中,又以去福州参加全国名师工作室联盟活动的感受尤为突出。

福州是一块福地。福州之行,既见到了日本著名的学者——佐藤学,又领略了多位名师的风采。佐藤学的报告细细回味,让人静享其中。两个小时的报告,佐藤学先生从林莘老师的课说起,谈课堂观察,谈课堂的学习形式与教师的职责等,先给我们一些形象的认识。接着,他从21世纪教育的宏观环境,谈到21世纪的新型学校,指出学习共同体是课堂变革和学校变革的趋势所在。他强调,追求学习的质量需以协同为基础。改革中最重要的就是愿景,要让孩子对学习充满希望,学习中学会倾听。

这一次佐藤学对于学习共同体的近距离辅导,让我们对实践中的操作有了初步的方向。学习共同体,是一种理念,更是一种课堂变革的实践。它指向的是学生与学生之间的协作学习,它需要的是关注每一个学生个体,它追求的是构建和谐的相互学习的关系,它强调的是要产生对话式的沟通学习。

当再一次聆听吴忠豪教授报告的时候,关于课堂教学中关注学生的语言实践便变得不再陌生。福州会议上的一节节语言实践课又仿佛历历在目,自己日常课堂教学的情景又浮现眼前,促人思考,催人奋进。回想当前的小学语文课堂教学,就内容讲内容,进行字词句段的分析,将文章教得支离破碎的现象仍然存在。语文课堂教学的突破,为学生提供更多的语言实践,在语言积累与实践中,不断提升语文素养是语文姓语的必由之路。

三、课堂实践力——突出一个“实”字

课堂,是一个教师成长的舞台,也是学生成长的主阵地。本学期的课堂实践,努力围绕自己的研究课题,同时,在学生积累语言、积极进行语言实践方面进行扎实地研究与推进。备课的时候,常常问几个为什么,比如,要教的内容学生是否已经掌握,或是还存在哪些困难,这样设计的目的是什么,是否符合学生学习语言的规律,绝大多数学生会怎样学习呢,学生知识迁移的障碍点在哪,出现这些问题又该如何应对,等等。

实践中,我重点在以下三个方面进行突破。

首先是精准把握学情。教师进行课的设计的时候,如果能透彻了解学情,这样的教学才更有效、更高效。比如在教学课文《大仓老师》时,学生对于大仓老师“充满活力”的特点,借助语言,品读感悟,自然明白。但是,大仓老师“朴实正直”的品质理解起来则有些难度。而如何突破这些难点则是这节课需要重点思考的。

其次,精心设计教学。一节课只有 35 分钟,教师教什么,怎么教,学生学什么,怎么学,需要教师对教学内容进行选择,精心设计教学过程。有时需要长文短教,抓住重点的段落重锤侧击;有时需要去粗取精,根据文本特点,或单元训练重点,有针对性地教学;有时还需要根据学生的学情,让学生经历学习的过程,体验成功的喜悦。

再次,精巧语言实践。学生学得再多,不能进行迁移和灵活运用,终将不能变为自己的知识。课堂上,教师还需要针对单元及教材的知识点,精巧设计语言训练,为学生提供语言实践的机会,力求让听、说、读、写贯穿课堂始终。如教学课文《大仓老师》,大仓老师开学那天的自我介绍非常有特点,寥寥几笔就把一位充满活力、赢得学生好感的老师呈现在读者面前。课堂上,在学生品读的基础上,让学生学着大仓老师的样来进行复述。学生走到讲台前,模仿大仓老师一个“跳”跃,登上“主席台”。一个“跳”字,让大仓老师的活力展现无遗,简短的介绍让人印象深刻。在复述的基础上,再引导学生思考大仓老师是从哪几个方面来介绍自己的,然后仿照大仓老师的自我介绍来介绍自己。

就这样,学生在复述的过程中,既体会了大仓老师一颗充满活力的、年轻的心,同时,又进行了言语实践。

五年的基地培训即将结束,充满了不舍与留念,既有对两位导师的感恩与感谢,更有对同伴之间互助与友谊的珍惜。在今后的人生路上,我会重视每一次的培训与学习机会。

站得更高　看得更远　想得更深

奉贤区解放路小学　徐柳花

徐柳花　市名师后备人选，曾获市中青年教学评比一二等奖，多次获区教学评比一等奖，一项课题获市课题成果三等奖、数项区级课题顺利结题、数篇论文获市区级教学论文评比等第奖。徐柳花老师能潜心钻研教材，确定有价值的教学内容，连“点”成“面”，思维容量大。她能运用富有感染力的教学语言，激发学生的学习兴趣，深化学生的感悟。近年来，她正不断努力，逐步形成智慧灵动、不拘一格的教学风格。

唐代大诗人白居易在长诗《琵琶行》中写道：“嘈嘈切切错杂弹，大珠小珠落玉盘。”五年的名师基地学习，恰如这个诗句。一场场高端的具有冲击力的学术报告，一个个高水准的具有前瞻意识的优秀课例，就是万马奔腾、气势雄伟的“豪迈曲”；一次次热烈思辨的教学专题研讨，一场场充满智慧火花的交流活动，就是优雅抒情、轻巧细致的“江南小调”。导师为我们串起这一颗颗晶莹的珍珠，在万道霞光中呈现一个教与学、学与用双向结合的美妙世界，引领着我们站得更高、看得更远、想得更深。

那么，我就来采撷其中的几颗“珍珠”，说说自己的培训故事。

一、“守望麦田”时不忘初心

难忘 2012 年 4 月 9 日，这是个特殊的日子，许多个第一次在这一天发生。2 位导师和 14 位学员第一次齐聚一堂，正式开始基地长达 5 年的学习历程。我们第一次认识，只是简短的自我介绍，但大家或清新细腻，或风趣幽默，或沉稳大气，尽显自己的特色。我们第一次对自己的未来五年做规划，虽然各有不同,但都没有离开一个中心词“梦想”。是啊,那个“麦田里的守望者”霍尔顿有一个极其简单的理想——终生做一名“麦田里的守望者”。我们何尝不应该做一名“守望者”,用忘却功利的痴情和坚守付出的耐性,守住属于我们的教学麦田?

守望不仅需要勇气,更需要苦心琢磨守卫的方向和方法。在这五年间,李永元老师不止一次地告诫我们:“语文教学应该进入读者姿态的时代,应该以读者的阅读为中心……”谢江峰老师用他的报告和课堂向我们展现了基于学的课堂价值追求:“语文,为儿童而教……”这些于我,是唤醒,是激励。教师的职责是什么?我想是“从上好一堂课转向培养一个人”。教师,面对的是一群天真无瑕如鲜花般的孩子,是一个个期待阳光与雨露的生命,教师就应该成为学生“人的尊严”的守护者,尊重他的自由意志和独立人格,对他们的成长潜能和内心世界给予关注和赞赏。

二、观摩思辨中自我重建

难忘那一次赴桂林观摩全国第一届语文教学评比之行。看图写话课《小足球赛》,注重创设情境,将“静”的画面上“活”了;《卖火柴的小女孩》运用对比练习,学习通过幻觉表现人物心理的写法;作文课“我”,条理清晰地教会学生如何选择独特的素材体现独特的我……这些课有不同,课型丰富,创意无限,无论是传统的阅读课,还是新颖的情境写作课,都仿若一阵阵清新的风迎面吹来。这些课有根基,回归教育的本原,将课堂时间还给学生,将目光转移到方法的传授,学生学习能力、思维能力的培养上,让我们开始有了更多的思考。

这次活动其实是基地为我们安排的多次观摩学习活动中的一次。不管是贾志敏、薛法根、管建刚等名师的课堂风采展示,王荣生、吴忠豪、董蓓菲、薛峰等专家的专题讲座,还是基地学员的课堂探讨、课后研讨,都让人受益匪浅。大家站在不同的角度,充分阐述自己的看法,有的委婉谦虚,有的针针见血,有的独树一帜,有的质疑问难,引起大家无限的思考。此起彼伏,像是一场场激烈的辩论赛。这样的“辩论赛”总是在导师精彩的总结中结束,留给大家深刻的记忆和回味!

在大师们的引领下,我了解了“新中国语文教改的历史”“作文教学的革命”,知道了“如何做课堂视野中的教师”“如何开展课堂观察”,明确了“如何确定教学目标”“如何进行小学作文教学的创新实践”。

这些强有力的专业支持,成为我对教学实践进行重新批判和重建的力量。我努力三省我身,不断地追问自己内容的针对性、逻辑的合理性、文本的潜入性、设问的挑战性、结论的启发性。课前,我反思,看清他人、自己的教学经验;课中,我反思,形成“生成—反思—修改—继续”的思维链;课后,我反思,作有勇气、有智慧的真剖析。在反复的实践中,我的课堂逐渐着力于学习内容本身的品质，更关注培育学生思维品质，提升内容呈现时由方法和过程营造出来的“境”的品质。

三、实做课题间改变方式

难忘那个阳光明媚的日子，我们坐在上师大的教室里，和基地邀请的几位专家就自己的课题进行面对面地、一对一地交流。专家们广博的知识、活跃的思维、独到的见解、丰厚的经验，都为我们提供了有力的帮助。他们在课题内容的选择、框架架构、词句斟酌、立意创新等方面都给予了具体指导。

如果将我们的教育生涯比作一次旅行的话，我想教育科研是改变我们行走方式的有效途径。这五年来，基地导师为我们安排了许多有关课题研究的主题活动。无论是如何做课题的通识讲座，还是专家会诊，都为我们指点了迷津；无论是团队课程建设，还是学员自身的课题研究，都在共同研讨中逐步完善、成熟；无论是学员们在基地中的展示课，还是日常的教学实践，都与自己的研究内容有关。这一系列活动，让我们在混沌中逐步清晰思路，在迷茫中有了方向。

我正在着手做的“在小学中年级语文教学中有序强化句段训练的策略研究”，正是我在教育教学中迫切需要解决并正努力解决的问题。中年级很多学生缺少基本的写作技能，思维混乱，语句不连贯，总是不能准确地、完整地表达自己的思想。很多老师的课堂中也存在着指导无规则、训练目标无层次性、训练重点无渐进性等无序现象，导致教学效果大打折扣，学生能力提高较迟缓。如果通过片段训练，帮助中年级学生顺利度过这个作文能力形成的过渡期，一定能促进其以后的发展。

我的课题很小，可是只要我做真研究，做实文章，那么就会有收获，就能孕育出大智慧。于是，我摸索着将课题与课堂结合起来，不断地尝试着新想法。我重组教材，梳理出小学中年级学生应掌握的句段形式及要求，结合阅读教学，有序引导学生通过体会感悟认识、理解句段形式，通过各种方法帮助学生诵读摘记相关的句段，以此加大积累。与此同时，我又创设各种情境，由扶到放、由仿到创，引导学生运用句段形式，表达真情实感。渐渐地，我的课堂教学借助课题研究向更深处延伸，课堂教学效果对课题研究又起着反哺和促进作用。在课题研究中，我努力打造着拥有自己标识的“课堂明信片”。

五年来，基地高起点、严过程、重实效的培训引领着我们关注课标、聚焦课堂、研究问题，组织我们充分研讨、解决问题。五年来，我们获得的是成长，是一份份珍贵的友谊。未来的日子里，我一定秉承着基地精神，采撷更多的珍珠，串起自己的项链。

创生研究新常态

闵行区七宝明强小学　姚　凤

姚　凤　上海市七宝明强小学校长兼党支部书记，中学语文高级教师。曾在松江区实验小学、闵行区实验小学、闵行区马桥实验小学担任语文学科教导、教导主任、校区分管副校长、校长兼党支部书记等行政岗位。曾获松江区首届"精英辅导员"称号，曾获闵行区首届"闵教杯"中青年教师论坛小学组一等奖，连续两届成为闵行区区级骨干教师。曾参加第六届全国小学作文优质课评选获一等奖，多项课题获市区级一二等奖，多篇论文刊登在《现代教学》《当代教育家》等核心期刊上。

五年前参加上海市第三期名师基地学习的幸运仿佛还是昨日，弹指一挥间，五年的漫漫学习征程已经临近尾声。五年也许在人生的长河中不算什么，但是这个五年对我而言却是翻天覆地的五年。

不仅有幸经历了从中层到校长兼书记的行政岗位变迁，更经历了从百年老校闵行区实验小学到一所从零开始的农村新开办学校闵行区马桥实验小学，再到有着百十年办学历程的七宝明强小学的回归历程。参加名师班培训的过程中有幸同时参加市教委委托上海师范大学承办的上海市初任中小学校长研修班项目。在研修班上不仅作为唯一的学员代表作开班典礼发言，并且三次做学校管理的主题发言，其中两篇发言入选本次研修班学员论文集。学校开办之初申报"新开办学校开发和利用地域文化资源的探新研究"的课题获批成为区重点课题，今年也顺利进入结题，给了我梳理学校管理工作的契机。以此为载体，《发票子 · 分单子 · 树"模子"——我的团队成长之道》一文也公开发表于《当代教育家》第 27 期。

当然,行政管理岗位的变迁也一直制约着自己对学科研究的深入和发展,一定程度上也是一种惰性思维习惯使然,专注于管理工作中,就有意无意地为自己学科研究的停滞找到了借口。名师班的学习彻底打碎了我的惰性思维,激活了我作为语文学科教师的每一个研究细胞。我辗转于嘉定、松江、普陀、青浦、奉贤,尽管路途的遥远让人有些晕头转向,但是基地小组内的四位学员不同风格的特色课堂教学让我受益匪浅。参加"2012 年长三角地区语文教育论坛 · 小学教学专场""2014 小学语文青年教师教学观摩活动"等,没有双休日的连轴转让人有些疲惫不堪,但是来自全国各地的名师课堂依然刺激了我疲惫的神经,对于"小学语文教学内容的确定""小学语文阅读与表达"等活动专题有了研究的兴趣点和兴奋点。吴忠豪教授、王荣生教授、吴立岗教授等来自小学语文教学的高端专家们的专题讲座报告,更是给了我高位的学科研究视野。

回首五年的学习历程,我要感恩领导专家们的引领和指导,感恩李永元和谢江峰两位导师的关爱和帮助,感恩学员们相互之间的情谊和互助。五年的名师班学习所给予我的最大收获不是成绩荣誉,而是帮助我形成了"三课一态"的自发展路径和研究新常态。

一、课题:主攻方向

从最初培训开始,两位导师几乎是"逼"着我们完成学科研究项目申请,起初的我有些不理解:一个课题申请,一次又一次的专家指导,一次又一次的交流沟通,一次又一次的修改完善,是否有些小题大作?正是在这样的一次又一次中,我发现了两位导师对于项目申请如此小题大作的真正目的,那就是期待我们能大题小作。所谓大题,就是我们未来五年发展的大题目,什么样的教学特色,什么样的教学品牌,简而言之就是我们未来的"教学之型"。所谓小作,应该就是期待我们从日常每一节课、每一个点点滴滴的工作研究中的细节入手,从小处着眼踏踏实实地做、勤勤恳恳地做。

两位导师一再跟我们强调,课题研究应该是每位学员的主攻方向。对于课题的确立,我们从寻找自己教育教学中的问题及思考出发,再到寻找相关资料让自己的想法充实起来,再到结合实际梳理成课题申请书,接着按照课题计划书在实践中边行边思边调整边完善,最后撰写成文。这样的一个过程对于我们而言是异常艰辛,也是异常痛苦的。在经历了纠结的抉择之后,从计划到实践,我们总是发现自己最初的设想并不是那么如意和完美,我们徘徊在取和舍之间。

正如我的课题研究项目"小学生低年级诗画作文研究"的提出,从最初来源于实践中的灵光一现,到今天的系统思考,这个过程中经历的是对自己学科教学研究的不断反思和重建,对他人同类研究的不断学习和借鉴,对自己未来发展的不断规划和构建。这个过程中,项目申请书的不断修改和调整已经不是简单地对项目本身的完善,更是对个人未来学科发展规划的不断修改和调整。获批闵行区规划项目,能从实践到规划最终回归实践的研究过程打开了我可持续的发展视野。虽然其间也经历了在左右摇摆中如何坚定研究方向的纠结,庆幸的是,这个过程中两位导师始终坚定地把我们的课题研究作为我们的必修内容,始终关注着我们的课题研究进程,从亮点到困惑,从问题到策略,跌跌撞撞中我们坚守着我们的研究主方向。

二、课堂:主阵地

无论什么样的研究方向,作为一线教师的我们始终需要坚守我们的主阵地,那就是我们的学科课堂教学。两位导师也一如既往地将每位学员的课堂教学研究作为每学期的必修重点。尤为关键的是,导师们建议我们的课堂教学不能是散点的某一次展示,而应该是围绕各自的课题研究主攻方向开展的专题课堂教学。

于是,我们每学期的学员课堂展示都成了课题研究过程的轨迹,透过每一位学员迥然不同的课堂教学呈现,我们可以从中窥见课题研究实践。无论是在基地内的学习研究,还是自己学校内的学习交流,我们始终坚守着结合课题开展专题性课堂教学展示的信念,我们相信通过一节节课的具体研究节点,我们串起的是课题研究的通途。

尽管管理岗位的重压让我几乎一度远离语文课堂的实践主阵地,好在名师班的学习把我又拉了回来。我发现管理岗位提供了我从一个独特的高度,赋予了我对语文学科教学更为宽泛和深远的教学视角,使我更勇于扎根于语文教学的改革洪流中。我不仅顺利完成了华师大通识培训的相关课程,并且在校内我把自己作为教学研究的"模子",从日常课堂的开放开始,我鼓励每一位教师都可以随时推开校长的教室观摩我的专业课堂。我每学期主动邀请全体教师集中观摩我的课堂教学,我传递的正是"勇气模子"。外出学习培训,我第一个带头和大家分享,以系列专题讲堂的方式讲述我的习得点滴,我努力树立的是"学习模子"。在面临学校骨干教师缺失的情况下,我选择的是从校长自身的榜样开始教育教学的探究之旅,以校长的专业课堂、专业讲堂的树模子方式推动研究的起始第一步。当我受邀到浦江民工子弟文馨学校给全校语文教师展示"动物的自我保护"阅读课教学和面向全校教师的"让阅读成为兴趣"的专题讲座,我发现能够站在课堂主阵地上给予他人学科研究的共鸣,这样的独特体验更让我欣喜和兴奋。

三、课程：主流设计

课程始终是两位导师引领我们关注的焦点，培训之初就将“语文教学流派特色分析及经验借鉴”的课程提纲摆在了我们面前。两位导师要求我们从识字教学、阅读教学、作文教学和整体性教学改革几个领域展开课程的具体研究，从当代语文教学各流派的特色研究中进一步梳理课程的内容简介、课程价值、学习目标等。依托导师们智慧的课程整体设计和架构，依托对于过去语文教学变革实验的学习、剖析和借鉴的任务驱动，我们可以感受到的是导师们的精心和用心，我们可以感受到的是当今语文教学研究的主流设计，我们从中收获的是今天的语文教学未来发展之路。在课程的具体研究之路上，重温几十年前的语文教学前辈们在语文教学研究所走过的一路坎坷，我们的感受不仅是他们具体的研究成果，更多的是感受他们对于语文教学的一片赤诚之心。有些语文教学改革实验已经伴随着时代的变迁风光不再，但是他们的研究轨迹留给我们的却是无法割舍的语文人的情怀。

同样，华师大的通识培训课程为我们提供的是从狭隘到宽广的广域专业视野。“世界高新技术研究与产业发展动态”“新媒体发展与其对人际沟通影响”“国际汉语热与中国文化传播的任务”“中国经济发展面临挑战与未来趋势”等系列专题报告，经过中科院院士、高校专家教授等的这些高端视野下的讲述，最大限度地打开了我们这些局限于小学有限的校园视角的教师们的视野。清华大学、北京大学、武汉大学集中国高等学府之大成的名校游学实践体验课程，同样让我体会了何谓登高望远，只有达到一个广域的教育视野，才可以看到教育的无限之潜力。名校的游历学习给我这个“井底之蛙”搭建了一个跳出井底的阶梯，让我可以顺着阶梯慢慢往教育更宽广的一片天空仰望。

“师傅领进门，修行在自身”这句老话言犹在耳，对于今天的我们而言，每个学期的培训同样如此。两位导师将我们领进的是语文研究之门，在这条变革之路上，我想他们更期待的是我们能够形成个性化的研究新常态。如果我们常怀对语文教学研究的爱之情怀，常保一颗对语文教学研究的热衷之心，常守一条对语文教学研究的实践之路，我们的语文教学研究之路可以走得更快、更远！

在碰撞中成长

奉贤区江山小学　张海萍

张海萍　中学高级教师,奉贤区江山小学教导主任,区名师,上海市第三期名师培养工程基地学员,孙赤婴特级教师工作室学员,上海市普教系统优秀青年教师后备人选、区小学语文学科中心组成员。曾获上海市优秀教学工作"君远奖"一等奖,获区第十届教育科研先进个人、区专业发展先进个人、区校本培训先进个人、区优秀指导教师等称号。她坚持聚焦课堂,以课题为抓手,立足真情境,解决真问题,主持多个市、区级课题,多篇论文、案例获市等第奖,并在市、区级刊物上发表。

岁月如梭,盘点着一路走来的日子,忙碌而精彩。一路上,我聆听着专家的谆谆教导,享受着同伴间的思维碰撞,实践着自己的教学梦想……每次培训因为有了相约而变得让人期待……

在基地学习的日子忙碌而充实。一次次的教学专题研讨,一场场高端的具有冲击力的学术报告,一个个充满智慧火花的交流活动,实现了教与学、学与用的双向结合。

我一直记得导师李永元曾说过:要找准一个研究的领域,一直研究下去。这句话震撼了我,让我意识到身为教师专业理想和目标何等重要。

在将近五年的基地学习过程中,让我收获最大的就是"打靶"式的交流指导。我们进行了课题研究方案的多次交流,导师们的点评给了我们最直接的帮助。一定的视野决定了思想的高度。两位导师让我们以课题统领工作,引导我们走研究之路,坚持聚焦课堂,立足真情境,解决真问题。他们为我们牵线搭桥,邀请专家为我们的课题进行多次论证,每一次都让我历经一次洗礼。专家们以鲜活的实例和丰富的知识内涵及精湛的理论阐述,以最前言最权威的教育教学理论武装我们,让我们站在巨人的肩膀上看得更远。

“三人行,必有我师焉!”在这个团队里,我又从“老师”重新回到“学生”的身份,体会“蜕变”的快乐,我也用储蓄的心态看待每一次培训。基地学员的展示课,给了我们一个互相学习、共同成长的平台,感受到了彼此不同的充满个性的教学风格,也感受到了彼此同样的对教育教学工作的那份认真执着。每次听完课后,大家就心有灵犀地开始抽丝剥茧,课堂中的每个环节都被放大,剖析……

记得我在准备基地展示课——“扬州茶馆”时,就紧密结合自己的研究课题——“以学习支架引领课堂对话——改进小学语文阅读教学的实践研究”,针对当前语文教学中存在的教师行为的霸权与控制、学生行为表现的从众与退缩、课堂群体生态的失衡等问题,以对话教学理论为指导,通过对典型课例的研究,努力创设对话环境,为学生搭建对话的学习支架,把学生培养成富有理性的人,让学生通过对话生成个性,提高小学语文课堂教学的有效性。上完课后,导师和学员们就课堂中学习支架的类型及如何有效实施的问题,进行深入探讨。针对朱自清先生文本背后所要传达的情感这一教学环节,大家讨论得特别激烈,每个人都毫无保留地陈述自己的观点。好几位学员提出这一个环节还应留给学生多一点的时间,让学生比较、推敲、揣摩、探究,在反复读悟的过程中理解内涵,从而产生自己个性化的体会。第二天,我就趁热打铁,把导师和学员的建议带到了自己的课堂上去移植,又上了一节实践课,上出了“味道”。这样的碰撞,让我学会了从不同角度去剖析课堂。“进得去,出得来,化得开”。我也在课堂中努力做到放慢节奏,给学生多一点喘息的机会,多一点真正沉下心来思考的时间,真正提高课堂教学的实效性。

在课题方案的中期交流中,我围绕研究主题,从“为什么”“是什么”“怎么做”三个方面进行解读。同时,以“养花”——一堂五年级语文课堂教学展示,进一步分享了在改进阅读教学过程中的思考与实践。课堂中我搭建了三种学习支架,即体验式支架、问题式支架、嵌入式支架,引导学生突破重难点,精巧的整体架构与细节的落实,为学生有效学习提供了支架。此项目也被评为区优秀科研项目。

我们基地这五年的重点工作之一就是“语文教学流派特色分析和经验借鉴”的课程建设。专家们一次次把脉,学员们一次次剖析,一次次修正。为了更全面地了解窦桂梅老师的主题阅读教学,我翻阅了大量资料,进行提炼总结。同时,我还参加了华师大组织的上海骨干教师微课程工作坊高端研修,认真学习信息技术,进一步完善微课程建设。

做一名“思想着的实践者”是我的执着追求。“在研究状态下工作,上课即研究,问题即课题”,我将更专注于语文课堂教学的系统思考,并努力将自己的研究心得付诸实施;将自己长期以来对语文的思考放在一个更高的平台上、更广的范围内加以诠释……

作为区学科中心组成员,区名师,平时无论工作多忙,我都不忘多学习,多实践,大胆开展教学研究,及时总结自己的得失。我先后承担了区级研讨课“扬州茶馆”“金鸡独立”“登泰山观日出”,所撰写的论文《重锤敲击——在语言文字中走个来回》获上海市论文评比一等奖。同时获得“区十佳教育科研先进个人”称号,“区校本培训先进个人”称号、市优秀教学工作“君远奖”一等奖的荣誉。2013 年年底,我顺利通过了中学高级职称评审,并被聘为区中级职称评审评委。

“成功往往属于思想者”,在以后的日子里,我也会一步一个脚印,踏踏实实往前走。“想法决定做法”,基地是给人智慧的团队,五年来基地高起点、严过程、重实效的培训让我站得更高,看得更远,想得更深……

争做“明师”

青浦区实验小学　张筱琳

张筱琳　1979年10月出生，中共党员，现任上海市青浦区实验小学教育集团青湖校区校长，集团党总支委员，青浦区小学语文学科带头人，市双名工程培养基地学员。她热爱教育事业，始终坚守这样的信条：严于律己，勤学习、善思考，能者为师；关爱学生，细观察、多交流，以心换心。曾获得上海市青年教师课堂教学评比一等奖，全国第七届小学语文青年教师阅读教学竞赛一等奖。在上海市小学语文教学优秀论文评选中获一等奖，多篇论文发表于市、区级教育杂志。曾获得“全国百佳语文教师”“上海市园丁奖”“上海市三八红旗手”上海市教育系统“校园新星”等光荣称号。

五年的时间，对于人的一生而言，可能并不长，但是在教师专业发展的道路上，能够有几个这样突飞猛进、不断登攀的五年？名师基地小学语文一组学习的五年中，基地秉承“专宽兼顾，坚实底子，行知合一，求变创新，励志登攀，个性发展”的培养思路，给予我们每一个学员广阔而又充分的展示舞台，让我们在教师职业境界、学科知识理论、学科教学知能、教育教学研究等多方面得到了培养，也越来越使我们清醒地意识到，要做“名师”，先要争做“明师”！

一、磨砺志向——以崇高的师德铸就职业精神

教师这一职业更倾向于从社会地位上而非经济地位上获得尊严。教师在很大程度上是将自己的精神世界来作为自己取之不尽、用之不竭的动力。任何教育教学的基础是老师的精神底子。教师应该不断丰盈自己的精神世界，铸就自己的职业境界。

在书本中亲近大师。导师经常向我们推荐书目，除此之外，我还阅读了《教师不可不知的哲学》《今天怎样“管”学生》《教育是慢的艺术》等。在北京游学归来之后，又重读了《人生为一大事来》。这些书写得通俗易懂，让我们了解了哲学家们的思想中最具有教师图像的部分，也让我重新审视现在的学生和教育的现状，总仿佛看到一位位具有科学方法和人格魅力的大师在引领我前行，也在不断提点我提升教育境界，积累文化底蕴。

在研究中熟悉名师。我们确定“中国语文教学流派简介与分析”作为本基地团队课程，每位学员结合自己的专长和研究重点，认领确定课程内容，在广泛比较的基础上，借鉴经验，作出内涵分析。我重点研究贾志敏、霍懋征、管建刚等名师，认真筛选经验，进行积累借鉴，并做成了微视频，名师的经验在我们头脑中鲜活起来。

在培训中追随导师。导师的示范无疑是一种高位的引领。李永元老师总是勉励我们“没有宽阔的视野，人就难有气象”，做到“既要埋头拉车，也要抬头看路”“欲修成正果需不懈修炼，终无绝期”，一次次教诲铸就我们的教育信念。谢江峰老师经常将他的教学思想和教学智慧的结晶与我们分享交流。“有趣、有用、有情——阅读教学的价值追求”“从学出发，关注语用”等一系列从儿童视角出发，为儿童的学习而教的教育思想和教学经验引发我们强烈的共鸣。他的一系列示范课更是对这些教育思想和理念的最好诠释。

争做“明师”，先应遥望“贤明之师”！

二、坚实底子——以开阔的视野培育先进理念

本届名师基地的学习引入了通识培训，让我们清醒地意识到所处的世界和时代正悄然变化，国际汉语热与中国文化传播、世界高新技术研究与产业发展动态似乎离我们很遥远，又切实感觉仿佛就在身边，也让我感受到作为一名教师，不能只活在自己熟悉的世界中，而应该更多将眼光从自己的身边投向整个世界，深入了解我们所处的这个社会和时代。

每次的教育教学主题报告总是犹如一次头脑风暴，有时可能没有确切的结论，但又似乎在聆听和研讨的过程中收获了许多。“教课文”还是“教语文”，教学内容到底如何确定，似乎大家说得很多都不一样，但又分明是不同的人都在说同一件事，在说同一句话。每一个主题报告留给我们反思的余地和空间又是那么大。“知是无止境的，只有凡事先认定自己无知，然后透过自我反省冥想及向他人虚心求教两种管道，则知就能滚滚而出。”大哲学家苏格拉底为我们的学习给出了良方。

外出交流活动更开阔了我们的视野。在全国名师工作室活动中听到台湾地区李玉贵老师的课堂教学，才似乎真正对“探究性学习”有了实质的了解，对如何让孩子“安静地倾听，独立地思考，自由地表达”；如何“在探索的学习方式中，培养孩子思考及学习的能力”有了切实的体验！

这五年中到香港教育学院进修，到美国加利福尼亚州进行教育教学考察，都促使我活跃思想，反思观念，并通过开设相关的教师培训课程沉淀下全新的经验！

争做“明师”，还要多看，多听，多想，铸就“明亮慧眼”！

三、摸索路子——以丰富的实践锤炼教学艺术

教育教学是一项实践性很强的学问，就像医生的本领多在临床，教师的素质就体现在处理和解决教育教学实际问题的能力上。在研究大量教学实录的基础上，我不断找寻现状中的问题。最终问题聚焦在三个方面，一是如何更精准地判断学情，二是如何进一步丰富学生的学习经历、提高语文能力，三是如何进一步激发学生的潜能。因此我将自己研究方向定位于关注学生学习活动的开展。

如何诊断学情？我开展了《小冰熊》一课的课例研究，通过几次教学实践的不断比对，我得到了如下启示：教的重要任务在于立足于学生已有的起点，充分展示学习的过程；学生学的起点不仅指学生的知识和经验的起点，还包括学生已有的能力和方法，情感与态度的起点；确立学生学的起点要满足学生发展的需求，更要符合学科本质的要求；学生学的起点在不断运动，教学只有起点没有终点，因为课堂中的起点是动态生成的。一个起点解决了，另一个新的起点便又诞生了。对于如何探寻学生“学”的起点，我提出了课前及时诊断、课中敏锐捕捉和课后准确评估等具体的操作策略。

如何进一步丰富学生的学习经历、提高语文能力呢？根据课程标准的思想，结合自身的阅读教学实践经验，我提出阅读教学的任务至少可以分为以下几个层次：培养学生基础的认读、感知的能力；理解、解释的能力，欣赏、评价的能力和迁移、运用的能力，并结合三年级《想别人没想到的》一课教学，让学生在搜索信息中提升认读感知能力，在推测想法中提升理解解释能力，在解决问题中提升迁移运用能力，在迁移运用中提升创新能力。这一课的教学在2015年上海市小语会年会上公开执教，获得了好评。

如何进一步激发学生的学习潜能？我又将目标投向了探究性学习。将自己执教的“蝙蝠与雷达”与台湾李玉贵老师执教的“蝙蝠与雷达”一课作比较，感受地域文化与学科理解的差异中蕴含着巨大的张力与魅力。我真切感受到激发学生潜力关键看“学生是不是真投入”，真的让学生自己去解决问题，从而激发探究的动力，这是前提；其次，“有没有探究的真过程”，学生是否能够熟练运用找到文中的支撑点、联系生活实际、恰当运用投放资料等学习策略；

最后“如何来检测”，看学生是否获得新经验，建构自己的模型。

提出自己的问题，尝试解决这些问题，做“明师”，更要争做“明白之师”！

四、用笔说话——以扎实的科研提升专业素养

基地学习一开始，导师就向我们提出了课题研究的任务，我也重在从实践出发，及时进行总结和梳理，努力做到用笔说话。每次教学研究之后，我都会积累一些相关的材料形成文章，如《教在学生“学”的起点上》荣获第五届华东六省一市小学语文教学观摩研讨活动论文评比一等奖，《预学单：提高小学语文阅读教学作业有效性的好方法》获青浦区第十四届教科研成果三等奖，《基于“课标”和学情有效教学的行动研究》获得青浦区教育科研优秀成果二等奖，多篇论文发表于《现代教学》和《青浦教育》等市区级杂志上。可能这些与专业研究尚有差距，但我越来越清晰地感觉到，只有用笔记录自己的专业成长，才能使自己的步子迈得更扎实，成长也更趋理性，更具前瞻性。

争做“明师”，还要放眼“明日之师”！

这五年来，我进行过 9 次市、区、校级个人专长展示，论文发表获奖十余篇，设计区级以上教师培训课程 2 项，讲座报告 6 次，领衔和参与课题研究 3 项，区级获奖一项，参与市级以上学科类竞赛一项并获二等奖，先后获得市三八红旗手，市园丁奖等光荣称号。面对荣誉与收获，我始终明白，也始终牢记：因为热爱，所以用心；因为热爱，所以用情；因为用心，所以专业；因为用情，方有收获。我也会牢记，是导师的引领和同伴的帮助让我有了这些成长与进步，我也将继续秉承团队精神——追求卓越，不懈登攀！

工欲善其事　必先利其器

松江区教育学院　郑　艳

郑　艳　1976年出生，中学高级教师，上海市松江区教研员，第三期“上海市双名工程”学员，曾获上海市小学语文阅读教学评比一等奖。教育格言是：做一个有思想的教师！

郑老师热爱语文教学，致力于研究课堂教学的有效性，努力让自己的教学更简单、更有效，学生更喜欢。近几年来，她逐渐形成了“简单、有效、语文味儿足”的教学特色。

近几年，郑老师共在区里做专题讲座30余次，撰写学习体会60余篇，发表及获奖文章共17篇，其中三次参加上海市小语会论文评比获一等奖，一次获“华东六省一市”论文评比一等奖，一次获上海市教研员论文评比三等奖。开发的两门课程分别成为区级、市级共享课程。

五年基地学习即将结束，那熟悉的一幕一幕仿佛就在昨天：

导师李永元老师一边聆听我们发言，一边随手在笔记本上记录着什么；听完发言，李老师开始他的独门绝技——问问题，他喜欢用这样的方式来启发我们思考。每一次活动结束，他总不忘吩咐一句：路上小心一点……

导师谢江峰老师常用他的成长故事来激励我们——功在平时。他亲自为我们执教一堂堂研讨课，提醒我们要立足课堂，热爱课堂；他和我们分享他的教育教学专著，催促我们要勤于积累，笔耕不辍……

两位导师，两位巧匠，用他们的智慧和心血打造着我们这一块块“玉石”，他们深知欲成大器者，必先修炼其身，“工欲善其事，必先利其器”。五年里，在两位导师的精心策划、倾力培养之下，我这一块布满瑕疵的“玉石”不断被雕琢,不断被开化,通过学习、实践、反思,逐渐提升了自身的专业实力。

一、学习是借力

导师一直叮嘱我们,要多读书,增学养,求发展。厚积薄发,取决于足够坚实的学养根基。

(一) 向书籍学习

五年来,我潜心阅读的专业书籍20本左右。每一本书都是一位智者,传递一种思想,创造一个世界。

阅读雅斯贝尔斯的《什么是教育》,让我重新审视当下的教育,开始思考教育的本源。特别喜欢书中的这段文字:

> 爱把生命提升到真正存在的境界,它超越了感官的直观;爱的施予,例如在教育中对年轻一代的爱护并非降低格调——除非你被统治欲迷住或是为图利的目的去教育——而是达到自我升华;爱在彼此存在中实现,一个真实的自我和另一个真实的自我在彼此互爱中联系起来,这样,一切事物才能在存在的光辉中敞亮。

教育因为爱,也源于爱。爱儿童,爱这个世界。爱是我们当初选择出发的理由。只有当教育被赋予"爱"的内涵时,它才能真正敞亮起来,才能走向光明的未来。

让我开始思考"儿童""儿童与课程"这些词儿,源于《杜威教育名篇》一书。杜威认为:"儿童的世界是一个具有他们个人兴趣的人的世界,而不是一个事实和规律的世界。""儿童和课程之间明显的脱节和差别,也许几乎可以无限地扩大……"我们每天把自认为是"为了孩子一生的发展"的课程不厌其烦地"教"给儿童,可能很少去思考:我们理解儿童吗?我们的课程适合儿童吗?这样实施课程儿童喜欢吗?结合当下教学,我们是否可以这样追问:为什么我们都有所察觉教学内容"过满"却下不了决心去改变?为什么我们知道儿童的认知与成人的认知之间存在极大差异,但还是要将自己对文本解读强加给儿童?为什么我们推崇"让学",但课堂上仍是牵着学生的鼻子在走?儿童,我们忘了教育的对象是儿童。

读书,做读书笔记,让我对自己从事十多年的教育工作有了更为透彻的认识与领悟;读书,让我原本模糊混沌的教育理念逐渐驱散迷雾,沐浴阳光;也正是读书,让我对教育事业始终保持高度的热情,怀揣美好的信念!

(二) 向伙伴学习

三人行,必有我师焉!基地的十几位学员,每一位都是我的老师。五年里，我们相互学习，彼此滋养！

嘉定区教师进修学院的周雅芳老师通过执教《狼和鹿》一课，为我们展示了她目前正在努力尝试的一种挖掘教材特点、培养学生思维、关注学生表达的语文课新模式。课堂上，周老师关注“对比”，凸显文本特点，带着学生在圈画中感知“对比”，在比较中发现“对比”，在朗读中感受“对比”，在说话练习中体悟“对比”。同时，她的课关注“思维”，引导学生理清事物之间的关系。教学中，她不惜花大量时间让学生在比较中发现事物的变化，在发现中揣摩文章背后的意思，在揣摩中练习有条理地表达。

松江区中山小学的曹伟珍老师基于自身的课题研究，向我们展示了《倾听，留下世界的声音》一课，对如何开展习作之前的材料搜集问题做了很好的尝试。

曹老师以“记录听到的鲜活语言”为突破口设计教学，以达到唤醒学生听的意识，初步学习听的方法为教学目的。她采用讲练结合的方法：先是教师示范，让学生明确“习作笔记”的要素、做法，而后提供素材，让学生练习摘录“鲜活语言”的方法。她的课关注了“听”这一人际交往中最为频繁的交流方式，唤醒孩子们的耳朵，让他们乐于倾听、学会倾听，在听中关注生活，走近生活，亲近生活，同时培养学生养成及时记录搜集材料的良好习惯。

无论是课堂观摩，还是聆听彼此发言，在这个亲密无间的学习共同体里，我们的思想在交流中碰撞，智慧在交流中点燃。

正如导师所言，我们要懂得借力！借书籍之力，借伙伴之力，借大家之力！

二、实践是蓄力

（一）在课堂中实践

2013年10月16日下午，我代表基地学员在杭州市安吉路小学执教《赵州桥》一课。课后，导师李永元老师给我做了点评：

> 郑老师的“赵州桥”的教学给我的总体印象是朴素、条理清晰、细腻。……第一，关注文本的特点和学习难点……第二，读为本，朗读教学贯穿教学全过程……第三，关注学，注意培养学生的语言学习能力。一点建议：本课教学在学习的难点、重点上用力还稍显不足，对于难点、重点、关键点，我们是应当不惜花大功夫的，本课教学如能在这方面更充分些，保证其教学的穿透力、透彻度，其效必定更好！

听了导师的建议，我又一次调整教案，在教学重点段落时，作了如下调整：

先让学生读懂每一句话主要介绍什么，再用自己的话来说一说这种设计具体指什么，在此基础上，引导学生借助关联词“既……又……”读懂这种设计带来的两个作用，最后通过“与李春对话”的方式，让学生深入文本，进一步体会我国古代劳动人民的“智慧”，从而感受赵州桥“坚固”的特点。从教学效果来看，让学生“与李春对话”这一环节的教学，的确发挥了引领学生逐步深入文本的作用。学生在质疑、解疑中慢慢走进文本。因为在这里花足了时间，学生的学习充分了，教学的穿透力、透彻度也就彰显出来了。好的教育，一定是用足够的时间，让孩子沉浸其中，乐此不疲；一定是用足够的耐心，看着孩子慢慢长大，静静绽放！

两位导师一直敦促我们要立足课堂，站稳课堂，名师一定出自课堂！五年里，我一共上区级公开课14节次，4次赴外区县执教研讨课，2次赴外省市执教研讨课，期待自己有朝一日能形成“以生为本，智慧高效”教学特色。

（二）在工作中实践

是巧合，也是缘分。基地学习五年正是我开始做教研员的五年。导师教导我们要让学习与工作紧密结合，让学习提高工作的品质。五年里，我循着“基于问题，发展个体，带动团队”的思路，积极开展区域教研指导工作。

过去一年，正是上海市教委全面推开“基于课程标准的教学与评价”这项工作的一年，在制定区域教研计划之前，我广泛听取了老师们在落实这项工作遇到的问题。结果梳理出三大主要问题：第一个问题：市教委规定一二年级不布置家庭书面作业，没有家庭书面作业，课堂要发生哪些变化？第二个问题：一二年级的学生落笔的量少了，他们升到三年级怎么办，年段衔接怎么落实？第三个问题：语文老师既要承担语文教学，又要承担写字教学，如何来提高写字教学的质量？

根据这三个问题，我们和几位骨干教师共同确定了一年的教研主题：如何在课堂中落实纸笔练习。我们从三个方面展开实践研究。第一个方面：通过课堂实践来探索课内完成写字任务的具体策略。在东华附校开展的教研活动主要探索两课时完成一篇课文的教学，并落实写字的任务。在中山小学开展的是一课时完成一篇课文的教学，并落实写字的任务。研究发现，要想真正减轻一二年级学生的学业负担，必须紧扣年段教学目标，精选教学内容，凸显核心任务。

第二个方面：通过课堂实践与理论学习相结合的形式探索如何在一二年级开展看图说话写话教学。这一做法主要是针对老师们提出的年段衔接的问题。很多青年教师反映这类课是很重要，但不会上，怎么办？那就请学科名师带头上。上学期，两位学科名师分别执教一幅图、多幅图的看图说话写话课，教研员在课后为老师们做了关于这一主题的微型讲座。这样做的目的，是力求将理论与实践紧密结合起来,使与会老师不仅知道这类课可以怎样上,也能明白为什么要这样上,还有没有别的不同的上法。这一项工作,这学期继续在进行。

第三个方面:根据老师们提出的在写字教学中遇到的问题,我们集中区专业书法教师的力量,写字教学经验丰富的语文教师的力量,由区书法教研员谢贵民老师带头,给老师们上研讨课,并做微型讲座。记得有一次活动的主题就是"一个字的主笔到底怎么确认"。针对这一问题,谢贵民利用自己在写字教学方面的经验,为老师们上示范课,课后还做了微型讲座,与会老师很受启发。

一次次的历练,让我愈加成熟;一次次的突破,让我信心倍增!只有不断实践,我们才能不断积蓄力量,向着下一个目标迈出更加稳健、更加坚实的脚步!

三、反思是助力

有人说,有老师的课是一堵墙,有老师的课是一扇窗。我很害怕自己是前者,所以提醒自己要时时反思。反思力,是一位优秀教师必须具备的学习能力。五年基地学习,两位导师教会我们如何在反思中得到力量。

(一)在专家指点中反思

五年来,我们有幸聆听了黄玉峰、吴忠豪、王荣生、董蓓菲、丁炜、谭轶斌、薛峰等众多教授、专家的专题讲座。视野在聆听中拓宽,思维在聆听中碰撞。

2013年3月12日,听薛峰老师关于"充分关注表达,提升语言素养"的专题讲座。丰富的案例、专业的分析、精辟的点评,不断引发我对语文教学的种种思考。

当下语文课堂教学"教得完整"和"学得充分"之间的矛盾还比较突出。

因为追求"教得完整",于是就出现老师"赶"着学生上课的现象,出现一个个环节走过场的现象,就会出现老师上是上过了,可是学生却没有学过的现象。

学生始终在扮演着"配合者"的角色。深究其原因,则是教师对自身角色的定位问题,是教师对何谓"学习"的认识问题,是教师对"生本"理念的实践问题。

"教路"即"学路"。这之前,我思考过"教路",也思考过"学路",却很少去思考"教路"即"学路"。教学理念的更新,带来教学行为的改变。解读文本时,我们除了站在教师的立场,还要站在学生的立场,尽管完全换位是不可能的,但我相信,至少可以越来越靠近。在选择教学内容时,不能一味地考虑自己认为应该教什么,更要考虑学生需要学什么。在选择教学方法时,不能从自己的喜好、特长来考虑,更是要从学生的实际需求、年龄特点、认知水平来考虑。如果我们的"教路"非学生的"学路",叶圣陶先生的"教是为了不教"这句至理名言可能是很难实现的。

2016 年 3 月,导师带我们赴福州学习,这期间几位专家的指点让我有醍醐灌顶、振聋发聩之感,深受启发。华师大李政涛教授说,课堂要看到学生的"生长",否则就是无效的课堂;吴忠豪教授认为小学语文教学要重视语言积累,要重视语言实践。从吴忠豪教授在活动即将结束时作出的关于几堂课的评价中,我发现他评课的标准就是看这一堂课后学生有多少提高,有多少收获。得到听课教师高度评价的蒋军晶老师的课,吴教授也客观地从学生收获的角度提出了两处不足:一是给学生练习写作的时间不够,二是教师的点评没有让学生后面的修改得到提高。

这些专家的指点无不提醒我们课堂教学要关注学生的"生长"。当我们把目光转向学生的"生长"的时候,我们才会淡化自己,甚至退出自己。这样学生的"生长"才有可能实现,因为"生长"需要时间,我们要把时间留给学生去思考、讨论、质疑。"生长"还需要空间,我们要改变单一的"教师—学生"交流的方式,教学组织方式尽量要以小组合作的形式,让学生与学生之间发生交流,发生碰撞,发生"生长"。"生长"还需要放权利,教师要把提问权、质疑权、评价权放给学生。

这一次福州学习,让我进一步明确:研究学生是我们教师专业素养提高的一大挑战,但却是绕不过去的一道坎,只要这道坎被我们绕过去了,我们就能越来越了解儿童,越来越了解儿童的学习。当我们的眼里装满学生,心里装满学生的时候,我们的课堂教学才可能挣脱应试的樊笼。这样,语文教学的康庄大道就自然能展现在我们的面前!

(二) 在课题研究中反思

2015 年 4 月,在两位导师的多次指导下,我确立了一项课题——基于"充分学习"的小学语文课堂教学改进研究,并切实开展课题研究工作。课题组成员本着"直面问题、立足课堂、提炼经验、改进教学"的初衷,朝着"如何让学生经历充分的学习"这一研究方向,以"研究学生学习"为突破口开展实践研究。一年多来,我个人就"充分学习"这一话题反思教师的课堂教学,并撰写教研日记十余篇。下面是 2015 年 12 月 8 日教研日记节选:

提出小学语文课堂教学要关注学生的充分学习,是因为发现部分教师在教学的时候没有给学生充分的学习时间、学习机会和学习空间,导致教学走形式,走过场。最近,听了樊老师执教的《国庆的晚上》一课,从课堂表现来看,樊老师努力在促成学生学习的充分,但是,当我们在专注于一个问题而开展实践研究的时候,会有改进,同时也出现了"适度"的问题。樊老师的课堂教学给我的启发是:关注学生充分学习有"两要"和"两不要"。

一、两"要"

1. 要让学生有"再来一次"的机会

樊老师在教学过程中非常注意给表现得并不怎么样的学生第二次机会。比如,当学生读音不准时让他再读一遍,当学生回答声音太轻时,让他大声地再说一遍。这种由 A—A 的形式,让学生在原有基础上不断突破。还有一种形式就是由 A—B—A,这里的 B 可以是学生,也可以是老师,主要是为了给 A 生做示范,使 A 生明白怎么做可以提高。这两种形式都让学生有了第二次甚至更多的机会,学习就是在不断地改进中发生的。

2. 要让机会从个体到集体的转移

如果只关注个体,不关注全班,学生的学习仍是"不充分"的。樊老师在教学就比较重视让机会从个体到集体转移。比如,在教学"国""庆"两个生字的时候,樊老师先请个别学生说怎么记住字形,然后再请同桌互相说一说。后面一个环节看似可有可无,实际上是非常有意义的。它能让全班学生都参与到课堂教学中来,这样也就一定程度上解决了个体与集体之间的矛盾。

从以上的"两要"中我们发现,学生经历充分学习的过程,是需要教师有"静待花开"的耐心和"不能少一个"的胸怀的。但是,若要把握"充分学习"的度,使得这一关注是适切的,而不是过度的,就要注意避免两"不要"。

二、两"不要"

1. 如果学生会了,"不要"在人数上机械重复。樊老师在教学中几次出现学生会了的内容还要重复抽学生练习的问题。比如说,对于一个后鼻音的字,老师不厌其烦地请了十多位学生来读,这就要引起我们的反思:课堂教学时间毕竟有限,这就要求我们根据学生的实际情况来思考这个字的读音学生到底有没有问题。如果没有什么问题,有没有必要为了凸显机会的充分而请十多位学生呢?答案显然是否定的。这样看来,所谓的"充分学习"一定是有一个前提的:从学生角度来看一定是存在一定问题和具有一定难度的,是学生在学习过程中一个必须克服的障碍,学生经历这样的过程之后一定会增长的。这样的"机械重复"不能要。

2. 如果学生还有上升的空间,"不要"在同样的层级上简单重复。比如说,在指导学生朗读"无数彩色的火花从天上落下来,像流星,像菊花,像珍珠……",樊老师希望学生把"亮丽的火焰"读出来,提出一个要求就好像给学生的一个上升的空间,但是,如果老师只给空间,却没有给出具体帮助学生读好这句话的抓手,大部分学生都浪费了这个空间,因为没有上升。课堂中几位站起来读书的学生几乎读得都差不多。

再比如:樊老师请学生用上"像……像……像……"来说话,从师生的互动中可以看出,几位学生说的都是在一个水平上。横向看,个体与个体之间没有提升;纵向看,个体在原来的基础上没有提升。这样的学习,空间是给学生了,但因为没有给学生上升的台阶,学生没有进步的方向,结果就出现了"原地打转"的现象。这种没有经历"上升"的学习,也是"不能要"。

由此看出,学生学习的充分是离不开教师的指导与点拨的。

关注学生的充分学习应该是给学生改进的机会,给学生参与的机会,让学生有进步的空间,让学生有增长的经历,有越说越好、越读越好、越练越好、越思越明的经历,而不是简单意义上的多说,多读,多练。如果学习没有提高,充分就没有意义,说得严重点,就变成了浪费时间。

撰写教研日记为课题研究记录及时的思考轨迹,既提高了自己思考问题的深度与广度,又促进了自己养成知行思相结合的习惯。课题研究至今,我们对学生学习的认知在逐渐深入,不少老师已经开始有意识地关注学生的学习,研究学生的学习,他们的课堂教学、教学理念在悄悄地发生改变!

五年来,因为学习、实践、反思,我也收获着成长的喜悦:共在区里做专题讲座30余次;撰写学习体会40余篇;发表及获奖文章共17篇,其中三次参加上海市小语会论文评比获一等奖,一次获"华东六省一市"论文评比一等奖,一次获上海市教研员论文评比三等奖。另外,开发的课程"三年级下册第五单元教学内容的确定"成为市级共享课程,"小学语文单元教学研究"成为区级共享课程,课程"如何落实基于课程标准的教学"参加了市级新教师课程评选。

借力、蓄力、助力,通过基地这一平台,我们借梯登高,借船出海!五年基地学习,紧随两位导师的脚步,我如同一个登山者队伍中的新手,虽步履蹒跚,但也在拾级而上;虽未看见山顶,但深信无限风光在前方!

咬定青山不放松　立根原在破岩中

嘉定区教师进修学院　周雅芳

周雅芳　女,1976年3月出生,中共党员,中学高级教师。嘉定区教师进修学院小学教研室主任,小学语文学科教研员,同时兼任市小语会副秘书长,市青语会副秘书长,嘉定区小学语文学科带头人,小学语文项目工作室主持人。从教22年来,始终醉心于小学语文教学,承担十余次市、区级教学研讨课任务,撰写论文多次获得全国和上海市教学论文评比一等奖。她始终能立足教研岗位,关注学生核心素养,不断提升教研品质,创新服务手段,改进教师培训项目。近年来,引领区内一大批青年教师迅速成长,指导多位教师在上海市中青年教师教学评比中获得特等奖、一等奖。

2012年春天,我走进了上海市第三期双名工程小语一组,开始了为期五年的培训。五年转瞬而逝,我与导师和伙伴们始终坚守着每周二的约定。期间不论工作岗位如何变化,工作节奏如何加快,工作角色如何转换,我和我们始终在这里,坚守着我们共同的小语园地。五年,两位导师、十四位伙伴,我们庆幸因为小语而结缘。五年来,我们沉浸于语文学科本质的探究,执着于课堂学习取向的追求,正所谓"咬定青山不放松,立根原在破岩中"。犹记得,第一次活动,谢江峰老师以"春天里,我们走在一起"拉开了我们学习的序幕,现在走过一次次四季更迭,我回望五年的点滴。

一、亲近长者,感受专业精神

基地班两位导师,老少组合,各具风格。所谓亲其师才能信其道,亲近这两位同为上海市特级教师的导师,就能感受到来自他们身上的无穷力量。

（一）专业执着，竭尽全力

李老师历年来都是上海市名师工程的导师组成员，导师工作既繁杂又辛苦，但业已退休的李老师始终对我们这支小学语文骨干教师队伍的培训兢兢业业，这不得不让我们感叹于他对“小语”的不离不弃，惊叹于他的专业执着。每一次活动后的点评都让我们看到他的学术底蕴，他对我们专业成长的悉心指导。应该说，李老师的很多话潜移默化地改变着我的学习方式和工作方式。“千忙万忙，不能放弃读书。”“语文教学要关注学科和育人，别的人可以走小路，可以急功近利，但语文老师绝对不行！”“知道从哪里来，才能更好知道去哪里。”“研究就是不破不立。”……这些话都是李老师对我们说的，我随手记下，又反复咀嚼，逐渐实现自我的内化。现在专家很多，但能时时说出一些激发思考的，能够引起听者内心触动的却实在不多，而李老师就是这样的真专家。正是在李老师的时时鞭策下，我养成了随手记、随时思的学习习惯，也逐步养成了在工作中抓核心，求突破的风格。

（二）以身作则，谦虚治学

谢老师是一位年轻的特级教师，专业领域的成功是有目共睹的，但我们从未看到过他的沾沾自喜，我们看到的是他在活动后积极参与讨论，在要求我们完成作业前他的身体力行；看到的是他身为一校之长，工作千头万绪的同时还井井有条地安排好我们的每一次培训；看到的是他时时将思考化为行动，身为导师却谦虚治学的态度……

特别让我钦佩的是谢老师一次次走进课堂，为我们展示他的教学风采。虽然上课对他来说早已驾轻就熟，但可贵的是谢老师每一堂课都带着思考，带着他最新的研究成果，他的儿童视角，“为儿童而教”的理念深深影响着我，“为儿童而教”已成为我观察课堂、观察师生、实践教学的重要基准。

两位导师一老一少，虽各具风格，但却有同样的对小学语文教学的赤子之心以及对专业追求的严谨、大气。我想两位导师除了对我们进行专业指导，这份精神的传递与感召更是我们每一位基地学员最宝贵的财富。

二、结交学友，共享团队力量

14 位基地成员，来自本市的 6 个区 12 所学校，彼此之间有 5 年的时间，足以让大家从陌生走向熟悉，甚至成为知己。不同的区域特色、不同的教学风格都成了我们学习的绝好资源，为大家彼此间的学习交流创造了更多的可能。

（一）放下过往，一起出发

我们 14 位伙伴中，既有学校校长、党总支书记，还有德育主任、教导主任，既有普通一线教师，也有学科教研员，其中多位更是参加过上海市乃至全国教学评比的能手，可以说参加基地学习的伙伴们都承担着不同的角色，或多或少取得过一些成绩，获得过一些荣誉。但走进基地，我看到的却是大家对待学习相同的认真态度。每周二，走进基地的伙伴都只有一个身份，那就是学员，我们放下过往，在同一起点结伴前行。

2006 年我从基层学校进入区进修学院教研室，虽然还是常常进入课堂，聆听教学，但踏上讲台的次数屈指可数，自己的教学与研究不可避免地进入了瓶颈。2012 年进入基地学习，与伙伴们重新出发，我也再次品味到了成功的喜悦。5 年中有一项课题被列为区级课题，8 篇论文获得全国小学语文教学优秀论文评比、华东六省一市小学语文学科教学论文评比、上海市教学小学语文教学优秀论文评比一、二等奖，另有 11 篇论文获得公开发表。

（二）团结协作，共同成长

在团队中的学习被学者们公认为是最有效的学习，因为团队的协作本身就是一份可贵的学力。我们在一起，就形成了学习共同体，互相帮助、互相促进甚至互相监督，每一位同伴的学习加在一起会形成一加一大于二的正能量。很多学习心得我们通过交流得以分享，很多学习任务我们通过研究共同解决，很多智慧火花也在彼此合作中迸发，很多作业质量也在互查中提升。

五年中我们陆续完成了多次专场展示，还承担了上海市双名工程文科组的首场市级展示，完成了“小学语文名师教学思想和案例”团队课程的撰写与拍摄，均受到上级领导的高度赞扬。

三、反思教学，明确研究方向

（一）一语惊醒梦中人——启动项目

基地要求我们每个人都要有自己的研究方向，最初我在几个选点之间徘徊，不知取舍。此时李老师的一句话如醍醐灌顶：“现在作文教学、识字教学等都有较为清晰的眉目，阅读教学问题最大，我们要有攻坚克难的精神。”正是这句话让我最终决定将关注的目光聚焦于阅读教学。

阅读教学一直以来都是我们语文教学的重头戏，也是课程改革过程中人们最舍得花时间、费精力的部分，但目前在阅读教学领域仍然存在着很多问题和不尽如人意的地方。一个学生若生病了，数学课不听、英语课没上就会很着急，直接影响他最后的学习成果，但语文课多上一节、少上一节常常被认为是无关痛痒，这也从另外一个侧面反映出阅读教学的效益低下。那么阅读教学路在何方？如何让阅读教学产生高效益？研究主题“读者意识下的阅读教学深化研究”就在这样的思考中逐渐清晰，并开始启动。

（二）咬定青山不放松——实施研究

要改变阅读教学现状最根本原因就是要改变阅读教学面目不清的问题。市教研室为了改变这一现状提出了“充分关注表达，提高言语素养”的主题，这一主题的提出是落实学科本质、研究教学内容的一个有力抓手，引导广大一线教师在阅读教学实践中关注教学内容的确定，认识学科本质，减少茫然和随意，这极大改善了当前小学语文教学的现状。但在具体实践中，我们也不难发现，不少教师在确定教学内容时从以前的不重视，到现在只关注作者的行文思路、表达方式、布局谋篇、选材组材、表现手法和语言应用，只以文本为中心来引导学生进行读解，显然这是从一个极端走向了另一个极端。把本来具有创造性、生成性的读解过程变成只恢复作者原意或反映课文自身意义的过程。

面对这样的现状，两位导师引导我在“充分关注表达”的基础上，进行强化读者意识的阅读教学的深化实践与研究，重在引导学生在阅读中实现对教材文本的创造性阅读，拓宽阅读教学的通道，在以作者、文本为中心的文本解读外，补充完善以读者为中心的文本解读。这绝不是对以往阅读教学的否定和颠覆，而是在此基础上的补充和完善。明确研究方向后，项目的解读、研究步骤就得以在实践中一一落实，并沿着既定的方向有条不紊地走下去。

（三）锲而不舍金石镂——初见端倪

做研究是很辛苦的，特别是对缺少专业背景、理论储备较为薄弱的我来说尤甚，但在导师一次次指导下，同伴的一次次互动交流中，研究的框架逐步清晰。特别是研究的最终目标已经清晰可见——创建学习取向的阅读课堂。

多年来，许许多多国家的研究团队对儿童的动机、发展与成绩进行了大量的研究。在这些研究中，反复出现了一种划分，即任何学习者，在给定的环境下，都会采取某种取向，一端是“学习取向”，另一端是“成绩取向”，每一个学习者处在这两端之间的某个点上。同时这些研究都显示：具有较高学习取向的学生，更能选择使用深度学习策略，更能坚持不懈，他们使用的学习策略更多，并对自己的学习有更多的元认知了解，他们还能更好地使用自我激励的策略。读者意识下的阅读教学就是要通过项目推广、成熟案例的展示引导广大教师形成创建学习取向的课堂的自觉性，不仅在语文教学中追求学生积极主动学习的姿态，更追求学习的有效，坚持对语文教学效益的追求。

在把握学科特征的基础上，我们的研究就是要从读者意识这个视角，通过调整教学关系、改进教学方式、培养学生主动阅读的姿态和会读会学的能力，进而帮助学生提高阅读能力，提升语文素养。

（四）风物长宜放眼量——期待成效

第斯多惠说得好：“谁要是自己还没有发展、培养和教育好，他就不能发展、培养和教育别人。”当前，面对新课程新的设计思路、新的目标要求、新的内容体系、新的实施策略，面对急剧发展变化的教育对象，教师必须不断更新自己的教育教学观念，丰富自己的学识，拓宽自己的专业知识，提高自己的教育教学能力，从而适应不断发展的教育教学的需要。“读者意识下的小学语文阅读教学深化研究”是想要站在新形势下展开的阅读教学的针对性研究，并引导广大一线教师藉此展开思考与实践，在师生合作中创建高质量的学习，实现“自能读书，不待老师讲”的理想状态。所以项目研究说到底只是一个抓手，而能在一定区域内引发广大青年教师的反思学科本质、激发改进教学的热情才是最终目的。所以我在项目研究实施的过程中作为区学科带头人于2014年初成立了区小学语文名师工作室，团结区内的骨干教师、教学新秀共同关注并改进我们的阅读教学，并借助团队的力量逐步形成区域辐射。我还两次为中国教育学会小学语文课堂教学创新高级研修班做专题讲座，介绍项目研究的一些思考。

曾经，繁忙的工作让我习惯了给自己找很多理由，忘记自我加压，缺少学习规划、没有目标意识……如今，五年的基地培训已然给我带来了深远的影响，也引导我以更积极的状态投入工作，五年中我被区教育局记功一次，记大功一次，并被评为区园丁奖，区教师进修学院优秀党员，被聘为第三届上海市青语会理事会副秘书长，上海市小语会副秘书长。我确信未来将会有更丰富的学习历程等着我们去体味，“春天里我们走在一起……”，那么在硕果累累的秋天让我们细数收获，重新出发！

基地须臾三载　吾当三省吾身

上海市科技艺术教育中心　朱　青

朱　青　高级教师，教育硕士，曾获普陀区“优秀园丁”、普陀区教学能手、全国“双有”德育工作先进个人等荣誉称号，还曾获上海市“唐君远基金会”奖教金二等奖、第二届“鲁迅青少年文学奖”优秀指导教师奖、光明优+杯第二届“让青少年读懂中国”征文活动教师指导奖、上海市青少年健康教育主题活动优秀指导教师奖、普陀区中青年教学评比二等奖、全国首届“小学信息技术与学科整合教师教学技能比赛”一等奖、第二届全国中小学新媒体新技术教学观摩研讨活动评比三等奖、第九届“全国中小学信息技术创新与实践活动”网络教研团队赛项一等奖。撰写的《小学语文反思性教学的实践与思考》荣获全国语文教学论文三等奖，《试论语文课堂教学中的预设与生成》荣获全国教育科研创新成果奖一等奖。

“未经凝视的世界是毫无意义的。”虽已不记得此话出自哪里，但它却清晰地烙印在我脑海。

2012 年，我有幸成为市小学语文名师培养基地的一员，须臾已三载。这期间每两周的周二，我们 14 位学员与导师们暂且放下高密度快节奏的工作，聚在一起，或是聆听专家学者的报告讲座，或是观摩名家名师的课堂，或是听评学员同伴的实践课，或是开展一个个话题的讨论交流……共同徜徉于小学语文的世界，凝视于精彩纷呈的课堂教学，自由呼吸着小学语文课堂教学变革与探索的新空气。我安逸于这样的氛围，在静静地凝视中学会思辨，在默默地实践中求索小学语文教学的真谛，我亦慢慢成长。

一、博观厚积，为我打开视阈之窗

这五年，其中一大收获就是能走近名师、走近名家，与名师名家们近距离地接触，让我体会到了名师走过的艰辛之路，让我领略到了名家独到的教学思想，大大地开阔了我们的视界。

（一）师法乎上

聆听了李永元导师的"教学模式的研究与应用"讲座。李老师对当前小学语文教学现状的深邃思考，和对其未来发展的敏锐洞察力感染着我，启迪我进一步实践和反思。李老师孜孜以求的敬业精神，诲人不倦的人格魅力，让我领悟他的那句话："人、事都是一面镜子，欲成正果须不懈修炼，终无绝期。"

聆听了谢江峰导师的"基于学情的'语用'研究与实践""从'学'出发的阅读教学价值追求""课堂——从学生出发"的讲座。他用鲜活的实录，生动的案例传递着他坚守践行的"做学生喜欢的语文老师、上学生喜欢的语文课、上对学生有用的语文课，为儿童语文而教"的教学思想。使我明白，语文教学一定要从学生实际出发，语文教师最具匠心的就是对言语的精湛理解与分析。

聆听了吴忠豪教授的"新中国语文教改述评"的讲座。他用小学语文教师的话语系统，讲述语文教育的大问题。他不是从理论到理论空泛和飘浮的谈论，而是从课例、从实践、从语文教育传统和中外语文教育的对比中传授语文教学之道，这些简单而深刻的道理深深地浸入我的骨髓，使我领悟到小学语文阅读教学的构建要以学生为主体，要从学生兴趣着眼，要以听说读写为主要教学内容，要以有效训练为主要教学方法，让学生在语言文字的浸润中启迪思想、收获智慧。

聆听了董蓓菲教授的"语文教师的专业发展"讲座。她科学的分析、深入浅出的讲解，让我明白研究学生了解学生是教学成功的根本，掌握语文教学心理是提高语文课堂教学质量的前提。她为我点亮了一盏走向语文教学未来的明灯，愿自己能在语文教育心理学理论的滋养下走出一条带有鲜明个性的语文阅读教学之路。

还聆听了丁炜老师的"微格教学与小型语文课堂教学观察"、郑润洲老师的"教育科研中的行动研究"、薛峰老师的"充分关注表达，提升语言素养"等讲座。每一次专家的讲座都给予我丰厚的学养，开阔的视野，远大的目光，宽广的胸怀，为我打开了教育不同领域的视阈之窗。

（二）纳善于读

名师引路，多多阅读，汲取学养，慢慢成长。三年来，无论闲暇旅游，还是工作出差，我都不忘携书一本，或夏丏尊、叶圣陶的《文章作法》《怎样写作》《文话七十二讲》《语文随笔》，或于漪的《岁月如歌》，或潘新和的《语文：表现与存在》，或黄厚江的《语文的原点》，或刘彭芝的《人生为一大事儿来》，或窦桂梅的《回归教育的原点》，或苏霍姆林斯基的《教师的时间从哪里来》……回头盘点，书阅不少，不知不觉，知识结构日益完善，专业底蕴日臻丰实。

每每阅读，总欲罢不能的是《读书成就名师——12 位杰出教师的故事》一书。这是一本厚重的书，厚重于：名师们的底蕴是靠书堆起来的。他们在阅读中浮躁的内心归于理智与宁静，在阅读中丰盈充实、丰厚素养，在阅读中系统构建自己的知识体系，在阅读中增加生命的宽度与厚度，阅读已是生命的一部分。我顿悟，但凡如我这般禀赋不足之人来说，书读得多，不一定立竿见影，但不读书，少读书，必定无底蕴，故唯有多读书。一个有文化底蕴的教师才能向学生输出正能量，让学生感悟教育教学的魅力。

以前我常困惑，同样读书一本，为何别人读后有所思考，有所领悟，有所改变；而我读后似雁过无痕，叶落无声？名师的故事让我找到了答案：不仅要多读书，读好书，更要会读书，会思考。要善于把书中静态的文字，转化为现实动态的行动；要善于把他人的好做法，改进运用到自己的教学实践中；要善于汲取他人的智慧，提升自我的能力。

每每阅读，常让我合书冥想的是《我的教育视界》一书。我在窦桂梅老师以叙事和反思为形式的行文下，分享了她域外访问时的"教育视界"，感受到她对教育情境的细致精微且可贵的教育理解。

书中几乎没有学术性的结论，但常见给人启示的"格言式"的语段；没有逻辑链条串起的论证，但常见让人跟着感悟、跟着感动的生动细节以及真诚、真实的赞叹、疑惑和感慨。"事"与"思"自然地链接在一起，有的近乎是"事""思"和"诗"的融合，感性"沉吟"与理性"沉思"交织交融，有深有浅，有隐有显，时时生发，让人凝神留恋。

书中窦老师的"教育视界"，让我看到了情趣盎然、意蕴丰饶的"好的教育叙事"的视界。我感受她激扬的文字，体验她细腻的情感，惊叹她出众的文采。

三年来，当我徜徉书山学海时，阅读的价值取向亦慢慢转变，变功利阅读为兴趣阅读，变强迫阅读为意志阅读，变纯专业化阅读为多元化阅读。我想：当教师自觉阅读，当阅读融入生活中成为一种习惯，成为一种抬高人生的精神动力，教师何愁不能"胸藏万言任吞吐，腹有诗书气自华"？

二、切磋博采，带我走进教艺之门

这三年，我们 14 位学员与导师，从陌生到相识，从相识到相知，特别是经历了北京—武汉的游学，桂林的教学观摩之后，我们都已成为很好的朋友。基地的活动为我们提供了互相学习、相互取经、专业成长的平台。在观摩名师课堂，研讨同伴课堂中，我领略名师风采，感悟语文课堂教学的魅力。

（一）领略名师风采

我观摩了基地主持人谢江峰导师，以及贾志敏、步根海、薛发根等特级教师精彩的课堂教学。他们深入的解读文本、巧妙的设计教学、精湛的教学技艺，这些无不令我叹为观止。

谢江峰导师执教了《泼水节的怀念》《天窗》《想别人没想到的》三堂课。虽说这三课，课文篇目不同，上课地点不同，教学内容不同，教学策略不同，教授学生不同，但相同的是每一堂课，他都以"为儿童语文而教"为目标，从学生的学出发，从文本内容入手，关注文本的表达方式，语言训练扎实有效，实现着从"教课文"向"教语文"的华丽转身。

每一堂课，他都把激发学生的言语能力，培养学生的言语智慧，融汇于便教利学的全过程。每一堂课，他从思维训练的深度，联系生活的广度，语言文字运用的力度入手，由浅入深，由此及彼，由文及我地引导学生在阅读中思维层层推进，思维的火花时时闪现。每一堂课，他对文本独特钻研，对学情深入分析，对文本语言文字敏锐洞察，对言语表达运用精准把握，把语文的知识传授与能力培养都教在学生"学"的起点上。每一堂课，我都沉醉于他那洋溢着浓厚的语文情怀，弥漫着醇厚的语文气息，充盈着浓浓语文味的课堂。我更钦佩，他多年来自始至终对于"为儿童语文而教"教学理念追寻与探索的那一份坚守。

印象较为深的还有薛发根老师在大宁国际小学执教的《猴子种树》一课。整堂课，他充分调动学生学习的主动性、积极性，课中看不到训练学生的痕迹，却能感受到每个环节都在让学生进行读、听、想、说的实践，教师与学生在学习文本的过程中浑然一体。虽然课堂上学生的言语表达水平差异大，但薛老师都耐心听完每一个孩子的发言，及时调整教学节奏。这让我想到，课堂教学目标的预设固然重要，但是教学目的指向的多元也不能忽视。文本的阅读可以多元解读，在聚焦教学目标的同时，还要以更开放的心态对待文本的理解，让孩子能在互相交流中接受同学所讲的更多的想法，因为学生的交流中也有文本的价值所在。

如《诗经》一般，结构反复出现的长课文在低年级中该如何教呢？课堂上，我看到薛老师的教学设计打破了传统的、碎片化的教学模式，而是把握住文本的个性，从字、词入手，经纬交织帮助孩子梳理文本的脉络，整体感知文本内容。他生动地诠释了"老师不是教教材，而是用教材教"的教学原理。

（二）观摩学友特色

学员实践课使我们的活动地点不再局限于青浦教师进修学院，我们来到普陀、松江、奉贤、闵行等学校开展学员间的听课评课活动，在增进学员之间了解的同时，也领略了彼此的教学特色。

周雅芳老师上的《石榴》，目标集中，设计精巧，给予我很大的启发；张筱琳老师上的《荷叶圆圆》，注重语言文字的积累和运用，拿捏自如，呈现出她特有的风格；郑艳老师上的《天鹅》，设计简单质朴，给人返璞归真的美好感受；吴志平老师上的《燕子》，富有激情，富有韵味；张海萍老师上的《扬州茶馆》，注重引导学生理解、体验、感悟；陆莉莉老师上的《杏儿熟了》，从课内阅读向课外阅读延伸，更指向学生自主阅读能力的培养；高静老师上的《我战胜了……》作文课，指导细腻精到，点评精准适切，言语行云流水；万连红老师上的《母鸡》，母爱浓浓，情义款款，充分关注文本语言表达形式，注重学生语言感觉力的培养；徐柳花老师上的《水上飞机》，形象生动充满情趣，教学策略形式多样，尊重学生独特感受……学友的课都是那样精彩，我享受着每一堂课，品味着每一堂课的风情。

（三）启迪自我践行

我们研讨切磋导师、学友的课堂教学，我受益匪浅。带着新的理念，我以“品读语言文字，体悟言语情感”为基点，试上了三年级的《家是什么》实践课。

这堂课我通过关注文本语言文字的表达形式，从一味关注内容理解，走向既关注内容的理解，又关注语言的表达。通过老师的教学情感引导学生揣摩作者的布局谋篇，品味作者的遣词造句，感悟作者的会文情愫。

斟字酌句，品析语意。词语理解的方法有多种，但是要做到精确，就不那么容易了。如果学生理解得模糊，那么对文本的理解就不到位，对用词的恰当就更无从谈起了。因此，在本课教学中我采用多种理解方式，使学生在具体的语言实践情境中，理解词语，体会到言语传递的情感，由浅入深学会运用词语。

课文中有这样一句话：“在这个世界上，家是一个充满亲情的地方，它有时在竹篱茅舍，有时在高堂华屋，有时也在无家可归的人群中。”依据对班级学生的情况了解到，学生对句中“竹篱茅舍”“高堂华屋”两个词语到底指怎样的家，并不是十分理解。为了让学生能准确理解这两个词语含义，感受到“家是一个充满亲情的地方”的内涵，我采用分析词素的方法帮助学生来理解。我先出示“茅草棚”“别墅”的图片，让学生仔细看图观察。在直观的视觉感知中，学生们准确理解到：“竹篱”就是指竹子围的篱笆，“茅舍”就是指茅草搭的房子，“竹篱茅舍”就是指简陋的房子；“高堂”就是指高高的厅堂，“华屋”就是指华丽的房子，“高堂华屋”就是指豪华的房子，现实生活中的别墅就可以称得上是高堂华屋。两幅图的比较，让学生理解不管是简陋的房子，还是豪华的房子都是一个家，为下文“没有亲情的人和被爱遗忘的人，才是真正没有家的人”这一句的准确理解，埋下伏笔。

这堂课，让我在细读文本中体悟：语言文字本身是有情的，一篇篇课文都是作者情感的产物——“情动”而“辞发”。语言文字承载着作者写作时的喜怒哀乐，嬉笑怒骂等丰富的行文的情感，所以，我们语文老师的教学也应该是有情的。“披文入情”就是在阅读的时候，老师之情与文本之情产生共鸣；在充分关注文本语言文字表达形式的基础上，引导学生实实在在触摸文本，触摸语言。我通过言语实践活动，拨动学生情感琴弦，引领他们在文本世界里真正走上一个来回，力求“言意兼得”！

三、探究思悟，引我踏上科研之路

三年来，通过“博观厚积”“切磋博采”，我感受最深的是，小学语文教学实践要取得发展，取得突破，必须要有正确的理论引领，理论指导实践，实践印证理论，理论再次升华，如此螺旋往复，这就是科研。基地的三年，是让我懂得什么是教科研，为什么教要科研。怎样教科研的三年，引领我踏上了科研之路，让我体悟了科研的艰辛，也尝到了科研的甜头。

记得，曾聆听顾泠沅教授的“课堂变革与名师成长”的报告，他从追求卓越的职业生涯、面对课改的知识技能、行动学习是基本途径、若干误区和经验提示、国际视野的行动学习五个方面向我们论述了名教师成长的过程与途径。顾教授的讲座给我很大的触动，我试想着，如果我能积极投入教育科研的实践，自觉学习理论，更新教育观念，将原先的教育教学模式由“经验型”向“科研型”转变，那对我自身素质提高，学科专业成长大有裨益。

于是，我依据教材中蕴含着丰富的人文内涵这一特点，结合自己在课堂教学中善于引导学生品读语言文字，体悟言语情感的教学特长，确定进行“小学语文教学中正确处理理文情互融关系的实践与研究”课题研究。实践将课堂学习过程“重内容的感知”转化为“重语言的感知”，引导学生通过文本语言的表现形式，了解语言之间的内在联系，以及这种内在联系背后隐含着的文化与审美价值。课题报告得到了导师、专家的肯定。

在做课题时，我查阅大量的资料，阅读了大量的有关教育、教学的书籍后，自己的教学理念才逐渐开始清晰起来。我发现，科研实践活动不但转变了我的教育观念，重要的是使我养成一种用新的教育理念去审视自己日常工作的习惯，自觉地去改进自己的教育手段和教学方法，进行反思性教学。

2013 年 7 月，随着我工作岗位的转换，工作状态从校内教学转向校外教育，离开了校内语文课堂教学的天地。我感觉自己走向了语文课堂教学的边缘，对自己的教学实质、教学定位开始迷茫，课题的深入研究由此搁浅。是否要在校外教育中延续我的阅读教学研究？我矛盾、纠结、彷徨……

“作为一名基地学员，怎样才算是一个真正优秀的语文教师？怎样才能指导培养一个优秀的语文教师团队？”李老师的考问让我觉醒，我扪心自问：对自己的学科素养、学科理解、学科视野、学科现状、学科教学行为清楚了多少？我欣然：如果这些能想清楚，想通透了，那学科之路就明朗了，如何深入地进入自己的研究范围也就不言而喻。

李老师的谆谆教导时常萦绕在耳畔：专业发展之路的设计，要走宽路，从一个专题扩展的一个领域；要有正确的研究方法，不能本末倒置，不能游离在专题之外；要有自己的个性，不要有意跟风；要有自己清醒的头脑，不要急功近利；要向研究领域中最好的人学习；要有恒心静得下心来做研究，要会管理自己的研究计划……它如一缕清风吹散我思绪的雾霾，如一盏明灯照亮我眼前的晦暗，引领我在科研的道路上不断前行，更坚定了我专业发展的前进脚步。

行文至此，我猛然想起颜回对老师孔子的评价——“仰之弥高，钻之弥坚，瞻之在前，忽焉在后。夫子循循然善诱之，博我以文，约我以礼，欲罢不能。即竭吾才，如有所立卓尔。虽欲从之，末由也已。”真诚地感谢两位导师对我三年的培养和无私的指导，同时我亦想起孔子说的“三人行必有我师焉”，真诚地感谢所有学友同伴给我的启迪与帮助。

“往者不可谏，来者犹可追”，今后的成长道路还很长，我将继续学习，不断发现自己，超越自己，不断追求卓越，使自己的学科专业素养真正能与时俱进。

耕耘与收获

小学中年级词语理解教学的“三变”和“三化”

松江区中山小学　曹伟珍

词语教学是语文教学的重要内容,《语文课程标准(2011)》对词语的学习提出了积累、理解和运用三个不同层次的要求。我以为,在这三个要求中,理解是关键,它是学生正确运用词语的前提。学生只有理解了词语,积累才有意义。由此可见,教会学生理解词语对词语教学来说相当重要,尤其是小学中年级,逐渐进入到通过分析词语来理解语境的阶段,掌握理解词语的方法,成为提高阅读能力的必需。课程标准对小学三四年级在词语的理解方面提出要“能联系上下文,理解词句的意思,体会课文中关键词句表达情意的作用。能借助字典、词典和生活积累,理解生词的意义”的要求,可从学生的学习反馈来看,这项能力并不容乐观,主要表现为:学生的理解无从着手,以偏概全,表达不准确不规范。这些症状的出现,应该追溯到我们的课堂教学,是我们词语教学中的教学理念的偏差、教学方法单一致使学生只知道概念,缺乏迁移的本领,导致了学习的低效甚至无效。

词语理解既是一种经验,是学生亲身体验的过程,又是需要学生在阅读的活动中获得的知识技能。因此要提高词语教学的效率,必须从理念开始,做到“三变”。

一、重视能力迁移,变“知方法”为“会方法”

能力迁移需要非常具体的,并且是有条件的情境,需要有共同的要素。词语理解的能力要从知方法到会方法,需要教师引导,助其形成技能。其间,应遵循学习的规律。如教师要给予准确的示范与讲解,提供必要而适当的练习,还要注意单项训练和综合运用相结合,让学生经历方法获得、方法运用、方法提取的过程,如此才能让学生形成能力。教师可充分利用自读课文,放手让学生用方法,只有经历了这样的过程,学生才能从“知方法”走向“会方法”。

例如三年级第一学期的三、四单元中,通过一篇篇课文渗透了理解词语的不同方法，如《天鹅的故事》中根据部首猜词意，《海底世界》中联系上下文理解词意，《小狗杜克》中抓重点词理解词意，《“神童”的秘诀》用近义词理解，《梅兰芳练功》落实借助字典理解。教师既要在每一课的教学中落实好每一种理解的方法，还要在一个阶段的学习之后，进行综合的训练。如第四单元最后一课是《少年王勃》，这篇课文生词较多，又是自读课文，老师可以放手，给学生机会联系、选用恰当的方法理解词语。经过这样的及时训练能进一步巩固学生理解词语的能力，也能让老师及时得到反馈，调整教学，有针对性地辅导。

二、重视儿童本位，变“我要听”为“我来学”

语文的课堂很大，学生的学习不是零起点，词语理解也如此。中年级学生在以往的学习中，或多或少得到了有关知识的渗透。母语的浸润让他们积累了相当的词汇，环境的影响又使他们时时处于语言学习过程中，因此要进行词语理解教学首先必须要重视儿童学的起点，联系他们的已有经验进行教学，在生活与课堂间架起桥梁，在已知和未知间架设支架，关照学生的最近发展区，既使学生得到锻炼，又不要为难了学生。正如我国教育家陶行知先生所说：“我们要懂得儿童的心灵——用儿童的大脑去思考，用儿童的情感去体验，用儿童的兴趣去爱好。”只有这样才能诱导学生主动学习。

特级教师张康桥认为高质量的儿童为本的语文学习活动特征是——“愉悦、自由、挑战性与有变化”。可见回归儿童本位的词语教学需要满足学生学的兴趣，注意教学形式的丰富，以此来维持学习的动力。教师可带领学生开展查字典比赛，词语闯关游戏等方法，让学生在活动中学习，从而迈向更丰富的可能性。教师还要注意吃透教材，设计好理解词语的不同方法，让学生充满好奇，进入学习。

回归儿童本位，需要重视儿童经验，对于他们能凭借已有知识解决的问题，就放手让他们自行解决，教师不要包办。如三年级课文《天鹅的故事》的课后习题要求观察“呼啸”“胸脯”“窟窿”三个词语，说说意思。这个练习的设计就是对学生已有知识的关照。学生观察部首，据此去猜想词意，再观察字形，思考字义，说说猜想中得到了理解词意的新方法，在老师的点评、修正中，学习如何调整语言，如此，就能使能力得到提升。对于学生难理解的词语，则要从儿童生活出发，注意设置坡度，通过联系实际帮助他感知。如四年级课文《家乡的桥》中有一个词“雄赳赳”，字典上给它的解释就是“威武”，但这样的理解太抽象，学生只有概念，而无共鸣。教师用“你在哪些地方的门口看到过雄赳赳的石狮子？放在那儿让你感觉怎样？”引起学生对生活现象的联想，感受到雄赳赳一词里蕴含的气势，就能让学生知其义，会其韵。学生在学习的过程中掌握了联系生活理解词意的方法。

回归儿童本位，需要关注儿童的发展。学生理解词语的最终目的是为了运用词语，达到词语学习的第三层次。因此教师要注意将词语理解和交际的语境结合起来，让学生在理解的基础上运用词语，让学生用上词语写话或说话，使积累的消极语汇变成能恰当运用的积极语汇。同时，语境中的运用也检验了学生对词语的理解情况，能起到检验反馈的作用。

三、重视经历过程，变“讲词语”为“教词语”

燕国材认为：教学既不是认识活动，也不是认识活动与实践活动的结合，而就是一种实践活动。即教学是从实践开始、实践展开到实践结束的过程。也可以说，教学是教师凭借外显的实际操作指导学生进行外显的实际操作的过程。语文的知识与能力之间不是简单地画等号的。它们是两个不相属的系统，要将客观知识转化并纳入个体经验系统，必须经过练习、运用，必须通过学习者的主动参与去获取。这样才逐渐被学生掌握变得熟练。

词语理解的方法作为一种知识也必须经过学生的运用才能成为学生的能力，其中一定要重视让学生经历过程。青浦高跃永老师执教的《埃及金字塔》一课，在词语教学上颇为可圈可点，过程如下：

[片段一]

师：古埃及各个王朝修建的大大小小的金字塔共有70多座，作者不可能一一介绍，所以只能以最具有代表性的胡夫金字塔为例作具体介绍，让我们一起来读读这个名字。

生：胡夫金字塔。

师：人们都说胡夫金字塔宏伟而又——(生接)精巧。

(课件出示：宏伟而又精巧的胡夫金字塔)

师：课前查字典了，谁来说说“宏”的意思？

生：“宏”的意思是“宏大”。

师：“伟”呢？

生：“伟”的意思是“雄伟”。

师：有很高的意思。连起来，我们学着用文中的那个词“而又”。

(出示：________而又________)

生1：雄壮而又伟大。

生2：应该是宏大而雄伟。

师：或者说(出示)——巨大而又雄伟。

师：我们理解了这个词的意思。作者是怎样把胡夫金字塔的宏伟写具体的呢？默读课文第三节……

[片段二]

师：胡夫金字塔是如此雄伟，但它的工艺又是如此精巧。（课件出示：宏伟而又精巧的胡夫金字塔）用我们刚才学过的方法来理解“精巧”，谁来试试？

生1：精细而又巧妙。

师：真不错，一起读！（生读：精细而又巧妙）

师：带有精字的词还有很多，比如（出示）：精致而又美好（　　）；精致而又准确（　　）；精致而又周密（　　）。

师：精致而又美好是——生：精美。

师：精致而又准确是——生1：精确。生2：精准。

师：这两个词都可以。

师：精致而又周密是——生：精密。

师：真不错，把每个词读两遍。（生读）。

师：带有“精”字的词很多，但作者却用了“精巧”，“精巧”的意思是——（生：精细而又巧妙），看来作者用词是反复推敲了的。理解了词语的意思，接下来找句子，体会作者怎样把它写具体。默读第三节，用波浪形画出写精巧的句子……

这堂课词语教学的目标明确，即采用抓词素理解。老师没有概念化的分析，就是让学生在经历理解的过程中掌握方法：先分别理解“宏”和“伟”的意思，再让学生利用文中“________而又________”的构词方式，完整地说词意，用规范的表达形式引导学生说正确，说准确。在学生有了抓词素理解的初体验之后，又抓“精巧”一词，让学生用相同方式来理解，给学生以练习巩固的机会，之后又结合课后习题，进行“变式训练”，让学生根据意思说词语，帮助学生对“精巧”“精美”等意义相近的词语作了辨析区分，也有助于学生掌握“而又”这种用于并列词语的表达方式。对两个词的教学作者没有停留在理解表面的词义上，而是让学生找到文中表现“宏伟”“精巧”的句子进一步品读体会，将抽象的词意转化为形象具体的语言画面加强感受，又在语境中帮助学生加深了对词意的理解。可见，注重学习过程的词语教学才是基于学生需要的有效的教学。

要提高词语教学的实效，还应关注学生年龄特点，善用方法，使学生得法，让词语的理解达到“三化”。

（一）直观感受，活化理解

小学中年级学生以直观形象思维为主，教师让学生理解词意的时候，要注意教学方法的直观性、多样性以及教学内容的新颖性、生动性，可以让学生观察事物,或借助教师语言的形象描述,肢体语言的表演,引导学生对此词语形成清晰的表象,从而能够正确、灵活地理解词意,发展能力。

首先教师可巧用图片,活化对词语的理解。如三年级第一学期课文《茉莉花》,文中有一个词语“稀疏”,教学时可出示两幅图(如下图),让学生选择,哪一幅图上的叶子可用“稀疏”来形容,让学生在选择、辨析中明确词意,建立词语与具体形象之间的联系。

图一

图二

又如在教学三年级《动物的休眠》一课时,对“成团成簇”一词的理解,可请学生对书上插图质疑。过程如下:

师:请大家看看书上这幅图,联系一下“成团成簇”这个词,你有什么话想说。

生1:我觉得这幅图画得有问题,因为成团成簇是很多很多的,整个崖壁都是满满的,不应该就几只。

师:不应该就这么稀稀拉拉的几只。除了数量多,还有呢?

生2:还有有的蝙蝠应该靠在一起。

师:对,三个在一起,五个成一簇,那才叫“成团成簇”。

这里,运用图片和文字的差异,点燃了学生的兴趣,引发学生思考,激活了学生的批判思维,加深了学生对词语含义的理解。

其次,教师可借助图示,活化对词语的理解。如课文《公仪休拒收礼物》中“心满意足”一词,看起来简单,但将词意表达得通顺连贯对学生来说存在问题,教学词意的时候,教师画下如下图示:

老师请学生用“做算术”方法来理解这个词,学生兴味盎然,顺利连贯地

说出了词意，此时老师再请学生说说方法，学生也能顺利地归纳总结，从而掌握此类词语的理解方法，提高推理归纳的能力。当然在借助图示活化学生的理解的时候，一定要注意图示要清晰简明，并可辅之以肢体语言，同时要学会“等一等”，给学生时间组织语言表达图示的意思。

（二）结合想象，强化理解

小学中年级学生的思维特点是具体形象思维和抽象概念思维趋向平衡，即一方面，学生的思维仍然带有明显的具体形象性；另一方面，他们使用概念、判断和推理的抽象思维得到一定的发展。因此从具体形象入手，是提高理解词语的能力、训练思维的好方法。

例上海二期课改四年级教材《守信》一文记叙了范式与张劭相约去拜见他的父母，两年后范式如约来到了张劭家，由此赞扬范式守信的好品质。文章叙述简洁，其中直接描述范式信守诺言的只有一句话：只见笔直平坦的大道上，一个风尘仆仆的行人正在急急地赶路。

有老师在教学时，请学生说说对“风尘仆仆”的理解，学生很认真地照字典上的解释读：形容旅途劳累。听到这儿，老师并不满意，两年之约，千里之遥，如约而来的诚意和决心怎么能是字典上的这一条解释所能包含的？于是又提示：现在范式风尘仆仆地朝我们走来了，你仿佛看到了什么？这一问，犹如一石激起千层浪，学生发言踊跃：

生1：我仿佛看到了他满脸的灰尘。

生2：我仿佛看到了他的鞋子都磨破了。

生3：我仿佛看到了他满头大汗，连衣服都湿透了。

生4：我仿佛看到了他衣服上有破洞，一定是被树枝钩破的。

……

随着同学们的回答，“风尘仆仆”这一个词，已经变成了一幅幅画面，留在了孩子的记忆里，那种具体形象的可感画面，使理解更深刻，解读更深入。

（三）反复品味，深化理解

随着年级的升高，词语理解体现出了不同的要求，不仅仅要了解词语在句中的意思，还要品出关键词句表情达意的作用。对于含义深刻的词语必然要反复品味，才能涵泳出其中的真味。

《苏武牧羊》是上海二期课改四年级语文课文，文中“气节”一词是对苏武品格的高度概括，是文章中的一个重要词语。翻开《现代汉语词典》，上面对“气节”的解释是“坚持正义，在敌人与压力面前不屈服的品质”。这样的解释，正确却抽象，清晰却冰冷，因此在教学中我采用反复品味、一唱三叹的方式来帮助学生加深对这个词语的理解。先让学生诵读课文，思考：“苏武为什么能永远活在书册里?”以此让学生发现“气节”,再说说对这个词的理解。接着让学生明“三事”,见“旌节”,即学生再次读书,引导用概括的语言(一句话、四个字等均可)明确课文围绕“气节”写了苏武的三件事:以死抗辱、怒斥叛臣和北海牧羊,再出示课文的首尾两节,以“你发现写苏武出使前后内容有些什么变化?”为问题引导学生比较异同,让学生对苏武、对苏武的民族气节有粗浅而全面的把握。由此,“气节”一词在学生的心里逐渐升温。紧接着教师创设情境,引导学生关注北海恶劣的自然环境,通过提问“他还会忍受什么折磨”,引导学生想象,关注苏武的内心世界,体验他十九年中可能会遇到身患疾病却无人照料的凄凉,大雁南飞人却没有归期的绝望,月儿时圆,亲人却无法团聚的孤独。在这样的体验中,学生更容易走进人物,人物的形象也更加丰满。“气节”的体会因为“人之常情”的加入变得亲切。苏武不再仅仅是抽象的大使、忠诚的大臣,还成了有血有肉的父亲、丈夫与儿子。最后教师让学生用笔表达,用两三句话诠释“气节”。学生通过前面的学习,认识、情感等已累积,此时给他们时间自由表达,自是水到渠成。

由此可见,词语教学需要在螺旋式的反复品味中深化理解,加强学生思维力度的训练,帮助学生走向深入。

词语是文章的细胞,理解词语是真正阅读的开始,如果我们能做到“三变”“三化”,定能让课堂上的词语教学更有意义,更有趣!

【专家点评】

曹伟珍《小学中年级词语理解教学的“三变”和“三化”》是一篇针对小学阅读教学现实问题,有重要参考价值的研究报告。

该文认为词语是组成文章的基本单位,词语教学是中年级阅读教学的重点之一。只有提高“理解”词语的能力,才能提高“积累”和“运用”词语的能力,从而为小学生语文能力的发展奠定基础。为提高词语理解能力,曹老师根据“最近发展区”“儿童本位”“能力迁移”以及语感形成理论,制订了“三变”和“三化”的教学策略,从中可以启示大家:第一,要真正理解词语,必须多角度配合,掌握词语“形象”“意蕴”“情味”“畅达”等要素,不能机械、呆板地学习。第二,要真正理解词语,必须遵循教学论和心理学的规律,即“生活经验是源泉”“表达需要是动力”“思维感悟是关键”“自学方法是目标”。我认为曹老师的研究成果已经处于词语教学研究的前沿。

但是本文似乎还应涉及对词语“理解”“积累”“运用”三者关系的研究,特别是在理解的基础上,使词语的运用具有多样性、创造性、可选择性、开放性和综合性的特点。(吴立岗)

笔记，我的生活

——“小学生‘习作笔记’的范式和运用的实践研究”结题报告

松江区中山小学　曹伟珍

语文学习的主要目的是为了运用，习作是学生运用语言的过程。小学生从三年级开始学习习作，写作文经常会成为他们头疼的事。其问题到底是什么？在近年来对习作教学的广泛了解和实践反思中，我们找到了学生习作的最大困扰：

问题之一：对于习作学生普遍不感兴趣。

问题之二：语言乏味是学生习作的普遍问题。

问题之三：无内容可写是学生习作的最大烦恼。

我们从三年级开始对学生进行习作教学，为什么学生始终会为这三大问题所困？究其原因，是因为目前的习作教学存在着几种忽视现象：忽视传统习作教学中的优秀经验，忽视作文能力提高的基础条件是发现及日常有意识地储存内容，忽视日记、笔记等日常动笔行为习惯对于学生习作能力提高的价值与影响……因此，笔者在小学生的学习中进行“习作笔记”的记录和运用的实践，以帮助学生发现内容、储存材料、多方积累（如语言、结构、表达形式等），促进学生的观察力、敏感力、感悟力、意志力；帮助学生养成一种好的习惯，促进学生对事物、对生活认识的深化，促进学生心智的成长。

一、习作笔记的概念界定

习作笔记，是学生在生活中以个性化随笔的方式对所见、所闻、所读、所感、所思、所悟所做的记录，具有及时、真实的特性，是一种选材自由，形式自由的习作练习。主要阅读对象是记录者本人。

习作笔记的基本模型是事实的面貌加上感受。它的内容主要来源于两个方面：一是记录学生自己的直接生活内容（观察、经历的关于人事物的见闻与感想），二是来自自己日常的阅读材料。其基本样式如下表所示：

年 月 日(星期) 天气:

见闻:

感受:

语言链接:

从表格中可以看出习作笔记的语言表述形式为三元素结构：即客观的生活(阅读)材料、个人主观感受、与内容有所关联的即时及后续联想到的可供备用的语言材料。一份习作笔记可以同时出现三个元素,也可以只出现一个元素。教师可以随着学生年龄的增长、心智的成熟逐渐提高做习作笔记的要求。如低年级的记录只需做到平铺直叙。中高年级的记录可以带有少量的描写和感情色彩。习作笔记的基本模型是事实的面貌加上感受,当然,这个模式仅为学生提供做习作笔记的基本思路,教给学生基本的方法。在学生完成习作笔记时不应拘泥于此形式,学生可以以条纲、列表、日记等方式呈现,也可自己创造性地产生其他样式。

二、习作笔记的记录和应用

习作笔记是日积月累的过程,应用笔记是习作笔记的主要目的,根据习作产生的心理过程,习作笔记的应用流程如下所示：

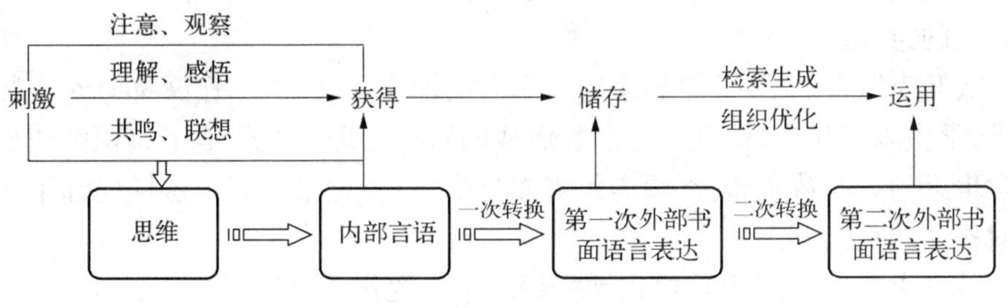

小学生“习作笔记”运用模式示意图

即外界的刺激通过学生的注意、观察、理解、感悟、共鸣、联想使学生获得笔记的内容,并通过记录将学生由此产生的内部语言转换为外部书面语言储存起来,当学生需要的时候,通过检索生成、组织优化进行运用,进行第二次书面语言表达,完成第二次转换。在两次转换的过程中,学习储存和学习运用是非常重要的,起到了解决学生语言、素材、结构积累,以及激发运用意识的作用。如何促进学生的两次转化呢？可从以下两个方面入手：

（一）促进储存的基本策略

为激发学生记录笔记的热情，提高学生发现材料的能力、记录笔记的能力和应用笔记的能力，教师可以运用以下策略。

1. 激发记录动机，激励笔记热情。

动机是引起学生活动，维持并促使活动朝向某一目标进行的内部动力。促进学生让习作笔记成为学生生活的一部分必须要激发其记录的动机。我是这样做的：

首先，榜样故事激励，促发学生热情。用身边的故事、名人的效应等影响学生认识到习作笔记的意义，激发学生记录笔记的动力和热情。如用《王蒙勤做笔记》的故事，让学生知道笔记要反映真实生活；用《扬之水十年笔记》的故事，让学生了解笔记是生活的见证，是可贵的回忆。用《马燕日记》的故事，让学生产生笔记甚至能改变生活的敬畏。

老师也可成为学生的榜样，可以和学生一起进行同题观察记录，激发学生笔记热情，如我与我班学生在学完《寻找幸运花瓣》一文后，开展“一起去看桂花雨”的笔记竞赛，师生一起观察，一起记录，互相交流，学生记录的热情高涨，师生的情感也更加融洽。

其次，放开习作束缚，鼓励自由表达。李崇建在其《作文，就是写故事》一书中提出：“孩子需要的不只是令人骄傲的分数，更重要的是他们的心灵能够得到快乐与解放。”笔者深以为然。习作笔记就是抱着“让学生少一点约束，敢于放笔抒写”的宗旨，着力于提升学生对生活的觉察力，即对生活中有意义的人事物发现的能力。要提高学生的觉察力必须要放开束缚，让学生产生自由表达的意愿及兴趣。

放开束缚，一要放开思想束缚。平时的课堂作文、考场作文都有对字数的要求，学生未写作文，就有了为字数而战的对抗心理。习作笔记旗帜鲜明地告诉学生无须为字数犯愁，无须为优劣而担忧，只要记录就好。这样先卸下了学生对作文的畏惧感。

放开束缚，二要放开内容束缚。相对于命题作文、半命题作文，习作笔记显示出更大的包容性，校园内外、所见所闻、所思所感都可随手记下。张中行在《作文杂谈》一书中就专门辟章节谈到“随手涂抹”，认为这样兴之所至的记录可培养写的兴趣和习惯，使笔下更奔放自由。经过训练，学生会将自己的喜怒哀乐尽数写下，以下是一个女生临近毕业时的一系列笔记题目：“老毛病又犯了”“下课的乐趣”“街上，行人匆匆”“哎，我的中学”“毕业照发下来了”……从中可见，教师放开束缚的意识转变带来了学生笔下的真实、丰富、生动的生活。

2. 及时交流评点，引导学生觉醒。

学生阅读时的积累及生活中的见闻常常处于“沉睡”的状态，在需要运用的时候，很多孩子也常常想不到去用。短小精悍的习作笔记，评价时间的选择更灵活，让学生时时处于被点拨的状态，教师可充分利用评价的交流、唤醒功能，对学生习作笔记的语言和材料进行点评，鼓励优秀，激励模仿创新。

（1）评题目，关注标题的精当独特。题目是文之魂，文之眼，别出心裁的题目能吸引人，却也考验了作者。时常拿些精当独特的题目去交流，能启发学生，活跃他们的思维。交流时可将学生拟定的题目进行归类（见下表）：

直奔主题的题目	“愚人节里愚人热”“哎，又考砸了”……
巧用成语的题目	“虚惊一场”“自作自受”……
引用古诗、名言、俗语的题目	“宰相肚里能撑船”“幸好‘柳暗花明’”……
采用问句引导思考的题目	（反映个别同学抄作业现象的）“为何作假?”……
制造悬念，吸引眼球的题目	（讲一同学因调皮骨折的）“‘捣蛋鬼’受伤了”……
运用夸张，激发兴趣的题目	“‘铁头’老爸”……

交流中对学生所取题目进行归类，便于学生识记，激发学生尝试的愿望，让学生从懵懂走向清晰，从模仿走向创造，确实提升了学生拟定题目的能力。

（2）评语言，力求语言的顺畅鲜活。课堂习作的练功在于平时，每天练上几行，把几行写通顺了，写得多了，自然能把课堂作文的语言问题给解决了。其次，笔记具有及时效应，能让学生有机会运用新学的词汇语言，相较于许多老师喜欢布置的摘录作业来说，它考察了学生在具体语言环境中的用词能力，鼓励学生不断吸收学习中、生活中的鲜活的词，成为自己的言语的一部分。如五年级教材《寻找幸运花瓣》一文中将作者寻找五瓣丁香的神情、动作写得相当细腻，表现了文中人物的仔细、专注。有学生学习课文后，将有关方法用在自己寻找物品上，写道：

我把抽屉里的书全放在桌上，歪着头，一本一本地翻，没找到；我蹲了下来，两眼直视着抽屉，还看了铅笔盒，没找到；我又转身在书包里找，还是没找到。难道福尔摩斯的解密卡像书中所说，被魔法带走了？

这是学生学习课文语言后的及时效应，体现了学生对语言的吸收、内化和运用过程，实现了语文学习的意义。教师可及时对此作出肯定评价，赞赏该生的活学活用，这实际也给其他学生良好的引导，鼓励他们产生语言学习要从理解走向运用的意识。

(3) 评选材,追求材料的新鲜真实。许多孩子在课堂作文中所头痛的无材料或编造材料现象是因为缺少对生活素材的发现。对于选材的点评会给他们打开一扇窗,使他们豁然开朗,从而让他们的眼睛更为敏锐,发现原本为他们忽视的人和事。在相互的启发中,学生的选材能力得到提高,这对于刚刚开始做习作笔记的学生尤其重要。

如某个同学根据爸爸替奶奶网上购买了一件衣服写成了《淘宝网半日游》的日记,我就在班级里大张旗鼓地夸奖,称其内容极富时代性,很有生命力、新鲜感。有同学写了双休日尝到的地方美食——宽带面,我让她在班级宣读,使学生领悟笔记就是这么简单,写下自己生活中的见闻即可……这样,在不断的交流中,学生观察越来越敏锐,笔记内容越来越宽泛。

3. 专课指导记录,提升笔记能力。

习作笔记的记录是一种技能,需要经过专门的训练才能夯实学生的能力。教师应舍得花时间对笔记的记录作指导,使学生得到实践的机会,获得方法。其基本流程为:

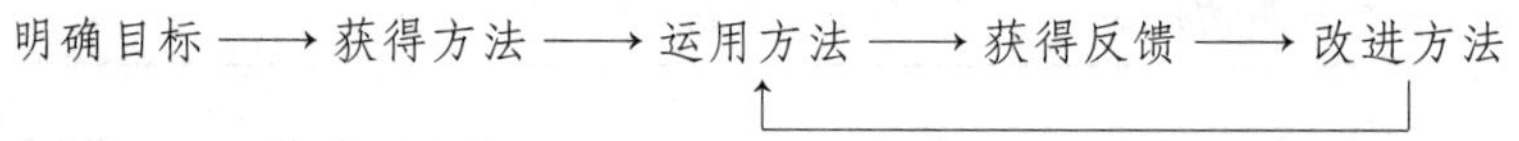

明确目标 ——→ 获得方法 ——→ 运用方法 ——→ 获得反馈 ——→ 改进方法(改进方法返回运用方法)

吕叔湘说:"任何技能都必须具备两个特点,一是正确、二是熟练。要正确必须善于模仿,要熟练必须反复实践。""技能的获得要通过学生的活动,教师是无法包办代替的。"因此此类课必须注意一要目标集中,二要给予学生充分的课堂实践时间,开展具体的练习活动。

(1) 提供素材,素描训练。教师平时注意将生活中的现象搬到课堂,对学生进行短平快的训练,引导学生发现素材。如四年级学生学完《燕子》一文后,老师看到学校屋宇上三只鸟嬉戏画面,将它拍摄下来,请学生做笔记,一生写下了如下内容:

见闻:在五年级教室的屋顶上,有一群麻雀正在追逐嬉戏。有两只麻雀在一起飞上飞下,像在跳"春之舞"。还有一只安静地站在一旁,像观众似地看着,看完还叫了几声,好像在为这精彩的舞蹈喝彩。就这样,它也加入了这舞蹈。几只麻雀一起飞着,跑(跳跃)着,仿佛在欢迎春的到来。

感受:瞧,小麻雀也那么活泼,这不正是春天的脚步吗?春天已经来到了我们的生活中,不然,怎么会生机勃勃呢?

链接:活泼欢快,伶俐可爱,惹人喜爱老师的素材提供即是一种示范引导,让学生感受素材无处不在。

(2) 发现问题,集中解决。学生进行习作笔记会产生共性问题,针对这些问题,专题进行训练能提高效率。如针对学生视而不见的现象,笔者曾上"发现大不同:其人趣事"的习作笔记指导课,教学环节如下:

一、谈话交流:生活百味皆可入文

1. 出示老师们读厌了的材料

爱:雨夜父母背我上医院。

快乐:生日与人一起庆祝。

友谊:陪摔一跤的某人到医务室。

快乐:考试得高分被表扬。

诚实:捡到失物交给老师;发现试卷批错,向老师指出,得到表扬。

……

2. 读读他人笔记中的生活百味

痛苦的滋味、生活的快乐、可敬的奶奶、感动、面条像裤带

讨论:读了这些片段你有什么感受?

二、方法学习:怎样看出生活的大不同

1. 学会发散去思考

举例:雨(你会想到什么?)

师生合作完成雨的思维发散图。

学生练习:我的妈妈

2. 给看似相似的生活起一个与众不同的题目

1) 出示学生记录"打野鸭"。

2) 给文章起题目。

3) 出示原文题目"一心求败",比较谁的题目精彩。

针对学生听而不闻的现象,笔者曾利用"倾听,留下世界的声音"一课,以引导学生记录身边听到的素材。教学主要采用的方法是讲练结合,首先谈话导入,让学生认识留心倾听的重要;而后进行实战演练,学习倾听记录的方法。其中,教师先示范,教给学生通过倾听做习作笔记的方法,而后让学生进行三次练习,以达成巩固迁移的目的。

以上实践,针对问题而展开,目标、设计、教学聚焦,起到了解决问题的作用。

(3) 遵循特点,循序渐进。习作笔记的指导还要注意学生的年段特征。

对于刚起步的孩子，观察不够细致，语言积累比较少，则可以从指定观察对象入手，再引导学生自主观察。如笔者结合三年级第一学期课文《茉莉花》，引导学生观察校园中到处开放的葱兰进行观察记录，并提供提示引导学生掌握观察角度，内容如下：

> 根据下面的提示观察校园的葱兰，并写下笔记。金秋时节，学校小花园里的葱兰格外美丽。……
>
> 
>
> （提示：去看看葱兰的叶子是怎样的，花有几瓣，是什么颜色，给你什么感觉，是否有香味，可用上第二课《茉莉花》一文中学过的词。）

而后，请学生自由选择一种花，进行观察记录，学生的记录就显得有话可说，顺序清楚。

专课的指导对于集中解决学生习作笔记中出现的问题，帮助学生掌握方法，效果是比较明显的。

（4）引导广泛阅读，拓宽笔记途径。看见、听到、读到，都是学生习作笔记的内容，在鼓励学生记录自己的见闻之外，也要鼓励学生广泛阅读，将阅读所得的优秀内容作为笔记内容储存起来。这些阅读的内容，可以是教师有意识的专题性提供，如针对四年级开始写人物特点的习作，教师提供学生名作家对人物的描写供学生阅读学习，让学生增强感受。当然，学生由阅读而产生的笔记更多地是从他们的自主阅读中得来的，教师要做的就是多鼓励，多提供机会交流，多想办法让学生保持积累的热情，从而促进语言积累、内容积累更加丰富。

（二）促进运用的策略

1. 宣传成功事例，激发运用热情。

促进学生运用习作笔记的热情，教师要注意“宣传”能将习作笔记在各种课堂作文、考场作文、竞赛中进行成功转化的例子，这能使学生更直观地感受到习作笔记积累素材、积累语言、积累思想的作用，让学生形成今天的练为了明天的用的意识，使平时的积累活起来。如一学生作了《树打预防针啦》的习作笔记：

今天放学回家，我和妈妈漫步在“林荫人行道”上，发现今天路两旁的树有点不一样。原来每棵树在接近地面的地方分“东、南、西、北”四个方向都插着一根针筒似的棒子。我心里好奇，便弯下腰，低下头看了看，最后在“针筒”

的下方发现了一张纸，上面写了“树虫一支清”，哈哈，原来是在给树木打除蚜虫的针呀！你说好不好玩，树也要打疫苗！

此篇笔记因其善于发现得到了好评，并在全班交流。在后来的阶段性考查中，她看到“我的发现”的命题作文，就扩写了此篇笔记，得到了高分。这极大地鼓励了她，使她以更高的热情投入到笔记的记录中。老师发现这个女生成功运用笔记事例后，在班级里大力宣传，激发了其他学生的羡慕、学习的情绪，带动了班中的一批学生，促使他们寻找机会将平时的笔记进行转化运用，从而形成了良性循环。

2. 重视激励兴趣，激发学生毅力。

(1) 坚持阶段评比。如通过评选“小冰心”“小巴金”“小作家”，结合争章活动（写作大王章、作业免做章、加分章……），让学生产生不断进步的持续动力。

(2) 帮助发表获奖。创造机会让学生的习作笔记或笔记应用成果在各种平台上发表，在各种竞赛中获奖，能促使学生产生读者意识，促进应用的积极性。

3. 专课指导应用，夯实运用能力。

学生应用积累材料的意识需要培养，这就需要教师不断地激发这种意识，由此习作笔记应用课应运而生。其基本流程为：笔记交流——创设情境——探讨应用——总结方法。

为便于指导，教师要为学生的应用创设一个集中的话题，要给学生充足的时间确保学生获得技能，同时要注重对课堂所学方法的整理。笔者曾经执教“学感受，学引用——《我爱你，春天》作后讲评课”，这节习作笔记运用课是一个综合活动的第三部分，前面两个环节分别为：① 主题观察。开展两周“发现春天”的主题观察，每天 5 分钟交流反馈，引导学生拓宽观察视野，发现春天的踪影。② 课内习作。运用阶段观察记录材料，围绕一两个理由，写出爱春天的原因。注意：材料安排的有序；注意见闻和感受的结合以及链接语言的运用。在此基础上，进行学生习作交流点评，环节如下：

一、欣赏学生发现

1. 交流点评学生的发现。

2. 小结：做有心人，过有习作笔记陪伴的生活。

二、学习表达感受

1. 比较学生所写优秀例段，明确表达“感受”的作用。

2. 小结：有了感受的描写，能让文章更精彩，要经常练习写下心里想到的内容。

3. 欣赏学生例段，读读议议中体会表达感受要适合。

4. 巩固：在习作中选择一处，修改或添加感受的描写。

三、学习引用链接的语言

1. 欣赏链接语言的引用，随机指导：(1) 注意过渡；(2) 链接语言可以用在不同的位置。

2. 结合习作，练习引用。

四、课堂总结

本堂课在学生的相互交流、学习中让学生明确了可以将寻找春天中的发现尤其是感受写进文中，使内容更具体，还可以恰当地引用前期观察中链接的语言，给文章增色，使学生看到了笔记的作用，较好地起到了激发运用的意识。

当然，笔记的应用不是一蹴而就的，需要教师不断创设机会，不断引导，让学生积累的语言、材料能用起来，活起来。这样，就会渐渐地成为学生的自主意识，让笔记真正成为学生生活的重要组成，成为语文能力提高的有效途径。

习作笔记让学生成为有心人，当它成为学生的习惯的时候，习作笔记不仅让学生多了一个习作的材料库，更是收藏了他们的宝贵记忆，对学生的影响是显而易见的。

附学生的感受一篇：

三行文字，多种欢乐

要让我去思考小学的点滴，那么我想，让我感触最多的应该是习作笔记了，虽然只有短短几行，却写满内心发现……

小学的时候，最令我高兴的作业便是习作笔记，没有命题，没有限制，可以随心所欲地写出一天中所观察到的特别的事物。不知不觉，我心中便一次又一次累积了有用的素材，于是作文才思泉涌，不皱一下眉便写出一篇。

五年级那年，是小学生涯的最后一年，用几本小小的日记本，我记载下了太多值得去回忆的往事，我希望它们可以成为我无法抹去的回忆。五年级，小小的我们已经充满了竞争的压力，我喜爱用日记本记下一切。误会，在那儿会被清扫干净；荣誉，在那儿会被永久保留；我在那儿释放自己的心情，就像鸟儿飞入蓝天的怀抱。

记得五年级的早读课，我们去欣赏“桂花雨”，寻找幸运花瓣；记得上体活课的路上，我们去观赏教室门前的老枫树。我们用自己独特的慧眼，去观察身边,几小行,写满了我们对身边万物的热爱。

那段时间,每天,我们都生活在紧张而忙碌的学习中,不会花很长时间去留恋一天的过往,日记便成了我们的掌上明珠。晚上,一个人静静坐在桌前,面对一本本作业本,毫无疑问,我最先拿出的,一定是我钟爱的习作笔记本,因为在这时,我可以暂时抛弃繁重的压力,陶醉于一天中的美好细节,获得一天中最快乐的时光。(徐田铃)

【专家点评】

曹伟珍老师"小学生'习作笔记'的范式和运用的实践研究"结题报告,概念清晰,学理科学,结构完整,效果显著,语言流畅,是一项针对习作教学重大问题、具有明显创新意义和推广意义的研究报告。

该研究的特点有三:第一,从表面上看,它研究的是学生对生活中所见所闻所思所感所悟所做的记录,研究的是个性化的随笔,但实际上它是针对当前习作教学只注意培养表达内容能力的倾向,而把重点放在培养学生发现和积累习作内容的能力上。因此,这是一项填平补缺、全面培养小学生习作能力的研究。第二,该研究看来是重视生活材料和语言材料(如词语、表达形式)的积累,实际上它更重视学生的一般发展,例如培养观察能力和思维能力,培养创造性和想象能力,培养高尚的道德情操,扩大知识面。语文学科的特殊性,决定它总要让学生掌握字词句篇和听说读写的知识技能,而语文教学有两条道路,一条是"直接的道路",就是让学生直接掌握知识技能;另一条是"间接的道路",就是推动学生的发展,而掌握知识技能是发展的必然结果。该研究确定了一系列促进储存和运用习作材料的策略,如激发动机,激励热情,鼓励自由表达,及时评点交流,发现问题集中解决等,都是"把眼睛盯在发展上,把功夫落在'双基'上"。因此该研究是一项培养学生发展的核心素养、全面促进学生的一般发展和特殊发展的研究。第三,该研究对象看来是个性化的自由习作,但实际上是教师指导下的学生自由习作。教师通过素描训练、问题讨论、分步习作、指导课外阅读等途径,教给学生习作的知识技能,提升习作水平。因此它是一项将学生自由选题和教师指导全面结合的研究。

建议将这项研究成果在面上推广。它可以作为校本课程之一,也可以作为学校课外活动课程之一。接着可以进一步研究如何与上海市语文教材中的习作训练计划有机而科学地结合起来。(吴立岗)

“全程动态式”课堂教学模式的实践与研究

新普陀小学　高　静

“课堂是师生互动、心灵对话的舞台。课堂是师生共同创造奇迹、唤醒各自沉睡的潜能的时空。课堂是向在场的每一颗心灵都敞开温情双手的怀抱，平等、民主、生动、愉悦是她最显眼的标志。”相信这是每一个语文老师理想中的课堂。

课程改革的核心环节是课程实施，而课程实施的基本途径就是课堂教学。自己在不断参与新一轮课程课改的教育理论学习和教学反思活动过程中，实践着新的教育观念、新的教学方式，但在具体的课堂教学中，如何与学生积极互动，以动态生成的方式推进教学活动；如何捕捉课堂上新生成的问题，作为课堂生长点等方面还存有许多困惑。由此，我在教学中将“全程动态式”教学模式的探索与研究作为在课堂教学中落实新课程理念的抓手。

“全程动态式”教学模式，采用能动的活动策略和助动的组织形式，由教师的发动激起学生的萌动，由教师的调动激发学生的主动，由教师的助动引发学生的自动。实施中，由教师引导学生去质疑、去发现、去探求、去开拓，让学生得以通过全程主体的活动实现全面主动的发展，从而乐学、会学、活学、善学。强调师生的双边互动，“动”是其核心，通过“动”求“发展”。课堂上，强调师生的双边互动，“动”是其核心，通过“动”求“发展”。在实践研究的基础上，初步形成了课堂教学模式：

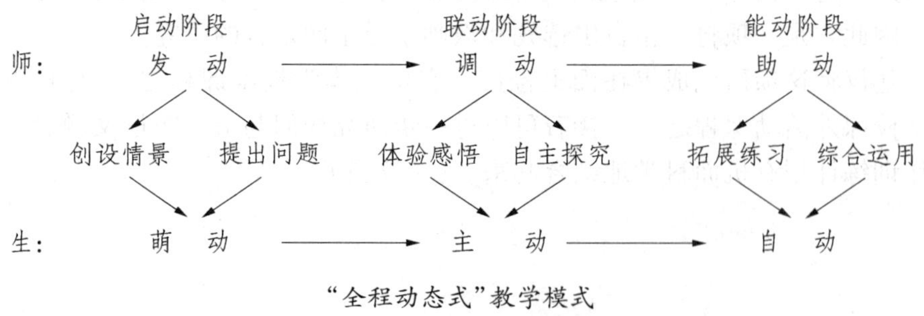

“全程动态式”教学模式

这一课堂教学模式,试图体现《语文课程标准》“以学生的发展为本”的核心理念,有利于语文“三维度”(知识与技能、过程与方法、情感价值观)教育教学目标的实现。

在实践与研究中,确立一个目标:提高课堂效率,提升教学质量。

强化两个观点:树立互动的教学观,使课堂充满活力;建立互动的教材观,把活动引进教材。

实现三个转变:变关注课前预设为关注预设与课堂生成相结合;变关注课堂上知识的掌握为关注学习过程方法、情感态度;变学生执行教师指令的活动为学生积极参与学习的活动。

做到四个有利于:有利于学生全面和谐的发展;有利于学生主动学习的养成;有利于学生良好个性的形成;有利于学生创造思维的培养。

开展三方面的实践:

一、以改善教学方式为关键,深化课堂教学改革

(一)创设情趣盎然的课堂——让学生心动

在课堂中,教师创设多种情景,让学生不知不觉中入境,产生心动。教师还要以自己的激情去激发学生的激情,帮助学生用他们全部的理智、经验和情感去感受、去领悟、去欣赏文本的内涵。在日常学习和生活中,孩子主要是通过视觉和听觉来获取各种信息的。课堂上,借助媒体——音乐、录像、课件等电教手段,让学生形象地感知语言文字所反映的那活生生的事物,体验感人场面的扣人心弦,感悟人物形象的栩栩如生。

在教学课文《一座铜像》时,教学中多处以媒体为介,课文伊始的各地纪念碑图像的展示,设置学习的悬念,激发学习的兴趣;体会事发时情况的危急这一教学中,以一段正在燃烧的导火线的影像,引导学生进入课文所描述的紧张氛围中;一组城市毁灭的图片与布鲁塞尔因小于连的机智让城市得以保全的图片对比,引发对主人公小于连的崇敬,这样借助媒体引领学生充分地读课文,边读边想,进入到课文所描述的情境中去,以这样的教学设计调动学生平时的语言积累、生活积累和感情积累,使他们能用心灵去感悟,用心灵去体验,体验课文所表达的丰富的情感,体验课文的语言美、形象美、意境美、思想美。

教学过程中,通过所创设的情景,学生获取的体验不仅使他们感悟了教材的情趣,促进了朗读,而且丰富了教材的内涵,是对教材的提升和发展。

(二)形成开放流动的课堂——让学生行动

教师要善于启发学生动手、动口、动脑,运用多种感官参与教学,同时将学习与丰富多彩的生活相融合,达到课堂与生活的内外联动。

教材只为学生提供学习知识的平台,但知识的渊博不仅仅于此。生活是

一个庞大的知识宝库。教材只是语文教学的介质，不是语文课程的全部内容，应该把教材看成是一种有待于师生共同开发、构建的学习资源，师生应该利用各自的生活实践，共同合作，共同创造性地加以运用，每堂课应该都是不可重复的激情和智慧的综合生成过程。下雨了，有些学生老是往窗外看，老师让学生到室外去“疯”，不过，有个“条件”：得带着任务，用心去观察。教师把生活中可以帮助学生学习语文知识、提高语文能力的片断、场景、细节，充分加以运用；学生在教师的指导下，积极参与语文实践活动，强调学生自主的、积极的、多样的、充分的参与，使语文学习真正成为一种生命活力。

（三）营造合作交流的课堂——让生生互动

让学生在充分的交流、合作中，产生思维的撞击和交流，不断地开拓思路，形成自己独特的体验和见解。

语文学习是一个富有个性的自主学习行为，感知、理解、顿悟，无不需要学生全身心的投入。教师要唤发起学生的学习热情，让课堂活起来。在课堂教学中，我们必须建立生生互动的课堂教学模式，鼓励学生畅所欲言，培养他们多角度思考问题的能力，激发他们的创造性。教学中，教师可采用合作学习的方式，在分组学习交流中，教师可通过使用各种教学手段，创设教学情境，运用现代技术手段创设民主、平等的思考交流的环境，让学生在开放性的讨论中进行多向思维。在合作探究过程中培养学生思维的求异性与发散性，在合作学习的实践中提高学生的表达能力和逻辑思维能力。例如：在教学课文《狼和小羊》时，我就安排了足够的学生议一议，比一比，演一演，说一说，如让学生自学第二次与第一次比，第三次与第二次比，发现狼和小羊的态度有什么变化，猜一猜为什么狼不想再争辩了。对于这些问题，都放手让学生自己解决。学生或小组合作，或个人自学，同时又将全班讨论与教师点拨有机结合。学生在合作探究中尽情交流，同时，学生独特的见解也得到了显现。这可是靠老师的一味讲解永远也得不来的！

（四）构建动态生成的课堂——让师生联动

从以教师为中心走向师生联动的“学习共同体”，由此课堂呈现出生机勃勃、精彩纷呈的动态变化。

对课文《蟋蟀的住宅》，在教学中我创设了这样的情境：小蟋蟀这样可爱、可敬，同学们想不想演一演小蟋蟀？（学生回答：“想！”）那我现在就是咱蟋蟀王国的首领了，谁让我老蟋蟀比你们岁数大点儿呢。我老蟋蟀刚刚接到这样一封邀请函，（点击课件，出示信函内容）昆虫联合国总部快要召开昆虫国际建筑经验交流会了，请咱们派代表参加。去参加这次盛会，展示咱们蟋蟀杰出的建筑才能，这可是一项光荣而又艰巨的任务啊！谁想去？（学生争着回答：“我！”“我！”）有这么多勇士！可只能去几只小蟋蟀，这样吧，我们先来个人才选拔赛,好不好?大家满口答应。那你们打算用怎样的方式展示自己的建筑才能呢?学生有的表演,有的画图,有的讲解,有的歌唱,有的朗诵。大家各展所长,把小蟋蟀的本领一一展现在大家面前。这一过程中,我把"讲台"搬到了学生中间,成为一只快乐的老蟋蟀,是学生学习的伙伴,在与学生的对话与交流中,巧妙地引领学生积极主动地进行创造性学习,建构了一个生动活泼的课堂。在教与学的交往、互动中,老师与学生形成了一个真正的"学习共同体"。

二、以优化教学策略为突破,内化课堂教学研究

针对"全程动态式"教学模式的六个过程,在实践中我们开展四个策略的研究。它重在使课堂教学结构最优化,使学生主体作用更强化,各个教学环节都以学生活动为轴心,步步推进,环环促进,层层递进,从而把学生真正变成学习的主人,教学主体,课堂的主角,在知能、情意方面得以充分发展。

(一)立足主体性,选准切入点

语文的学习是一种个性化的内心旅途,是一个生命的体验和感悟的历程。学生的内心的体验和感悟往往比外在的接受和学习更为深刻,它带着生命烙印,涌动着生命的激情。因此教学设计时要善于抓住教材与课文的切入点带动全篇,要立足于教材与单元的宏观背景,联系实际,选准突破口,力求提纲挈领,举一反三,让学生主体性在特定的课文所能提供的最大空间中得到有效的发挥,激活学生思维,提高教学质量,使教师真正起到主导性的作用。

再以课文《一座铜像》为例,在教学中我结合课文内容,选择了两个切入点,引导学生自主探究,去体验文本。① 老师在教学中鼓励学生大胆质疑,通过"为什么要把这样一个普通的甚至有些可笑的小男孩视为英雄,把它树立在比利时首都布鲁塞尔的中心广场上呢"这一问题牵动全文的阅读,实现了由疑引思,由思引读,由读引议,议中解疑的阅读全过程。在这一阅读过程中,学生独立学习,主动探究,每个人都是学习的主角,老师充分尊重学生的独特体验。② 课文重点语句"小于连急中生智,用自己的小便把导火线上的火花浇灭了"的理解,教师充分估计到学生的理解上的困难,设计让学生先通过媒体,说说听到、看到,感受当时危急的情境,再设计想象练习。"小于连没有那么做,会出现怎样的后果呢?"让学生想象导火索即将烧尽、引发炸药爆炸的时刻,一个镇定、机智的小男孩的形象。教师在这一过程中,给予孩子们课文描述的情景,唤起了孩子们对这小男孩深深的敬意。

教学始终在师生的平等对话中进行,真正意义上地实现学生、教师、文本之间的平等对话,真正地体现学生的主体作用。

(二)发挥能动性,理清知识点

知识点理清的过程也是教师在教学中发挥主导作用的过程,教师不是简单的向学生灌输知识，而是引导学生把握知识的内在结构，了解知识的产生过程，在这一过程中，学生的主观能动性才会得以体现与提高。

讨论一旦开始，思维碰撞随即产生。在课文《饭钱》的教学中，对于谁很聪明，学生有多种评说。这时老师要做的不是急于收口，给出结论，而是引导学生通过朗读、合作表演等形式呈现思维过程。事如所料，老师充分满足学生表达的欲望，尊重学生的理解，学生通过品读课文，合作探究，自己得出结论：巴依的聪明是自私的，他很狡猾；阿凡提用智慧帮助穷人，他的聪明是可敬的。这一结论远比老师直接出示答案要意义深远，学生的思维品质在这适度的智力警觉状态中得到锻炼。

（三）赋予批判性，激发兴奋点

教学中要注重启发与诱导，善于运用发现法、情境法、暗示法、讨论法、点拨法等新颖的教学方法，通过先进的教学媒体激发学生的兴趣，让学生在兴趣的支撑下，发现问题、进行质疑。

教学情境的创设不仅能渲染语言学习氛围，还能激发学生乐学，获得积极情感体验的过程，更能引导学生主动探索学习的方法。如在课文《饭钱》的教学中，在梳理了人物关系后，教师创设了这样的问题背景：谁很聪明？能为你的观点在书中找出充足的理由吗？

这个问题贯穿课堂教学的始终，使学生的思维始终处于动态生成中，学生为求得认知平衡，不得不认真读书，去思考，去探求，在不断地思考和争议中，学生的认识能力和感悟能力自然向前迈进。

最后，学生通过比较、辨析，有理有据地得出巴依和阿凡提的聪明的本质的不同。在这个思辨过程中，学生一次次处于矛盾的焦虑心理中，学生思维的敏锐性、深刻性、批判性、开放性得到了一次质的飞跃。在解决问题的过程中，学生体验到阿凡提的智慧和乐于助人，情感目标的达成也水到渠成。

这样的教学设计，让学生善于在求同中存异，在吸收中批判，在学习中不断地发现问题，提出问题，从而焕发出自主意识和努力探索的人生态度。

（四）展现创造性，培植发散点

教师要把学生的学习过程表现为一种学创结合的过程，要求教师善于寻找教材内容的发散点，引领与指导学生，参与创新，学会创新，变学为思、变学为悟、变学为创造。

《新课程标准》指出：阅读是学生的个性化行为，应让学生在主动积极的思维和情感活动中加深理解和体验、有所感悟和思考，受到情感熏陶，获得思想启迪。在课文《歌声》的教学中，随着情节的展开，老师提出："如果你是那在场得救的其中一位，你会怎样感谢小姑娘？"一个"你"字的发问，促使学生积极进行对形象的感受和独特的情感体验；一个“你”字的发问，使学生进入了作品的情境，产生换位移情的功效。随着对文字的感悟，孩子们的回答充满了自身的独特体验。在此环节中，教师引导学生说出自己的独特感受。学生开启了思维的窗口，展开了想象的翅膀，丰富了人文情感，与作者产生了情感共鸣，拉近了学生与文本的距离。学生的体验不仅使他们感悟了教材的情趣，促进了朗读，而且丰富了教材的内涵，是对教材的提升和发展。

课堂教学实践中，积累了一些具有语文学科特质的操作方式，例如在古诗教学中，把“读”作为学生学习本课的主要活动形式，预设一个从课前到课堂再到课外的“全程动态式”的教学流程：预习读，了解背景——初读，通诗句——再读，明诗意——细读，悟诗情——课后读，增加积累。这样教学，老师放手放权让学生自始至终地参与在读诗诵诗背诗的学习活动中，教学效果显而易见；对于一些内容通俗易懂，但全文饱含深情、催人深思的课文教学中，形成比较独特的“全程诱导，自主活动”这一课堂教学新的运行方式，由“导入激趣，导读释疑，导练探究，导评拓展，导议升华”构成的“五导”教学操作方法。比如，在“导练”时，老师建议同学们采取合作互助方式，自己“探究”解决读书过程中发现的问题，接着集体交流，讨论，评议。学生经过的虽然是读读、说说、议议、评评这些一般通用形式的活动，语文能力却得到了充分培养，人文素养得到发展。因为他们在这堂课上的学习是自动自觉的，活动是自主自由的，情感是自发自生的，发展是自如自然的。

三、以改革评价方式为保障，强化课堂教学实践

教学评价是新课程理念得以实施的保障，因此我们从改革学生评价入手，努力实践新课程的“立足过程，促进发展”的评价理念。我们借鉴多元智力理论构建小学生语文课堂学习评价的新意境，从丰富评价内容、优化评价方法和拓展评价主体三方面进行研究，以此建立全面、科学的评价体系。

（一）评价内容——广角多元

在教学过程中，学生能以多种方式参与活动，例如读书、思考、讨论、观察、质疑、回答问题、发表见解、想象探究等，教师应充分关注学生，对学生在学习过程中表现出的综合素质给予积极的评价。在评价实践中，既要重视“知识与技能”的评价，又要关注“过程与方法”“态度与情感”的评价。

（二）评价策略——多样融合

实践中我们获得这样的启示：课堂教学评价应是多种评价方式的有机融合，我们将形成性评价与终结性评价相结合，定量评价和定性评价结合起来，以多种形式的即时评价促进学生良好习惯的养成。如写字习惯、读书习惯等。以发展性的阶段评价帮助学生健康和谐的发展，以“日常观察+表现型任务+

纸笔测试”的评价反馈为形式，将学生每月的课堂表现、作业习惯、人际交往及成果汇报向学生及家长汇报。以激励性的终结评价引导学生走向成功的体验，在学期末实行“免考制”，即以“星星榜”的形式进行推选。星星获取的途径就是关注孩子的平常表现，关注学生的学习过程，学期末榜上“星星”最多的可以免考。

（三）评价主体——多向互动

由于每个学生的智力特点不同，优势各异，对学生的评价不是教师的绝对权利，学生在学习中所表现的及所获得的都可能超过教师本人。因此在课堂中充分给予学生自我评价及伙伴评价的机会，发挥评价的导向、激励和自省作用，应改变评价主体单一的现状。这样学生、家长、教师三位一体，都参与到评价中来，形成了一种评价的互动方式。

这种多角度、动态式的评价促进了学生听课习惯的养成，提高了学生参与课堂学习的积极性，为提高课堂教学质量提供了保障。

在“全程动态式”教学模式的实践、探索与研究中，让我的课堂实现了三大转变：变原有教学中学生执行教师指令的被动活动为学生自愿自发的主动活动；变原有教学中教师与学生的传统活动为“生生互动”“师生联动”；变原有教学中理论化、师徒化的僵化活动为综艺化、民主化的大众活动，使学生乐于参与。动脑、动情、动眼、动耳、动口、动手的全程动态教学模式，让学生的“智动”与“情动”统一，从而达到“心动”。

作为拥有教育理想的追梦人，我会把追寻理想课堂当作自己永远的方向，永远坚信：“只要有梦，只要在行动，我们就会不断地前行。只要不断地前行，我们就会实现我们的理想。”

【专家点评】

论文《“全程动态式”课堂教学模式的探索与研究》，针对语文课堂教学中长期存在的教师活动过度、学生被动学习的不正常状态，努力激发学生在课堂教学中的学习积极性和主动性，构建学生动脑、动情、动眼、动耳、动口、动手，主动参与的课堂教学模式，以激发学生的学习热情，提高课堂教学的效率。论文研究主题明确，理念先进，有时代感，也有现实意义。研究中进行的“以改善教学方式为关键，深化课堂教学改革”“以优化教学策略为突破，深化课堂教学研究”“以改革评价方式为保障，强化课堂教学实践”三个方面的实践探索，思路清晰，设计也比较合理。研究总结出的“启动阶段—联动阶段—能动阶段”三阶段“全程动态式”教学模式，在阶段标题的概括上还可以再斟酌，对该模式阶段特点的阐述上还可以更加具体些。（吴忠豪）

提高小学中高年级习作评改有效性的实践与研究

普陀区新普陀小学　高　静

小学生习作能力在小学语文的学习能力中占有重要位置，小学是习作教学的起步阶段。教师的习作指导与讲评教学效果直接影响着学生能否养成良好的习作习惯。其中，作文讲评与修改是作文教学过程中的一个极其重要的环节。其过程，是一个不断调动学生积极性、提高作文心理品质、发展语言意识、提高写作效率的过程。“提高小学中高年级习作评改有效性的实践与研究”力图深入探究小学生习作评价与修改的目标优化，评价与修改的模式方法及操作流程优化，通过加强习作教学评改策略的优化研究，获得具有一定普适性、实效性的提高小学生的习作能力的方式。

一、研究背景与意义

（一）剖析问题

习作教学，一直是语文教学的半壁江山。自实施新课程标准以来，大家对习作教学改革十分重视。从专家、教授到一线语文老师，在作文教学的理论和实践中都作出了不懈的努力，也取得了一些成绩。然而，综观小学目前作文教学现状，仍不尽如人意，学生的写作能力不高，依然难以令人满意。究其原因，大概在于：

1. 习作评改缺乏系统性建构。小学作文教学无教材，没有建立起适合学生身心发展规律的作文教材序列，作文训练缺乏系统性、计划性、科学性，大多数教师未从整体上把握小学各学段作文教学的要求与特点。缺少系统建构的习作评改教学，要求普遍偏高，没有遵循作文教学循序渐进的原则，因而收效不大。

2. 习作修改缺少主体性参与。长期以来小学的习作教学中，教师成为习作修改的主体，形成了越俎代庖的教学方式，从而替代了学生自主修改与自我评价的主体地位。学生的习作修改形成对教师的依赖：通常是老师布置习作——学生写习作——老师修改与点评习作。这种教学模式使学生成为自己习作修改的局外人,这样不仅不利于学生树立学习中的主体观念和参与意识,而且更不利于培养学生的写作能力及习作修改的形式意识。

3. 习作讲评缺少针对性研究。习作讲评课的研究较少。面对学生的习作出现这样那样的问题,便事无巨细,逐一评讲,未能就年段习作教学的核心目标进行具体指导,而就实际效果而言,面面俱到,恐怕就会面面不到。

(二) 聚焦问题

《小学语文课程标准》指出:"习作是运用语文文字进行表达和交流的重要方式,是认识世界、认识自我、进行创作性表述的过程。习作能力是语文素养的综合体现。"然而在很长的一段时期内,作文的讲评工作基本上是由语文老师来进行的,缺少对学生习作进行自我认识与创造性自我修改的引导,很多老师对于学生的评价过于终结性和独断性,而忽视了学生的主体地位。有些老师甚至不再进行作文讲评,只是不再指导修改,简单地评注作文评语,因此学生的作文水平在这种条件下是很难得到提高的。要想改变这种局面,就一定要对新课程的作文教学理念进行深入的领会和掌握,使学生的写作能力能够得到真正的提高。

综合上述问题,结合一名基层语文教师或团队的研究现实条件,我分析了制约学生习作能力无法通过一次次习作训练得以提升的各方原因,将本课题研究的突破口置于习作训练后的"评改环节",即通过习作的讲评与修改策略的优化研究,找到优化课堂的最佳方式,探索提升习作教学有效性的途径。

(三) 研究意义

习作评改活动教学效益直接关乎学生写作能力发展和写作品质的优化,具有举足轻重的作用。就其研究意义而言,大致有以下三方面:首先,它对于小学语文教学改革和创新具有积极作用。在语文教学中,写作教学是最重要的一项内容,因此写作的教育观念也要随之更新改革,要不断培养学生的表达能力,使学生的思想道德和科学文化等方面的素质都能够得到充分的发挥。其二,本课题研究是突破作文教学困境的需要,习作评改致力于让学生体验成功的愉悦,感悟失败之所在,激发学生二次习作的兴趣。它是习作指导课的延伸、扩展、补充,不仅是针对每个学生习作水平的指导,更是对他们不同个性化习作的反馈,是具有极强个性化、针对性的教学。它可以使习作中存在的许多问题得到落实和弥补。其三,对有效提升学生写作能力具有极大意义。作文评改是作文批改的继续与综合,是作文指导工作的升华,通过作文评改能够使学生在写作过程中得到从感性认识到理性认识的升华。所以对于学生而言,作文评改是对学生写作实践的经验总结,也是对未来写作方向的明确指导。

二、研究目的与概况

（一）研究概况

本课题中所涉及的“习作评改教学”是指学生习作完成后，在教师的指导下进行鉴赏佳作、分析问题、指导改进的环节。原有的习作讲评课定位于教师以“讲与评”启迪学生智慧，激发其修改动机。而本课题则着眼于学生的“学”，不仅关注“启迪”学生，更注重学生的“实践”，关注学生自主修改习作的能力培养与提升。

本课题通过探究小学生习作评价与修改的目标优化，评价与修改的模式方法及操作流程优化，加强习作讲评策略的优化研究，关注学生在习作全过程中的进步和变化，及时地给予评价和反馈，帮助学生认识自我，调动学生参与习作活动的全过程，促进学生的具体进步和发展，强调通过反馈促进学生的改进，从而提升学生的习作能力。

（二）研究目标

1. 通过该课题的研究，尝试改变教师的教学行为，变教师为主的作文讲评为学生为主的作文评改，打造最高效的习作教学课堂。

2. 通过该课题的研究，科学地设定各年级作文教学目标，结合课堂教学实践，对作文讲评课的策略进行优化，探索习作评改优化的方式、细化习作评改指导过程，以整体提升习作评价环节的功效。

3. 通过该课题的研究和实践，提高学生的写作能力，使学生爱写作文、乐改作文、会赏作文。

三、国内外研究现状

（一）国外关于作文评改

在全世界的范围看，很多国外的教育专家都在作文评改的教学中付出很多努力。文献指出，在日本的作文评改中对于修改的环节是十分重视的，例如在昭和前期的《中学课程教育纲要》中有“使学生认识到推敲、修改作文的必要性，并掌握修改的具体方法”等要求。对于作文的评改，各国也有各国的教育特色。在日本，有的语文教师喜欢采用由学生、家长、教师共同对论文进行评改的方式。就是学生在完成作文之后，分别由学生、家长、教师对作文进行评改。

“在美国，修改被看作是写作不可或缺的一个步骤，关于修改的策略，也常见诸教材。”美国老师更热衷于让学生去评改作文，例如罗纳德·克拉莫的“编辑室”和多堡·格雷夫斯的“出版会议”活动。在“编辑室”活动中，班级的学生被分成几个组，也就是“编辑室”，学生们对“编辑室”的作品进行编辑，并实施角色扮演,基于不同角度修改文章,以此在真正的修改实践过程中掌握写作方法与技巧。如此,“编辑室”活动让学生提升了对作文的审美标准,进而发展成自己的文笔特点。而通过对小伙伴们的作品修改,会激发出想要写出更优秀作品的意愿,使学生更加努力地提高自己的写作水平。在美国还有一位教育家唐纳德·纳普,他十分提倡“作文优点”的评改法。也就是在学生的作文评改时,将文中最出色的部分用鲜艳的红色进行标记,而对于错误却不会有任何标记。这样能够激发出学生的写作热情,每个学生都渴望自己的作文上有更多的红色,并会因此而更加努力地提高自己的写作能力和写作水平。

(二)国内关于作文评改

在我国,叶圣陶先生是教育史中一位非常卓越的语文教育家,他对作文的批改有着独特的看法,通过长期的教学实践进而形成了十分有特色的作文教学思想。他指出:“教是为了不教。”这就是叶老教学思想的精髓,对我们进行的作文教学改革具有十分重要的指导意义。学生“自能读书,不待老师讲;自能作文,不待老师改”的教学极致,是叶老孜孜不倦的追求。他旗帜鲜明地反对教师一味地精批细改。他说:“我当过教师,改过的作文本不计其数,得到过深切的体会:徒劳无功。”他对学生自改能力的培养十分重视,提出“要加强对学生自改作文能力培养,通过教师指导,学生自己分析与考虑,让学生获得主体地位,养成良好的自改习作的习惯”的观点。他特别推荐两种评改方法:一是师生共改,“如以某一学生之文为材料,出于黑板,师生共改,而教师于此际起主导作用”。二是面改,认为“给学生改文,最有效的办法是面改”。同时他又意识到面改耗时费事,教师的工作量加大,指出当面改并不十分可行,应当在“既节教师之劳,不损学生之益”的情况下结合其他办法来对作文进行综合的评改。

作为小学语文界的泰山北斗,贾志敏老师对于作文讲评课极其重视。贾老师不提倡教师篇篇修改学生的作文,他的一般做法是先展示几篇作文修改的过程来教授学生修改的方法,之后让学生自己或互相修改作文,最后由教师统一写评语。贾志敏对学生的习作评改分为两种:一是在课堂上的口头形式的即兴评改,二是书面形式的“对话式”习作评改。面批作文是贾老师进行写作指导的重要特点,做法一般是,先让学生读自己的作文,老师认真地听,听到不顺不对的地方则叫停,然后全体师生合作修改。面批作文的主要目的是培养学生准确运用语言文字的能力。贾老师在面批作文时通常不会直接告诉学生“答案”,而是通过启发诱导的方式先告诉学生某个字或词为什么不能用进当前的语境当中,然后让学生自己想改换成合适的词。作文课之前,贾老师会花很大的工夫修改例子作文。为了反映修改的过程,他一般把改或删去的地方用蓝色字体标注,添加或改换后的内容用红色字体标注,除此还采用各种修改符号。如此,整篇文章哪里写得好,哪里被改过了,学生都能一目了然。贾老师认为作文讲评课要特别重视修改,尤其是在指导学生修改病句的问题上,教师要舍得花时间和精力,更重要的是和学生共同修改。共同修改和教师代替学生修改不同,它是先让学生自己找毛病,然后教师再予以启发,这样才能切实地提高学生修改病句的能力。

近年来,江苏省特级教师管建刚成为作文教学的领军人物,致力于作文讲评课的研究。他认为作文教学应该贯穿"先学后教""以学定教""顺学而教"的原则,这是作文教学的"最佳路径",是作文教学的发展方向。基于此,管建刚特别强调作文讲评课,主张"讲评重于指导""只上作文讲评课,不上作文指导课",并构建了"佳句欣赏—病例诊断—方法指导—自主修改"为板块的作文评改课模型。管建刚特别强调教师在指导学生修改习作时,要学会用"放大镜"去发现学生在作文中取得的成绩,恰当地指出他们在作文中存在的不足,循序渐进地培养和提高学生的作文能力。在评改课中,管建刚特别注重作文评价与批改结果的呈现形式多种多样,可以是书面的,也可以是口头的,可以采用分数、等级来表示,也可以用评语来表示,还可以采用多种评价形式进行综合评价。

四、研究过程

(一)习作评改目标的优化

学生作文评改能力的培养,是一个循序渐进的过程,是一个不断提高写作效率、规范学生个性化语言的过程,因此,每次习作评改目标的设计应基于每次习作教学目标要求及学生习作的实际,结合实践研究与探索。我们认为,评改目标需具体明确,要贯穿于作文训练的全过程,要突出重点,力求有的放矢,应具有因人施教,因问题施教,使每个学生都得到提高,达到事半功倍的效果。大致具备以下特征:

1. 评改目标具有递进性。

在整体教学目标的指导下,教师应该采用阶梯式增长,螺旋式上升的方法,根据不同年段、不同教学阶段设立相应的小目标,这一点在小学习作教材上表现尤为明显。制定适宜的学期作文指导和评改计划,才能拟定适宜的习作评改课的课时教学目标。

纵向来看,小学阶段的教材习作既有联系又有区别。比如,同题材的习作在不同年级多次呈现。对中高年级"写人"类习作的目标与要求作以下梳理。

年级	习作内容	习 作 要 求	指导与讲评要点
三上	聪明的______	1. 学习根据题目,选择写作材料。 2. 挑选一个聪明人,通过一件事,把这个人聪明在哪里写出来。	● 选材的适切性 ● 叙述的完整性
三下	我真了不起	1. 挖掘自己身上的某一个闪光点,通过一件具体的事把它写出来告诉大家。 2. 注意把自己的真实情感写具体。	● 事件叙述具体 ● 初步学习细描 ● 语言描写指导
四上	我的朋友	1. 要抓住这个人的特点观察,通过人物的细节描写,表现人物的特点。 2. 内容要具体,语句要通顺,注意不写错别字。	● 叙述条理指导 ● 外貌描写指导 ● 指导细部修改
四下	爸爸妈妈真辛苦	1. 观察、感受父母为家庭、孩子做了些什么。 2. 用具体的事例来记叙,把事情写清楚,写具体,表达真情实感。	● 指导自主修改 ● 内心描写指导 ● 动作描写指导
五上	________,你真了不起	1. 选一个在某一方面特别了不起的人物,写一些敬佩他的理由。 2. 选最能反映人物了不起的事件,把他令人敬佩的表现写具体。	● 选材的典型性 ● 细节描写指导 ● 指导具体修改
五下	我这个人	1. 抓住自己的性格特点、兴趣爱好,通过具体的事例介绍自己。 2. 通过适当的人物细节描写与环境描写表现人物的特点。	● 指导详略构篇 ● 环境描写指导 ● 指导具体修改

教材文本的解读使教师对作文的教学有整体的认识,能更计划地进行教学,并注意到学段之间的结合,作文指导与作文评改的结合。三年级写“我真了不起”,四年级写“我的朋友”“我的________”“________真辛苦”,五年级写“我敬佩的人”“我这个人”,同样都是写人的文章,训练的重点应该如何把握呢? 三下的“我真了不起”要求为“引导学生写自己了不起的一件事”,落脚点在于“写一件事”,着力点则在于学习运用“语言、动作来写人的特点”,特别是学习运用在本单元中重点学习的“对话的三种形式”。而到了五上的“我敬佩的人”时,就不仅局限于“语言、动作描写”了,它要求学生“能用语言、动作、神态、环境等细节描写表现人物的特点”,从单一要求提高到了综合运用的程度。

横向而言,习作评改与阅读教学融为一体,关系紧密。上教版教材以“主题单元”方式编排,习作一般围绕单元进行。比如,针对主题为“动物”的作文题材,教师就应该合理安排阅读与学生独立写作都围绕这一主题进行。教师安排学生的阅读题材,可以是同一个作家笔下描写的不同动物,也可以是不同的作家描写同一种动物。尽管都是写动物的文章,但是作者的内心感受不同,生活阅历不同,对待每一种动物的情感也不同,所以必定是各有特色的。结合阅读素材，教师就可以以某一种描写动物的方法确定为本单元的写作目标。同时，这也就应当成为习作评改的教学目标之一。

由此可见，只有把握课标、教材的联系与区别，明确教学目标的递进性，才能细化习作评改课的教学目标，从而提高评改课专题的适切度。

2. 评改目标具有指向性。

教学目标具有定向功能，使教学具有明确的方向性，习作评改课的教学目标同样应具有这样的性质。可以说，整个习作教学的过程都受目标指导和支配，习作指导课与习作讲评课的核心目标应有一致性考虑。确定准确、合理、集中的教学目标也被认为是教学设计的首要工作或第一环节，以指向明确的目标来解决习作讲评"面面俱到"的现象。

"习作评改是习作指导的延续与提升，其训练目的应与指导课相统一，做到导、练、评、改四位一体，习作训练才能有的放矢，突出实效。"以五年级第二学期习作训练"我忙，但很快乐"为例，呈现在研究中对于评改目标明确指向的研究。

题目	目标	提　示	指导要点	讲评要点
我忙，但很快乐	1. 选择在生活、学习中自己感到很忙，但是乐此不疲的事情。	1. 审清题意 "忙""快乐"，看似矛盾的词语要在这篇文章中和谐统一。学生可以理解为忙碌中的快乐，也可以理解为忙碌的付出后带来的收获等。	1. 选材：真实、新颖、有意义。	1. 比较中体会，第一人称的表达方式更能表现真实情感，并指导学习内心独白式的写作方式，让文章读来亲切。
	2. 对材料进行筛选，按一定的顺序把事情经过写清楚、写具体。	2. 写作要点 ● 应该用具体的事例来反映与表现自己的"忙碌"，有时一件事不足以表现"忙碌"时，则可引导学生组织两三件事例，有详有略地叙述。 ● "忙"与"快乐"，可以在一条主线下，边叙述、边穿插表达；亦可在忙碌的事件叙述完毕的基础上，表达收获的喜悦。	2. 结构：根据所选材料的选择谋篇布局方式，关注过渡语段的衔接。	2. 再次指导审题，根据题意，思考"忙"与"快乐"的关系与比重，并进行习作结构上的修改。
	3. 注意在行文中结合所选材料，表达自己对"快乐"的理解。	3. 选材角度 说到"忙"，学生容易想到自己繁忙的学习活动，忙着上课、忙着做作业、忙着上各种补习班、学习各种乐器等，应在此基础上更多地帮助学生拓展选材的范围，如忙碌的队活动策划、忙碌的一周执勤等。	3. 重点：对于具体内容的表达应采用夹叙夹议、边叙事边抒情的方式。	3. 在多篇佳作品析中，体会"夹叙夹议"的表达方式，学习阐述对"主旨"理解与升华的一般方法。

本课的整体设计，通过关注习作选材、结构上的核心目标，对习作指导与习作评改作统整设计，力争一练一得，引导学生在经历“习作—讲评—修改”这一全过程中，逐步学习并实践“内心独白”及“夹叙夹议”这两种表达方式。

3. 评改目标具有层次性。

要真正提高习作评改的有效性，关注学生习作起点的差异，关注学生学习能力的差异，以此来构建教学内容尤为重要。根据学生实际，分层设定教学目标，有利于不同层次学生均能在讲评过程中有所收获，有所提升，有利于调动学生参与习作活动的全过程，有利于促进学生习作能力的发展。

以四年级“我的朋友”的习作讲评课为例，在习作指导课时，我们制定相应目标。

> 习作目标：
>
> 1. 要抓住这个人的特点观察，通过人物的外貌、动作、语言、神态描写，表现人物的特点。
>
> 2. 内容要具体，语句要通顺，注意不写错别字。

教师认真看了学生在作文指导课后写的作文，发现大部分学生具备了对“朋友”进行细节描写的能力。然而对于表现朋友的“特点”这一要求的目标达成上，学生显得缺少方法，如何选择这位朋友外貌上的特点？如何通过典型事例来展现人物突出特点？在具体描写时，哪些表现人物特点的要详细，哪些可以简略？这些问题导致了习作中人物特点不突出。教师在初步批阅中，针对学生在人物描写的实际能力，确立了两大评改目标，基础目标在于通过示范、合作，让学生自主修改习作对人物的细节描写；而发展目标则针对班内习作水平较好的同学，引导学生在范文赏析中体会选取的事例越是典型、描写得越生动，人物的性格就越鲜明。有了老师明确的指导，学生就能根据老师的要求，在描写好人物外貌、选择好材料、确立中心这几个方面，有的放矢地修改自己的习作。

> 习作评改目标：
>
> 基础：根据修改建议，把好朋友的语言与动作描写具体。
>
> 发展：选择表现好朋友特点的典型事例，抓住好朋友外貌特点，语言与行动特点修改习作修改习作。

面向全体学生，把学生初稿中的问题与学生的真实困难作为教学的关注点,通过学生习作后,老师根据学生在习作中的实际情况,适度调整,分层定位评改目标,这样使班内不同能力水平的学生经过讲评指导、修改实践,均能在原有水平上得以发展。

从目标的递进性、指向性与层次性三方面开展的实践研究,促进了一线教师进一步明确评改课的意义与作用,同时对于评改目标优化与否的价值判断形成了初步依据。

（二）习作评改方式的细化

1. 教师批阅流程的细化。

要保证讲评课的实效性,首先就要做到批改及时,有效地统整教学内容。如果教师精批细改,在习作指导课上完数天,甚至一周之后才评改,学生很可能会出现交流激情减退,习作主题与要求已淡忘的情况,同时教学内容难以有效聚焦,这将让习作评改课的课堂效益大打折扣。应当明确批改习作不是鉴赏文学作品。“习作”,顾名思义,就是学习写作。小学阶段作为整体写作的起始阶段,必定存在诸多问题,教师在批改中不可轻易放过,一视同仁,而应有意识地进行分类归档,以便整理总结本次习作中学生出现的特殊错误或是共同错误。同时,提倡延时评价、多次评价,以习作评改课后完成的习作为最终评价对象,鼓励学生自主修改的热情。为了在一天内完成有效的习作批改,就必须提高批改效率和针对性。“批改作文,想要有高效,必须顾及针对性。”在教学实践中,我们初步总结出了学生习作的批改步骤:

（1）快速浏览,把握整体。快速翻阅整个班级的习作,了解本次习作的整体情况,初步得出本次习作中学生出现的共性问题。在教学中,笔者依据一般批改要求,制作了“首次批改等级表”,有效提高了批改的速度与效度。

姓名	选材合适	题目新颖	语言通顺	顺序清晰	描写具体	总体评价

首先按照“优、良、合、待定”四个等级进行初评,强调总体印象。其批改项目包括“选材合适、题目新颖、语言通顺、顺序清楚、描写具体”,同时也可根据不同习作的要求,增删相应项目。依据批改项目,针对不同习作的不同问题,以画五角星、打钩、画圆和打叉的方式予以表示,画五角星表示此项目完成情况特别好,可以作为范例,打钩表示此项目完成情况较好,画圆表示此项目

完成情况很一般,打叉表示此项目问题较大,要予以重点指导。

(2) 欣赏亮点,细究不足。在解读学生习作的过程中,始终抱着欣赏的心态和眼光快速阅读学生习作,不吝啬笔下的赞美和褒奖,用不同的符号分类圈画精彩的句段,激发学生的习作自信心。随时在学生的作文本中用不同的符号分类圈画精彩的句段,方便分类交流。比如:细致的描写用"——",真切的感悟用"~~",借景抒情用"……"等。教师应选好的范例,包括描写、结构、主旨表达等方面有特色的范例让学生细读、揣摩、吸收,达到共同提高的效果。同时,还应在批改中,甄选共性或者是典型的不足,以此作为范例,邀请同学们一起修改,引起大家的重视,达到共同提高的目的。

(3) 分类整理,及时记录。在二批完成后,再次细致地回看出现共性问题的学生习作,并从中选择出最具有典型性的习作或片段。按不同学生出现的共同问题或共同优点进行分类叠放,相应地,还要对学生习作中的优点进行整理记录,以便在确立专题和讲评时使用。教师在记录时可以按照分类进行记录,或者针对每个学生各自的习作情况进行分别记录。

2. 教学内容组织的细化。

在内容整理时,要尤其注重准备四类材料。

(1) 存在典型问题的习作。同一次习作中,常常会有一两个共性问题存在,如选材方面的、写作顺序方面的等。在全班讲评的时候,所讲评的问题一定要选择共性问题,使讲评有益于大部分学生。所以,存在典型问题的习作是讲评课备课必须且首先要准备的材料。

(2) 存在非典型问题的习作。小学生习作中会出现很多的问题。与典型问题相对的是非典型问题,即个性的、零散的问题。这些小问题也要修改。尤其是当这些小问题的修改可能超过学生现有水平的时候,存在这种问题的习作就必须准备,以便于在课堂上给予合适的指导,让学生有能力修改。

(3) 对典型问题可起示范作用的习作。优秀的习作可分为两类:针对典型性问题的示范习作和其他优秀习作。针对典型性问题的习作可作为范文供学生参考学习,对修改自己或他人的问题习作可以起到示范作用、提示启发的作用,尤其是对学困生的帮助特别大。这些习作是优秀习作中的主角,它们在讲评中发挥的作用应当比其他优秀习作大。

(4) 其他优秀习作。优秀的习作作为一种宝贵的活生生的参考资源,浪费是可惜的。即便对典型问题不能起到示范作用、矫正作用的优秀习作,也是学生打开思路、开阔眼界、互通有无的学习资源。因此,这一类习作也应搜集整理,通过书面展示、自主欣赏的途径发挥其作用。

（三）习作评改课型的优化

1."主题评改"式讲评。

每一次作文，都会有文体等方面的不同特点，习作的要求也各不相同。因此在评改过程中，不求面面俱到，在让学生明白习作重点及存在的最突出的问题后，确定此次习作评改的一个方面的重点。

这样的主题评改课的教学内容是由学生习作的问题中产生的，目标是围绕问题的改进，指导学生进一步修改习作。如四年级的习作"我战胜了________"主要目标是引导学生选择合适的题材反映自己战胜害怕等心理的事情，能把事情的经过写具体，写出自己的真情实感。

在学生习作草稿的批阅中，发现学生们心理活动描写的单一化的问题，便将习作评改教学定位于：引导学生在赏析与纠错中掌握几种常用的心理活动描写方法；指导学生运用心理描写的技巧，修改本次习作，并拓展到写作实践中，从而懂得心理活动描写就是要写出人物真实的内心感受。

课堂上通过心理描写环境烘托、内心独白与对主人公动作、语言、神态等描写这样几种不同形式的品析与实践，引导学生运用一两种方法修改习作中对自己的心理活动描写的内容。这种"主题评改"课，把着力点放到一处，努力实现习作评改课一文一评一得的教学宗旨。

2."范文仿作"式讲评。

将习作教学与阅读教学有机整合，针对学生习作问题，讲评中适切地引用教材范例，引发学生在情境中体会文本表情达意的作用，实践中练习迁移、仿照，能够使习作讲评更贴合学生需求，更扎实有效。

"再见了，母校"是五年级第二学期第8单元的一篇习作。在课堂上，确立了两个教学目标：

1. 通过习作讲评，分享习作中的精彩语句，学习遣词造句，复习"前后照应"的写作方法。

2. 通过习作讲评，引导学生在赏析与修改中，通过范例具体指导学生运用"借景抒情"的写法修改习作片段，从而让学生学会在习作中运用。

在作文讲评过程中，主要通过三个环节呈现：

第一个环节——赏析佳句：通过两组首尾照应的语段欣赏，巩固"照应"的三种方式及作用；

第二个环节——赏析范例：通过引导学生去学习怎样描写具有代表性的

校园景物,怎样通过不同的描写手法表现景物的特点,怎样通过具有象征意义的景物来抒发情感这样三个层次来学习景物描写的角度与方法;

第三个环节——实践修改:通过引导学生回顾《母校》一课的通过联想去描写记忆中场面的方法来明白本篇习作中,写作应关注景、情、人、更要落在“情”字上,并通过小组间的合作共同发现问题,并合力修改片段。

这堂习作讲评课,通过既有欣赏佳作,又有评改作文活动的讲评方式,主要是让学生能从自己的习作中发现问题,明确写好这篇作文,可以适当运用一些写作方法,而“照应”和“借景抒情”就是本节课要呈现给学生的两个好方法。此外,这堂课通过讲练相结合,通过表扬激励学生,通过评议例文、修改作文,引导学生从材料、写作方法等方面有坡度地逐层评析,从而教会学生自主修改作文的能力。

3.“欣赏品析”式讲评。

美国心理学家威普詹姆斯说过:“人性最深刻的本质就是渴望得到赏识。”“言为心声”,学生的作文大多凝聚着学生创作的心血,学生付出的心血当然渴望一种心与心的交流,渴望得到别人的肯定、赞赏。教学程序和策略:

(1) 赏析导入。课前根据作文题材有意识地安排阅读相关的书籍,开展相关的好词好句欣赏交流综合实践活动。课始,学生展示自己积累的相关美文片段(也可以教师展示片段),激起学生由衷的赞叹,进入学习的意境。

(2) 示范评点。出示学生例文,引导学生进入作者情境,引领学生学会欣赏——“读读,这个片段在描写、构思上有什么特点?”“想想,你用怎样的语言才能表达出你对他的敬佩?”教会学生欣赏什么,怎么欣赏,掌握评改的方法。也可以鼓励学生圈画出自己习作中的好词好句,在最后写上自己习作的亮点:“我最欣赏自己的________。”可以是夸夸自己把事情分了哪几步来写,条理很清晰,还可以是谈谈自己在哪一步中写得十分具体……

(3) 亮点展评。根据小组欣赏和个人欣赏的结果,自由反馈,推荐朗读同学习作中优美感人的词句,并送上自己的点评,当然也可以补充,让同学的习作锦上添花。在展评后,学生拿回自己的习作,一边欣赏同学的赞美,一边再次修改自己的作文,使之更上一层楼。

除此外,还有“指导式”评改课、“纠错式”评改课、“诵读式”评改课等课型,课型的选择视学生的写作实际情况而定,有的可侧重于“评”,有的可重在“改”,穿插交互融会贯通,重在让学生多思考、修改。这样的研究在摸索中起步,但在实践中我们看到了实际效果,教师的课堂目标意识强了,学生掌握了习作修改方法,习作能力有了提升。

（四）习作评改主体的转换

写作是运用语言文字进行表达和交流的重要方式，是认识世界、认识自我、进行创造性表述的过程，所以修改作文的那个人应该是学生本人。学生在认识、发展中的主体地位得到明确，才能从根本上改变学生的被动地位，变“被动写作”为“主动写作”。当我们树立了这样的观点，理解学生个体的主动性时，就不难发现：学生的进步与能力的养成在于习得。教师可以帮助、促进学生能力的发展，但不可替代学生的成长。学生个体必须要在一次次主动参与中去实现这种成长。

1. 激发修改习作的兴趣。

爱因斯坦说过：“热爱是最好的老师。”事实证明，兴趣是写作最好的动力。只有打开学生修改兴趣之门，让学生热爱修改，才能使他们产生取之不竭的动力，投身到修改中去，才能变“要我改”为“我要改”。如何激发学生习作修改的兴趣呢？

（1）根据“最近发展区理论”，循序渐进。在教学中适当放低修改坡度，由浅入深、分阶段培养习作修改能力，根据学情灵活地调整培养进度，让学生感到修改习作并不难，逐渐产生修改的兴趣。

（2）关注学生习作评价的过程，鼓励生生之间使用激励性的评价语。如学生在互评稿中写道：“你真是一位有思想的小作家啊！‘那天那事’这个题目太富有吸引力了，让我一看就想读下去。”鼓励生生之间幽默地评价，如：“故事里的那个‘我’被你神化啦，此文为鉴，我会将娱乐大家进行到底。”这种妙趣横生的激励性评价语，让学生对同伴的修改与评价充满期待，增强了修改信心，体验到了修改的乐趣。

（3）采用丰富多样的形式激发学生修改兴趣。如上文阐述到的多元的修改主体，激发表达兴趣；将修改后的习作在班报、学习园地交流，鼓舞修改士气；激励性的评价反馈，点燃修改热情；还可请父母参与修改评价活动，借助家长力量增强修改动力；开展“习作修改大擂台”比赛，给出一段文字，学生们当“小小修改家”，根据修改标准改一改、比一比、评一评，看谁改得更好，颁发“习作修改小能手”奖状。总之，从多方面激发学生修改的兴趣，更利于习作修改能力的培养。

2. 教学修改习作的方法。

引导学生自主评改习作前，要让学生明确修改的内容，即修改什么。这当然要结合各年段的要求，不可一概而论。评改习作还要教学生修改的方法，进而在反复实践中形成自主修改的能力。

（1）从读开始，修改自己的草稿。小学生的视觉往往落后于听觉的发展，他们需要依赖于朗读中发出的声音来支持自己的思维活动,所以学生通过朗读容易发现作文中的词句毛病。学生初次进行自主修改,可从学生读自己的习作草稿开始起步。学生写完习作草稿后,安排一定的时间让他们读自己的草稿。学生朗读自己的文章,运用听觉器官来辨别、修改。如从停顿的长短,查看标点符号的使用是否正确;从语句是否拗口,查看语句是否通顺;从语言形式与内容的表达,查看遣词造句是否贴切;从内容的安排是否有序,查看条理是否清晰。一名学生读,自己发现的问题,自己及时修改,其余同学在听的时候,觉得不妥当的地方,及时提出自己的修改意见,如果遇到学生自己无法解决的,教师及时给予当面指导,到底应该怎么改。这样学生起步时,就不会有畏难情绪。

(2) 立足于"改",修改自己的文章。在"听"出问题进行自主修改的基础上,要让学生过渡到能"看"出问题进行自主修改。这样的自主修改中年级可先从一个片段或某一个方面来进行。如:起始阶段,从把句子修改通顺流畅,没有错别字开始,逐步过渡到描写生动,选材新颖等方面。一个阶段突出一个修改重点,不要求面面俱到。等这一重点的要求基本能熟练掌握了,再转入另一个重点。每一篇作文的修改,可根据这次作文的要求,确定一个修改重点,一步一个脚印反而容易取得效果。

近期任教高年级,基本的做法是:先看完全文,用红笔画出自己满意的词句,在眉批处写出满意的原因。接着看第二遍,用红笔画出错别字,不顺口的词句,并加以修改,目的是能发现字、词、句、标点方面的毛病。然后看第三遍,在自己能力的范围内,对照本次习作的要求,从选材、结构、语言等方面对文章进行增、删、改、调的润色最后,总结一下自己这篇文章优点是哪些,不足在什么地方,写在文章的最后。从实践过程看,真正能一遍遍看的学生,每看一遍,都会有所发现,有所收获。对看出来的问题,允许学生通过查资料进行充实,学生自己觉得满意了,就可以上交。一般说来,经过这样修改后交上来的习作,和草稿相比,一定是有进步的。

3. 丰富修改作文的形式。

(1) 教师面批,提高习作修改有效。对学生习作的面批,是最实用、最有效的指导方法。教师可以对一学期习作进行有序安排,保证班内每位同学均有面对面得到教师指导的机会。面批时,教师边阅读学生习作,边在眉批时用不同符号向学生传递不同信息。如:用波浪线画出好句,用重点号标出好词,用括号画出写得具体的内容,在学生没有写具体处,画出添加符号或在句子画上问号。这样在学生的习作中就出现了等级、眉批、好词佳句的圈点、旁注、提示、总评等多种评价方法,学生拿到习作后,能很容易地根据教师的指引进行修改,降低了学生修改习作的难度。根据老师批语自己修改,对于那些写作十分困难的学生,面批引导更不失为一种因材施教的好方法。

(2) 同伴互评,扩大习作修改参与。经过老师的指导和自身的实践,虽然学生能进行习作的自主修改,但小学生由于受到心智水平、作文水平以及欣赏水平的限制,对他人的习作的问题不一定能透彻全面看清,生生之间的有效交流就是一个不错的提升方法。互评中可采用一对一同桌互助:组织学生独立完成习作修改后,同桌互换习作,对文章进行二次修改。二次修改时,既要看原文,更要关注修改的部分,就修改的部分同桌交流,及时交换自己的意见。特别是有异议的地方,各自说出自己的理由,能说服对方的为胜者,按照他胜者的意见修改。如果都不能说服对方,请老师进行评议,亦可进行多对一交流:选择一位有代表性的习作可以是修改得好的,也可以是修改不够成功的,通过投影或视频展示台出示修改后的习作,先让学生说说自己的修改理由,然后其他同学就原文和修改后的文章发表自己的见解,从不同的角度进行评价,其他同学互相补充。教师进行调控点拨,集中反映突出的问题,进而指导进行二次修改,力求改得更精彩。

(3) 家长参与,达成习作修改共识。本轮实践研究中,我们让家长参与到孩子的习作修改与评阅中,是以一个交流、合作评价的身份参与其中,根据习作问题和内容,请家长参与,客观公正地评价自己孩子的习作,以利于父母与子女间的交流、沟通,更借此引导家长根据学生习作中的问题,针对性地指导孩子改进,进而建立起重修改过程,促进学生写作能力提升的共识。让学生家长参与到作文评价中,极大地利用了家长资源,让家长更加了解孩子的作文成长过程,促使家长正确认识孩子的学习与进步,及时调整家庭教育的期望与策略,学会赏识孩子,激发孩子的成就欲望,分享孩子作文表达与知识运用中的快乐,感受孩子成长与进步的欢乐。

材料	顺序	语句	文基	等第
有新意 ( )	完整清晰 ( )	描写生动 ( )	格式规范、无错别字、正确使用标点 ( )	良
内容合适 (✓)	有条理 (✓)	连贯通顺 (✓)	有格式、错别字少、能使用标点 (✓)	
选材欠妥 ( )	条理不清 ( )	基本通顺 ( )	格式欠规范、错别字较多、能使用标点 ( )	
学生评语:	选材很妥当,叙事顺畅,条理清晰,尤其是从怕黑到"从床上滚来"一节感动人心。			

四年级学生参与习作评价示例

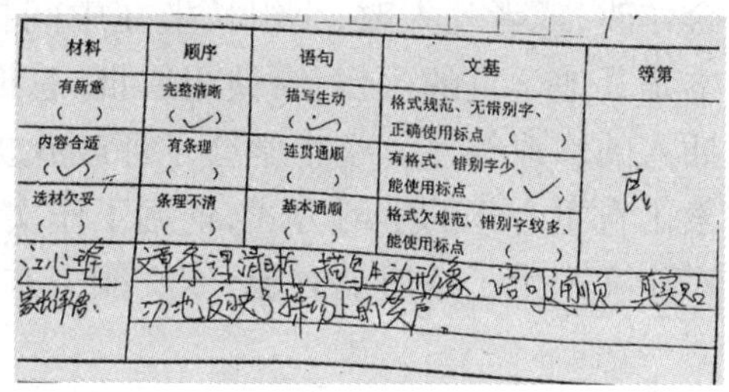

材料	顺序	语句	文基	等第
有新意 ( )	完整清晰 (✓)	描写生动 (✓)	格式规范、无错别字、正确使用标点 ( )	良
内容合适 (✓)	有条理 ( )	连贯通顺 ( )	有格式、错别字少、能使用标点 (✓)	
选材欠妥 ( )	条理不清 ( )	基本通顺 ( )	格式欠规范、错别字较多、能使用标点 ( )	
江心[illegible] 家长评语:	文章条理清晰,描写生动形象,语句通顺,真实贴切地反映了[illegible]上的[illegible]。			

三年级家长参与习作评价示例

五、研究成果

本课题研究探索了符合新课标的作文教学体系,探索了习作评改环节的策略优化,带领教师在习作评改的实践研究中,树立了科学的习作教学与评价观,引导学生在自我评改的过程中提高写作能力,优化了作文教学过程,取得了良好的教学效果。就其成果而言,大致有以下方三方面:

(一) 学习、研究与实践中促进对习作教学的再认识

开题以来,课题组教师经常利用课余时间阅读大量的与课题相关的理论书籍和资料,为研究工作提供理论依据,并做了相应的学习笔记。书到用时方恨少,做课题后,才深知更需要如饥似渴地多读书,同时,从语文教学名师那里也学到许多受用终身的知识,扩大了知识面,提高了习作教学水平,夯实理论功底。在学习与实践中,课题组教师一同研制了《中高年级学生习作能力培养标准及措施》,以保障对于我校学生习作能力培养目标的有效达成。

(二) 积累、拓宽并形成多种习作评改课型

昔日,学生按照教师评改后的眉批、总批,被动甚至机械地订正错别字,修改个别句子或者段落,一旦离开教师的指导和帮助,就束手无策,至多浏览一下习作等第,就把习作丢到一边。因此,在课题研究开展的初期,课题组教师花费大量的时间与精力研究习作评改课的流程优化,以评价的形式去鼓励、引导、督促学生,教给学生评改习作的方法,激发学生进行习作评改的主动性,促使学生自主探究学习。学生掌握了科学的评改习作方法,不仅会改,而且爱改、善改。

(三) 帮助学生养成良好的评改习惯

同学们经过几个学期的训练,改正了原有的一些不良习惯,逐步养成了多种良好的习作评改习惯。如:在写草稿时就注意自我修改习作,从字词句段等方面进行修改;在习作评改课上,同学们更是争先恐后地评改习作,一双双慧眼既能发现同学们习作的优点,又能找到同学们习作的不足,提出中肯的建议。评改的效率很高,方式也在不断地变化,尊重学生的意见,或者同桌互改、合作改,或者三人改,小组长坐在中间执笔,由一个学生读习作,讨论交流,基本是其他学生的习作,会使用眉批、总批,比老师批改的还要详细,能准确使用插入的修改符号。学生学会了评改欣赏作文,培养了作文过程中的自觉性,探索了自主合作的学习方式,挖掘了作文教学的人文内涵。通过评改作文,学生对作文产生了浓厚的兴趣,作文能力有了明显的提高。

上述研究都是遵循新课程改革的思想与原则,也是有实际教学事例来佐证的,不管是从理论方面,还是实践方面,都是符合课程改革策略的。然而,对于小学生习作教学评改策略优化研究在真实的教学中的确面对很多的困难。一方面是理论上,专业资料和专业文献的缺乏,使得理论上研究受到限制,很

难继续深入；另一方面是课堂上，学生的习作差异性太大，不会有相同的情况，这就使得习作的讲评具有专一性，某个方法也许只是适合某一个人或某几个人，无法制定标准，也就没有统一的规律或制度来应用，这方面使得教学策略的优化进展缓慢。与此同时，如何保证教师课题研究行为的常态化和自觉化，如何使研究成果更具有常态教学下的普遍意义和实用价值，其中的策略及方法需进一步思考和完善。

【专家点评】

习作评改是小学作文教学的重要环节，好作文是改出来的，但是传统习作教学中，习作评改一直是以教师为主，教师牵着学生的鼻子走，学生被动应对，因而积极性不高。高静的论文《提高小学中高年级习作评改有效性的实践与研究》，努力改变习作评改中教师的教学观念和教学行为，变教师为主为学生为主，发挥学生在作文评改中的主动性与积极性。这项研究深入探究小学生习作评改的年段目标，为各年级学生作文评改提供了比较具体的指标；研究者结合课堂教学实践，对如何优化习作评改的方式、细化习作评改指导过程、优化作文讲评课的策略进行深入研究。论文总结出的“教会学生修改习作的方法”“倡导学生同伴互评，扩大习作修改参与”“家长参与，达成习作修改共识”等评改方法和策略，对于提升习作评价环节的效率，提高小学生的习作能力，打造高效习作教学的课堂，很有现实意义。（吴忠豪）

加强语言训练　提高课堂教学效率

闵行区七宝明强小学　郭亚熙

随着新课程改革不断深入，我们的语文课堂的确发生了许多积极的变化，但近年来有一些现象也不得不引起我们的深思：许多课堂教学过分强化人文感悟，课堂上大量的时间和精力耗费在对课文思想感情的感悟上，而语言的训练和习得却被淡化了。如果学生在语文课上感悟到的仅仅是课文的思想和情感，而领会不到课文的语言表达方式，长此以往，学生语文能力的提高和语文素养的形成必然成为一句空话。而语文能力不过关，语文课程对学生的人文熏陶和思想教育无疑只是披着华丽外表的"空架子"。

语文课程的本质是"学语习文"。《语文课程标准》提出："语文是学习语言文字运用的综合性、实践性课程。"而我们当前的很多课堂教学仅仅停留在理解和感悟课文内容的层面，而很少触及语言运用的层面。围绕课文内容大量繁琐对话占据了课堂大部分时间，而对语言文字进行扎实训练的时间却少之又少，这已成为当前语文教学效率低下的一大顽症。

怎样才能解决呢？我认为，当前就是要大力压缩以理解课文内容为主的低效课堂对话，切实加强语言文字的训练，因为语言能力是需要反复训练才能形成的。叶圣陶先生对此发表过深刻的见解："但要养成一种习惯，必须经过反复的历练。……就老师方面说，采用种种有效的办法，循序渐进地教导学生练，固然极为重要，而督促学生认真练、经常练，尤其是凑功收效的关键。"

当然，这里所说的训练不是机械串讲，肢解内容，而是立足于语言学习，通过潜心解读文本，创设多种方式，优化训练手段，进行扎实有效的训练，让学生学习语言，培养语感，久而久之，文章中的词汇、句式就可以内化为学生自己的积极语言，到用的时候，它们就会自然地"涌"出来，"流"出来。那么，怎样进行有效的语言训练呢？我在教学中经常运用以下几种方式。

一、创设语境，加深课文语言领会

语文课固然要理解课文的内容，但是理解内容并不是主要目的，语文教材的教学价值重点在于理解课文的语言及其表达形式。在教学过程中为了让言语训练更有趣、更有效,可从训练需要出发,创设与训练内容相适应的场景或氛围,让孩子在生动有趣的语境中学会语言。

如教学课文《两只小狮子》中的"一只小狮子整天练习滚、扑、撕、咬,非常刻苦"这一句的教学片段:

师:小狮子在练习本领,我们也来演一演这四种动作。小朋友们仔细观察这四个字的偏旁,你明白了什么?

生:我从"咬"字偏旁中明白了做这个动作要用嘴巴。(做了张口咬的动作)

师:看你个子小小的,张嘴咬"猎物"还挺勇猛的。多练习本领,以后你就能捉到更多的"猎物"了。

生:我明白了做"撕"的动作要用手。

师:对,我们人"撕"东西用手。可小狮子撕咬猎物不容易,除了要用爪子还得用上锋利的牙齿呢。

师:让我们来做"滚"的动作,握起右拳头,当作小狮子,在左手掌上滚动起来。(学生模仿动作)

生:我会做"扑"的动作(双手向前一伸,同时身子往前腾空)。

师:多刻苦的小狮子啊!让我们来读读小狮子学本领的这句话(师引,生读)。夏日炎炎时,小狮子是怎样学习本领的呢?大雪纷飞的时候呢?小狮子浑身受伤的时候呢?……

(教师出示课件,把学生引到相应的情景中,展开想象、体验、朗读)

这个教学片段中,老师引导学生想象自己就是一只童话王国中整天练习本领的小狮子!通过营造这种童话般的语境,让孩子模仿小狮子"滚、扑、撕、咬"的动作,这四个字在孩子们眼中不再是一个个单调的汉字,而是融入了自己的体验和情感。这样的教学有助于学生对课文的理解,也加深了他们对课文语言文字的领会,收到了很好的效果。

二、运用词语,进行课文复述训练

不少教师认为复述课文只是简单机械地重复课文,没有多大意义和价值。其实这是对课文复述作用的一种误解。对于人的大脑来说,复述是让短时记忆变成长时记忆的一把钥匙。复述时如果加入了读者的主观理解,并将新的信息和读课文时得到的信息相融合,这样的精细复述将更有利于提高记忆的保持量,所以和背诵相比,复述更有利于大脑的长时记忆。国外许多国家的语文课都非常重视复述这个教学环节,甚至将复述作为课堂教学中不可缺少的一部分,读完课文后一定要学生复述课文内容。因为复述不仅仅是一种练习说话的方式,更是一种促进书面语言长时记忆的途径,扩大学生语言内存的有效手段。学生复述时使用的词语,都是从课文中撷取来的,这些词句将为学生以后的语言表达做好储备,以后学生运用这些词句的可能性将大大增加。

比如教学课文《望梅止渴》(上教版一年级下册)时,因为这篇课文中出现的四字词语较多,我觉得不仅有必要让学生理解这些词语,而且还要让学生学会运用这些词语。我在教学时把课文中的关键词语板书在黑板上,如"望梅止渴、烈日高照、口干舌燥、灵机一动、精神抖擞"等。在课文的学习过程中,学生已经理解了这些词语的含义。在课文学习的最后一个环节中,我要求学生运用以上词语用自己的话复述课文内容。复述时,可以不按照板书上的词语顺序。这种说话练习对于学生来说是个极大的挑战,需要学生运用自己的语言智慧来应对,因为这是一种尝试运用多个词语复述规定情境的表达练习。在复述时,学生要将全部的注意力集中在对这些词语的组织运用上,如何把词语贯穿起来,组织到自己的语言中去,如何让自己的话语清楚、连贯、通顺,如何复述才符合课文的意思等,这都是需要学生动脑筋考虑的。

我提出要求后,教室里陷入一片沉寂。不一会儿,陆陆续续有学生举手要求发言。一个学生说:"三国时,曹操带领将士们走进一片荒原,当时,烈日高照,将士们口干舌燥,行军速度越来越慢。曹操非常着急,他想如果被后面的敌人追上来怎么办?要想个办法。突然,他灵机一动,他走上一块高地,挥鞭朝前一指,大声说:'前面有一片梅林,大伙儿快去吃梅子吧!'将士们一听梅子,嘴里就湿润了,不感到那么渴了,精神抖擞地走出了那片荒原。这就是望梅止渴的故事。"这位学生说得清楚完整,说明他不仅能理解这些词语,并且尝试着把这些词语进行表达。这样的语言表达训练,不仅能够促进学生对课文语言的内化,而且能有效地提高学生的语言表达水平。

三、拓展练习,进行课文说写训练

拓展训练是在不脱离课文的基础上进行的语言或结构的语言表达,但训练的坡度可以高于学生的认识实际,目的是让学生把从课文中学到的知识学以致用,以表达来促进理解,让学生在新的情境中进行有效思维。所以在教学中教师要善于抓住教材中的一些拓展性的问题,给学生留下一个想象和思考的空间,这为教师引导学生说写训练提供了极好的机会。

拓展练习的方式可以让学生变换角色来进行。如学习了课文《美丽的蝴蝶谷》后,老师对学生说:"现在,你就是蝴蝶谷中的一名小导游,由你来为现场的游客朋友们介绍一下蝴蝶谷究竟美在哪里,好吗?"这样,让学生变换角色，从自己的角度来体验事物，并把这种体验表达出来。

拓展练习也可以从课文重点某一点散开去发散思维，重新演绎。如课文《杏儿熟了》，其结尾是："打这回起，我每年把杏儿分给乡亲们吃。"从这个结尾可以演绎出新编"杏儿熟了的故事"，有的学生把课文中学到的描写树上的杏儿多、打杏儿、分杏儿以及奶奶对他的教育组合在一起；有的不满足于课文内容进行联想，改编成请小伙伴一起打杏儿，一起分享；还有的设计成"我"把杏儿悄悄地放在乡亲们的窗台上。只要是学生曾经体验到的生活，或看到的，或想到的，都可以拿出来运用到这篇课文的续写中。

拓展练习还可以跳出课文进行表达。如学习课文《小壁虎借尾巴》中的运用环节，老师要学生想一想别的动物的尾巴有什么作用，然后模仿课文3—5小节中的任何一小节进行表达。学生兴趣盎然，课外书读得多的、对动物尾巴了解得多的学生发言尤其活跃。一个学生这样说：小壁虎爬呀爬，爬到大树上。它看到啄木鸟正在给大树治病。小壁虎说："啄木鸟阿姨，您的尾巴借给我，行吗？"啄木鸟说："不行啊，我要把尾巴当凳子用。给大树治病时，尾巴可以支撑身体呢！"

这样的语言运用需要学生将课文中语言内化成自己的语言，然后再表达出来，这需要学生将课内、课外学到的知识碰撞在一起，交融在一起，然后迸发出新的创造的火花，这是学生在语言发展上质的飞跃。这种训练，可以培养学生对语言良好的驾驭能力。

四、体会关键词句在表情达意方面的作用，进行语言训练，并为后文的语言训练提供方法经验

课文《詹天佑》（人教版六年级上册第五课）为了表现詹天佑是我国杰出的爱国工程师，较多篇幅叙述了他在工程方面的认真和创新：勘测线路，开凿隧道，设计"人字形"线路。学生理解这些内容并不难，在理解的基础上体会关键词句在表情达意方面的作用也不难，但是学生缺乏激情，无法融入其中，学生掌握较好的是理解内容的方法，而没有感情的升华。语言训练停留在表面，语文学习只在皮毛，很难达到工具性与人文性的统一。真正落实语言训练在于准确理解语言的内涵，内化语言，生成语言。语言的内涵又必须在具体的语言环境中生成。本课的语言环境不单指上下文、句段篇，而是文本内容的历史背景，因为课文具有浓厚的历史色彩，有别于一般课文。虽然课文第二、第三自然段明显起铺垫作用（不少学生很快明白如此写法），但是它对后文的语言训练却起到至关重要的作用。可惜多数课堂仍然跟着学生的感觉走，忽视了以上两个自然段的教学，在语言训练时遇到了瓶颈。因此教师教学意识就要高于学生学习意识，重视这两段的教学，初步落实语言训练，并为后面的语言训练作准备。学生阅读之后,大体了解当时政府的腐败无能,但是无能到何种程度却感觉不出。学生如果能够深入感悟内容,语言训练便容易落实在实处。例如:"当时,清政府刚提出修筑的计划,一些帝国主义国家就出来阻挠……"教师如果能够引导学生注意"刚""就"并替换"一……就……"体会,语言内容的历史蕴味就显现出来——政府软弱无能由来已久,列强强取豪夺肆无忌惮。"帝国主义者谁也不肯让谁,事情争持了好久得不到解决。他们最后提出一个条件:清政府如果用本国的工程师来修筑铁路,他们就不再过问。""争持了好久"和上文的"刚""就"形成鲜明的对比,列强的眼中清政府成了局外人,压根儿没想让主人自己修路,只不过想暂缓争持休息一下,和后文"能在南口以北修筑铁路的中国工程师还没有出世呢"呼应,道出了真实的历史,展现了落后社会全景图。

"1840 年,中英鸦片战争之后,中国开始由封建社会逐渐成为半殖民地半封建社会。1895 年,中日甲午战争失败后,被迫签订了中日《马关条约》。从此,帝国主义列强以开设银行、强迫贷款、投资铁路、开矿设厂等方式,对中国加紧经济侵略。其中,从 1895 年到 1899 年,帝国主义国家在中国攫取了近 1 万公里的铁路修筑权。帝国主义控制的铁路修到哪里,他们侵略的魔爪就伸到哪里。在铁路附近,帝国主义列强竞相设厂开矿,掠夺中国的资源。到 19 世纪末,列强争夺铁路权的斗争更加激烈,甚至以武力威逼清政府。原打算自己修筑铁路的清政府,在列强争夺面前,束手无策,只得把一条条铁路的修筑权,拱手送给外国。列强在中国投资修筑铁路,除获得巨大的经济效益外,还附有种种条件,包括控制铁路和沿线地区,以及运输军队等。"只有理解这段历史,学生才能身临其境,置身于当时环境,即语言环境。当这条铁路和国家的命运、中华民族的命运联系在一起,学生才能感受到"消息一传出来,全国轰动,大家说这一回咱们可争了一口气""詹天佑不怕困难,也不怕嘲笑,毅然接受了任务"这些语言的分量,语言训练才能到位。

突出背景的语言教学的训练重点是:体会关键词句在表情达意方面的作用,进行语言训练,并为后文的语言训练提供方法经验。因此,课文第二、第三自然段可以作为教学重点内容,教学形式采用精读方式,或背景教学法,引导学生搜集背景资料,再现时代环境,理解内容,体会关键词句在表情达意方面的作用;或采用探究教学法,探究清政府如此无能的原因,体会字里行间的内涵,落实语言训练;或采用对话式教学,一方为列强,一方为清政府,一方为百姓,一方为工程师,围绕文本展开,转化文字为语言,落实语言训练……细化这部分内容进行语言训练并不会影响整体教学,而是有助于后面内容语言训练的深入。在"勘测线路"段落,"詹天佑不怕困难,也不怕嘲笑,毅然接受了任务……”，学生因为已经了解真实的背景，所以能够从“不怕困难，也不怕嘲笑”体会到其中的分量，“毅然”一词自然显得厚重，人物形象立马高大起来，后面具体描写和内容也就可以省略许多讲解，让学生读悟，更多地体会关键词句在表情达意方面的作用，从而落实语言训练。如果同时理解内容和体会表达方法，常常会顾此失彼。如果学生已经具备其中一方面能力，必然促进另一方面能力的达成。语言和所要表达的情感是不可分割的，理解语言可以体会到情感，体会到的情感又作用了语言理解，文本就是由语言与所表达的情感相互作用，推进文本内容更加生动有序。当詹天佑的爱国形象已经树立在学生心目中，理解体会“杰出”的内容便势如破竹，学生语言训练便水到渠成。

在新旧理念不断碰撞的今天，我们在困惑中要不断地反思，紧紧抓住教材这个“例子”，少些花架子，多些扎实有效的语言训练，切实提高语文课堂效率，提升学生的语文素养。

【专家点评】

郭亚熙老师的论文《加强语言训练　提高课堂教学效率》具有较强的现实针对性，指出了提高语文课堂效率的若干有效途径。

一、提出了加强语言文字训练的重要性

为什么要强语言训练？叶圣陶先生早就说过说，语文课文无非是个“例子”，用它来练就学生读和写的能力。但是大部分老师没有把课文当作“例子”，而是将学习课文内容当成语文课的主要目标，于是语文课就成了课文分析课和感悟课。

拿到一篇课文，其他课程的教师是为了了解它“说什么”——呈现了什么事实、传播了什么知识、表述了什么观念等，而我们语文教师是为了培养学生理解和运用语言文字的能力这一独特目的，就必须关注课文“怎么说”，必须侧重课文的语言形式。新版《语文课程标准》把加强语言文字运用提到从没有过的高度。所以，加强语言文字训练是语文教学的重要任务。

二、探索了加强语言文字训练的有效途径

郭老师在文中阐述了自己教学实践中加强语言文字训练的几种有效方式：① 创设语境，加深课文语言领会；② 运用词语，进行课文复述训练；③ 拓展练习，进行课文说写训练；④ 体会关键词句在表情达意方面的作用，进行相应的语言训练，并为后续的语言训练提供方法经验。这几种方式是从实践中总结出来的，具有很强的实用性，可以为其他老师教学提供很好的借鉴。（吴立岗）

小学故事作文教学的实践探索

闵行区七宝明强小学　郭亚熙

一、当前小学作文问题分析

现在的孩子怕写作文，一提到写作文就愁眉紧锁，愁容满面。造成小学生害怕作文的根本原因，在于违背了儿童的生活经验和心理特点，让小孩子按照大人的意愿写作文，失去了童心童趣。

以沪教版三年级语文上册的作文为例，看看有些什么样的作文题目：

单元	题　目	要　　求
1	吹泡泡	仔细看泡泡怎样的，展开想象说说这些泡泡像什么
2	我眼中的秋天	留心观察周围，选择一两种你喜欢的景物，记录下来
3	看某某烧菜	按先后顺序把家人烧菜的经过写清楚
4	菊花	看到的菊花的颜色、形状和风采写成一段话
5	小熊找朋友	看图作文
6	假如我会飞	想象作文
7	一件可笑的事	按事情的先后顺序把事情写清楚，要突出事情的可笑之处
8	聪明的某某	写清楚这个聪明的人是如何解决问题的

看这8篇作文，写作要求上没有什么连续性，东一榔头西一棒槌，题目上，也比较大而化之，如果让大人去写的话，也比较头痛，如“我眼中的秋天”这样的题目。所以，让刚刚开始起步写作文的三年级学生来说，真的是勉为其难，难怪要把写作文当作一件最难的事了。

刘晓东在《论儿童文化》中对儿童文化有这样的论述：“儿童文化是诗意的，游戏的，梦想的，是好奇的，探索的，是从本能的无意识逐步迈向有意识的，是历史沉积的，因而是复苏的，是转变的，生长的。”

由此可见，儿童的文化特征与故事有着紧密的联系。小学生形象思维占主导地位,故事以其特有的情景性、形象性、趣味性和生动性,深受儿童的喜爱。如何利用故事这一有效形式,激发小学生作文的兴趣,发展小学生的口头语言和书面语言,形成他们稳定的作文能力?本课题希望在故事作文教学研究方面做出深入的探索。

二、小学故事作文的内涵和意义

(一)故事作文的内涵

故事作文就是通过故事学作文,通过作文写故事。即以"真实的体验、灵动的创作"为理念,发挥教师特长,创新教学方法,激发习作激情,开掘写作潜力,展示学生才华。

(二)故事作文的意义

1. 从故事作文起步,适应了儿童的心理特点。冰心说:"讲故事是孩子们最喜闻乐见的,也是孩子最容易接受的一种教育形式。"心理学研究证明:七八岁的儿童正处于由无意想象向有意想象过渡的阶段。按照心理学"最佳期"理论的观点,学龄初期儿童的心理发展正处于想象力培养的敏感期。讲故事、写故事正切合了儿童思维发展的特点,可以促进儿童想象力的发展,激发他们表达的愿望。

2. 故事作文训练,可以极大地丰富儿童的表象,促进其产生思想内容能力的发展。儿童的思维活动必须借助于表象进行,要他们构思文章,首先就必须唤起他们头脑中的表象。我们进行故事作文训练,让儿童说故事、演故事、写故事,相互交流,这就促使他们头脑中的表象日益丰富,选择表象和安排表象结构的能力日益提高。

3. 故事作文是作文教学的一个最佳切入口。让儿童讲清、讲好自己的故事,那是一个人最基础也是最重要的作文能力。咬定故事不放松,就能打好写故事的功底。盯住故事,写上两三年,每个孩子能看到自己的进步。一个会写故事的人,不用担心不会描写、抒情,乃至议论;一个会写故事的人,也不用担心不知道写外在的景、内在的情;一个会写故事的人,更不用担心不会其他文体的写作。抓住故事这个"牛鼻绳",儿童作文便能从千头万绪中解脱出来。

4. 让学生说、写故事,能充分体现作文的交际功能和社会意义,使学生得到"自我实现"的满足,从而也强化了学生的作文动机。

三、小学故事作文教学的操作模式

(一)低年级:以想象作文引路

一年级以绘本故事引路,以听故事、说故事、演故事为主,发展学生的语言功能和想象能力。通过绘本故事和童话故事让学生听、说、演,大量地搜集各类故事是首要任务,并将故事进行分类。

二年级，以听说故事为主过渡到说写故事。可以由老师或学生讲述一个自己喜爱的童话故事，全班同学将听到的童话写出来，也可以由老师或学生事先准备为自己喜爱的童话故事录音后，在作文课上放出来，并配上音乐，把学生带进童话世界，然后全班学生写下来，还可以学生自己在家里听童话故事录音，听完后写童话。

1. 一年级绘本故事引路。

绘本，指的是用图画与文字共同叙述一个完整故事的儿童读物，绘本同时拥有富含哲理的主题，曲折生动的情节，惟妙惟肖的图画，画龙点睛的语言。

孩子天生就是读故事的天才。阅读绘本，对于孩子而言，变成了一种游戏，一种娱乐；阅读绘本，就是让孩子快乐、激动、陶醉、善思、分享，培养孩子无限的想象力；阅读绘本，就是提升孩子的语文素养，培养孩子观察、分析、表达的能力，体会爱恨喜恶，感受悲喜交错……

孩子和绘本进行心灵对话，孩子的语言、眼界、内心、人格都会日益丰满。我为刚刚入学的一年级学生设计了一年级上学期的绘本教学序列。

(1) 良好的习惯共培养(2、3、4 周)
《小鸡小鸡上学去》《是谁嗯嗯在我的头上》
《我要我的牙齿》《牙齿大街的新鲜事》
《我不要睡觉》《大卫，不可以》
(2) 有趣的事情齐分享(5、6、7、8 周)
《搬过来 搬过去》
《鳄鱼怕怕牙医怕怕》
《小真的长头发》
《小老鼠的魔法书》
(3) 大自然的奥秘齐发现(10、11、12 周)
《院子里的小岛》
《花园里有什么》
《蚯蚓的日记》
(4) 民间的故事在流淌(13、14、15 周)
《满园青菜成了精》
《老鼠娶新娘》
《狼婆婆》
(5) 爱的真情处处有(16、17、18 周)
《爷爷一定有办法》

《猜猜我有多爱你》
《逃家小兔》

在教学时,老师找一些反复结构的绘本(如《逃家小兔》《母鸡罗丝去散步》《小猪变形记》《活了一百万次的猫》《爷爷一定有办法》《我爸爸》《我妈妈》《爱心树》等),让孩子认真阅读,模仿绘本的回环复沓的结构,尝试仿写;在仿写的基础上,鼓励孩子们创作简单的绘本。模仿是儿童的天性,他们会在仿写绘本的过程中,掌握叙述的技巧,学会表达。

低年级绘本故事教学设计例选:

绘本故事《小老鼠的魔法书》教学设计

一、阅读前

小游戏:我会变。出示山、水、火等象形字,看它们怎么一步步变形,变成现在的模样,感受字的神奇。

二、阅读中

(一)绘本导入

1. 出示绘本,问:这是什么?书,这不是一本普通的书,是小老鼠的魔法书。魔法书就是有魔力的书,你想要什么就有什么?

2. 你有一本魔法书,你会做什么?用句式:我有一本魔法书。那是一本(　　)的书。

3. 你们想用魔法书做这么多事情,不过小老鼠的魔法书可不能随便乱用,它要学会识字,不信?你听。

(二)欣赏故事

1. 讲述图书1—3页,思考:魔法书怎样才能使用呢?

小结:只有找到相应的字,魔法书才能发挥作用。

2. 讲述第4页,思考:猫来了,想捉老鼠,该怎么办?小组讨论。

继续讲,思考:小老鼠是怎么做的?

小结:认错字多么危险,所以识字时一定要看清楚。

3. 讲述5—9页,思考:老鹰来了,想捉住老鼠,你是小老师该怎么办?想象讨论。

继续讲,思考:小老鼠怎样做?

小结:恭喜大家,会使用魔法书了。

三、阅读后

(一)讲故事

1. 出示三组词(1) 灯　床　(2) 羊　田鼠　青蛙　猫　猪　狗　(3) 弓箭

2. 认一认,并试着用其中一组词来讲讲有关的故事。

相关阅读:请课外阅读《天孩子,地孩子》《快乐识字童话绘本》

四、拓展活动

(一) 我有一本魔法书

1. 积攒饮料、零食等包装壳,剪剪贴贴名字。

2. 制作一本书,和小伙伴交流,看谁识字多。

3. 推荐自己喜欢的绘本,说说它有什么魔法,让你喜欢它。

2. 故事作文训练成系列。

学生升入二年级,为使故事作文训练形成系列,我和我的学生们共同构思了班级的一位新成员——蚂蚁点点。以蚂蚁点点作为故事的主人,在他身上,发生了很多故事,有历险的,有平实的,有现实的,有魔幻的,在他身上,有哭有笑,有喜有忧,老师组织学生在蚂蚁点点的"王国"里,讲自己的故事,写自己的故事。二年级童话故事作文教学序列如下。

上学期:看图写话故事(关于动物的看图写话):

1. 课题"小猴头上的包",课型:根据单幅图,说、写童话故事;

2. 课题"桥",课型:根据单幅图,说、写童话故事;

3. 课题"两只山羊过桥",课型:根据单幅插图,说、写童话故事;

4. 课题"小熊巧救小兔子",课型:根据两幅图,说、写童话故事;

5. 课题"蜘蛛织网",课型:根据四幅图,说、写童话故事;

下学期:童话系列故事——《蚂蚁点点的故事》:

(1) 课题"蚂蚁点点得救了",课型:根据故事开头,学生补充高潮和结尾,先说后写童话故事。

(2) 课题"会魔法的蚂蚁点点",课型:启发学生大胆想象,说、写童话故事。

(3) 课题"蚂蚁点点游西湖",课型:结合学生的生活实际,说、写童话故事。

(4) 课题"蚂蚁点点做实验",课型:结合学校举办的科技节,让每个孩子做一个科学小实验,结合本次活动,说写童话故事。

(5) 课题"爱写诗的小蚂蚁点点",课型:模仿二年级下册课文《爱写诗的小螃蟹》,模仿现有故事结构说、写童话故事。

(6) 课题"粗心的点点",课型:结合学生实际,说、写童话故事。

(7) 课题“蚂蚁点点入队啦”,课型:结合学生生活实际,说、写童话故事。

(8) 课题“蚂蚁点点和学习用品的对话”,课型:根据学生不爱惜学习用品,经常掉铅笔、橡皮这种现象说、写童话故事。

(9) 课题“蚂蚁点点和被倒掉的饭菜”,课型:根据日常生活现象,说、写童话故事。

(10) 课题“蚂蚁点点迎六一”,课型:根据学习生活现象,说、写童话故事。

以《蚂蚁点点得救了》为例,设计以下教学内容:

童话作文“小蚂蚁得救了”教学设计

【教学内容】

老师讲述《小蚂蚁得救了》故事的开头部分,要求学生通过想象补充故事的高潮及结局,先说后写,以口头作文为主。

小蚂蚁得救了

有一天,天阴沉沉的,马上要下雨了。

蚂蚁妈妈领着小蚂蚁们忙着搬家。可它的孩子小黑却在旁边玩,蚂蚁妈妈把东西搬完了,对小黑说:“马上要下雨啦,你快到大树下躲躲吧!”

可是,小黑噘着嘴说:“我不去,我还要玩呢。你看,小青蛙和小鸭子不也在玩吗?”

一阵大风刮来,把枯树枝和树叶刮到了河里和地上。小黑玩得正起劲呢!忽然,一阵雷声,雨点噼里啪啦下了起来,小黑急急忙忙往回跑。可是,还没跑出几步,就被大雨冲进了小河里。它在水里拼命地挣扎,大声喊着:“救命啊!救命啊!”……

【教学目标】

一、知识、技能

1. 尽可能多地了解能漂浮于水面的动物和植物的名称,并了解它们各自的特点。

2. 说童话时口齿清晰,声音响亮,语句比较完整;写童话时力求做到句子比较连贯,意思比较明确。

3. 积累描写小蚂蚁动作、语言的修饰语。从两个方面入手,一是课堂积累,老师从学生课堂上随机生成的语言中提取,二是老师提供词语。

二、过程、方法

1. 培养学生认真听的良好习惯。不仅要集中注意听老师讲述,还要认真听同学们的发言。

2. 要求学生边听故事，边看图画，边进行创造性想象，培养学生的发散性思维。鼓励学生联系已有的生活经验，想出各种营救小蚂蚁的方法，并且自由抒发真情实感，体验创造性学习的愉快。

3. 鼓励学生好学、爱问，培养勇于质疑的能力。

三、情感、道德、价值观

懂得及时地帮助别人是一种高尚的道德品质，并学习掌握帮助别人的本领。

【教学准备】

1. 绘制一幅“雷雨前的河边风景”画，并制作好蚂蚁妈妈、小蚂蚁、树枝、树叶、小青蛙、小鸭子和乌龟等的活动图片。

2. 准备小蚂蚁、小鸭子等童话人物的头饰。

【教学过程】

一、介绍新朋友小蚂蚁，希望大家和他做朋友

出示小蚂蚁童话造型图片，说说小蚂蚁的特点：勤劳、团结、不怕吃苦、大力士、提前预测天气等。

小蚂蚁多可爱啊！你们愿意和他做朋友吗？

二、讲述故事前半部分，创设情境，制造悬念

1. 哎呀，不好了！我们的好朋友小蚂蚁点点遇到危险了，我们怎么救他呢？

2. 讲述落水故事的前半部分，利用图片等创设情境，将学生带入危急的情境中去。

三、动脑筋，想出营救小蚂蚁的办法

1. 观察河边风景图片，看看有哪些动物、植物等可以营救小蚂蚁。

2. 献计献策，看看有哪些办法可以营救小蚂蚁，鼓励不同的意见。（小青蛙、小鸭子、蚂蚁妈妈、小蛋壳、树枝、树叶、小燕子等）

3. 师生共同编一个完整的故事。推选一人说说他的办法，老师和其他同学补充，把故事说完整。

四、小组合作编故事，看哪个小组营救小蚂蚁的办法好

1. 小组合作编各种营救小蚂蚁的办法。

2. 交流、评议。

3. 讲故事、表演表演。（注意表情及语气、语调的变化）

五、编写童话故事

1. 写出完整的故事。

2. 注意写出童话人物的对话和动作。

六、作业

1. 把自编的故事完整地、有表情地讲给家长听。(请家长配合录音)

2. 为自己写的故事配上插图。

七、评价、展示、交流

1. 学生作品请同学、家长和老师写下评语。

2. 将全班作品装订成册,在班级展示。

3. 将学生的故事录音放在家长群中展示。

由此可以看出,故事作文教学,是符合儿童的心理特点的一种方法,它能较大地调动小学生作文的积极性,而且故事在儿童幼小的心里占有着重要的位置,儿童仅有的记忆空间,往往大都为故事占有,尤其是城市孩子。在特点上与其他作文教学方法相比,主要表现在:① 形式活泼,新颖。主要以童话故事作为起步训练的基本形式,具有鲜明的儿童色彩。② 起点适中。无论是低年级,还是中、高年级,在童话故事写作上都容易把握,学生易于训练。③ 听、说、读、写能力训练得到同步发展。④ 见效明显。学生在训练一段时间后,普遍能写出可读性且符合要求的文章。⑤ 负担减轻。学生无论在听、说、读、写时都能有积极的欲望,视作文为乐事,真正是轻轻松松做作文。

(二) 中年级:引导学生由写想象故事向写身边的游戏故事过渡

中年级阶段,要开始写作文了,可以和课文相联系,增加一个写作单元,这样一个学年就有两个写作单元的训练,引导学生由写想象故事过渡为写活动中的故事。

要让学生在丰富多彩的特色活动中充分体验,要让学生有了属于自己的独特的个性化感受后再写下来。不拘泥文章的结构和篇幅,要的就是在这些活动中,你不同于别人的观点和想法。要的是儿童生命发展的真实过程,是一个个真实生命的反映。正如刘锡庆说:“作文要写真话,作文就是写我的自得之见,抒我的自然之情,用我的自由之笔,显我的自在之趣。这就是个性。”

以活动作文——《斗蛋》为例:

一、说个故事

小朋友们,你们知道端午节有哪些风俗吗?

是的,有划龙舟、吃粽子、挂艾条……你们懂的可真多!你们知道吗,在我国温州地区自古至今保留了一种有趣的端午节斗蛋、吃蛋的风俗。斗蛋也叫撞蛋,谐音叫“壮胆”,蕴含着对孩子美好的祝愿。

二、做个游戏

今天，我们一起来玩玩斗蛋游戏，好不好？游戏的规则很简单：

1. 同桌面对面，将煮熟的蛋互相碰撞，哪只蛋蛋壳不破即获胜。

2. 获胜的同学再在小组中互碰，决出“小蛋王”。

3. “小蛋王”进行最后的决赛，决出“大蛋王”。

心动不如行动！现在开始吧！

三、说点感受

同学们，好玩吗？我国北方的小朋友都不知道斗蛋这个游戏的来历和玩法。你们能把今天活动的场景描述下来，让他们也感受一下，并且学会斗蛋游戏吗？

（大家先来说一说）：

四、学点方法

活动场面描写的要领：

1. 既要有面的描写，又要有点的描写。（点面结合）

2. 面的描写要简略，点的描写要详细。（详略结合）

3. 适当地运用语言、动作、神态、心理描写。

五、写写看

写得好的，可以加冕“作文大王”哦！

六、当回评委

七、晒晒佳作

（三）高年级阶段，写生活中的故事

通过写故事来表达学生的真情实感。通过写故事这种形式不仅可以自我表现，也可以影响别人，达到自我教育和创造功能的目的。《语文课程标准》明确指出：“写作教学应贴近学生实际，让学生易于动笔，乐于表达，应引导学生关注现实，热爱生活，表达真情实感。”“能根据日常生活需要，运用常见的表达方式写作。”

基于以上认识，我开展了生活作文的实践与研究。这种作文教学主要是引导学生把现实生活和自己的内心活动结合起来进行写作，或是带着个人的体验写出现实生活，或是植根于现实生活写出个人的内心活动。这样，学生就易于动笔，乐于表达，能够多角度地观察生活，发现生活的丰富多彩，捕捉事物的特征，能够有创意地表达，从而写出自己的个性。

从学生观察、体验、感悟生活入手，努力拓展学生的视野，让学生找寻生活的本真，使学生的作文最大限度地贴近生活、走进生活，以此达到“真实地写，写真实生活"的目的,最终使作者的思想态度与自然、社会生活的真实和谐统一。

缺乏了生活体验,作文就成为无根之木,无源之水。虽然学生天天有生活经历,可就是发现不了作文的材料。这就是学生缺乏对生活体验的品味,缺乏对生活现实的观察,缺乏观察生活的方法。久而久之,他们也就失去了观察生活的敏感性。教师要引导学生体验生活,在生活中多一份思考。

下面是我在班级开展的一次有关名字的故事系列活动记录——

过把取名瘾——我们班名字的故事

名字,虽然只是一个符号,但是,它是单属于每一个人自己的,最最重要的符号。这个符号虽然简单,却代表一个人在世上行走,直到生命的尽头。符号在被代表者倒下之后,仍能不胫而走,如风一般飘行一段时光,然后悄然消失。只有极少数符号才能穿越沙漠,穿越高山大河,最后升入夜空,成为大大小小的星星。

大名、小名、绰号、网名,道不尽的精彩。郑重其事地起一个名字,过一把取名瘾,多好。曾经有老师组织孩子为自己未来的儿子或者女儿取名,有趣固然是有趣,只是太遥远、太虚幻,多了点游戏的成分。

机会来了!

一日,徐妈来校,悄悄告诉我一个喜讯——她有小宝宝了。

"可不可以让孩子们给宝宝取个名字? 如果满意,你们就录用?"我突然冒出了个点子。

徐妈连连点头,双眼笑成了新月,甜蜜而幸福。

名字征集会:

"徐乐天扬的妈妈要生小宝宝了。"

52 双眼睛惊讶地看向班里那个羞涩的男孩。

"也就是说,徐乐天扬将有一个可爱的小弟弟或者小妹妹,跟在屁股后面,哥哥长哥哥短地叫。而且,很可能是小妹妹哦。"

"啊——"就是冰心的《雨后》中写的那样"撅着两条短粗的小辫,紧紧地跟在这泥裤子后面,咬着唇儿,提着裙儿,轻轻地小心地跑,心里却希望自己也摔这么痛快的一跤"的小妹妹吗? 52 双眼睛羡慕地看向班里那个满脸幸福的男孩。

"徐妈发出宝宝名字征集令,邀请大家为徐宝取名,一旦录用,那可爱的小弟弟或小妹妹……"

“就是我的!”孩子们快乐地大叫。

全家总动员:

给宝宝取名,一件多么神圣而严肃的事,孩子们又是调查,又是询问,又是电话采访,获得了丰富的信息:徐妈姓陶,希望宝宝是女孩,儿女双全;宝宝预产期是12月12日,与徐乐天扬的生日是同一天……

接下来该拟名了,召开个家庭会议,来个全家总动员,一个人的智慧+一个人的智慧=无穷的智慧。也有的颇有些“自恋”倾向,竟要将自己的名字赠给小宝宝。

徐宝取名记之一:

徐乐天扬最近显得异常兴奋,原来他的妈妈马上就要帮他添加一个小弟弟(也许是个小妹妹)了!我们同学都为他高兴,决定给他的小弟弟(小妹妹)取个好听的名字。

先说说姓吧。姓徐,还是姓陶?徐乐天扬随爸爸姓,那小弟弟(小妹妹)干脆跟妈妈姓陶吧!

叫什么呢?陶梓舟!我突然想到了我未出生时妈妈给我这个未来“儿子”取的名字,挺有内涵的,我没用,就慷慨地送给他了!那如果是女儿呢?十二月出生的,花语是水仙花,水仙又称凌波仙子,就叫陶凌波吧!或者和徐乐天扬一样的寓意,快乐飞扬,英文是happy,“海贝”,就叫陶海贝吧!希望她永远快乐,没有忧愁!(朱梦茜)

徐宝取名记之二:

“陶乐天扬!这个名字女孩子能用,男孩子也能用。”爸爸十分得意能想出自己认为很满意的名字。

“不行,这名字不好。‘陶乐,陶乐’就跟‘逃了’一样,哪个家长希望自己的孩子做逃家小兔?”妈妈表示反对。

“一个随爸爸的姓,一个妈妈的姓,不是很好?”由于激动,爸爸的眼睛瞪得滴溜圆。

妈妈见形势不对,再说爸爸能主动维护女权也实在可贵,连忙说:“你说得蛮有道理的。”然后作沉思状,仿佛在回味。

看着他们俩,我暗暗好笑,哈,竟然为了我的语文作业争论起来了。

气氛有些沉闷,我连忙插话:“我给你们爆个料。徐乐天扬的妹妹或弟弟很可能与他同一天出生……”

“徐乐天同!”我还没说完,妈妈眼睛一亮,抢着说。

我听了,大叫:“你跟我想的一样!”我跟妈妈,心有灵犀一点通!

爸爸也点头赞同,并提出合理化建议:“‘同’表示在同一天出生,不错。

还可以取谐音'童',希望他是个小神童。"

眼看我们一家就要达成一致了,可谁知半路杀出个程咬金,妈妈又改变了主意:"还是叫徐乐天派吧。"怕我们都不同意,很快,她又提出了第三个名字——徐乐天雨。对这个名字,妈妈的理由可多了:"第一,最近一场秋雨一场寒,取这个名字正好应景。第二,大儿子叫徐乐天扬,谐音表示阳光。小儿子就叫天宇,小女儿就叫天雨。有阳光,有雨露,这个家才完美。"

……

晚上,坐在书桌前,望着记录在纸上的这几个名字,我也成了"思想者"。

取个人家的名字都这么纠结,更何况当初给我取名呢?可怜天下父母心。(苏茗)

最终,我们把习作集《徐宝取名记》作为礼物送给了即将诞生的徐宝宝,并挑选了八个名字供徐爸徐妈参考:徐乐陶陶,陶梓舟,陶子然……小名嘛,就叫"田田"。

众人乐陶陶:

12 月 5 日,徐宝宝距预产期提前一周降临人间,是个粉嫩可爱的女娃,徐爸徐妈"录用"的名字是徐乐陶陶。喜讯传来,全班乐陶陶。

一周后,徐乐天扬带来了乐陶陶的诞生纪念卡。封面上是一张照片,胖嘟嘟的脸,细眯眯的眼,嘴张得圆圆的,是在打一个痛痛快快的哈欠还是在打招呼:"嗨,哥哥!""嗨,姐姐!"大家争着看,结论是:哥哥很帅,妹妹也是个美女,不过,跟哥哥完全不一样。徐乐天扬笑得眉眼儿弯弯的,道:"我像我妈,她像我爸。"

"应该去看看我们的妹妹哦。"洪思徐嚷嚷。

"小妹妹八斤七两呢,我妈说等徐妈出院了带我去看她。"郭宇涵迫不及待。

既然是我们班的妹妹,那就赶紧去看看呗。于是,带上一份小小的礼物,带上一份满满的祝福,我们去看望乐陶陶啦!

哦,我们班的乐陶陶,祝你快快长大,天天乐陶陶!

"用风雨擦亮你的名字,用勇敢丈量你的脚步,如巨鲸乘风破浪,如苍鹰万里翱翔,如高山顶天立地。"在《擦亮你的名字》的歌声中,名字之旅暂时告一段落。我相信,这一段旅程,将留在孩子的记忆中,如酒,历久弥醇。一个名字,就是一份美好的祝福;一个名字,就是一个美好的心愿;一个名字,就是一个动人的故事。用笔写下名字的故事,笔下流淌的是源源不断的精彩。

以上,是我在小学故事作文方面的一些探索,恳请专家、老师多多指教!

【专家点评】

郭亚熙老师撰写的课题论文《小学故事作文教学的实践探索》是一篇具有较高质量和创造精神的研究文章。

一、课题有较强的研究价值

故事作文切合了小学生心理特点。按照心理学"最佳期"理论的观点，学龄初期儿童的心理发展正处于想象力培养的敏感期。讲故事、写故事正切合了儿童思维发展的特点，可以促进儿童想象力的发展，激发他们表达的愿望。让学生说、写故事，能充分体现作文的交际功能和社会意义，使学生得到"自我实现"的满足，从而也强化了学生的作文动机。同时，故事作文训练，可以极大地丰富儿童的表象，促进其产生习作思想内容能力的发展。故事作文是作文教学的一个最佳切入口。从故事入手，儿童作文便能从千头万绪中解脱出来，既能提高他们产生文章思想内容的能力，又能提高表达文章思想内容的能力，同时也可以激发学生的想象力和创造力。

二、课题有较强的操作性

通过几年的实践探索，郭亚熙老师构建了小学故事作文写作序列和操纵模式。首先，根据学生的年龄特点，构建了从低到高的写作序列。低年级以绘本故事引路，先听、说后写，先演后写；中年级：引导学生由写想象故事向写身边的现实故事过渡。高年级：以写生活中的故事为主，鼓励学生自由创作故事和排演故事。其次，构建了一套切实可行的操作模式，比如，低年级绘本作文操作模式、中年级的游戏作文操作模式和高年级的生活故事作文操作模式。此外，郭老师在实际教学中积累了大量教学成功课例和教学设计。这些教学模式和课例可以为其他老师开展作文教学提供很好的借鉴。

建议对故事作文的内涵和特征做出更加准确的界定，并加强对故事作文的具体策略方法研究。故事作文除了具有一般作文的特点外，还应该具有故事性特点，所以要深入研究故事写作的特殊方法和技巧，让学生熟练掌握写故事的作文能力。同时也要研究故事作文同教材中其他形式的纪实作文和想象作文如何科学地结合起来。（吴立岗）

小学语文个性化作文学习初探

普陀区管弄新村小学　陆莉莉

一切艺术的最高境界是个性化，当我们读到“高堂明镜悲白发，朝如青丝暮成雪”这样的诗句时，丝毫不会犹豫，这就是诗仙李白的作品；同样道理，鲁迅先生的文章不用署名，读者也能一目了然，即便有人想模仿，也只能形似而不得神似。这就是个性的魅力。然而，近几年来，我们越来越难在小学生的作文中发现个性十足、生动感人的佳作，学生每写一篇作文，无不是按照书本的范文，考试的要求，老师的指导，战战兢兢地如履薄冰。即便下了笔，有的同学也只能勉强挤出寥寥数语，更多的孩子则在老师传授的“应考作文秘技”下成了被牵着鼻子走的小牛犊，写出的作文语句枯燥，味如嚼蜡，选材不活，立意不深，重点也不明……时间一长，作文内容的单调，写作格式的刻板，作文要求的成人化，使学生对作文兴趣全无。作文中自然看不到学生个性的发挥，也就更谈不上“敢为天下先”的创造了。

为了改变学生作文中出现的“难写”与“难教”的矛盾，让学生在作文中发现兴趣，体验成功，张扬个性，我们在实践中，尝试了个性化作文学习的初探。个性化作文：是指小学作文——这一学科如何适应促进学生个性发展，使学生在作文过程中发展个性并为发展个性而创建的作文学习系统，它以个性化思维和表达的提高为核心，以作文的个性化为标志，是一个师生双向互动，共同探讨的实践过程，其具体操作过程如下。

一、改变课堂模式，开放时空

法国结构主义哲学家巴特曾说过：“学生有一双属于自己观察世界的眼睛，有一颗属于自己认识生活的心灵。老师只有不断探索他们，真正了解他们，才有可能成为灵魂的工程师。”要改变学生行文千篇一律、毫无生命的现状，必须先从改变他们接收信息的第一渠道——课堂入手。我们的作文课堂不能再是一个压制无锡泥娃娃的手工作坊——经过雕琢而完工的都是完全一样的泥娃娃。学生的作文课堂学习要打破时空的限制，要能够体现“三进”和

"一联"。

（一）"三进"

1. 民主进课堂——营造民主氛围。

只有老师从灵魂深处把学生当作学习作文的主人，允许他们拥有"出格"的见解，允许他们"想入非非"甚至"胡思乱想"才能让学生在写作中获得思想的飞翔和心灵的呼唤。因而，作文个性化，须先让民主进驻课程，学生有了民主、宽松，可以各抒己见，甚至能"语不惊人死不休"的写作氛围，才能在作文中抒写灵性，袒露真情，大胆表白。

2. 创新进课堂——鼓励大胆想象。

亚里士多德说："没有想象，心灵就不会思想。"

大胆想象和幻想是培养学生创造能力和创新精神的重要手段，只有想象奇特新颖，才能够与众不同，才能体现个性，产生创新。激发孩子们的大胆想象可以从打破常规的作文入手："今天的作文课，全班同学只有一个任务，就是每个人都要动脑筋，进行一个故事新编的联播，故事的主人是一枚小硬币，他要经历一次历险，出发地是主人的上衣口袋。"一石激起千层浪，接下来的四十分钟里，教室成了一个"快乐大本营"。笑声、掌声、争辩声此起彼伏，在四十几个孩子的全力打造下，小硬币去了博物馆、臭阴沟、垃圾站，结交了无数的朋友，乘坐了热气球、磁悬浮——那惊险程度，绝不逊色于《环游地球八十天》。在课堂学习之外，也有的学生兴趣盎然地或与同学合作，或自己独立完成，用大胆的想象创造出一个又一个的创新杰作。

3. 快乐进课堂——"玩中学，学中玩"。

玩是孩子的天性。为了让孩子爱写乐写，以至达到速写，我们应该让孩子们在课堂中彻底摆脱时空束缚，在各种趣味的活动中寻找灵感。这堂作文课，孩子们可以到暮色中的草地上去淋淋小雨，疯跑一圈，甚至在地上打个滚，感受一下课堂上没有的大自然的"气息与滋味"。下堂课，一行四十人可以来到学校新蕾电视台的演播室，六人一组自编新闻稿，自选主持人，把学校、家里发生的新鲜事全部写成简洁的稿子，然后进行"新闻联播"的擂台赛。或是为身边的花草树木代言，写一份控诉人类不保护环境的发言稿，然后开一个环境保护大会；又或是与同学合作，进行一篇商品的广告策划，在"写——演——读"的过程之后把经过如实地用文字记录下来……开放了时空的作文课堂有着快乐的源泉，学生们在游戏、小品、新闻联播，创意设计中品味快乐，捕捉灵感，因此而写成的文章，字里行间，洋溢着甜甜的笑意。

（二）一联——课堂内外联成一体

当然，光引导孩子们在课堂中感受作文的快乐说到底还是会受到一点的时空限制,因此,将课内课外联成一体,帮助他们学会“厚积薄发”是个性作文的重要支撑。

1. 组织活动,丰富写作素材。结合少先队员的雏鹰假日小队活动,在各种公益、参观团实践活动中开阔眼界,增长见识。实践证明,各种活动的开展,可以让学生的作文写来得心应手,内容丰富有情趣。

2. 引导观察,积累写作材料。引导学生发现“环顾四周,必有美景”;一柱冰凌,一片落叶,甚至咬了一口香蕉的横截面,都市一幅有韵味的美景,只有细致的观察,才能使文章平中见奇,见微知著。

3. 大量阅读,积累语言材料。“读书破万卷,下笔如有神”,广泛的课外阅读,能使学生丰富知识,扩大眼界,为创造性的写作提供丰富的语言材料。

二、改变命题模式,开放选题

由于教师命题,常常使学生感到无话可说而又不能不说以应付老师的苦恼。新接一个五年级毕业班,只要黑板上一出现命题作文,类似“一件难忘的事”“童年趣事”,学生们就会唉声叹气,也有快人快语地一语道破:“老师,这个题目都写过N次了,我已经没有难忘的事可以写了!”忍俊不禁之余,却觉得是对作文长期命题千篇一律的讽刺,这真实作文缺少个性的根源所在。唯有开放选题权,改变命题模式,才能改变“模式化”作文。

(一) 选题宽泛

文题是文章的眼睛,文题精妙是文章成功的一半,我们应尽力把命题的自主权交给学生,让他们从实际出发,拟自己愿写的“小、巧、新”的题目,使他们在行文中情趣盎然,妙语如珠。

1. 关注社会问题: 由于网络时代的到来,学生对社会的关注和认识并不亚于成人,对于一些社会问题,学生有着很独特的观点。“2046年的上海”“与病毒赛跑的人——赞歌献给您”,这样的习作,把作文的学习与社会文化体系融为一体,不仅能发挥学生的潜能,且能充分培养学生的自信心与个性。

2. 有利于多角度思考: 许多材料本身并不特殊,并不新奇,但只要善于思考,就能“以小见大”“于平凡中见不平凡”,如同是一篇关于“生日”的习作,可以罗列生日计划,也有学生写生日的“辛酸”,更有趣的是,一名学生能从生日宴会中五次不同的门铃响,提示出一个普遍的现象: 家长出于恐慌心理,双休日拖着孩子到处去补课。角度不一,文章自然各显特性。

(二) 命题求真

在选材时,我们鼓励学生不受写作范围限制,能自觉地从自己的积蓄中选取真实、新颖、典型的材料,但要注重选材以“真”为先。

1. 多些情感的表达。

真正令人心有所感、情有所动的事物,会使人想说想写,促使作文成为学生表达的需要,我们常常鼓励学生表达自己对某人某事的看法,如"爸爸妈妈,我想对你们说""老师,我对你有意见""××真没劲""我不服气"等习作,在学生的真情流露中体味他们的喜怒哀乐,也让学生在直抒胸臆的同时,学习求真。

2. 满足好奇与探究的心理。

孩子的好奇心、探究的兴趣、怀疑的精神与生俱来,作文为满足他们这些心理提供了舞台。随着二期课程的深入开展,探究性学习的课程化已经为学生提供了很广阔的选材空间,他们可以结合语文课程的探究学习,以及自己在探究中的小课题,写出许多别出心裁的佳作:《盐的世界考察报告》《金字塔揭秘》《气候杀手——厄尔尼诺》《美丽的蝴蝶泉》……此类作文选材既发展了他们的创造思维,又体现出异彩纷呈的个性特色。

(三) 自主命题

在一定实践的基础上,还可以把命题权彻底"下放",让学生自由选材,自拟文题,要写什么就写什么,"天高任鸟飞"。这样,学生的作文思维模式不再受约束和局限。《飞飞历险记》《八仙运动赛》《假如我有一支魔法棒》《鲁汇野营交响曲》《样样的日记》《遇见登巴巴》……孩子们将自发地打开心灵的大门,展开想象的翅膀,在个性化作文的天空中自由翱翔。

三、改变行文模式,开放内容

许多学生害怕写作文是因为写作文有太多的"八股框框",学生每写一篇文章,书本的范围,考试的要求,老师的指导要点,都要做到。要求写事的文章,不能进行人物描写,写一次活动不能和"有趣的游戏"混淆……在此基础上还要做到结构完整,内容具体,生动感人……时间长了,哪个学生会不怕作文?因此,鼓励学生抛开枷锁,改变"一板一眼"的行文模式,开放作文的内容,也是个性化作文学习的关键。

(一) 求新

同样的文章,同样的体裁,如果文章立意新颖,就能有作者独特的风格和个性。例如,大家写石头,都是赞颂它默默无闻,坚韧无华,然而魏晓同学却偏偏独辟蹊径:写了一颗遍体雪白的小石头,不甘为人踏脚石,强出头后成为路人的障碍,终于羞愧难当的故事,发人深省。又如社会上爱美的女子都主张减肥,可陈梦璐同学却做个了美梦,渴望让自己的书包减肥,以呼吁"减负"的心声……当然,为了能让学生更好地"以我手写我心",我们也鼓励学生可以以全新的形式,无拘无束地演绎,记叙文、童话、历险记、科幻故事、叙事诗……任何文体都可以,追求表达自由流畅、生动具体,敢于标新立异。

（二）求异

同一写作内容，采用不同的结构，表达的效果就不尽相同。作文时，学生可以根据表达需要，灵活地运用不同的结构方式。比如写“家庭风波”，同学们有的按照事情的发展顺序写，有的用倒叙的方法写，有的将“风波”中矛盾最激化的精彩片段放在开头，追叙事情的起因……结构上的求异练习，能使文章平中见奇，改变了以往平铺直叙的现象。

（三）求趣

孩子们的作文，语言要个性化，不一定要形式某种风格，但应该做到语言真实，富有童趣。“他一天到晚哭，把嘴巴哭得肿起来了”“抬腿一脚，叭的一声，乒乓球‘气绝身亡’”“阳光在草地上跳来跳去”……这样的语言童趣十足，让人忍俊不禁。课堂中，孩子们还学着押韵，像模像样地做打油诗：“笼里有小狗，水里有莲藕。作业做不完，妈妈要狂吼。”“英雄人物爱江山，从小立志护三川。一飞冲天世瞩目，神舟十号平安返。”童趣十足的语言无疑能为作文平添一抹靓色。

四、改变批改模式，开放评价

个性化作文的最终目的，是为了能彰显个性潜能，就是要为学生创造表现自我的机会。不用唯一的标准去衡量学生的作文，善待他们的创见，哪怕是类似“另类”思想，可以帮助学生丰富内心的世界，博大人格空间，学会大胆怀疑，挑战权威，进行自主自动地自我调适，真真切切地彰显个性，从而获得一份写作的成就感。

作文也不妨让学生自己来改，教师可以在给予必要的指导和一定的方法后，由学生自己把各自的文章读一读，互改互评，戴起老师的眼镜，互挑毛病，互找优点，从中取长补短。让学生自改作文有如下方式。

展览式：由每个学生工整地誊写一遍，将四十篇不署名的文章全部粘贴展示在教室四壁上，在作文评讲课上，请学生各自寻找批改的对象，进行作文批改，学生在找出错字、病句之余，会为每一篇文章写上一段童趣十足的评语：“给爸爸剃头，这可是件新鲜事，读着你的文章，像是在听一段生动的相声，让人忍不住捧腹大笑，但也要给你提个小小的意见，对爸爸被剃头的滑稽样，还可以写得再具体些。最重要的是字迹要端正，可不能像一阵‘龙卷风’。”由于各自的作品要受公众展示，尽管不署名，这是谁的文章大伙都能一目了然，所以，展览式的批改法激发了不少学生的积极性。

合作式：由学生自由按一定方式（如：按作文水平，个性差异，组别座位等），组建“作文小队”，在写完文章后，共同组织讨论、修改，彼此提出修改意见后，再各自修改，最后小队产生一名最佳作品，参加整个中队的作文“五星”擂台赛。

此外,还有“悄悄话式”“竞赛式”等不同的批改方法,根据学生兴趣与实际情况灵活应用。正是取消了教师在作文评价中的权威,学生的作文积极性提高了,参与程度强了,个性的意义也得到了张扬。

在学生参评的基础上,我们还建立了学生作文的档案袋制度,为学生的作文水平的提高与展示,提供了一个个性化平台。我们鼓励学生自己设计档案袋外形、封面,介绍自己的爱好、特点,给自己来幅漫画像,并不断地将自己的得意作品收集入档案袋。一段时间后,将一定数量的作品收集出版,在全校学生与家长中限量发行。《敏敏作品集》《星星舞月光》《热力 QQ》《百草园》……都是学生为自己的作品集而起的名称。而档案袋制度的实行,也为学生个性化作文的持续发展奠定了良好的基础。

两年来,个性化作文取得了多方面的收获。

(一) 学生方面

1. 个性张扬,热情高涨。

学生过去视作文为“洪水猛兽”到今天的“我以我笔写成功”,从过去的“要我写”到今天的“我要写”,真正把生活当成了需要。他们或以自己的目光观察周围的事物继而明辨是非曲直,或以夸张的想象在童话世界里天马行空继而奋笔疾书。不少学生在完成了每周两篇作文外,还情自禁地创作了不少小练笔。王世卿原来是一个老牌不交作文的“钉子户”,只要作业中有作文,第二天必定不交。可因为吹牛皮了得,老师发现他的想象力极丰富,于是针对他的情况不断引导鼓励,在他所感兴趣的童话故事编写上加以指导帮助,寒假过后,不爱交作文的他居然交上了一本厚厚的笔记本,上面写满了自己的故事连载《格列佛新传》。

2. 作文成绩显著提高。

学生作文水平显著提高,实验班有学生 40 名,在珠海出版社出版的《小学生创新作文选》中,共有 9 名学生的 11 篇作品入选。

(二) 教师方面

一直以来,作文批改一直是教师最头疼和无奈的事,一是因为工作繁琐时间不够,再是由于学生作文缺少真情实意,枯燥乏味。改如此乏味的作文,还需灯下苦战,实非乐事。实践之后,学生的作文内容鲜活了,教师们通过一纸能读到孩子们色彩斑斓的世界,确有“今是而昨非”之感。可以毫不夸张地说,学生的个性化作文提高了老师的生活质量。

记得有这样一首诗:

学生是由一百种组成的。

孩子有一百种语文——

一百个想法，一百种思考、游戏、说话的方式……
我们不要一种颜色，我们需要万紫千红。
我们不要统一的声音，我们需要唧唧喳喳。
我们呼唤作文返璞归真，
呼喊真情的回归，
呼唤个性舒张，
呼唤心灵的坦白……

在作文教学之路上，只有解开重重束缚，让学生有真正的话语权，才能让学生在作文本中彰显自己的个性，让思想在作文中开出美丽的花朵。衷心希望每个孩子能够摆脱“套中人”的命运，真正成为一个“独立发言人”和“自由撰稿人”！

【专家点评】

小学生作文内容单调，文章结构刻板，思想情感成人化，学生对习作没有兴趣，这些问题长期困扰着语文教师，是小学习作教学的顽症。本文作者对如何指导学生个性化写作进行了专题研究，论文提出的“改变课堂模式，开放时空；改变命题模式，开放选题；改变行文模式，开放内容；改变批改模式，开放评价”等方面的举措，涵盖了指导学生习作的全部过程，有效地克服了传统作文教学机械、刻板的指导模式，能够激发学生的作文兴趣，有效提高习作教学的效率。兴趣是小学生写好作文的基础和前提，教师尽量减少对学生作文的限制，开放小学生作文命题，让学生写作能够畅所欲言，放飞思想，写自己所见所闻，所思所想，这样学生才会乐于写作。本篇论文研究的主题有很强的现实意义，论文给出的具体操作措施值得语文教师思考并借鉴。（吴忠豪）

让传统优秀文化滋养学生的心灵

——“GL 悦读”读书课程的实践与探索

普陀区管弄新村小学　陆莉莉

一、课题的提出

普陀区管弄新村小学创办于 1988 年,学校曾先后培养了包括奥运冠军刘翔、型秀冠军乔任梁等在内的一大批优秀学生。近年来,随着区域板块的调整,学校的生源结构发生着变化:来自外地务工人员家庭的学生人数比例大幅上升。由于来自这样文化背景家庭的孩子多追求的是以成绩为导向的、以教科书为主的学习,又加上阅读经验的缺失,这批孩子表现为知识面较为狭隘,学习自信心缺失;而家长的忙于生计、无暇顾及又使得不少孩子的学习问题更为突出。经学校初步统计,全校范围内能每天用固定时间进行阅读的孩子不到 20%。

面对这样的受教育者,我们深知肩上的责任重大,原因只有一个:这批文化背景的家庭,家长可能就没读书的习惯,如果今天的教育工作者忽略学生读书习惯的培养,那么出身于这些家庭的孩子今后的人生一定与“读书”无缘。而事实证明,缺乏了阅读,孩子的生命成长会受到一定程度上的影响。

教育对象的变化、教育实践中呈现的问题决定着学校教育发展策略的调整与变化,如何针对现有学生的需求设立相应的课程激发学生的兴趣、养成良好的读书习惯,从而使管弄新村小学制定的育人目标“自信笃行”在孩子们身上慢慢扎根,真正促进孩子的发展?“GL 悦读”学校读书课程正是在这样的背景下应运而生的。

“GL 悦读”是老师们对这个课程实践的美好愿望,“GL”既是学校“管弄新村小学”名称的缩写,又是两个英语词组“GETTING LOVE”和“GIVING LOVE”的简称。我们希望孩子们能通过愉悦的读书,从读书中感受到来自社会、历史、家人给予的爱,同时用更多的阅读行动将这种从书本中得到的爱分享给他人。

二、课题的实践与推进

（一）“五字一体”为主旨，以全面构架推进读书课程

“爱、孝、信、勤、和”这五个字是管弄新村小学的校风，历经了三代校长课程推动，它们已经深入每一个师生的心中，而这五个字包含的元素又正是中华优秀传统文化的精髓。因此，在“GL 悦读”课程实施的过程中，学校将“五字”与“阅读”进行了有机整合，以“五字一体化，全员推进”为方法，通过整体构建，全员推进，让管弄的每一位教师都成为阅读导师；让管弄的每一个学生都得以在“甜甜的阅读”中“慢慢地成长”。课程的具体实施推进流程如下图所示：

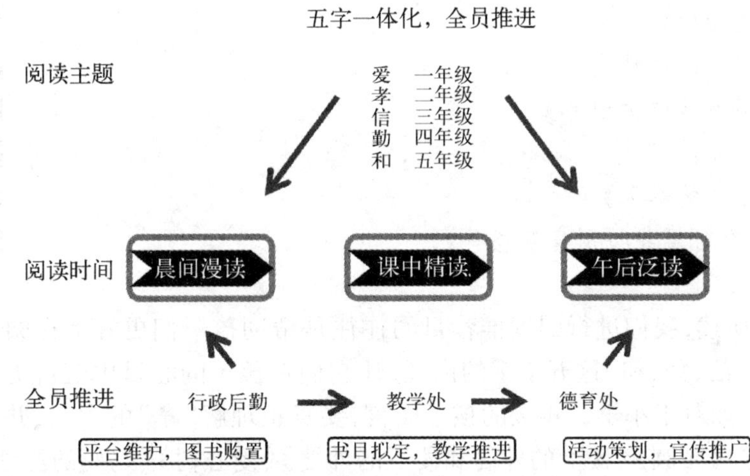

1. 阅读主题：“五字一体化”。

全校五个年级，分别围绕“爱、孝、信、勤、和”这五个主题出发，向学生推荐必读书目和选读书目。当然，这里所指的各年级分条线推进指的是相对某一年段的主题凸显，而绝不是完全的割裂：

二年级以“孝”为主题的书目推荐

必 读 书 目

1.《团圆》【中国】

2.《再见了艾玛奶奶》【日本】

3.《先左脚再右脚》【美国】

4.《楼上的外婆和楼下的外婆》【美国】

5.《长象鼻和短象鼻》【中国】
6.《有一天》【美国、加拿大】
7.《外公》【英国】
8.《小米的四个家》【中国】
9.《幸福棒棒糖》【中国】
10.《过新年》【中国】

选读书目

1.《仰望天空的猫》【中国】
2.《再见,钢琴》【中国】
3.《当世界年纪还小的时候》【德国】
4.《我亲爱的甜橙树》【巴西】
5.《爱心树》【美国】
6.《妈妈的红沙发》【美国】
7.《跟着姥姥去遛弯》【中国】
8.《宝儿》【中国】
9.《小鱼的春天》【中国】
10.《有时候我特别喜欢爸爸》【法国】

如上所述,我们进行阅读推荐目的往往是帮助孩子们更好地在阅读中理解“爱、孝、信、勤、和”这五个字的内涵,让它们在孩子的心目中变得更加的形象、具体。如对于小学二年级的孩子而言,要真正理解“孝”的含义,并不是件易事。通过《团圆》《楼上的外婆和楼下的外婆》《爱心树》《妈妈的红沙发》等一系列中外作品的阅读,孩子能很自然地从阅读中感悟“孝”,而后再回到行动中学习“孝”(具体案例可见《“悦动 GL”微信平台:校园“女神卡”,孩子温馨礼》)。让孩子们的心灵在读书的过程中受到中华民族传统文化的浸润,也正是我们以“五字一体化”推进课程的主旨。(一至五年级的必读及选读书目推荐见附件一)

2. 阅读时间:“每日三读”。

科学的时间安排有利于孩子们阅读兴趣和阅读习惯的养成,为了充分运用好孩子在校的闲暇时间,让他们在“劳逸结合”中学会阅读、享受阅读,学校安排了“早、中、晚”三个阅读时间段。这三个阅读时间段的阅读形式分别为“晨间漫读”“课中精读”“午后泛读”。下表是二年级的课程安排:

二年级第一学期读书课程安排

综合单元	课文篇目	课中精读	晨间漫读
第一单元	拾贝壳 风 扳手腕 四个愿望 丁丁的研究报告 爸爸的老师	《跟着姥姥去遛弯》 (保东妮)【中国】	《弟子规》
第二单元	溪水和池水 “这条小鱼在乎” 燕子过海 “我想怎么说就怎么说” 称赞	《仰望天空的猫》 (曹文轩)【中国】	《弟子规》
第三单元	鸟岛 长城和运河 迷人的秋色 黄山奇石 雾	《我亲爱的甜橙树》 (若泽·毛罗·德瓦斯康塞洛斯)【巴西】	《弟子规》
第四单元	狼和小羊 丑小鸭 狐假虎威 送小蚂蚁回家 “从现在开始” 聪明的猴子	《长象鼻和短象鼻》 (熊磊)【中国】	《弟子规》
第五单元	荷花 石榴 海上气象员 一条大蟒蛇 松鼠的尾巴 野兔	《宝儿》 (心怡)【中国】	唐诗
第六单元	水上飞机 小冰熊 微波炉的话 人体的“修理工” 到太空去 神秘的恐龙	《当世界年纪还小的时候》 (舒比格·贝尔纳)【德国】	唐诗

续 表

综合单元	课文篇目	课中精读	晨间漫读
第七单元	会跑的"黑板" 程门立雪 发烫的手指 山里的桃花开得迟 不懂就问 触动	《过新年》 (文:徐鲁　图:周东、徐波)【中国】	唐诗

(一至五年级的读书课程安排见附件二)

清晨,孩子们走进校园即可在悠扬的古筝曲中漫读唐诗,课中在教师的引领下借"群文阅读"学习阅读方法;午间,在和煦的阳光下"窝"在教室的阅读角或每层楼面的阅读漂流站和最亲密的小伙伴分享阅读;放学后的晚托班里,利用完成作业后的时间自由地读自己喜欢的书……在日复一日的"每日三读"中,孩子们在不知不觉中感受到:原来每一个"边角料"时间都是阅读的好契机。我们认为,在引导孩子感知"读书是用来休闲的好方式"的同时,帮助他们学会"找时间读书"是养成孩子良好阅读习惯的重要表现。

(二)目标设定入手,以课程分类探索有效策略

为了在实践中依据分年段读书目标,有效推进课程在课堂教学中的落实,学校教学处在拟定书目有效推进阅读的同时,从课程目标的制定和课程的分类入手,进行了尝试。

1. 课程目标的制定。

学校教学处整合语文阅读课的教学,确定了阅读课程的分年段目标。如下表所示:

管弄新村小学读书课程分学段目标

低年级	中高年级	拓宽视野
陶冶情操	※ 阅读时间一年级每天不少于15分钟,二年级每天不少于20分钟;阅读总量达到10万字左右。 ※ 涉及儿歌、童谣、短篇童话及其他体裁的绘本或纯文本作品。 涉及儿童文学三大母题,涉及世界文学艺术成就。	※ 阅读时间每天不少于30分钟,三年的课外阅读总量不少于100万字。 ※ 涉及寓言、中长篇童话、神话、历史故事及其他体裁的作品。 ※ 涉及儿童文学三大母题,了解、尊重世界文学艺术成就。

续 表

低年级	中高年级	拓宽视野
利用图书馆资源	※ 认识图书馆,知道图书馆的位置,知道图书馆内各类资源所摆放的位置。 ※ 能在他人的帮助下借阅图书,能在阅览时把读过的书放回架上。 ※ 了解图书馆的各种活动,并尝试参与。 ※ 了解图书馆的使用规则,遵守借阅规则,会爱护图书馆内的设施。	※ 能独立借阅图书。 ※ 会使用图书馆检索系统查找需要的图书。 ※ 了解图书馆的功能和服务。 ※ 学习担任图书馆小义工的职务,了解图书馆内部作业流程。 ※ 能参与图书馆的各种活动。 ※ 遵守借阅规则,会爱护图书馆内的设施。
阅读兴趣阅读习惯	※ 能够坚持参与课外阅读活动,选读自己喜爱的书,能把自己感兴趣的内容告诉别人。 ※ 能够专心致志地参与阅读活动。 ※ 知道爱护书籍的方法(不折书角、不折页、小心翻书、不撕破、不画记),并尝试指导自己的行为。 ※ 知道阅读中用眼卫生的方法(适当的看书距离、适宜的看书光线),并尝试指导自己的行为。	※ 有课外阅读的兴趣,初步养成经常读书看报的习惯,并与同学交流图书、资料。 ※ 能自觉地爱护书籍。 ※ 形成阅读中注意用眼卫生的习惯。
阅读方法	※ 能进行有声阅读,尝试正确辨读文字,并能够读故事给别人听。 ※ 能进行默读,提高阅读速度,边阅读、边思考。 ※ 能在阅读中记下不认识、不理解的字词,尝试解决疑问。 ※ 能根据事件顺序复述故事的概要。(故事内容的讲法) ※ 初步掌握简略阅读的一些方法。(看书名、封面宣传字句、目录猜测内容,跳跃式阅读内容) ※ 能在阅读中运用感觉式、想象式的阅读方法理解、感受作品。	※ 能用适合自己的方式做读书笔记,收集所需的资料。 ※ 遇到不理解的词语或问题,能自觉使用工具书查找答案。 ※ 进一步掌握简略阅读的一些方法(以要点为主快速读法,正确查出可以成为信息来源的图书,在众多信息中选出正确的信息)。 ※ 能运用分析式的阅读方法解读作品(区分中心段落与非中心段落,了解全部内容与各章节的关系,关注作家经验使用的语词及其含意)。 ※ 能在阅读中运用推测式的阅读方法加深对作品的认识。 ※ 尝试运用批判式的阅读方法客观的评价作品。

续　表

低年级	中高年级	拓宽视野
思维品质 主体意识	※ 在阅读活动中提高观察,比较、联想、想象、发散思维的能力。 ※ 敢于在阅读中质疑问难。 ※ 能够交流自己阅读后的感想,并能够倾听别人的发言。	※ 在阅读活动中提高联想、想象、推测、发散、批判思维的能力。 ※ 能理解所读内容的要点,有自己的体会。 ※ 不迷信书籍,能以批判性思考方式评论所阅读的材料。 ※ 乐于作阅读交流,交流中能表达自己的意见和接纳不同的看法。

2. 阅读课程的分类。

学校在实践中将相关阅读课型分为以下几大类：一是阅读方法指导课,二是阅读内容推荐课,三是阅读经验分享课,四是阅读心得交流课。在实践中的探索如下：

(1) 阅读方法指导课。所谓"得法于课内,得益于课外",整合主题推荐书目进行的"阅读方法指导"是语文教师在阅读课堂教学中的重点。在学习中,教师与学生结合平时的阅读课堂教学共同总结了十余种阅读方法(见下表所示)：

阅读方法	具　体　操　作
抓重点词法	理解文中的重点词语,并在联系上下文的感悟中,加深对文章中心的领悟、体会。
朗读法	在朗读句、段、篇的同时品味文章字里行间的内涵。
注解法	用各种不同的符号在文章中进行批注,在"读——注——悟"中提高阅读能力。
自问自答法	根据阅读的文章,自己提出问题,引发同伴的思考,在别人难以解答的情况下也可以自己做出解答。
板书法	教师传授板书设计的基础知识,引导学生自行设计板书,利用板书设计帮助理清文章脉络。在课堂教学中,教师可以利用学生的佳作代替自己的板书以激发学生的兴趣。
绘画法	通过为古诗、课文配画的方法表现自己对文章内容的理解。
图文对照法	借用课文插图,观察景色或人物神态,配合相应的文章句段,加深对课文的理解。
比较法	比较文中前后相似或不同处,体会事态的变化,加深对中心的理解。用两篇类似的课外阅读与课文比较,在拓展阅读的同时,学习文章的写作特色。

续 表

阅读方法	具 体 操 作
表演法	用课本剧的方法来表演情节生动的课文,以代替枯燥的背诵与复述。
资料法	在课外通过各种渠道收集与课文内容相关的资料以辅助课文的学习。
辩论法	在课文学习中遇到难以理解的矛盾焦点时,分正反方进行辩论,在辩论中加深对文章内涵的理解。
实验法	通过一些小实验理解课文所叙述的科学道理。
接龙法	用续编、续写的方式,小组成员合作为课文的开放型结尾编写自己想象中的故事结局。

我们的初步尝试是:师生在课堂中共同“发现”阅读的方法,低年级的学生先通过掌握方法,在教师的引导下慢慢将习得的方法运用于自己的阅读中;中高年级学生则重在学习在阅读的过程中根据需要对学会的方法进行选择和重新组合,甚至尝试自创阅读方法与同伴交流,所谓“读一样的内容,但保持个性化的阅读”,借此在五年的阅读中慢慢地成长,并在成长中体验传统优秀文化的浸润。

(2) 阅读内容推荐课。学校教师在阅读内容推荐课的设计上可谓“用心良苦”。为了充分提升孩子的阅读兴趣,学校一是借每周三中午的“快乐悦读”广播进行“我听老师讲故事”的阅读推介,校长、教导主任、语文老师甚至是其他学科的教师轮流借助这一平台,为孩子们讲述心目中的“有趣故事”;二是借助阅读平台进行各项主题阅读推荐(该部分内容详见本文第三部分);三是设计“别具一格”的阅读推荐课,在每周五下午的拓展阅读课程中实践。

由美术、音乐、语文学科的教师共同执教一个绘本故事《狼大叔的红焖鸡》就是这样一节阅读推荐课,它是教学形式上的一种“跨界”尝试,实践中,教师的教学设计分为以下板块。

教学引入,看一看。根据教研组对低年级学生阅读习惯的了解与课堂观察,这个年龄段的孩子由于已经掌握了一定的识字量,加之对故事内容的浓厚兴趣,初次接触到新的绘本时,他们往往最关注的是故事内容,大多会迫不及待地去阅读书中的文字,而忽略了对图片的欣赏。然而,绘本的最大魅力就在于书中一幅幅精心绘制的图画。所以,在教学研讨中,教研组尝试打破常规教法,由美术老师导入新课,引导学生对绘本《狼大叔的红焖鸡》封面图案进行分析,用生动、形象的语言提升学生对主人公狼大叔图案的关注度,引导学生从色彩、人物形象、构图等方面来分析作者的绘画风格,充分调动学生原有的美术学科知识,让他们欣赏画作后的直观感受表述出来,从而提升对绘本“以图画为主”特性的认识，以及对整个故事的期待感。

故事激趣，读一读，问一问，议一议、想一想。由语文教师教学绘本故事，在读一读、问一问、议一议、想一想的环节中加深对故事情节的了解，学会图文结合走进人物的内心世界。

在导读故事的基础上，音乐教师通过音乐和故事情节相结合的教学，引导学生通过欣赏音乐，想想音乐所描绘的故事场景，借助音乐帮助孩子们理解了故事中描绘的狼大师“蹑手蹑脚”“偷偷摸摸”等动作，并把孩子带入到音乐的想象空间中，发现音乐作品中活泼欢乐的景象，在感受乐曲带来的欢快而热烈的情绪之余加深对故事理解和对画面的感悟。

想象收尾，画一画。在教学的最后环节，美术教师又一次登上讲台，她引导学生通过对一组狼大叔头部图片的分析，得出这样的结论：我们可以通过改变人物五官及眉毛等部位的造型使人物的表情变得丰富多彩，并引导学生尝试将这种方法运用到对故事情节的续编创作中去，实现从理论学习到实践操作的过渡。

（3）阅读经验分享课。学校鼓励教师将学生带进新建的图书馆，在书香环绕的环境中分享各自的阅读经验，并将这一课型和一、二年级的学期综合评价相结合，在该年段的学生学业评价中以主题式阅读后的综合评价的形式代替传统的纸笔测试。

2015 年年末，学校分别以《我的野生动物朋友》《团圆》（分别选自一、二年级推荐书目）两本书籍的主题阅读为线索推进一、二年级的学生的综合评价。有评价前的亲子阅读准备：鼓励学生与家长共同阅读、充分进行前期作业准备；有评价中的游园闯关：年级组各学科教师精心设计，将语文、数学、自然科学、体育、美术等七门学科的综合评价汇集在与两本书籍内容相关的游园游戏中，寓教于乐；有评价后的经验分享：一是鼓励学生反思各自的阅读准备，并邀请结合过程性评价评选的各学科达人，借学校的微信平台交流各自的阅读经验；一是结合评价进行鼓励，以又一本相关书籍为奖励，激发学生后续阅读兴趣与热情……将阅读经验的分享与主题阅读评价相结合的做法在实践中得到了学生的喜爱与家长的赞赏，阅读课程的推进提升了校园文化的品位。

（具体案例可见“悦动 GL”微信平台第 139 期：我的野生动物朋友；第 141 期：团团圆圆迎新春，过关斩将争达人。）

（4）阅读心得交流课。阅读心得交流课的形式多种多样，学校鼓励教师在教学实践中根据学生的年龄特点及阅读基础“私人订制”。现阶段相对成熟的课型有以下两种：一是以中高年级过程呈现式阅读卡设计与交流贯穿教学。过程呈现式阅读卡即指学生读完一本书后，把书名、主要人物和作者在此书中喜欢的句子、词语和感悟记在一张卡片上。教师在教学中通过引导学生设计过程呈现式阅读卡，借助阅读卡相互交流，运用阅读卡进行写作，藉此在提升学生阅读兴趣的基础上，提高其阅读、写作能力（具体内容见附件三《过程呈现式阅读卡的设计与使用》）。二是各年段学生基于网络平台的交流、分享。为了打破传统阅读心得交流仅限于同一个班学生、一位教师和四十名学生之间的时空界限，学校以阅读微信平台为载体借该信息平台，将学生、任课教师、家长等角色进行一一对应；学生在微信平台上发表的书评，同时可以接受其他的家长、同学、任课教师的阅读与交流。教师阅读书评交流的过程即是备课的过程，不仅可以就学生的个别指导在互动交流中进行，更能从中发现共性的问题在课堂教学中进行指导，提升阅读交流课的针对性和实效性。

（三）“指尖阅读”尝试，以互联网成就学生阅读的多元对话

正如上文所述，在互联网+的背景下，学校以网络与课程有效整合为手段，以学生个性化阅读为内容，开发了“指尖上的阅读”微信服务平台，旨在通过实践，探索网络环境下个性化阅读的教学模式，在激发学生阅读兴趣的同时，使学生的实践能力和创新精神得到发展，进一步提高学生个性化阅读的效率和质量，同时提高学生应用网络自主选择书目、个性化阅读、自动化评价交流的兴趣，养成良好的阅读习惯，拓宽学生与学生、学生与家长、学生与教师、家长与家长的阅读体会交流平台，以“互联网”成就学生阅读的多元对话。在实践中，我们依托平台进行如下尝试。

1. 指尖上的阅读推荐。

通过公众服务号推荐等形式，进行自上而下的阅读推荐，具体推荐内容包括：一是梳理学校“GL 悦读”课程中——五年级必读书目与选读书目的相关课程内容，通过教师创建微视频，结合学校的微信公众平台，对学生、家长进行阅读推荐；二是结合少先队德育活动，鼓励学生参与阅读推荐微视频、微信的制作；藉此提升学生参与、选择阅读的兴趣。除了各年级的必读书目与选读书目外，学校每周都通过上述平台向学生和家长推荐书籍。结合春游即将要观看的《尼尔斯骑鹅旅行记》，我们向家长推荐这本有趣的世界儿童名著；中秋节来临，我们向孩子们推荐关于节日来历、风俗的相关绘本；随着季节转换，我们以“明媚的春光下，一起来读书”和“大雪节气里，窝在家里读点书”向孩子们推荐系列绘本和丛书……“指尖上的阅读”目的是引导孩子们从“线上”回归“屏外”。因此，随着微信平台的推荐，图书馆里的纸质书籍也同时上架，等待着孩子们的借阅。指尖上的阅读，渴望的是孩子们源于内心的阅读兴趣。

2. 指尖上的阅读分享。

通过微信服务平台，进行自下而上的阅读分享，学生、家长、教师均可登录平台，交流与分享各自读书后的感受。这样的分享，改变了以往课堂教学或读

书心得撰写中学生与教师之间的单向交流，使得学生与家长、学生与教师、学生与学生之间形成了一种多元互动的交流、分享模式。

基于互联网的背景，使我们的孩子能在别人阅读同一本书的不同感受中，获得思维的碰撞；使我们的教师能在全校不同年级的学生针对一本书的不同感受中获得阅读方法指导的灵感，从而更好地调整自己的阅读指导策略；使我们的家长能在无声中走进可能平时被忽视的孩子们的内心深处，了解孩子们的思想与成长……正如一(1)班陶昱安小朋友家长在平台上的留言："如同打开了一扇大门，让我们明白了如何从孩子的角度去读，如何蹲下来与孩子作进一步沟通与交流。"指尖上的阅读，等待的是经由小手牵起大手的家庭共读。

3. 指尖上的阅读评价。

结合网络统计，发布学生的阅读作品的评价，评价的内容一是对学生阅读的评价。我们将阅读的分享与孩子们的阅读评价挂钩——结合孩子们在阅读时的签到及对相关书籍的交流与点评，教师、家长均可以电子"DODO 券"的形式对孩子做出鼓励，而"DODO"银行的积分挂钩的激励机制，则更进一步激发孩子们自主阅读的热情。二是对阅读课程的评价。我们通过微视频的点击率及微信平台的发布率统计各年级必读书目与选读书目中的 top10，对孩子点击率低即不受学生欢迎的书籍进行排列，分析原因后进行调整，为下一轮"GL 悦读"课程的数目推送提供依据，让"GL 悦读"真正深入孩子们的内心。指尖上的阅读，从兴趣伊始，帮助孩子们在慢慢的阅读中领悟读书的真谛。

(四) 共享共营，以全员推进保障课程落地

课程构架伊始，全校教师通过"学习共享行动"形成共识：在课程推进中，人人皆是孩子的"阅读引导者"。因此，在课程实践中，全校各部门精诚合作：由行政后勤负责阅读平台维护、图书购置；教学处负责阅读书目拟定、保障系列活动推进；德育处、大队部负责阅读系列活动策划、家校合作推进，全面保障课程的顺利推进。三个部门的分工在"GL 悦读"课程推进的过程中依托的是"一体两翼"：

主体——教学处，负责阅读课程目标的设定、阅读书目的拟定，整合阅读教学的推进，营造学校阅读的"大环境"。

两翼——德育处、后勤保障部，其功能分述如下。

德育处：以活动宣传推广、家校合作为切入口，保障课程实施的"软着陆"。一是通过各系列的活动宣传，激发学生的阅读兴趣。二是拓宽家校沟通渠道，尝试分层亲子阅读。与其他学校的阅读课程设置目的不尽相同的是，我们的"GL 悦读"希望获益的并不仅仅是学生，没有家庭氛围的营造和家长的积极支持，孩子们的读书之路是走不远的。为达成家校合作，我们对学校的亲

子阅读进行分层，分别为以下三类家庭，即“没有亲子阅读的家庭”“能陪孩子读书，但不固定的家庭”“有较好的亲子阅读习惯的家庭”设定家校共读的分层目标，通过线上与线下的家校联动，将“阅读兴趣的培养、阅读书目的推荐、阅读方法的指导、阅读效果的评估”等相关阅读知识分类进行推送，有效提高了课程实施过程中家庭教育的支撑力度，在提升学生阅读品质的同时努力提升家长的阅读素养。

后勤保障部门：提供各项物资保障，为阅读课程的实施奠基。两年多的时间里，我们的行政后勤、信息管理、图书馆共同合作，实现了阅读课程实施的“着陆”：一是拓展校园阅读空间。除了图书馆的改建工程，学校将五个教学楼面阳光最充足的走廊一角建设成具有校本特色的“GL 阅读漂流站”，鼓励学生在课间午后在流动的校园图书馆中进行阅读，保障学生的“线下阅读空间”。二是拓展网络阅读空间，完成名为“指尖阅读”的微信服务号建设，保障学生与家长的“线上阅读交流空间”。三是扩充书籍容量，与“指尖阅读”的平台推进同步更新图书馆书籍容量，增设起始年级的阅读漂流书包，为课程实践的落地提供坚实的保障。

三、课题的初步成效

（一）对小学读书课程作了较为系统思考，深化了认识

课题的实践与研究让我们明晰了小学一至五年级读书课程的目标和特征。课程的总体目标如上文所述，课程的主要特征如下：

一是读书主体的自主性。学生是学习和发展的主体。充分给予学生自主实践的机会是阅读成为学生个性化行为、提升学生读书兴趣和阅读能力的首要保证。二是读书过程的开放性。课堂学生的个性化阅读过程呈现出开放性的特点，它必然会打破传统阅读教学封闭、僵化、划一的模式。三是读书指导的体验性。阅读活动本质上就是学生主体体验、生命成长的过程。我们在实践中鼓励教师的读书指导要注重让学生在体验中感悟、在体验中创造、在体验中提高语文素养，以主体体验活动建构文本的意义，促进学生对自我的全新建构。四是读书结果的差异性。阅读是学生个性化的行为，对于同样的文本，学生的反应往往表现出个性的差异。要充分尊重学生阅读过程中的独特体验和理解，把学生的阅读差异视为教学资源加以开发和利用。

上述目标与特征的明确是下一阶段课程推进与开发的依据。

（二）促进了学生读书兴趣和阅读能力的提高

通过读书课程的推进，我们欣喜地看到，更多的学生与家长要读书了。历次活动的推广和阅读微信平台的推进让越来越多的家长认识到“读书”的重要性，在既定的教科书之外，他们能配合学校从一定程度上营造家庭阅读的氛

围——2016 年 6 月,学校借“指尖上的阅读”微信平台进行了“十佳书评”的投稿与评选活动,“110172”的访问量和“19779”的累积投票量说明了学生与家长的参与热情,而孩子们的阅读兴趣也在家校合作的推动下与日俱增。

与读书兴趣同时提高的还有学生阅读能力的提升:语文课上学生会动笔做批注了、会与学习伙伴争论了、会向老师同学陈述自己理解感悟的心得了。学生课外阅读的量数增加了,对读物的选择变得宽泛,“指尖上的阅读”微信平台上各类阅读推荐与读后活动如火如荼,形成了全校性的良好阅读氛围。同时,网络学习也提高了学生的信息素养。主动运用信息技术,实践探索,建构知识已成为广大学生学习的自觉行为,且深入平时的学习、活动中,表现出较强的求知能力、自主能力和创新能力。近一年中,学生在教师指导下制作了一批界面美观、富有个性的阅读书评。课程的推进与课题的研究促进了学生多方面能力的发展,近两年的时间里,学生在《聪明的小豆丁》等刊物上发表习近作 20 篇,各级各类参赛获奖 60 余项,学生的学习能力的持续提高在未来的课程实施中充满可能。

(三) 促进了教师的专业成长。

课题研究首先促进了全校教师观念的更新。三年多的实践和研究,让全校教师树立了“人人俱是阅读推进者”的理念。在推进学生阅读的基础上也促进了教师阅读的积极性。其次,课题组教师的阅读教学水平、能力得到锤炼和提高。在 2016 年 5 月进行的上海市教委教研室对本校的全面教学督导中,学校的语文教学获得了听课专家的一致好评。在课题的研究推进中,教师科研意识和科研能力大幅提高:先后有 6 位教师的个人课题被区教育学院科研室立项,教师的专业水平随着课题的推进俱增。

“GL 悦读”课程传承校史,根据管弄新村小学孩子的实际情况因需而设、因生而宜。我们在课堂里日复一日地坚守,只为了在阅读中让传统优秀文化滋养学生的心灵。我们真心希望:用五年的学习帮助孩子养成良好的读书习惯,借助这个好习惯帮助孩子不断持续发展。

前行的道路虽然蜿蜒,但目标始终明晰,我们一直在路上。

附件一

管弄新村小学各年级阅读书目推荐

一年级必读书目

1.《我有友情要出租》 【中国】

2.《一年级的小豌豆》 【中国】

3.《小鲤鱼跳龙门》 【中国】

4.《小猪希哩呼噜》 【中国】
5.《小布头奇遇记》 【中国】
6.《我妈妈》 【英国】
7.《猜猜我有多爱你》 【爱尔兰】
8.《一年级大个子二年级小个子》 【日本】
9.《狼大叔的红焖鸡》 【日本】
10.《我的野生动物朋友》 【法国】

一年级选读书目

1.《三毛流浪记》 【中国】
2.《亲爱的笨笨猪》 【中国】
3.《大个子老鼠小个子猫》 【中国】
4.《我是一个可大可小的人》 【中国】
5.《小小的天空,小小的梦》 【中国】
6.《我是正能量小孩》 【韩国】
7.《我爱唠叨的妈妈》 【韩国】
8.《洋葱头历险记》 【意大利】
9.《有些时候我特别喜欢爸爸》 【法国】
10.《你很特别》 【美国】

二年级必读书目

1.《团圆》 【中国】
2.《再见了艾玛奶奶》 【日本】
3.《先左脚再右脚》 【美国】
4.《楼上的外婆和楼下的外婆》 【美国】
5.《长象鼻和短象鼻》 【中国】
6.《有一天》 【美国、加拿大】
7.《外公》 【英国】
8.《小米的四个家》 【中国】
9.《幸福棒棒糖》 【中国】
10.《过新年》 【中国】

二年级选读书目

1.《仰望天空的猫》 【中国】

2.《再见，钢琴》【中国】
3.《当世界年纪还小的时候》【德国】
4.《我亲爱的甜橙树》【巴西】
5.《爱心树》【美国】
6.《妈妈的红沙发》【美国】
7.《跟着姥姥去遛弯》【中国】
8.《宝儿》【中国】
9.《小鱼的春天》【中国】
10.《有时候我特别喜欢爸爸》【法国】

三年级必读书目

1.《爸爸带我看宇宙》【瑞典】
2.《花婆婆》【美国】
3.《我的友情要出租》【中国】
4.《三寄小读者》【中国】
5.《淘气包埃米尔》【瑞典】
6.《爱脸红的马塞林》【法国】
7.《永远的布谷鸟》【中国】
8.《吹牛大王历险记》【德国】
9.《骑鹅旅行记》【瑞典】
10.《我要做个好孩子》【中国】

三年级选读书目

1.《公主的月亮》【美国】
2.《小飞侠彼得潘》【英国】
3.《名人故事》【中国】
4.《爱丽丝漫游奇境》【英国】
5.《上下五千年》【中国】
6.《月亮宝石》【英国】
7.《总有一天会长大》【挪威】
8.《停电以后》【美国】
9.《丛林故事》【英国】
10.《不让一个南瓜掉队》【中国】

四年级必读书目

1.《当你努力时,上帝看得见》 【中国】
2.《青少年国学励志丛书》(全三册) 【中国】
3.《非常小子马鸣加》 【中国】
4.《为自己加油》 【中国】
5.《苏北少年“唐吉可德”》 【中国】
6.《快乐儿童的七个习惯》 【美国】
7.《草原上的小木屋》 【美国】
8.《假如给我三天光明》 【美国】
9.《哈利·波特与密室》 【英国】
10.《不要忘了你的爱》 【中国】

四年级选读书目

1.《刘墉给孩子的成长书系列》 【中国】
2.《你在为谁读书》 【中国】
3.《最好的我》 【中国】
4.《警察游戏》 【中国】
5.《做个有出息的男孩》 【中国】
6.《想飞的乔其》 【美国】
7.《无字书图书馆》 【西班牙】
8.《妈妈不是我的佣人》 【韩国】
9.《别害怕学习——当厌烦学习时读的故事》 【韩国】
10.《周末图书馆》 【美国】

五年级必读书目

1.《少女的红发卡》 【中国】
2.《青铜葵花》 【中国】
3.《童年河》 【中国】
4.《草房子》 【中国】
5.《男生贾里》 【中国】
6.《小王子》 【德国】
7.《苦儿流浪记》 【法国】
8.《窗边的小豆豆》 【日本】
9.《铁丝网上的小花》 【意大利】

10.《丽芙卡的信》 【美国】

五年级选读书目

1.《亲亲我的妈妈》 【中国】
2.《放慢脚步去成长》 【中国】
3.《几米蓝石头》 【中国】
4.《乌丢丢的奇遇》 【中国】
5.《夏洛的网》 【美国】
6.《金银岛》 【英国】
7.《哈利·波特第三部》 【美国】
8.《活了一百万次的猫》 【日本】
9.《爱的教育》 【意大利】
10.《女儿的故事》 【中国】

附件二

管弄新村小学各年段课外阅读安排

一年级第一学期课外阅读安排

综合单位	课文篇目	课中精读	晨间漫读
入学准备	小学生 学校 同学 老师 操场上 读书写字 读儿歌 问答 校园里 汉字多奇妙 识字真有趣	《洋葱头历险记》(贾尼·罗大里)【意大利】	《弟子规》
第一单元	看天鹅 大萝卜 数金鱼 采蘑菇 魔术 打电话 下雨啦	《亲爱的笨笨猪》(杨红樱)【中国】	《弟子规》

续 表

综合单位	课文篇目	课中精读	晨间漫读
第二单元	小花鼓 漱口 稀奇歌 数小鸡 看马戏 三只猴子 啄木鸟 一条鱼儿水中游 水里的娃娃	《你很特别》(陆可铎)【美国】	《弟子规》
第三单元	燕子南飞 不倒翁 玩皮球 做早操 四季歌 我的鞋 小溪 天上一群小白羊 吹泡泡 轰隆隆	《我是正能量小孩》(千姬顺)【中国】	《弟子规》
第四单元	写字 小乌鸦爱妈妈 小海星快回家 大竖琴 两个谜语	《我爱唠叨的妈妈》(朴惠淑)【中国】	唐诗
第五单元	小小的船 重阳节 凤姑娘送信 国庆节的晚上	《小小的天空小小的梦》(沈苑苑)【中国】	唐诗
第六单元	比尾巴 荷叶圆圆 蝉 小山羊和小熊 小猫钓鱼	《大个子老鼠和小个子猫》(周锐)【中国】	唐诗

一年级第二学期课外阅读安排

综合单位	课 文 篇 目	课 中 精 读	晨间漫读
第一单元	春天在哪里 闹花灯 春雨沙沙 一粒种子 小山泉的心愿 绿	《小小的天空小小的梦》(沈苑苑)【中国】	《弟子规》
第二单元	水妈妈的孩子 坐井观天 大自然的语言 骆驼和羊 夏天 寄冰	《洋葱头历险记》(贾尼·罗大里)【意大利】	《弟子规》
第三单元	象形字真奇妙 识字的小秘密 你姓什么 数量词 反义词 部首歌	《你很特别》(陆可铎)【美国】	《弟子规》
第四单元	熊猫妈妈听电话 小白兔和小灰兔 狐狸和乌鸦 蜘蛛织网 蜗牛学艺 小蝌蚪找妈妈	《有些时候,我特别喜欢爸爸》(阿梅哈)【法国】	《弟子规》
第五单元	两只小狮子 小花猫照镜子 花钟 谁的本领大 一群光头男孩	《大个子老鼠和小个子猫》(周锐)【中国】	唐诗
第六单元	王冕学画 唐老鸭新传 诸葛亮和小皮匠 筷子的传说 三过家门而不入	《我是正能量小孩》(千姬顺)【中国】	唐诗
第七单元	小壁虎借尾巴 数星星的孩子 一个奇怪的问题 望梅止渴 花木兰 责任	《三毛流浪记》(张乐平)【中国】	唐诗

二年级第一学期课外阅读安排

综合单位	课文篇目	课中精读	晨间漫读
第一单元	拾贝壳 风 扳手腕 四个愿望 丁丁的研究报告 爸爸的老师	《跟着姥姥去遛弯》(保东妮)【中国】	《弟子规》
第二单元	溪水和池水 “这条小鱼在乎” 燕子过海 “我想怎么说就怎么说” 称赞	《仰望天空的猫》(曹文轩)【中国】	《弟子规》
第三单元	鸟岛 长城和运河 迷人的秋色 黄山奇石 雾	《我亲爱的甜橙树》(若泽·毛罗·德瓦斯康塞洛斯)【巴西】	《弟子规》
第四单元	狼和小羊 丑小鸭 狐假虎威 送小蚂蚁回家 “从现在开始” 聪明的猴子	《长象鼻和短象鼻》(熊磊)【中国】	《弟子规》
第五单元	荷花 石榴 海上气象员 一条大蟒蛇 松鼠的尾巴 野兔	《宝儿》(心怡)【中国】	唐诗
第六单元	水上飞机 小冰熊 微波炉的话 人体的“修理工” 到太空去 神秘的恐龙	《当世界年纪还小的时候》(舒比格·贝尔纳)【德国】	唐诗
第七单元	会跑的“黑板” 程门立雪 发烫的手指 山里的桃花开得迟 不懂就问 触动	《过新年》(文：徐鲁 图：周东、徐波)【中国】	唐诗

二年级第二学期课外阅读安排

综合单位	课 文 篇 目	课 中 精 读	晨间漫读
第一单元	太阳的话 享受森林 小黑鱼 沙滩上的童话 我的房间 马鸣加的新书包	《幸福棒棒糖》(王坤)【中国】	《弟子规》
第二单元	海中救援 九色鹿 医生的心思 迷人的蝴蝶谷 美丽的西双版纳 西湖名堤	《小米的四个家》(殷建灵)【中国】	《弟子规》
第三单元	我给奶奶送阳光 只有一个儿子 在家里也该是个好孩子 做人的故事 高尔基和他的儿子	《先左脚再右脚》(汤米·狄波拉)【美国】	《弟子规》
第四单元	宝镜 歌声 芭蕉花 寓言二则 小毛虫 植物妈妈有办法	《妈妈的红沙发》(威廉斯)【中国】	《弟子规》
第五单元	打碗碗花 爱写诗的小螃蟹 最后的玉米 掌声 萧伯纳和小女孩 我是苹果	《爱心树》(谢尔·希尔弗斯坦)【美国】	唐诗
第六单元	聪明的牧童 称象 徐童保树 找骆驼 优雅的“请假条” 狮子和山羊	《有时候我特别喜欢爸爸》(阿诺·阿梅哈)【法国】	唐诗
第七单元	我爱故乡的杨梅 喇叭花 儿歌两首 鸬鹚 喜鹊	《傻狗温迪克》(卡特·迪卡米洛)【美国】	唐诗

三年级第一学期课外阅读安排

综合单位	课文篇目	课中精读	晨间漫读
第一单元	信 茉莉花 我画什么 刮脸 童年的朋友	《爸爸带我看宇宙》(乌尔夫史塔克)【瑞典】	《弟子规》
第二单元	新型电影 网上呼救 爸爸,我恨死了你的猎枪 一个小村庄的故事 燕子专列	《花婆婆》(库尼)【美国】	《弟子规》
第三单元	瀑布 天鹅的故事 海底世界 小狗杜克 走路的奥秘	《我的友情要出租》(方素珍)【中国】	《弟子规》
第四单元	"神童"的秘诀 梅兰芳练功 爱迪生孵小鸡 牛顿在暴风雨中 少年王勃	《要是你给老鼠吃饼干》(劳拉·乔菲·努梅罗夫)【美国】	《弟子规》
第五单元	威尼斯小艇 悉尼歌剧院 令人神往的日内瓦 一座铜像	《格列佛游记》(斯威夫特)【英国】	唐诗
第六单元	饭钱 镇定的女主人 惊弓之鸟 公仪休拒收礼物 想别人没想到的	《淘气包埃米尔》(林格伦)【瑞典】	唐诗
第七单元	雨后 葡萄是酸的 但愿人长久 猫是老虎的先生 爬山虎的脚	《我要做个好孩子》(黄蓓佳)【中国】	唐诗
第八单元	看月食 瑞雪 动物的休眠 爱动脑筋的帕斯卡 智烧敌舰	《上下五千年》(林汉达)【中国】	唐诗

三年级第二学期课外阅读安排

综合单位	课文篇目	课中精读	晨间漫读
第一单元	春的消息 啊,汤圆 春天的小雨滴滴滴 放风筝 荒芜的花园	《乌丢丢的奇遇》(金波)【中国】	《弟子规》
第二单元	新年的礼物 小读者 班长的苦恼 给予树 妈妈,我不是最弱小的	《我的友情要出租》(方素珍)【中国】	《弟子规》
第三单元	起死回生 田忌赛马 完璧归赵 “军神” 抗日女英雄赵一曼	《小飞侠彼得潘》(杰姆·巴里)【英国】	《弟子规》
第四单元	家是什么 别人的妈妈 在金色的沙滩上 杏儿熟了 哦,让我永远忏悔的狗	《爱的教育》(亚米契斯)【意大利】	《弟子规》
第五单元	我喜欢小动物 鳄鱼的斗争 神秘的小岛 南极风光 埃及金字塔	《时代广场的蟋蟀》(赛尔登)【美国】	唐诗
第六单元	蝙蝠和雷达 我多大了 鱼化石 在牛肚子里旅行 邻家的星期四	《爱丽丝漫游奇境》(刘易斯·卡罗尔)【英国】	唐诗
第七单元	他从火里跑出来 全神贯注 不知疲倦的人 一次著名的冲刺 攀登世界第一高峰	《名人故事》(杜松)【中国】	唐诗
第八单元	独果 红樱桃 秘密 “我也会送你一辆新车” 开启	《总有一天会长大》(托摩脱·蒿根)【挪威】	唐诗

四年级第一学期课外阅读安排

综合单位	课文篇目	课中精读	晨间漫读
第一单元	老师领进门 孔子和学生 父亲的叮嘱 餐桌上的大学 我的第二次生命	《为自己加油》李文英【中国】	《弟子规》
第二单元	留住今天的太阳 特别的作业 守信 “病人” 和我们一样享受春天	《快乐儿童的七个习惯》柯蒂斯【美国】	《弟子规》
第三单元	手术台就是阵地 走完长征的婴儿 狼牙山五壮士 古文二则 带刺的朋友	《苏北少年“唐吉可德”》毕飞宇【中国】	《弟子规》
第四单元	赵州桥 五彩池 美丽的小兴安岭 观潮 我躺在波浪上读书	《画家,城市与大海》莫妮卡·菲特【德国】	《弟子规》
第五单元	武松打虎 盘古开天地 跳水 赤壁之战 律师林肯	《假如给我三天光明》海伦·凯勒【美国】	唐诗
第六单元	家乡的桥 摇花船 扬州茶馆 泼水节的怀念 我骄傲,我是中国人	《草原上的小木屋》罗兰·英格斯·怀德【美国】	唐诗
第七单元	太阳 空气中的“流浪汉” 大树医生 白银仙境的悲哀 只有一个地球	《哈利·波特与密室》J. K. 罗琳【英国】	唐诗
第八单元	微笑着承受一切 一枝白玫瑰 我和狮子 鸟的天堂 马鹿有情	《当你努力时,上帝看得见》郭龙【中国】	唐诗

四年级第二学期课外阅读安排

综合单位	课 文 篇 目	课 中 精 读	晨间漫读
第一单元	燕子 小溪流的歌 笋芽儿 勤读 爸爸和书	《别害怕学习　当厌烦学习时读的故事》朴恩婷【韩国】	《弟子规》
第二单元	祖先的摇篮 鸟语 拥抱大树 神奇的机器人 奇妙的国际互联网	《为自己加油》李文英【中国】	《弟子规》
第三单元	揭开雷电之谜 第一个发明麻醉剂的人 晏子使楚 哥伦布竖立鸡蛋 东郭先生和狼	《画家,城市与大海》莫妮卡・菲特【德国】	《弟子规》
第四单元	颐和园 秦陵兵马俑 昨天,这儿是一座村庄 音乐之都维也纳 天然动物园漫游记	《画家,城市与大海》(莫妮卡・菲特)【德国】	《弟子规》
第五单元	父亲的谜语 看不见的爱 我们家的男子汉 十年后的礼物 猎人海力布	《妈妈不是我的佣人》(韩昌旭)【韩国】	唐诗
第六单元	大仓老师 小珊迪 列车上的“人造屏障” 真正的愤怒 孙叔敖杀两头蛇	《最好的我》杜亚春【中国】	唐诗
第七单元	一幅名画的诞生 推敲 苏武牧羊 笛声 将相和	《做个有出息的男孩》党博【中国】	唐诗
第八单元	尊严 共同的秘密 中彩那天 狼和鹿 天才之路	《青少年国学励志丛书》(全三册)(吴甘霖)【中国】	唐诗

五年级第一学期课外阅读安排

综合单位	课文篇目	课中精读	晨间漫读
第一单元	快乐的杉树林 捅马蜂窝 瑞恩的井 坐在最后一排 寻找幸运花瓣	《少女的红发卡》(程玮)【中国】	《弟子规》
第二单元	一个中国孩子的呼声 妈妈,我们要活下去 跨越海峡的生命桥 一颗小豌豆 珍珠鸟	《小王子》(安东尼·埃克苏佩里)【德国】	《弟子规》
第三单元	飞夺泸定桥 黄河颂 采蒲台的苇 开国大典 林海	《亲亲我的妈妈》(黄蓓佳)【中国】	《弟子规》
第四单元	奇异的琥珀 蛇与庄稼 陨石 天上偷来的火种 嫦娥奔月	《哈利·波特第三部》(乔安娜·凯瑟琳·罗琳)【美国】	《弟子规》
第五单元	绿毛龟 无言的爱 我的野生动物朋友 母鸡 小鸟,请原谅我	《几米蓝石头》(几米)【中国】	唐诗
第六单元	读书再读书 图书馆里的小镜头 斯塔迪的藏书 书的性格 古文二则	《草房子》(赵丽宏)【中国】	唐诗
第七单元	桂林山水 繁星 镜泊湖奇观 烟台的海 穿越维也纳森林	《青铜葵花》(曹文轩)【中国】	唐诗
第八单元	伟大的友谊 詹天佑 我的伯父鲁迅先生 一夜的工作 月光曲	《放慢脚步去成长》(章红)【中国】	

五年级第二学期课外阅读安排

综合单位	课文篇目	课中精读	晨间漫读
第一单元	勤奋自学成大器 鲁迅与时间 失去的一天 找到“神奇子弹”的人 金	《男生贾里》(秦文君)【中国】	《弟子规》
第二单元	火烧云 蝴蝶泉 荷兰的花 叙利亚的卖水人 冰城	《金银岛》(斯蒂文森)【英国】	《弟子规》
第三单元	慈母情深 母亲的鼓励 科林的圣诞蜡烛 穷人 生命的药方	《爱的教育》(亚米契斯)【意大利】	《弟子规》
第四单元	长江之歌 登泰山观日出 别了,我爱的中国 半截蜡烛 梦圆九天	《铁丝网上的小花》(克里斯托夫·格莱兹)【意大利】	《弟子规》
第五单元	养花 信任 享受心安理得 宽容 轻点关门	《乌丢丢的奇遇》(金波)【中国】	唐诗
第六单元	高山流水 鲍叔牙真心待友 唯一的听众 莫泊桑拜师 语言大师	《丽芙卡的信》(凯伦·海瑟)【美国】	唐诗
第七单元	革命烈士诗二首 奴隶英雄 关羽刮骨疗毒 一曲胡笳救孤城 六个孩子的故事	《苦儿流浪记》(艾·马洛)【法国】	唐诗
第八单元	母校 童年的发现 天窗 人生的开关 跨越新纪录	《窗边的小豆豆》(黑柳彻子)【日本】	

【专家点评】

《让传统优秀文化滋养学生的心灵——“GL 悦读”读书课程的实践与探索》是一篇很有价值研究报告。培养小学生读书兴趣,从小养成读书习惯,是学生生命发展奠基工程,也是基础教育培养学生核心素养的重要内容。然而长期来中小学教育一直没有将这项工作放在重要位置,当下我国国民中喜欢读书的人不多,与基础教育阶段没有引导学生养成读书习惯有着直接的因果联系。陆莉莉主持的“‘GL 悦读’读书课程的实践与探索”这项实验,将读书作为学校的一门重要课程,动员学校各个方面的力量,齐心协力培养学生的读书习惯。学校领导精心组织,落实“每日三读”的阅读时间;全校各部门广泛动员,精诚合作,行政后勤、图书馆、教学处、德育处、大队部以及家校合作,措施有力,安排得当,保障读书课程的顺利推进。报告中总结的各年级读书课程的目标、读书课型、读书指导方法等研究,是这项研究的亮点,很有创意,也非常具体,操作性强;附录部分“管弄新村小学各年级阅读书目推荐”“管弄新村小学各年段课外阅读安排”等内容也很实在,很具体,使得该项研究可以复制,可以推广。

建议将这篇研究报告改为论文形式,争取在刊物上公开发表,以充分发挥并提升该项研究的社会价值。(吴忠豪)

立足“文本之根”　培植“表达之叶”

奉贤区实验小学　万连红

《语文课程标准》中明确指出:“语文是人类活动的重要交际工具,语文课程要有利于学生语言潜能的开发和语文素养的全面提高,要注重学生的语言积累,让学生在动态的语言实践过程中,掌握语言运用的规范,感受、体验优秀作品的语言魅力。”当前语文教材中文本的语言因素为学生语言表达训练提供了丰富的内容和形式。作为教师,我们要依据学生的认知特点,抓住课堂教学这一主阵地,充分挖掘阅读教学中的资源,重视文本中包含着的可供学生学习的语言因素,既要引导学生紧扣文本熟读精思,从中领悟文本的人文内涵;更要让学生在语言实践中积累一定的文本言语,掌握一定的语言规律,在教师的指导下扎扎实实进行行之有效的语言训练,不断提高语言表达能力,这样的阅读教学才是有价值的。

在近几年的研究中,我与教研组内教师齐研教材、共同挖掘、紧紧抓住教材中蕴含的资源,紧扣语文课程标准的年段目标,精心设计教学,总结了如何立足“文本之根”、培植“表达之叶”的几点做法,与老师们共享。

一、批文入情,真情表达

“情不深,则无以惊心动魄。”缺乏深刻、细致的情感体验,就不可能有感人的言语表达。相传汤显祖创作《牡丹亭》时,“运思独苦,一日,家人求之,不可得,遍索,乃卧庭中薪上,掩袂痛苦。惊问之,曰:填词至‘赏春香还是你旧罗裙’句也”。正因为汤显祖走入剧中人物的情感世界,才能创作出千古流传的《牡丹亭》。

文章不是无情物,师生皆是有情人。阅读课上的文本,它一头连接作者的情感意绪,一头连接读者的阅读体验。教师应调动学生的情感体验与文本对话,让学生进入丰富的情感世界,获得深切的情感体验和独特感受,并以此为契机,升华学生的人文感悟,激发其语言表达动机。

如我教学课文《从现在开始》,在学习“猫头鹰当大王”部分时,引导学生抓住词眼“议论纷纷”说说：“听了猫头鹰大王的命令，小动物们愿意白天休息，晚上睡觉吗？”学生纷纷表示不愿意。继而老师追问：“哪些词语让你感到小动物们不愿意了？”学生们有的说：“我从‘不得不’看出了小动物们心里不愿意。”有的说：“我从‘只好’看出小动物们心里不愿意，可是猫头鹰当了大王，没办法只好服从。”还有的说：“我从‘议论纷纷’看出大家心里不愿意，还你一言我一语的议论，说不喜欢白天休息，夜里做事。”“是啊，谁会受得了天天熬夜啊？小动物们心里有一百个不愿意，就议论纷纷，那它们会说什么呢？”老师接着提问：“白天太阳那么大，我们睡不着觉。夜里我们看不清路，要是遇到黄鼠狼不就没命了吗？”学生们会说：“夜里我们去找蜜，要是看不清捅了蜂窝，蜜蜂肯定会把我们蜇得全身起包，会痛死的。”“哎呀，哎呀，我们白天睡不着，夜里要做事，一点力气也没有。夜里看不清路，要是掉下悬崖，可就没命了！”“我们天天熬夜，累死了！晚上在水里怎么看得见鱼呀？天天饿肚子，真难受。猫头鹰真是乱指挥。千万不能选它当大王。”……

在师生对话中巧借文本，撞开学生的情感之门，引导学生在感同身受中不知不觉走进文本意境，体验小动物的不满心情，并以此为契机，创设“议论纷纷”的情境。因为体会着小动物们的痛苦，此时的孩子，就是在猫头鹰大王瞎指挥下“白天休息夜里干活”的小动物。他们“睡不着觉”“挨饿”“怕掉下悬崖”“怕遇上黄鼠狼”……这是情的投入、感的喷发，文本情境拨动了学生心弦的情感，“言为心声”，表达自然真切、生动。

二、挖掘“空白”，丰富表达

文章的叙述描写总是有其艺术特点，或“一波三折”，或“故弄玄虚”，或“欲言又止”……读者在读文章时精心思考，才能读懂蕴藏在内容和文字背后的东西。像这样，作者有意或无意留下的、没有写明的、召唤读者想象的未定的意蕴空间，就是文章内容的空白点。教学中，可引导学生反复诵读文本，咀嚼语言文字的精理妙义，体会文章丰富的内涵。在“言而未尽”处补白练笔，对文本意义进行挖掘，对文本空白进行填补，对文本进行重塑与再创造，进行拓展式表达，提高学生的言语能力。

《关羽刮骨疗毒》是一篇简短的古文历史故事，怎样使学生的表达不仅仅围绕简单的故事情节且又在此基础上运用语言，提升认识，于语文学习中掌握语文知识、习得语言技法呢？我采用了在尊重文本语言特点的基础上，以“关羽刮骨疗毒‘臂血流离，盈于盘器’时，他却‘言笑自若’，他在说些什么呢”“一旁的几个将士又会有什么表现”“此时，最让你感动的是什么”这些看似简单的问题，引导学生在文中恰当的地方，将用于描写刻画人物的语言、动作、神态、心理活动的手段，放到文本具体的情境之中。在教师的“教—扶”的过程之后,放开束缚,放手让学生充分地自主学习、自愿交流、填补空白。在品词析句中,尊重学生的独特体验,顺学而导。

在这个说写结合的过程中,不仅加深了学生对文本内容和故事中人物形象的认识,更使学生在言语交谈中考虑故事情节,感受关羽的硬汉形象。选择恰当的词语去形容,感悟课文人物的英雄气概,使学生在言与意的转换中,训练了对已有词汇、语句的理解、提炼、筛选、恰当运用的能力,学生的言语表达能力在思维的参与下也得到了一定的提高。

三、模仿文本,优化表达

人的一切活动能力都是在模仿中学习、提高、创新的。著名语言学家张志公曾说:"模仿是学习的必经之路。"小学生的语言表达普遍存在着缺陷,有的没有条理,有的空洞乏味、言不达意。阅读教学应依据教材,有目的、有针对性地安排模仿文本,让学生在潜移默化中受到大家之作的灵气的熏陶,提高文学修养;更重要的是在依样画葫芦中,让学生借鉴文本的语言表达方法,有依可循、有例可鉴地进行语句表达的语言实践,以达到熟练运用语言的目的。

如课文《图书馆里的小镜头》,作者以写实的手法,聚焦一个个小镜头,通过细腻的笔触描写了图书馆里不同年龄、不同职业、不同性格的人对知识的渴求。文章虽没有幽默的故事情节,然而字里行间无不流露出作者精湛的写作技巧和独特的观察视角,是一篇指导学生学习写作方法、模仿遣词造句技巧的佳篇范文。我充分利用教材对人物形象进行分析,帮助学生体会、学习作者是从局部或细节去描写人物,表现人物性格品质的;是通过"点面结合"对人物形象塑造来突出主题的,进而引导学生运用课文"细节描写"的方法说说自己眼中的学校图书馆里的小镜头。这样的言语训练安排中,学生运用语言形式规律、技巧的能力自然得到了锻炼。

四、质疑文本,重组表达

学起于思,思源于疑,课堂上故意激发疑问,挑起矛盾,常常可以激起学生强烈的求知欲,使其注意力迅速集中于对有关内容的思索,形成浓烈的教学气氛。有些文章从字面看,仿佛前后矛盾,与文章题目不符合,实际是合情合理的,这往往是学生质疑问难的突破口,也是将课文内容深化的突破口,更是训练学生思维,提高表达能力的突破口。

如课文《中彩那天》,抓住父亲面临道德难题时的矛盾心理作为整堂课的教学突破口,引导学生从通过品读文中的一些关键语句进行质疑:为何父亲在中彩后"神情严肃",丝毫看不出中彩带给他的喜悦?而"我兴奋地几次想上前与父亲共享这幸福的时刻,却都被他赶了下来。最后一次,他甚至咆哮着要我滚开"?然后让学生围绕这些问题,找出文中的关键词句体会感受父亲犹豫、彷徨的心理，以及父亲战胜自我，还车后的如释重负。正是这条矛盾的线索，将整篇文章的内容推向了高潮。父亲归还汽车后，“我”却觉得贫穷的我们此时是最富有的时刻，这也是文章看似矛盾的一处，却恰恰可以通过学生的质疑来揭示“有些东西比金钱更重要，比财产更宝贵，它是我们的立身之本，一个人只要活得有骨气，就等于有了一大笔财富”的道理。课堂上，围绕父亲心情变化的过程，通过“教—扶—放”的教学方式，让学生在质疑中发表自己的观点，引导学生围绕“贫穷”“富有”展开讨论、畅所欲言，在辩论中深刻地体会人物的情感，感受父亲的心路历程，从而感悟父亲贫穷而富有尊严的人生态度，领会文章中心。如此设计更好地训练了学生提取和整合所阅读信息的能力，训练了学生整体表达的能力。

通过研究我们清楚地认识到：语文课最要紧的就是立足文本，引导学生踏踏实实地学习并掌握语言运用的规律和方法，领悟文章的表达方式，让学生学会表达。然而表达的训练不是一蹴而就的，是一个经常性的、需要潜移默化地训练的过程。因此在阅读教学中，只有善于挖掘文本中的语言训练点，抓准文本的读说结合点，设计像磁石一样的导语，选择恰当的教学时机，激活学生的情感记忆，才能使表达的枝叶更加鲜活闪亮，语文这棵大树才可能愈加枝繁叶茂。让我们立足文本，以真情为底色、想象为引索、语言规律为桥梁，加强言语表达实践，不断提高学生的语言表达能力。

【专家点评】

怎样在阅读教学中充分关注表达，扎扎实实地进行语言的实践？这篇文章所总结的经验，值得我们借鉴。作者用了一个比较形象的比喻，阐述了阅读教学中学习文本和训练表达的关系，即是“根”和“叶”的关系，这样的认识是正确的。如果离开文本的深入学习，而进行单纯的表达训练，那就是舍本逐末，或者说是空中楼阁。只有紧紧地抓住文本的学习，而进行合适的表达训练，才会是相得益彰，根深叶茂。

语文教材中文本的语言因素，为学生进行语言表达训练提供了非常丰富的内容和形式，这是每一个语文教师在阅读教学中不可忽视的重要资源。本文作者清醒地认识到了这一点，并在语文课堂教学中充分利用文本资源，摆正“根”与“叶”的关系，引导学生紧扣文本，熟读精思，既让学生深刻领悟文本的人文内涵，又让学生在语言实践中积累语言，运用语言，取得了较好的效果。

要处理好“根”与“叶”的关系，从“根”里寻找表达训练的内容是关键，我们如能正确挖掘文本情感的触发点，挖掘文本语言的训练点，挖掘文本说写的结合点，那么我们的表达训练就会由根基牢固，枝繁叶茂。（金哲民）

推进小学语文课堂教学与课外阅读一体化的实践研究

奉贤区实验小学　万连红

一、研究的背景

长期以来，小学语文教学一直徘徊在“高耗低效”的误区，阅读面窄、朗读水平差、语言表达能力弱似乎成了小学生的“语文通病”。“如何提高小学语文教学质量?”这个问题困扰着我们每一个语文研究人员。

阅读教学是语文教育的核心环节，只有通过广泛的阅读和大量的积累才能真正学好语文。而每一个民族的文化传承相当大一部分必须靠语文学习、靠阅读来完成，民族的精神、文化、智慧很多时候是在阅读中熏陶、浸染习得的。因而，新的语文课程标准对阅读总量和各学段的阅读要求都作出了明确的规定，这个意义是非常重大的。《语文课程标准》要求学生“具有独立阅读的能力……学会运用多种阅读方法……九年课外阅读总量应在 400 万字以上”。其中，第一学段就要求学生能“背诵优秀诗文 50 篇(段)。课外阅读总量不少于 5 万字”。由此可见，在开放的语文教育体系中，课外阅读不是游离于语文教育过程之外的“点缀”，更不是可有可无的“软任务”，而是语文教育的一个重要组成部分。但是，从目前老师对课外阅读的认识看，出现课外阅读不被重视的现象。某杂志社对 50 个城市所作的调查结果为：赞成学生应当阅读部分优秀课外书的老师为 30.9%，认为课外阅读于学生无益的占 7.9%，认为课外阅读本身无碍，但学生不宜在学习阶段为此分心的老师占 61.2%。从目前学生课外阅读的现状看，出现阅读兴趣不高的现象，“以本为本”，死啃书本，不愿涉足课外阅读；出现阅读盲目性倾向，没有目的，单凭兴趣，内容单一；出现阅读无思想倾向，读而不思，不懂阅读方法，囫囵吞枣，高耗低效。从教材的客观局限看，虽然教材是按照课程标准编写的，是研究人员实现培养目标，促进学生发展的凭借，但其局限性也是显现的。由人民教育出版社小学语文室编著的《小学语文教学法》(1955 版)就明确指出：“小学语文教材不是语文教学的唯一凭借。”叶圣陶先生也说过“课文无非是例子”的话。

我们的语文教育必须架设课堂教学与课外活动的桥梁，架设课堂教学与社会生活的桥梁，组织多种多样的语文实践活动，使之与课堂教学相得益彰，让学生能得法于课内，受益于课外。为此，我们提出“推进小学语文课堂教学与课外阅读一体化的实践研究”的课题，希望通过研究能在提高师生、家长课外阅读认识的同时，通过语文课堂教学与课外阅读整合，能在一定程度上弥补课外阅读针对性、目的性不强的弊病，从教材出发，抓住教材与课外读物中存在的联系，辐射开去，使课内和课外有机结合起来，培养良好的思维品质，全面提高学生的语文素养。

二、研究的概述

本课题研究的目标是：运用系统论的观点，从科学认知的角度，把小学生课内阅读与课外阅读的内在联系作为切入点，进行提高小学生课内外阅读实效性的实验与研究，建立课内外阅读有机结合的方法体系，从而优化学生的阅读行为，提高学生的阅读能力和语文素养，促进学生发展。

1. 探索课内外阅读一体化的结合点和基本方法，构建课内外阅读相互沟通、相辅相成的阅读体系。我们将以语文课内阅读教学为中心，课外阅读赏析课为基本点，以丰富多彩的读书活动为载体，以学校、家庭、社会为框架体，着力研究小学生课内外阅读衔接与整合的实施途径、推进方法等。课内阅读，着重培养阅读兴趣，掌握阅读方法。开放课堂，以课内为点、课外为面，使课内外和谐衔接。

2. 通过一定量的课外阅读，不断提高学生的语文综合素养、人文素养。在广泛而深入的阅读实践中培植学生热爱母语、尊重母语的情感，营造书香校园，让孩子与知识为友，与大师为友，与真理为友，用阅读来填充比天空更广阔的心灵，让孩子充满书香，充满气质，充满智慧。

本课题研究的主要内容是：

1. 探索有利于培养阅读能力的课内阅读教学模式。探究重在培养阅读兴趣，掌握阅读方法的课内阅读教学模式，以提高课内阅读的实效。

2. 探索课外阅读指导课课型。探究易于操作又有效的课外阅读指导课课型，使课外阅读指导更好地落到实处。

3. 探索课内外阅读相互衔接的课程体系。在上好语文课的基础上，增设自主阅读课、阅读分享课、电子图书阅览课、古诗词鉴赏课等，丰富现有的语文阅读课结构。

4. 丰富和完善能促进阅读能力提高的情感激励体系，培养学生的课堂学习兴趣和课外阅读兴趣。

5. 丰富和完善能促进阅读能力提高的阅读评价体系,培养学生良好的阅读习惯。

本课题研究从2013年3月到2015年12月,历时两年半,大致经历了以下几个阶段:基础研究阶段,我们组建研究队伍,成立课题研究领导小组,制定课题实施方案,加强管理,精心组织实施。理论研究阶段,一是建立健全学习研究制度,认真开展学习研讨活动,对课内外阅读的有效衔接进行再认识;二是做好搜集、积累和整理资料工作,认真开展课堂和叙事性的研究;三是积极探索小学生课外阅读指导的有效方法,从每一节课做起,并经常开展一些语文实践活动,如学生的阅读、教师阅读指导课竞赛、图书室开放日等,营造书香满园、人人读书的良好氛围。过程研究阶段,积极进行课堂教学与课外阅读一体化的教学研究,开展组织领导、定期总结、课堂评比、评价反馈、反思省察、提炼总结的有机结合。提炼总结阶段,对研究过程与结果、成效进行全面的整理和提炼,形成基于实践的研究报告。

经过本课题的实践探索,总结提炼了课内外阅读一体化的课程体系,丰富和完善了促进阅读能力提高的阅读评价体系,培养了学生良好的阅读习惯。

三、研究的演进

(一) 基于"课堂教学与课外阅读一体化"的基本认识

"课堂教学与课外阅读的一体化"是指课内阅读和课外阅读结合在一起的阅读,既指对课本的阅读,又指对非课本的阅读,既是课堂内的阅读,又是课堂外的阅读。"一体化"的主要精髓在于将零散的要素组合在一起,并最终形成有价值有效率的一个整体,课堂内外的阅读组合在一起,形成一个有效的阅读场效应。"课堂教学与课外阅读一体化"是在继承优秀语文教学成果的基础上,改革阅读的内容和形式,改革阅读教学的方法,充分体现学生的主体性阅读。

(二) 实验前、后调查对比分析

调查实验前小学生参与课外阅读的现状,分别对家长、学生、老师进行问卷调查。研究组分别发放50份问卷。调查结果显示:95%的学生喜欢童话类、动漫类、科普类、文学类的书籍;5%的学生无所谓。90%的家长希望学校多组织读书比赛、作文竞赛、诗歌朗诵会等活动,想让孩子各方面的能力得到培养;5%的家长怕影响孩子学习成绩;5%的家长无所谓。98%的教师希望教学进行改革,能将课内阅读教学延伸,课外带领学生参加各种阅读实践性活动,激发学生兴趣,培养学生阅读与写作能力;2%的教师怕麻烦,不想进行语文课外阅读活动的改革。

调查实验后小学语文阅读活动的状况,分别对家长、学生、老师再次进行问卷调查。研究组分别发放50份问卷。调查结果显示:98%的学生喜欢现在的语文课外阅读指导。如童话类、动漫类、科普类、文学类的书籍;2%的学生不太喜欢这类课外阅读实践活动;学生一般都是半个月左右能读完一本书籍。98%的家长希望学校多组织读书比赛、作文竞赛、诗歌朗诵会等活动,想让孩子各方面的能力得到培养;2%的家长怕影响孩子学习成绩;同时家长希望以后多开展语文课外阅读实践性活动。98%的教师反映学生语文成绩均有所提高;2%的教师反映学生语文成绩无明显变化,但是学习兴趣明显提高;99%的教师希望以后继续进行语文课外阅读实践性活动的改革;1%的教师正处于观望状态。相信在我们的带领下他们一定会加入到小学语文课堂教学与课外阅读一体化的实践研究中来的。

(三)研究实施过程

语文学习是一个厚积薄发的过程。作为一名语文教师,应该把学生的读书兴趣和习惯放在语文教学的重要位置上,语文老师有这个责任和义务。语文老师在平时的阅读课里要增加阅读方法的指导,阅读策略的指导要到位,对课时要进行调整、整合,每周要有一两节阅读指导课。学生语文能力的提高不是教师对课文内容的讲解和分析,是学生阅读的语言的积累。教师应该改变对文本解读式的低效的阅读教学模式,教师的重点应放在学习课文的语言,练习表达,进行运用上。用课文的语言作为基础,来丰富学生的语言积累。在我的整个语文课内教学和课外阅读教学的过程中,我以"务本求源"作为我的指导原则。"本"有两个含义,一是文本,首先坚持把教材中的文本内容认真扎实地教好;二是生本,根据学生的实际情况在教材的基础上,补充一些脍炙人口、千古传诵的优秀经典作品或者和教材内容相关联的内容,举行一些学生喜闻乐见的、形式多样的活动来调动学生的积极性,让学生对于所学的知识有所巩固和提高,让学生的精神世界得到更为丰富的濡染。如此才能将课外阅读自然、恰当地纳入语文课程体系,构建语文教材与课外阅读一体化教学模式。本课题研究构建了整个课内外阅读一体化的教学模式三部曲:

1. 深入文本——务本求源;
2. 拓展阅读——源头活水;
3. 实践活动——厚积薄发。

这主要是通过三种课型来进行的。第一步:深入文本,主要就是扎实上好平时的语文课,这是课外阅读的基础。第二、三步:拓展阅读和实践活动,主要是在每个星期的一节阅读课和活动课上指导学生进行。以下就这三个方面来分别谈一谈自己的做法。

1. 深入文本,畅游于文本之内——务本求源。

要想培养学生广泛的阅读兴趣,扩大阅读面,首先得从引导学生读好语文材料中的一篇篇范文开始。因为语文教材中的一篇篇范文都是专家们从浩如烟海的经典名篇中精心挑选的，每一篇都有它独特的魅力，这一篇篇文章就好像盖楼房时打基础的一块块砖石一样，只有基础打牢了，才能盖出高大坚固的高楼大厦来。因此，作为一名语文教师，要想培养学生的阅读兴趣，首先得从每一堂语文课上下功夫。语文教师需要带领着学生，“浸入”文本，涵泳、体悟，对文本的内在结构、文本的体裁特点、文章的遣词造句及至细小的特点细细咀嚼，品出字里行间所包孕的丰富的情味与理趣。学生只有对语文课本产生了浓厚的兴趣，课内阅读进行得扎实有效，才能依托于文本，走向课外阅读更广阔的天空。课内阅读课的教学平时大家上得最多，也讨论得最多，在这里就不做过多介绍。

2. 拓展阅读，链接于文本之外——源头活水。

“只见树木不见森林”的进入，能把文本的“内在肌理”摸个透彻，为学生的阅读打下坚实的基础，但难免会有“不识庐山真面目，只缘身在此山中”的局限。著名教育家叶圣陶先生也曾说过：“课文无非是个例子，凭这个例子，要使学生能够举一反三。”选入教材的文章毕竟是有限的，如何让学生“跳出庐山看庐山”？既以本为本，又不拘泥于“本”，进行课外阅读，可帮助学生开阔视野，引进源头活水，让学生的阅读走向更加深广的境地。

（1）课外阅读内容的选择。教师在指导学生选择课外阅读内容时，可以运用“互文”阅读，帮助学生建构出作品的深层意义。

① 选择和教材相关联的作者的文章进行拓展阅读。选择同一作者、不同写作内容的文章进行拓展阅读，可以加深对作者的了解和对文本的把握。《卖火柴的小女孩》是丹麦作家安徒生笔下的童话故事。学习了这个故事后，我就推荐学生去阅读安徒生的童话故事集，里面有《丑小鸭》《海的女儿》等许多著名的经典童话故事。这样，由作家的一个作品而引出一系列的作品，引发对这个作家的作品阅读热。再如《“病人”》这篇课文是著名儿童文学作家秦文君的作品，她用诙谐幽默的笔调展现了一个孩子为了享受病人的特殊待遇而装病的故事，故事的最后发出了“原以为生病能自由、快活，想不到却是自讨苦吃！”的感叹。读完文章立刻引起了孩子们的共鸣，于是便引导孩子们阅读秦文君的儿童文学作品《男生贾里》《女生贾梅》等，把孩子一步步带入贾里与贾梅的生活天地，与他们共享欢乐、同担痛苦，最后又梦想成真……感受作家轻松滑稽的笔调和风格。教朱自清《扬州茶馆》时，把学生带进著名作家朱自清所描写的《春》《荷塘月色》《绿》中，让学生领略一代大家朱自清散文的独特魅力。教《养花》时，带学生走向老舍等。

② 选择和教材相关联的主人公的文章进行拓展阅读。如《泼水节的怀

念》这篇课文，描写了敬爱的周总理和傣族人民在一起过泼水节的欢乐情景，体现了总理和人民的深厚感情，使学生感受到周总理是那样平易近人，和蔼可亲。如何让学生更进一步了解我们的总理呢？推荐学生阅读颂扬周总理的相关文章、诗词，如《一夜的工作》《十里长街送总理》《周总理，你在哪里》等，扩大学生的视野，提升学生的人生境界，丰富学生的文化底蕴。

③ 选择和教材相关联的同一主题的文章进行拓展阅读。教师在指导学生进行课外阅读时，可以根据教材中的相关主题，让学生拓展阅读。如教《但愿人长久》一文，教师可以推荐学生看古今中外的作者描写月亮的文章；教《送孟浩然之广陵》一诗，可以引导学生看有关送别主题的诗歌；教《慈母情深》一文可以让学生读有关母爱的文章。选择和教材相关联的同一主题的文章进行阅读，能够让学生更好地把握文本的"神韵"，对相关主题理解得更全面、深入。

④ 选择和教材相关的体裁拓展阅读。现行的语文教科书中安排了各种体裁的文本，教师可以从这方面入手，有目的地让学生进行课外阅读。如教《寓言二则》，让学生读《伊索寓言》《中国古代寓言故事》；教《丑小鸭》，让学生读《安徒生童话》《格林童话》；教《新型电影》《鲸》，让学生阅读《少儿百科全书》《动物世界》等书。教散文时，引导学生读散文；教小说时，引导学生读小说；教古诗词时，引导学生读古诗词，等等。通过阅读同体裁的文章，学生更加深刻地感受到不同体裁文章的不同风格。

⑤ 选择和教材相关的原著延伸阅读。如鲁迅先生的《少年闰土》中的闰土在孩子们的心目中，是一个很完美、很值得向往的形象，学完课文了，学生们都津津有味地谈论着闰土的勇敢、聪明，这时，教师可以适时地将鲁迅先生的《故乡》推荐给学生，让学生了解中年闰土的变化，以及造成他变化的原因。又如在学完了《赤壁之战》一文后，学生意犹未尽，他们渴望了解更多的关于曹操、周瑜、诸葛亮的故事，我就告诉学生，《三国演义》中还有更多的关于他们的故事。要求学生尝试着读一读原著，走进原著中的人物，使学生更加深入全面地了解这些栩栩如生的人物形象，深刻体会我国经典文学的巨大魅力。

⑥ 选择和教材相关的历史知识延伸阅读。自古"文史"不分家，对于像《将相和》《田忌赛马》《晏子使楚》这样一些文章，可以结合历史内容让学生进行课外延伸阅读。以《圆明园的毁灭》为例，这是一篇对学生进行近代史教育的文章。教师在学习之前可以引导学生了解相关的历史背景，在此基础上，再来学习这篇文章，学起来就会感到轻松。学完课文之后，再引导学生读相关的历史文章，让学生对这一段屈辱的历史有一个较为全面的了解。这样，学生所获得的信息量远比课内所学要多得多。至于《将相和》《田忌赛马》等关于春

秋战国时期的故事，同样可以以“史”作为学习的先导，然后在学完课文的基础上，让学生去阅读相关的历史故事，让他们对当时的历史大略有所了解。

⑦ 结合自身兴趣爱好，自由阅读。课外阅读是自由的阅读，应该是一种放松、一种享受。学生平时大脑被课堂的知识塞得满满的，自由选择读书内容可以适当得以放松。读什么样的课外书籍，完全可以由学生的兴趣去决定，自由选择读书内容。如有些同学喜欢幻想，就可以选择读那些情节跌宕的科幻读物；有些同学对生活充满热情，可以读一些节奏明快、情节丰富的童话故事。即使适当读一些幽默、笑话、武打小说，也未尝不可。

实践证明采用这样的教学模式，可以加大课堂教学容量和深度，开阔学生视野，启迪学生思维，促进学生对课文的理解，更能有效地提高学生的文学素养，这也是实现教材与课外阅读的一体化教学模式的好方法。

（2）课外阅读方法的指导。张之洞曾经说过：“读书不得要领，劳而无功。”“得法者如鱼得水，无法者如‘瞎子点灯’。”课外阅读也是如此。只有教给学生阅读方法，学生读书才会受到事半功倍的效果。由此可见，教师向学生传授阅读方法是非常必要的，对提高学生的阅读效率、保证阅读效果有重要的意义。因此，在每周一次的阅读指导课上，教师还要对学生进行阅读方法的指导。教师在阅读指导课上要帮助学生找到自己要读的书，教会学生阅读的方法（如学会读目录，做读书笔记，做读书卡片，做摘录等），还要教会学生怎样把一本好书介绍给别人介绍推介的理由，怎样介绍人物（如对人物的评价，学生对同一人物发表自己的看法），介绍书的内容，等等。教师可以指导学生理清故事情节，评论人物；可以提出问题，要求读后回答；可以指导学生欣赏语言、写作方法；可以指导学生写观后感、随笔等。比如说为了让学生积累大量的好词好句，促使他们更深入的阅读，教师可以要求学生对于一些精彩片段中的好词佳句，进行圈圈点点，完成阅读报告。报告中“本书主要人物”“我学到的词汇和佳句”“情节简析”“我最喜欢的段落”“我的感悟”等栏目意在让学生积累的同时，不知不觉中养成“不动笔墨不读书”的好习惯。

另外对于不同年级的学生的阅读要提不同的目标，每个年级的目标都应有所提高。像一年级就让学生记录所读的书名，二年级可以让学生列出读书计划，三、四年级可以指导学生写摘录、写读后感，五年级可以让学生写读书体会、做读书评论。每一年级每一阶段推荐一本读本，结合教材的名家名篇，把阅读课上成名家名篇推荐课、课外读本推荐课。另外还要利用一节专门的阅读交流课来对一段时间里所读的书进行交流评价，这样既能提高学生阅读的兴趣，又能在相互的交流中增加对阅读的体验和感受。思维的碰撞激发灵感的闪现，阅读课上的交流让学生畅所欲言，各抒己见，学生会对所读的书有更深更多的理解和体会。有些收获往往是意想不到的,有些体会往往是个体的阅读所不能达到的。通过这样一个"阅读—积累—内化—运用"的过程,学生积累的语言由量变而达到了质变,学生自然就完成了语言的内化的过程。

3. 实践活动,升华于文本之上——厚积薄发。

指导学生阅读是一个学习过程,更是一个积累的过程,还需要教师在平时教学的过程中通过各种形式多样的活动来调动学生的积极性。如果说前面的课堂上的文本阅读与课外延伸阅读是"厚积"的过程的话,那么实践活动就是"薄发"的过程。通过各种活动激发学生的阅读兴趣,让学生对所学的知识有所巩固和提高。以下就每一个年级段所进行的阅读活动课类型来进行简单的介绍。

(1) 低年级活动——促识字。对于低年级的孩子,我主要是通过活动来激发他们的兴趣,让他们在低年级阶段就能爱上课外阅读,并且在课外阅读中让他们多识字,丰富他们的词汇量。

① 故事会。故事是一双五彩斑斓的翅膀,它飞向孩子们;故事是一双可寻可探的手,它触摸着孩子,低年级孩子不识字也认不了多少拼音,因此刚开始是教师声情并茂的讲述故事。扣人心弦的故事情节和传神的语言让孩子们陶醉,慢慢地他们爱上了故事。等到孩子的拼音学得差不多了,我就在班级里举行故事会,让孩子们上讲台讲故事,并评选出每期的"故事大王",以激发孩子参与活动的兴趣。每期的故事可以规定主题,如成语故事、寓言故事、童话故事、历史故事,也可以不按规定让学生讲自己最喜欢的故事。

② 经典诵读。除了故事会,经典诵读也是我常举行的活动。诵读包括朗读和背诵,它不仅能帮助学生学习普通话,提高朗读能力,而且在学生朗读、背诵的过程中识字量自然而然地扩大了。我在班级里主要以我们区教育局编的乡土教材《经典诵读》一书和我校的校本教材《诗文诵读》,以及贤文化教育读本上的一些短小简单的儿歌为主要的阅读书目,学生在经典诵读活动中可以背诵,可以朗读,教师不做强行要求,不让孩子带着负担参加活动,主要是以激发兴趣为主。

③ 词语接龙。这是一项很有趣的活动,孩子们非常喜欢。我们一般放在课前两分钟进行,它不仅可以检查学生的词语积累情况,还从另一侧面培养学生的阅读兴趣,扩大他们的识字量。

除此以外,还以学校读书节为抓手,开展读书竞赛等多种形式的活动。这些活动不仅可以丰富学生的课外生活,而且可以激发他们的阅读兴趣,帮助学生形成阅读习惯,促进他们积极主动地进行课外识字。

(2) 中年级活动——重积累。对于中年级的孩子,我主要让他们通过各种活动来进一步促进他们阅读的兴趣,让他们在阅读中有所积累。在这一阶段,除了和低年级一样继续开展一些故事会,经典诵读(要求有所提高,比如:故事和诗歌必须会背诵)等活动外,我又设计了一些活动,既增加活动的难度,又丰富他们的生活。

① 古诗新唱。随着年级的增长,社会上的一些流行歌曲也逐渐为孩子所喜爱,周杰伦、王菲等成为孩子们的谈论的话题。听着孩子们唱着王菲《但愿人长久》,这可是由苏轼的词改编的啊,如今成为人们传唱的歌曲,我们有些孩子也能一字不落地从头唱到尾,因此,我们举行“古诗新唱”的活动。活动一开展就受到孩子们的热烈欢迎。学生们上网搜索,古诗新编曲,还真有不少,我们所耳熟能详的就有岳飞的《满江红》、李煜的《虞美人》、李清照的《月满西楼》,还有谷建芬老师专门为孩子们学古诗谱的作品二十余首——《春晓》《出塞》《长歌行》……活动课上那些曾经被我们像和尚念经式地背诵的古诗词,现今却成为一首首美妙的歌曲,多棒啊!在此基础上,我又让学生把自己喜欢的诗词自己谱上曲子,在班级演唱。这样,周杰伦、林俊杰等流行歌手的歌曲旋律被孩子们填上了“新词”,在班级传唱。为诗歌选配合适的流行音乐的过程,其实也是对诗歌咀嚼消化品味的过程,只有对诗歌的内涵有深刻、独到的理解,才能找到与之相配的音乐来表现。孩子们的兴致格外高,学得格外投入,效果特别好。在孩子们的演唱过程中,一首首古诗词被他们背得滚瓜烂熟。在寻找配乐和歌唱的过程中,孩子们对古诗词的意境也有了更深一层的理解,真可谓一举两得!

② 评书新说。小时候通过广播听单田芳的评书,听得如痴如醉,尤其不能忘记的是单大师开头的一句“话说……”,让人听了按捺不住内心的那份渴望与喜悦。而说到关键之处,一句“欲知后事如何,且听下回分解”,把听书人胃口吊足。受说书的启发,我们可以借说书的形式激起学生的阅读兴趣,学生在准备的过程中,可以把语文书中的故事改编成说书的形式,也可以把课外阅读的历史及其他故事改编成说书的形式。除了采取开头的“话说……”和结尾的“欲知后事如何,且听下回分解”外,在说书的过程中,学生可以根据故事内容加入适当的动作。在准备的过程中,要求学生认真阅读故事,揣摩故事,消化故事。在活动课上进行表演时,学生不仅注意了形式,插入了动作,而且说得惟妙惟肖。其他同学也听得津津有味,在这听说的过程中,学生对故事的理解更加深刻了。

③ 演讲比赛。除了进行以上的活动外,还可以指导学生进行演讲比赛。演讲的内容可以是学生自己创作,也可以是别人或是名家的作品。但要求学

生上讲台演讲一定要有演讲的样子,要情绪饱满,要脱稿进行。要求学生脱稿的目的就是促进积累,把书上的语言内化为自己的语言,达到消化吸收的目的。

(3) 高年级活动——活运用。如果说中年级学生的阅读是一个量的积累过程,那么高年级学生的阅读就是一个由量的积累而向质的飞跃的一个过程。因此,在高年级阅读活动课上,除了进行一些简单的语言的背诵、积累,记忆性的活动外,更重要的是通过这些活动能够让学生灵活地运用这些语言,达到学以致用的目的。所以高年级的阅读活动更主要的是体现在它的开放性、灵活性上,体现在学生对语言的综合运用上。

① 小蚂蚁讲坛。中央电视台的《百家讲坛》栏目深受广大电视观众的喜爱,易中天、于丹也成为高年级学生喜爱和崇拜的偶像。因此,我们把《百家讲坛》栏目也搬到了学校,搬进了课堂。我们为教师开设了"清雅讲坛",为学生开设了"小蚂蚁讲坛",主讲人变成了学生自己,每一次活动确定一个主题,然后选一个有特殊才能的学生成为主讲人,其他学生也可以就这一主题进行准备,以作补充发言。学生们模仿央视的《百家讲坛》,进行精心的准备。我们的孩子品《三国》、话《红楼》、说唐诗、论《史记》。虽然孩子们的发言显得有些稚嫩,有些观点看法也不大清楚,但他们在活动的过程中,在不断地成长,不断地进步。

② 佳作赏析。高年级的学生已经具备一定品词析句的能力,对于一些美文佳作也有一些自己独到的见解。因此,我在活动课上,也有意识地去引导学生赏析一些美文佳作,以提高他们的欣赏品位。有时是就一些名家名篇以及千古传颂的名句进行赏析,有时是规定某一主题让学生围绕这一主题去寻找相关的文章对比阅读,进行赏析。我在市骨干教师展示课上,就大胆地尝试了一节阅读欣赏课——《月之韵》。这一节课我是规定了一个主题——月亮,课前让学生大量收集一些古今中外描写月亮的文章,然后进行点评、欣赏。点评、欣赏时,学生既可以把自己在课外查找到的资料进行整合,也可以是自己的感悟、体会。在课堂上,我先让学生欣赏指定篇目:《春江花月夜》《水调歌头》《荷塘月色》,对于这三篇描写月亮,但风格各异的诗文,学生课前收集了大量的资料,深入地了解了这三篇名篇的遣词造句的独特之处,感悟了诗文的意境,然后在课堂上交流。这样,学生个别的感悟、理解经过全班的交流之后,他们的认识就会更加深刻,然后我又让学生欣赏自由选择描写月亮的文章,接下来让他们听贝多芬的《月光奏鸣曲》,想象画面。最后,让学生望月抒怀。整堂课,围绕"月亮"这个主题层层推进,多角度地欣赏了描写月亮的文章。慢慢地,学生会化他人的佳句为自己的语言,他们对月亮的认识也会比别人认

识得更深、更广。

③ 辩论。在语文阅读课上开展辩论活动，不仅能充分调动学生学习的主动性，还能充分激发学生的创造思维。因为辩论双方的观点都要以确凿的事实、材料为依据，方能站稳脚跟。因此，学生必须在课外阅读大量的读物，并从中提取信息，去粗存精，去伪存真，为我所用。比如在学习课文《赤壁之战》时，学生质疑：曹操是好人还是坏人？教师抓住这一问题，要求学生课后收集曹操的资料。课下，学生阅读《三国演义》《三国志》以及易中天的《品三国》等大量读物，进行归纳、整理，形成自己的观点。在活动课上，学生分成两组进行辩论。

反方：曹操发动战役，当然是坏人。

正方：不对，曹操是一位政治家、军事家，还是一位诗人，应该是好人。

反方：课文最后讲，曹操见手下的兵将丢盔弃甲，无心应战，只得带了他们从华容道逃跑。“丢盔弃甲”“逃跑”这两个词都是用来描写坏人，所以曹操是坏人。

正方：曹操爱民如子，军纪严明，是好人。

反方：我从《三国演义》上了解到，曹操疑心很重，所以曹操是坏人。

反方：我从书上了解到曹操在北方屯田，兴修水利，使农业得到恢复和发展，所以他是好人，再说疑心重不一定是坏事。

……

以上所列举的各个年级段的活动只是一个大致的划分。其实，除了低年级以外，中高年级所列举的各项活动在三到五年级都能够在班级举行，只是不同的年级要求有所不同而已。因此我们在带领学生举行活动时不能把它框得太死，应该根据自己的班级学生情况灵活运用。

认读能力、理解能力、吸收能力和鉴赏能力是构成学生阅读能力的重要因素，这些能力是在大量的课外阅读实践活动中形成的，阅读实践活动的形式丰富多彩，才能激发学生课外阅读的情绪、情感和兴趣，才能激发学生的思维，强化学生阅读能力的培养。为此，教师必须通过开展形式多样、丰富多彩的课外阅读实践活动，让学生有充分展示自我的机会，让他们在活动中享受读书所带来的乐趣。

德国教育家第斯多惠说：“教学艺术的本质不在于传授本领，而在于激励、唤醒、鼓舞。”当学生的阅读热情得到了赞扬，当阅读的进步得到了肯定，他们的阅读激情也得到了唤醒和鼓舞，长此以往，相信学生的课外阅读将会步步深入。

四、研究的成效

通过将近两年半时间的实践与研究，经过实验研究人员的努力，本课题的实践与研究取得了预期的效果，孩子们对课外阅读感兴趣了，学会了选择适合自己看的书，学会了一些行之有效的阅读方法，阅读能力提高了，这些成绩更体现在孩子们的语言积累、语言感悟、阅读理解及写作水平的提高上。同时，在实验过程中，还转变了实验老师的教育观念，提高了实验老师的科研能力。可以这么说，对中高段课外阅读实践活动的实践与研究在理论与实践方面都取得了一些成绩，总结了一些经验。

（一）全面提高了学生的综合素质和能力

1. 提高了阅读兴趣，培养了阅读习惯。

课堂教学与课外阅读的整合实践极大地提高了学生的阅读兴趣和阅读速度，培养了他们良好的阅读习惯。课题组对 2014 年度本校 1—5 年级中 500 名学生的阅读跟踪调查测验统计有力地说明了这一点。

调查时间	5 000 字文学作品阅读平均用时（分钟）	有良好阅读习惯（%）
2014.3	86.2	15.2
2014.9	43.7	52.4

另一个有力的证明就是，学生阅览室近 200 种报刊“供不应求”，图书室平均每学期的图书借阅数高达 2 万余册。

2. 掌握了阅读方法，提高了欣赏水平。

一年来，学生借助研究人员的课堂点拨、同学的现身说法、自己的阅读实践，掌握了图书查阅、内容摘评、精读速读等多种方法，阅读了大量的文学名著及古代诗词，一部分同学还涉猎了音美艺术、政治哲学、天文地理、自然科学等领域。学生自购中外名著蔚然成风。

3. 增加了语文积累，加厚了语文功底。

在这点上，一是反映在激活了对教材学习的兴趣，增加了对作品挖掘的深度。据不完全统计，学生人均有 4 个读书摘抄本、札记本，人均摘抄资料、写随笔读后感 2 万字左右。正是这些资料、札记，丰富了学生的头脑，激活了学生的思维，锤炼了学生的自主探究能力。这种阅读，使学生不再局限于对课文内容的表层认识，而是愿意也善于进行探究，写出了很多有独到见解的文章。二是表现在有效提高了我校的语文抽测的成绩，促成了我校学习成绩一年一个新台阶。

4. 学会了关注社会，懂得了感悟生活。

旧模式的阅读总给人一种"两耳不闻窗外事，一心只读'应试'书"的感觉。大语文阅读则是"风声、雨声、读书声，声声入耳；家事、国事、天下事，事事关心"，竭力为学生营造了一种更利于自身发展的广阔空间，使学生思想日趋成熟，个性渐至完美，使他们更加积极、更加广泛、更加密切地关注社会、感悟生活。如最近几年的雾霾天气，就引发了学生对我们生存环境的思考。其中滕妮丹同学在自己的练笔中就写了一篇题为《我们美丽的城市怎么了》文章，文章中虽不乏幼稚之处，但作者所表现出捕捉生活的能力及对人类自身发展的这份关注都不能不令我们成年人为之击掌叫好！

（二）引发了师生之间的阅读互动

新的课程浪潮冲击了整个原有的课程体系，也向教师提出了挑战。作为教师的我们必须不断学习，努力提高自己的文化修养，才能迎接新的挑战。阅读正是达到这一目的的有效途径。很难想象一个自己远离书刊的教师，如何去发现适合自己学生阅读的好书、好文章，即使有人推荐，教师自己没有阅读，又如何能与学生交流、如何去评价学生的阅读能力呢？课题组的老师们都有这样的深切体会，并化压力为动力，在阅读方面身先士卒，利用节假日、课余时间阅读中外名著。平时，老师们也经常逛逛书店、上网搜索一些畅销新书，自己先读，读完一本，再和学生们聊一聊这本书，告诉他们最近老师看了一本什么书，内容是什么，老师的感受如何等。学生们最易受老师的影响，对老师的推荐，他们总是能在第一时间去阅读。而学生们一有最新的图书，也会抢着给老师介绍。这样，学生的阅读带动了老师的阅读，而老师的阅读又推动了学生的阅读，师生之间形成了良好的互动，阅读氛围日渐浓厚。

（三）实现了"课内"向"课外"的延伸

别林斯基说过："阅读一本不适合自己的书，比不读还坏。"从小学生的课外阅读情况看，随机性比较强，一有机会就见什么读什么。读什么样的书才有益呢？教师要加以指导。首先是要选择思想健康、知识性强，有益于学习的读物，只有读好书，才能陶冶情操，提高素质。其次是选择针对性强的书籍，做到课内外结合，以一带十，相互促进，使课外阅读成为课堂教学的自然延伸。所谓"书越读越厚"，学生的阅读不再拘囿于语文书、语文补充阅读材料，实现了"立体地读"。

（四）带动了亲子阅读的开展

我们曾在几个年级中做过一次调查，大多数家长和孩子一同读书的时间非常少，很多父母把空余时间花在了看电视或娱乐上，忽视了与孩子的沟通与交流，而读书，恰恰是沟通最好的桥梁。我们的老师加强与家长的沟通，给家长传递一些读书的信息,如告诉家长我们学校正在开展哪些读书活动,告诉家长班级中最近推荐读了什么书,孩子阅读的情况如何,告诉家长哪些书可以购买给孩子,哪些书适合家长与孩子共读,告诉家长一些亲子阅读方面的方法,渐渐地,家长对孩子的阅读重视了起来,尝到了亲子阅读的甜头。有位家长说道:“亲子共读会带来无穷的乐趣,不知不觉之中,在我们和孩子之间建立起了一座沟通的桥梁,把彼此的心紧紧联系在一起,彼此了解,彼此信任。”亲子读书带来的好处远不止这些,因为父母的模范作用是无限的,在潜移默化之间,一方面给孩子作出了好的榜样,另一方面也营造了良好的家庭读书氛围。学习型、读书型社会的建立,正是来源于无数个读书型的家庭。

(五) 促进了师生的全面发展

开展课外阅读活动以来,我们感觉学生的改变真的非常明显:经过教师长抓不懈的努力,学生的阅读水平有很大提高,并且以读促写,从好词佳句的积累,到写出一篇有质量的读后感,学生的写作水平也在不断地提高着。同时,通过阅读,不仅培养了学生的语文学习习惯,同时也丰富了学生的情感,对学生人格的塑造也有积极意义。读书让学生养成了良好的语文学习习惯,去观察、去阅读,到书的海洋里去积累语文,到广阔的生活中去运用语文。读一本好书就是与一个高尚的人谈话,在众多优秀的作品中,同学们与书中的人一起经历成功的快乐、经历失败的痛苦;一起体会亲情的珍贵、体会人间的美好;一起尝试生活的滋味、尝试人生的挫折……这些都丰富了学生的情感经历,让他们从中受到了无形的教育,提高了审美。

五、研究的反思

1. 领导真正重视是确保活动实效的首要因素。读书活动是促进学生终身良性发展和可持续发展的必备工程,没有学校主要领导的支持,就无法有效实施。这项工程的有效持续开展,需要学校主要领导要有长远观点,有真正“为了学生的一切”的理念,有大局观念。

2. 由于课外阅读具有开放性、广泛性,不能强行对每一位学生统一要求、统一步调、统一内容,这种形式上的独特性,使对它的管理和控制有一定的难度,这在我校落实读书系列制度的过程中深有体会。如何使这项非办不可的活动更加有效深入开展,是我们目前面临且必须加以解决的研究课题。

3. 如何进一步有效抓好过程管理。从课外阅读的过程来看,它是一个“积累于现在,得益于未来”的过程,其效果很难在短时间得到收效,这就造成有的家长持有消极甚至抵触情绪,个别教师思想仍停留在应试教育阶段,用一种“近视”的心态片面追求临时成绩。这些因素给读书活动的过程管理雪上加霜,增加了管理难度。我校“推进小学语文课堂教学与课外阅读一体化的实践研究”的课题研究，在区教研室的关心、指导下，在全校师生的共同努力下，取得了一点成绩。但我们清醒地认识到“阅读中外经典，享受读书乐趣”活动是一项利国利民、利校利生的事情，需要长久开展下去，一时的一点成绩并不能掩盖我们工作中的不足和难题。我们将借这次结题的东风，开展下一个新课题的实验，继续努力实践、探索、创新，把我校的读书活动搞得更加扎实有效。

【专家点评】

课内阅读与课外阅读相结合是一个历久弥新的研究课题，如何在这个领域做出新的内容来？本课题作出了积极的努力。通过架设课堂教学与课外阅读的桥梁，构建课堂内外阅读一体化，就是本课题的创新之处。童年的阅读经验是一个人的生命底色。要使生命底色变得丰厚润美、光彩照人，学生除了课内要研读文本，更需要将学到的阅读方法运用于课外阅读实践。以课内阅读的方法指导课外阅读，又以课外阅读的积累回补并丰富课内阅读之不足，形成课内外阅读相互补充、相互促进、有效融合的良性循环，这也是本课题研究的亮点所在。

一、构建一体化的课内外阅读模式

课题组对学生的阅读需求做了细致分析调查，从培养学生兴趣入手，以阅读内容为抓手，立足课堂，拓展课外，使课内外阅读成为相互促进、互为补充、有效融合的整体。

二、探寻一体化的课内外阅读方法

经过反复的阅读实践，归纳出不同的阅读方法，并及时指导学生将这些方法运用于课外阅读。同时尊重学生富有个性的阅读方法。教会学生把一般方法和“个性”方法有效融合在一起，再根据不同文章采用适当的方法阅读。让学生用方法去阅读，又从阅读中领悟、总结出新方法。这样，不断循环往复、相得益彰，使学生在长期的阅读体验中逐渐找准并掌握适合自己的方法，提高阅读效率，丰富语感积累。

三、搭建一体化的课内外阅读平台

课题组以小蚂蚁讲坛、故事会、课本剧表演、经典诵读、演讲赛、佳作赏析、小小辩论赛等形式开展学生的课内外阅读，为学生搭起了一个个通往课内外阅读一体化的平台。

总之，本课题能找准课内外阅读一体化的链接点，把课内阅读获得的方法及时迁移、运用到课外阅读中去，探索出了些许行之有效的使课内外阅读有效融合、互相促进的方法和策略。但在丰富和完善能促进学生阅读能力提高的阅读评价体系上没有作出突破性的研究。这是课题要继续完善的地方。（金哲民）

在涵泳中冶情学文

——浅谈小学语文教学的实践与认识

青浦区实验小学　吴志平

教育在不断地改革,前景是光明的。但是以智育为中心的教育,或者说得极端一点,以应试为目的的教育,其印迹还是存在的。这就使得语文偏向理性知识结构,原本充满诗意、情感、美感的语文向工具化、机械化转向,削弱了人文精神内涵、人文价值体系,包括理想信念、审美情趣等。尽管情感教学越来越受到重视,但是如何在课堂中落实情感教学,特别是在语文教学中,如何让语言和情感相互交融,相互促进,我们还缺乏一些有效的方法和策略。

那么如何在语文教学中文情互融,使语言的发展与情感的体验相辅相成呢? 我认为其中一条有效的途径就是加强涵泳。引导学生关注、欣赏语言,沉浸其中,反复玩味咀嚼,体悟文本中的情;学习作者如何运用恰当的语言表情达意,产生自己的思想和情感,同老师、同伴或是作者进行对话,那样,思维的层次就提高了。小学生主要是通过自身的读说听写去学习语言,并不是要他们系统地建构语言知识去研究语言。因此,其基本的学习方式主要是反复阅读,熟读精思,潜心涵泳,对课文整体把握、晓理知情,所谓"熟读唐诗三百首,不会作诗也会吟"就是此理。这样做十分有助于学生语感的培养和语文能力的提高,也完全是符合语文学习规律的。

一、挖掘和利用文本中的情感元素

有著名教育家说过: 思想、观念、信仰一旦插上情感的翅膀,喻理和情境一旦合成美好的气氛,就会使学生产生巨大的内驱力。语言文字不仅仅是符号,更是作者思想感情的载体,甚至是民族文化的载体。语文教学就是要在学习语言的过程中引导学生体会这些情感,激发学生表达自己的情感,推动语言的发展、思想的进步。

语文课本中的情感元素很多,热爱祖国、欣赏与赞美、亲情友情、愤怒憎恨……几乎所有的情感都能在语文书里找到。

在小学语文课本中的情感大多是显性的，如《养花》，开篇就是“我爱花，所以也爱养花”，文中又有悉心照料花草，花草被砸死，全家没笑容等，直陈作者对花的喜爱之情。这类文章中的情，学生比较容易体会，那么老师就要在“以情促文”上下功夫，引导学生反复阅读、推敲，探求作者是用什么样的语言方式来表达这样的情感的，所以重点就落在学习语言上面了。当然，有些文章的情感略显隐秘，需要老师引导学生潜心阅读，抓住语言文字仔细品味。如《看不见的爱》一文，讲述了一位母亲陪盲孩子打弹弓的事情，赞扬了母爱的伟大无私。除了课题中的“爱”字，全文再没有出现这字，但是我们仔细观察就可以发现，文中多次写到母亲平静安详地为儿子递石子儿。作者的描写看似平淡无奇，但充溢着一位母亲对孩子浓浓的执着的爱！要读懂母亲那深沉的爱就要引导学生与文本对话，从母亲朴素的话语中读懂母亲的良苦用心，从母亲平凡的动作、从容的表情中体会母亲执着的爱。

二、在反复涵泳中读懂文、领悟情、促思维

教学中注重情感，不仅仅是为了体会情，语文课不是思想品德课，语文课有自己的性质与任务，语文教学中的文和情应互为目的，相互促进，学生对语言的涵泳是达成这一目的的途径。

（一）教师要有指导

歌德曾经这样说：内容是人人看了都能明白的，内涵却是有心人才能发现，而形式对于大部分人而言，还是一个秘密。也就是说语文教学最难的地方不仅仅在于内容的理解，而恰恰是让学生感受作者是通过怎样的形式把他所要表达的内容清楚、准确、富有感染力地表现出来的。教师有针对性的指导也就体现在这样的地方。

以《笛声》一课中关键句的理解为例：重难点一共有两句，其中一句：“那是多么好多么叫人心爱的一支笛子呵！简直就是一只有灵性的小鸟，一只能歌唱的小鸟。它时而像在无限清幽的深谷里啼啭；时而仿佛在春天的林木深处喧噪；时而又变为群鸟的啁啾……是的，鸟儿怎样唱歌，老木匠的笛子就也怎样歌唱。”作者运用多种修辞把老木匠的笛声写得出神入化。这样的句子我们老师大多会指导学生朗读，体会老木匠笛声的神奇。但是单单从句子内容上去理解这句话把笛声描写得很生动是不够的，作者是怎样把笛声写得这样生动这样神奇才是重点所在。因此，教学中教师可先引导学生抓住关键词句理解，细细品读，如从“啼啭、喧噪、啁啾”中感受小鸟的叫声各不相同，从而感受笛声的变化多；从三个“时而”中感受作者是用了排比的形式让我们感受到笛声的变化不仅多，而且快；文中还用了一个省略号更是体现了这一点。学生在朗读时无法读出这种神奇而又丰富的变化，教学中就让学生听一段笛子独奏,然后辅以教师的示范朗读,也可以把修辞去掉进行比较读。通过选用不同策略方法,指导学生对语言反复玩味,学生就对这笛声的神奇有了更为深刻的了解,从而读出笛声的变化多、变化快。再抓住"简直就是"体会作者对笛子的赞叹。接着通过引读,让学生感受到作者是先写了自己对笛子的赞叹,再具体描摹了笛声,最后又加上自己的赞叹把笛声的神奇给写出来了,作者就是运用这样的语言形式,把笛声写得如此传神。最后可以指导学生记诵这段话。课后还可以布置学生聆听一段琴声,进行仿写练习。

(二)学生要有思考

涵泳是个阅读的过程,也是个思考的过程,只有在读中思,在思中读,才能更深切地领会情。

仍以《笛声》一课的教学为例。学生在读到"孩子看见:在灰暗的小作坊里,在堆积如山的刨花、木屑和碎木料中间,夕阳的余晖照亮了一个满头霜雪的老人,照亮了他那一支因为年长日久变了色的笛子"时,很多学生认为这句话中这支笛子毫不起眼。对于这样一个难点,我在教学中引导学生在反复阅读的基础上质疑,抓住句中的矛盾之处提出自己的想法。在细细品读之后,学生发现,文中通过"灰暗"和"照亮"这一强烈的对比,分明让我们感受到这老木匠、这笛子在聂守信的眼中是多么的神奇、多么的神圣,而且这句话犹如一个长镜头,聂守信目光的焦点最终落在了这支笛子上,所以那么多的事物中这笛子是放在了句子的最后来写,以着重强调。所以理解这样的句子就不仅仅是看句子的内容,更要关注作者的表达方式,唯有读懂了语言的形式才能真正读懂语言的内涵。

由此可见,让大部分学生能够融入课堂研讨的气氛,增加过程性的体验是多么重要。犹如学游泳,只有身处水中,才能感受水的浮力与阻力,才能知道各种泳姿的优势与劣势。读书也是如此,引导学生对语言作多角度地推敲、琢磨和品味,无疑会使学生涵泳其间,产生积极的感悟。

(三)师生要有交流

"阅读是学生个性化的行为",应让学生在自主学习、自主感悟、合作交流的过程中获得独特的感受和体验。课堂应成为一个多边交流的场所,师生互动、生生互动、各抒己见。

《慈母情深》一文,梁晓声回忆自己少年时代贫穷辛劳的母亲在极其艰难的生活条件下,省吃俭用,不顾同事的劝阻,毫不犹豫地给钱让他买《青年近卫军》的事,表现了慈母对孩子无私的爱以及孩子对母亲的感激、敬爱之情。文中有一段描写:"背直起来了,我的母亲;转过身来了,我的母亲;褐色的口罩上方,一双疲惫的眼睛吃惊地望着我,我的母亲……"如何让学生通过这样一种特殊的表达方式体会其中蕴含的深深感情，对学生来说是个难点。我在教学中给学生创设了一个合作交流的学习环境。第一步，观察此句有什么特别之处。学生很容易发现主语后置且重复。第二步，用我们习惯的表达方式这句话该怎么写。学生小组里讨论交流。第三步，引导学生与原句进行比较。此处就要充分关注和尊重学生的阅读体验，教师要善于引导学生联系上下文，推波助澜、“火上浇油”，当交流遇到障碍时，教师也可以发表自己的阅读体会，与学生交流探讨。感受到原句就如同电影慢镜头一样缓慢、清晰地将母亲辛勤劳作、面目憔悴的形象展现在我们眼前之后，让学生说说看到了一位怎样的母亲。此时，学生的交流有了情感的基础，也有了内容的支撑，文情互融也就水到渠成。再通过个性化的朗读，相互评赏、加深印象并内化。

三、三维目标的有机整合

凸显情感态度价值观的教育是新课程的一个重要的基本理念和基本特征，也是教学具有教育性的规律在新课程中的体现。但学生对文本中情感态度价值观的体验并不是读几遍课文就能感受到的，而是要通过教师合理组织教学内容、精心设计教学过程、有效运用各种教学方法，引导学生有效阅读与精确研读，逐步认同、感悟文本的“言下之意”，抑或产生欲与之对话之情，才能最终达成的。所以，情感态度与价值观只有和知识与技能、过程与方法自然地融为一体，才会富有生命，才会以文激情，以情促文，这个过程就是涵泳的过程。

我个人觉得在处理教材时，除了语用目标之外，也要正确地把握课文的情感目标，看看这篇课文要表达什么，要给读者传达什么信息，然后再选择、组织教学内容，选取最能有效达成这个目标的重点段落和词句，以及学生需要掌握的语文知识和能力，最后精心设计教学的过程和方法。不同的课文，情感目标的呈现方式也不同，有的是线索型的，有的则作为一种基调。我记得我们上海版小学语文教材中曾经有这样两篇课文，很能说明问题。一篇为《去年的树》，这篇文章从人文角度来说要引导学生体会小鸟与大树相伴时的幸福美好，小鸟找不到大树时的着急，意识到再也见不到大树时的悲伤，从而感悟作者呼吁人们爱护树木、保护环境的愿望。这是事情的发展线索，也是这篇课文的情感线索。在阅读时，老师要引导学生一步步地循着这条线索去体会，当然，要达到这个目的，需要语文知识的渗透和有效的方法。有位老师在教学时首先结合第一节的内容创设了一个情境，让学生用学过的词句来形容、感受小鸟与大树日暮相依而积累起来的深深情意。然后抓住小鸟与树桩、大门、小女孩的对话，先根据语言环境学习必要的生字，接着通过“鸟儿（　　）问树桩”这个填空引导学生研读鸟儿三处说的话，让学生随着大树被砍倒，木柴变火柴,火柴变灯火这一条线形线索,感受小鸟从着急但有希望,焦急但还有一丝希望,最后无望悲伤的情感线索,体会作者呼唤人们保护自然的愿望。像这类文章,我觉得老师在关注语言文字的同时要引导学生逐步阅读、循序体悟,而不能学生先说哪句就把那句提出来,割裂的情感是不能得到学生共鸣的,没有了"感"还哪来的"悟"呢。

而另一篇文章的情感是基调型的,比如《旅行家树》。作者在写文章时,满怀对旅行家树的崇敬之情,所谓言为心声,写下的词句,在组织形式上、在字里行间中自然而然地流露出来这样的感情。所以老师要紧紧抓住文中的"肃然起敬",指导学生感悟课文中的重点段落、词句。比如第一节中"它,没有枝丫,修长的树干上伸出长长的阔叶;它,叶子只向两侧伸展,就像开屏的孔雀,又像展开的扇面",作者为什么连用两个"它",读起来有些累赘,而且"它"后面直接跟逗号,有点不符合习惯。实际上就是在这特殊的表达方式中蕴含着作者深深的赞美之情;再如第二节中的"那么青翠,那么优雅……"也是同样道理。文中还有类似的几处,都是作者在肃然起敬的情感基调的支配下形成的语言表达形式,有效研读这些词句,对情感目标的达成是事半功倍的。很可惜,这两篇文章都没有了,故只借此说明问题。

语言的发展和情感是息息相关的。缺乏语言的情感是空洞的;反之,在语言的学习过程中缺乏情感的投注,学习语言的效率也是很低的。促进两者相互作用、良性发展的基本途径就是涵泳其间。

【专家点评】

吴老师主张阅读教学要指导学生在语言的涵泳中冶情学文,帮助、促进学生在情感与语言的对应连接、互动生成上练就扎实的基本功。他做的《笛声》教学案例研究,深入到语言学习的内在机理,呈示了引导学生在"有声语言"(本课表现为音乐和朗读)与"无声语言"(课文的语言文字)之间建立起内在联系的一系列方法,为切实有效地帮助学生在语言涵泳中领悟作者精彩的文字表现力提供了范例。

吴老师立足于自己的课堂教学,富有创造力地坚持着课程教学"静悄悄的革命",只是为了孩子们能拥有幸福快乐的学习生活。这样的老师,是值得人们致敬的。(郑少鸣)

在用中学　在学中用

——小学语文综合实践活动的设计与实施

青浦区实验小学　吴志平

《上海市中小学语文课程标准》在课程理念上提出要关注学生在各种语言实践活动中的“习得”，要将语文课程活动和其他课程活动联系起来，要将课堂学习和课堂以外的语言实践有机地结合在一起，构建开放的、适应时代发展的课程体系；在课程内容的制定上也分识字写字、阅读、写作、口语交际、综合学习五大部分；在教材中，除了课文后面的“说写双通道”以外，在每个单元的综合练习中也编入了“语言实践活动”专项练习。由此可见，语言综合实践活动是语文课程的重要内容之一。

尽管这是课程标准所提出的一项重要内容，但是实际教学实践中，对这一课程内容普遍不够重视，有的甚至完全忽视。当然，教材中对此内容编排的系统性不够清晰，使得教师在实施过程中零敲碎打，难以发挥其应有的课程价值。

学生喜爱怎样的语文课？“希望语文课能更轻松点”“语文课能让我不再为写作文而苦恼”“希望语文课能丰富多彩一些”……这些都是出自学生之口的最朴素的诉求，学生呼唤有趣、有情、有用的语文课。学生的需求和现状之间的距离怎样减小？我想，改变我们老师的教学行为，探索新的课堂形态势在必行，而加强语文综合实践活动的研究和实践就是一个突破口，它能有效解决学习兴趣问题，对学生语用能力的提升也有促进作用，更重要的是，这是一种着眼于为了学生生活需要而进行的学习活动。

一、语文综合实践活动设计与实施的整体框架

我的语文综合实践活动的实施方式和途径分为两条线：

一条线为镶嵌在常规语文课当中的语文学习活动，有每堂课上的主题演讲，还有部分语言技能的随文学习，例如心理描写、环境描写等学习活动。因为要根据教材特点开展相应的活动，因此这是一个嵌入在一堂课当中的局部

的语文综合实践。

另一条线是主题性语文综合实践活动课，即通过有主题的实践活动，在综合运用语言的过程中提升学生的语文能力，主要分成三类课型：知识性活动课、探究性活动课、体验性活动课。

“语文综合实践活动的设计与实施”整体框架

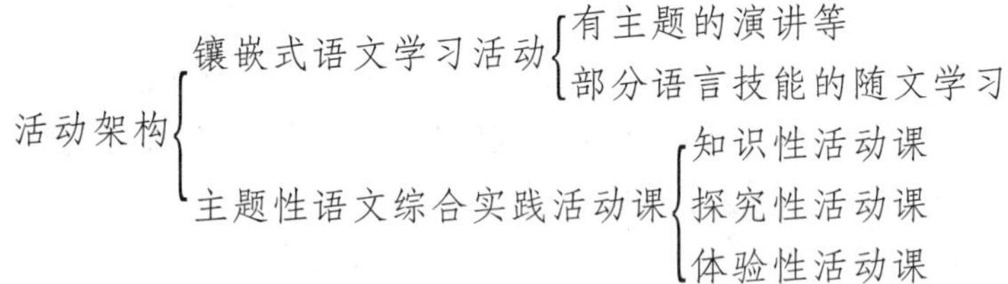

二、语文综合实践活动课的设计与实施框架

语文综合实践活动课是以活动为主要形式，以学生为活动主体，以学习语言知识、形成语言能力为主要内容，以促进学生全面发展为主要目标的一种课型。它以学生的兴趣和直接经验为基础，在教师的指导下，通过多种形式的实践活动，让学生学习、运用语文知识与能力，并从中得到实践能力的培养和语文素养的提升。简要地说，就是把内容融进各种形式的语言活动当中，在学中用，在用中学，让学生“跳进水里学游泳”。

“语文综合实践活动课的设计与实施”框架

基本课型	活动类型	内容要求	活动方式	基本目的	活动评价
知识性活动课	课文拓展类	单项性语言技能	专题知识学习	语用知识基础	作业评价 作品评价 活动展示
探究性活动课	自主探究类	知识探究	主题性阅读	综合实践个性发展	
	主题活动类	主题学习	展示交流		
体验性活动课	社会活动类	学习考察、主题实践研究	游历与社会实践	综合实践个性发展	
	个性兴趣类	个性化兴趣选择	兴趣活动		

三、语文综合实践活动课案例

（一）案例呈现

设计《以笔会友》活动课基于两个想法：一是书信跟我们渐行渐远，但是它独具的收寄方式和文字的温度有别于电子邮件。学写书信不仅是学会一种交流方式,也是一种文化的传承;二是与教材关联,这一阶段学生接触了珍珠鸟、绿毛龟之后,如何和小动物相处、自己和宠物之间的趣事成了热门话题等,何不因势利导,开展一个交流活动?因此我把这两点想法结合起来,揉成一个语文的综合实践活动,分三步来实施。

1. 前期:找信、读信。

以"最贵的一封信""最短的一封信""最浪漫的一封信"等为兴趣出发点,课前让学生在广泛的阅读中去寻找这些信,然后以小组为单位交流、分享收集到的信,了解信的内容和写法。作为前期预热,学生在阅读中进行选择,在交流中进行分享,与此同时对书信有了基本的认识。

2. 中期:写信、议信。

以班级里的某一同学为对象,围绕喜爱的某一种小动物,以自己和小动物之间相处的故事为主要内容,学写一封书信。首先教师进行书信格式的必要指导,接着学生书写,之后进行互读、交流、评议、修改。(当然,本次书信交流的内容不涉及隐私密,并征得全体学生同意)

3. 后期:开封、寄信。

书信写成并改好之后,学生早已按捺不住急于寄信的心情。此时教师出示邮递员分发信件的流程图,由学生对照流程图学习开信封、贴邮票,教师适当指导。最后寄信,有兴趣的还可以回信。

这样的综合实践活动不局限在一节课,而是在一次完成的活动经历中丰富学生的体验,学生的收获是多元的。

(二)案例分析

1. 创设生活情境,学到了有用的语文。

生活本身就是一个综合环境,语文课作为我们母语教学的主要途径,应该与生活紧密相连,而且要为生活所用。以上案例中我把作文和书信结合起来进行实践活动,一方面是对作文目的的重新审视,写作文是为了什么?学习介绍一种动物的目的是什么?不是为了完成老师布置的任务,也不是为了给老师批阅,而是与人交流、表达思想和情感的需要,是为生活服务的;另一方面,拓宽了语文学习的渠道,案例中的书信不仅让学生了解了书信的基本知识和文化功能,也作为一个载体,促进学生怎样写好此类文章,对语言的表达和运用都有现实的意义。

2. 充分显现学情,找到了言语表达的发展点。

以上案例的中期环节(写信、议信)是个重要部分。在学生初步完成后,大家拿出来交流,把自己发现的问题提出来,这个时候学情就得到了呈现,有的称呼不正确,有的祝语不会写,有的介绍动物无章法,有的书信没有交流感……

基于学情,我把问题分成三类:格式、内容和表达。解决方案是这样的,对个性的问题采取个别指导;对共性的问题采用集体讨论学习。比如为了介绍清楚自己喜欢的动物,就联系教材中学过的状物文章,把这些弥散的信息归整起来,引导学生可以从外形特点、生活习性、活动方式、与人关系等方面介绍清楚。又如另一个共性问题也是学生在互相交流中发现的:不少学生的书信不像是与人在交流,如:“某某某:你好!我家有一只小动物……”用学生的话来说,“我怎么有种当头一棒的感觉”。在师生共同商议之后,同学们决定这样改:“亲爱的某某某同学:你好!我俩是最要好的朋友,我什么事都想告诉你,最近我养了一只小动物,给我的生活带来了很多乐趣,今天是第一次写信,我想在信中和你分享。这是一只……”显然第二种表达更具生活化和交流感,以此为例,举一反三,解决其他问题。这样的一次改写经历,学生真正懂得了怎样在书信中传情达意。也正是基于综合实践活动中显现的学情和有效交流,教师才得以在学生原有的言语表达能力的基础上进行有针对性的指导和引领,从而使学生又向前走了一步。这正是语文综合实践活动课所期待的学生主体探究和教师主导引领相辅相成的教学活动形态。

3. 增进多边关系,提升了课程实施的质量。

活动的前期、中期、后期,都有生生之间的交流与合作,有阅读分享、有问题探究、有相互评议等,教师作为一个指导者参与其中,学生在这样一种互助、互动的氛围当中学习,无论是对师生关系还是生生关系的促进都是很有帮助的。这也是语文综合实践活动课的优势之一。

当然书信往来只是主题活动其中之一,还可以有“小报展示——交流读书体会”“广告宣传——介绍某地风光”“班级讲坛——分享身边故事”等之类。这样的活动学生喜欢参与,在这样的“水环境”中学生才能学到受用一生的“游泳”本领。

四、语文综合实践活动课实施的初步成效和后续思考

我对语文综合实践活动课的探索和实践正悄悄地进行,虽时间不长,但看到了效果。

首先,学生的学习兴趣得以提高。特别是主题性的语文实践活动课,学习活动设计得好,学生参与的热情是相当高的。我们班级的自编小报已有一百多期,投稿相当踊跃。有几位学生甚至编制了自己的随笔、作文集。

其次,学生的学习视野得以拓宽。语文学习不局限在语文书和课文,学生知道生活中处处有语文,处处可以学语文,也处处可以用语文。

再次，学生的语言运用能力获得了提升。学生乐于运用、善于运用，例如创编儿歌、童话、撰写个性化评语、演讲等，都让我看到了一定的成效。

最后，教师自身的专业素养也得以提高。通过设计和实施语文综合实践活动，我对语文学科本质的把握也越来越清晰，课程执行力也在不断提高。

当然，面临的困难也不小，在现在探索阶段，如何把语文综合实践活动课跟常规课堂教学更好地结合在一起，无论是从教学时间上还是效率上都给我提出了更高的要求；另外，我已经积累了一些学生喜闻乐见的语文综合实践活动案例，但是，如何根据不同的年段要求，梳理和安排好各类综合实践活动课型的逻辑结构和基本序列，是专业性很强的一项工作，光靠我一个人的力量是无法达成的，我需要求得专家和团队的支持与帮助。但是不管怎样，只要是对学生有利的、对教学有利的，再难也要去试一试。

【专家点评】

"综合学习"是中小学语文课程标准规定的五大课程内容之一，如何切实有效地落实这项课程内容，目前确实存在不少问题。吴志平老师的实践研究成果，为解决这些问题提供了正确的思路。他对语文综合实践活动课的设计与实施，呈现了自觉的课程意识和求真务实的课程执行力、创造力。整个框架设计，体现了基本目的、内容要求、活动方式和类型、活动评价诸方面的内在逻辑联系，并对课型作了有层次性的分类和安排。特别是"在用中学，在学中用"的学习形态，突现了"为学生生活需要而进行的学习活动"这个特点和亮点。这样的设计与实施，的确十分有利于学生语文素养的全面提高。（郑少鸣）

回归真善美　提高课堂教学实效

闵行区七宝明强小学　徐建国

关于语文课堂教学的实效，早在20多年前，吕叔湘先生就指出："10年的时间，2 700多课时，用来学本国语文，却是大多数不过关，岂非咄咄怪事！"如今，人们对于语文教学的研究日益呈现多元化的局面。语文课堂教学可谓是"百花齐放，百家争鸣"，一派繁荣景象。但毋庸置疑，学生的语文素养却仍令人担忧。究其原因，教育中根深蒂固的功利主义仍在一定程度上阻碍课堂教学的有效推进。怎样改变现状？仁者见仁，智者见智。笔者想从另一个角度来谈一些自己的想法。

我认为要提高课堂教学实效，提升学生的语文素养，首先要让我们的课堂回归"真、善、美"。

一、追求"真"，凸显语文本色

"真"就是规律。从语文教学来讲，其主要任务就是帮助学生学习语言、积累语言，提高学生的语文素养。因此，课堂教学要遵循教育教学的规律，学生身心发展以及学习语言的基本规律，即凭借"范例"，主体感悟，增加积累，迁移运用。学生学习语言，朗读是一条最为直接和有效的捷径。而当前的语文课堂，很难听到朗朗书声，取而代之的是题海战术、满堂灌、满堂问、填鸭式的教学现象，这些都是违背语文教和学的规律的。结果显而易见，学生对学习语言的兴趣减弱，甚至出现厌学情绪。我想，一个"教书匠"和"教育家"的最大区别就在于后者能按照教育教学规律办事。

记得有位特级教师在教学课文《匆匆》时，老师既没有借助课件来推波助澜，也没有支离破碎地分析讲解，而更多的是运用语文教学中最传统、最常见的朗读来推进课堂的进行，收到了很好的效果。课堂上，老师设计了四个层次的朗读，即自由大声诵读、随机指名接读、听录音赏读、听录音学读。在朗读指导中，教师又适时地运用范读、引读、伴读、对比读、指名读、齐读等多种形式来点拨引导学生读通、读顺，读出味，读出情，悟出理。请看下面的一个教学片断：

师：刚才大家已经读出文章的味道了，但光有读还不够，还得用心灵去倾听，你觉得课文哪一段给你的印象最深，哪一段给你的触动最大，你就用心地读哪一段，一边读一边想，想想作者跟你说了什么悄悄话？

（生全神贯注地读）

师：有没有听出点什么来？谁先来？请你来。我不让你说，你从哪一段听出来，就读哪一段。大家听他读，看他听出来没有。

（生有感情地朗读课文第四段）

师（又指另一名学生）：你从他读的语感中，听出作者跟他说什么悄悄话了？

生：我们应该把握住日子，不能让日子一天天地消失。

师：你从哪一句听出来的？

（生朗读第四段的最后一句）

师：（走到先读的同学面前）他说得全吗？

生：不全。

师：谁还听出作者对他讲了些什么心里话？

生朗读：只有徘徊罢了，只有匆匆罢了；在八千多日的匆匆里，除徘徊外，又剩些什么呢？

师：他说得对不对？

生：对。

师：把他们两人的回答加起来，这就是作者要告诉你的心里话，是吗？

老师如此处理像《匆匆》这样只可意会不可非言传的文章，显然是考虑到了该年段孩子的身心发展特点及思维水平。课堂上，教师紧紧抓住学生学习语言、内化语言最常用的工具——朗读，引导学生在读中悟，悟中读，很好地达到了预期的目标。

事实上，读的内容是非常广泛的，不仅仅局限于教材。吕叔湘先生说："使用语文是一种技能，要提高学生的阅读能力，靠薄薄的课本解决不了问题。""要大量阅读，有精读、有略读，一学期读 80 万到 100 万字不为多。任何技能都必须具有两个特点，一是正确，二是熟练。""只有通过正确的模仿和反复实践才能养成。"语文教育家张志公先生也曾说过："语文课是以知识为先导，以实践为主体，以实践能力的养成为依归的课。"他认为语文教学的改革要从端正教育思想入手，遵循教育规律入手，从实践入手，这是学以致用的基本途径。

笔者以为,课堂上,教师如果能牢记语文的本质属性,遵循学生习得语言的规律,从学生的身心发展特点出发组织课堂教学,不但教师教得轻松,学生学得有效,更重要的是学生在课堂上语文能力获得了真正的发展。

二、关注"善",活化语文学习

"善"就是优化教育教学结构、方法和策略。如果说关注"真"是课堂上落实科学质量观、提高课堂教学实效的前提,那么追求"善"就是提高课堂教学实效的关键与保证。教有方法,学有策略,教学有法,贵在得法,这是人人皆知的道理。语文教学,无论是"字、词、句、篇"的学习,还是"听、说、读、写"的训练,都有方法可循。

仍以学生学习语言为例,其根本途径是: 以读为本,内化语言。也就是在教师的指导下,学生对范文语言的感受、领悟、积累和运用的过程。因此,语言教学必须要做到: 读进去(熟读精思,深切感悟)——记得住(积累语言,积淀语感)——用得出(积极借鉴,迁移运用)。再如阅读教学的初读感知阶段,要求正确认读,做到"六个不",即: 不添字、不错字、不丢字、不破词句、不截断、不重复。怎样才能达到这一要求呢? 教师可以让学生起先读的时候慢些,遇到课文中的长句子、难读的句子多读几遍,长期训练下去,学生便能熟能生巧。至于精读领悟阶段,熟读转化阶段也皆有方法策略可用。这里以笔者曾经执教的课文《我喜欢小动物》为例说明。该文选自著名作家秦牧的《童年二忆》之一《小动物》,课文结构层次清楚,紧紧围绕"逗弄小动物时,我做过一些有趣的事,也做过一些蠢事"来展开叙述。课文的重点是介绍蠢事的部分,生动叙述了作者小时候逗弄鳖的过程中被鳖咬的痛苦经历,点明了"愚蠢是要受报复的"的道理。在教学这一部分时,我让学生一边读,一边展开想象,同时伸出手指做动作,体察作者的思想感情和表达方式,领悟语言的运用之妙等。最后交流的时候,有的同学哭丧着脸说:"下次,我再也不敢用手去逗它(鳖)了,鳖咬人太痛了。"听那声音,就快要哭出来了,好像刚才真的经历了一场难以忍受的痛苦。更有同学迫不及待地说:"下次再逗弄鳖的时候,我会拿根小树枝。"多么绝妙的回答,学生思维的火花开始迸发。笔者以为只要方法得当,课堂教学结构合理,不但学生爱学、乐学,而且将会学,为他们的终身发展奠定基础。

三、凸显"美",享受语文魅力

"美",就是课堂呈现出的一种符合审美要求的状态,让教师和学生感觉教与学是一种享受。这是课堂教学的最高境界,也是我们孜孜追求的目标。课堂上,"美"的呈现多样而丰富,诸如教材编排之美、课文语言之美、作品人性之美,师生关系和谐之美,互动对话状态之美,情景创设生成之美,媒体制作简约之美,练习设计精巧之美等。"美"有时是朴实的,有时是华丽的,有时是长久的,有时是短暂的,它体现在课堂上师生端庄大方的穿着、简练流畅的表达、工整漂亮的板书、声情并茂的朗读,总之,美无处不在。教师不但要有发现美的眼睛,更要有创造美的意识。

和美的课堂是对传统沉闷课堂的超越。师生是和美课堂的创造者,也是和美课堂的构成者,同时又是和美课堂的享受者。因此,重视和发挥课堂教学的主渠道作用,使课堂教学成为欣赏美、生成美的一个审美过程,使学生在这一过程中达到知识学习和审美体验的双赢。

(一)在解读文本内涵中把握美

教师必须清晰地把握文本中有什么美的资源,美的因素,如何开发。除了一些表象的因素外,最重要的是能否整体地把握文本自身及其各章节、单元编排的内在科学性与目的性的美学标准,即文本编排单元间的结构美。从整体上把握、梳理这一美,关键取决于教师自身有没有审美的意识与素养。

语文课中洋溢着情感美、结构美、语言美、韵律美等,要通过文情并茂、诗画相生和各类不同艺术形象的特点来渗透。老师在执教时,要让学生寻找好词佳句,反复地诵读、品析,充分感悟中国语言文字之美。

如笔者在教学课文《但愿人长久》时,告诉学生,其实苏轼的这首词也可以吟唱。学生开始感到很惊讶。接下来,我轻放乐曲,学生一下子被优美的乐声所吸引并陶醉其中,有的开始跟着轻轻吟唱起来。“明月几时有,把酒问青天,不知天上宫阙,今夕是何年? ……”不知不觉中,刚两遍唱下来,学生已将苏轼这首有名的《水调歌头》熟记于心,更沉浸于诗人丰富的情感世界。课堂上,情与景的交融、内容与形式的有机结合、音乐对语言的烘托与渲染,使课堂就像一幅流动的画。学生沉浸其中,享受祖国语言的独特魅力,更是在享受一种语文特有的情感体验。这样的课堂,才是学生向往的课堂,也应是教师追求的课堂。

(二)在强调师生互动中体悟美

就文本的美和课堂的美来看,是纯教师去挖掘,去开发,还是引导学生一起共同开发,这取决于教育者是否具备学生立场。我以为,课堂当中,学生和老师要一起去挖掘,去开发,去体悟,去转化文本的美。作为学生应该在和美的课堂环境中,充分发挥自身的学习特点,主动学习、主动对话、主动体验、主动审美、主动超越。

(三)在师生共同创生中绽放美

有时学生在课堂中表现出来的并不一定完善,但依然有他的真实之美。有人称之为“幼拙”的美,一种充满生命活力的美。教师在教学活动的动态过程中,能有效关注与捕捉到学生中生成的资源,并及时加以有效回应,这本身就是一种教学创生之美。在这一过程中师生双方不仅是和美课堂的创造者,也是和美课堂的构成者,更是和美课堂的第一享受者。

(四) 在教学有效回应中点亮美

“回应”是教师提出问题后与学习者之间的互动,是一种新课程理念指导下课堂教学中教师的基本教学行为方式,可分为点拨式回应和评价式回应。回应的机智首先在于教师“听答”时有一颗赏识学生的心,耐心仔细倾听捕捉。“这样的思考太棒了!”“想法很独特!”这样在回应中,教师能不断增强学生学习实践的成功体验,同时有效提取学生的优质资源、转化学生的错误资源、点化学生的问题资源,来推进教学进程。其次,在于教师对教材深入浅出地解读和得心应手地驾驭。每一环节训练点和训练度做到心中有标准,评价有尺度,自然回应有力度。对学生具有个性化独特见解和多元思考,能通过追问深挖的点拨来准确放大有价值资源,通过轻描淡写的评价来弱化非有价值资源。教师在设计和实施各教学环节时,要抓住教材的重点,找准知识和审美教育的结合点,紧扣学生的兴奋点,组织好引人入胜的开头、结尾,保持课堂教学的完整、有序和节奏。教学方法艺术化,教学手段新颖,教学组织形式灵活,能让学生在美的熏陶中获得知识,获得美的享受。

评价回应多以鼓励学生创造性的应答。每当学生有独到的见解时,老师会情不自禁地夸上一句:回答得真不错,很会独立思考问题。每当孩子有与众不同的回答时,老师会及时地赞扬一番:你真有胆量,敢于表达不同的意见,说得非常好!每当孩子回答不完整、不流畅时,老师会笑着说:“没关系,想好了再告诉大家,好吗?”正因如此,我们的课堂时时处处洋溢着和谐美。教师善于捕捉情绪,用饱含真情的笔墨帮助他们“排忧解难”,让他们深切地感受到真情就在身边。教师要尽量地发现学生中闪光的火花,挖掘有价值的东西,加以充分肯定,不断激励学生走向成功。

(五) 在平等民主氛围中呵护美

课堂气氛活跃而有秩序,教师与学生、学生与学生之间始终洋溢着信任、理解,教师由衷的赞美、善意的帮助等温暖的情感与教学信息的往返作用和谐地交织在一起,这一切产生一种和谐美。教师与学生之间热爱、尊重、愉快、平等合作的师生互动的课堂气氛,造成审美化的课堂教育场,由此激发学生的学习兴趣,活跃学习思路。要建立审美化的教学环境,特别强调教师在教学过程中的情感投入。只有教师以愉快、欢乐、期待、热情的情感投入教学,才能唤起学生的积极情感,使其智力活动达到最佳状态。

教学《小企鹅和妈妈》一文时,许多学生都说小企鹅长大后要外出闯世界,可是一位学生却说:“如果我是小企鹅,我会好好地住在冰天雪地的南极,哪儿也不去。”教师让这名学生畅谈自己的意见：“我从书上了解到，企鹅有一种耐低温的特异功能，它适合在冰天雪地的南极。我曾经到动物园，看到过企鹅，虽然叔叔、阿姨给它们喂一些喜欢吃的东西，还为它们开空调，可我总觉得它们没有我在电视中看到的、那些生活在南极的企鹅开心。为什么不问问小企鹅自己是怎么想的?”教师震撼了，是呀，为什么人类总喜欢按照自己的需要来安排其他一些生命，而不问问它们自己的想法。老师还联想到教育，教师总喜欢按照自己的想法安排孩子，这同把小企鹅关在玻璃房里有什么两样？于是，受到启发的教师，利用第二天晨会时间，以平等的身份就这个问题与全班小朋友作了一次倾心的交流。

因此，笔者觉得关注真，追求善，体现美，是课堂教学的真谛所在，更是落实科学质量观、提高课堂教学实效的关键所在。

【专家点评】

“耗时多，收效甚微”，语文课堂教学长期因此让人诟病，“提高课堂教学实效，提升学生的语文素养”是当务之急。如何解决这个问题，作者基于他的研究和实践，提出了语文教学应做到真、善、美，即“遵循规律是提高课堂实效的前提，优化教育教学结构、方法和策略是提高课堂实效的保证，追求和美则是目标”。

学生身心发展规律是学习活动发生和发展必然遵循的逻辑轨道，语文学习规律则是语文学习过程中各因素间的本质联系。规律具有隐蔽性，同时也有客观性和必然性。牢记语文的本质属性，遵循学生习得语言的规律，从学生的身心发展特点出发组织课堂教学。

教学有法，重在得法。作者以阅读教学为例，反复强调“以读为本，内化语言”，也就是说课堂中应有学生朗朗的读书声，应有学生静静地阅读思考，应有学生充分地涵泳语言。

作者在文中着笔较多的是关于“和美课堂”的打造。我对“和美”的理解是“和谐之美”，因为和谐是美的最基本的属性。课堂教学，是一个立体的流动过程，它包含着多重矛盾关系，要使这个过程成为一个优化的过程，成为一个有实效的过程，就是要创造一种和谐的美。如果将文中关于这一点的内容稍加概括，那就是“和美课堂”需要在教学的流动过程中教师与学生、课堂情景与教学内容、文与道等达到高度的和谐与统一，以求实现教学目标达成的最佳效果和课堂效益的最大化。这应是我们共同的追求。（薛峰）

文本价值取向与主体独特体验的冲突及应对的实践研究

闵行区七宝明强小学　徐建国

《语文课程标准》指出:“应该重视语文的熏陶感染作用,注意教学内容的价值取向,同时也应尊重学生在学习过程中的独特体验。”然而在一线的阅读教学实践中,教师或是将文本的价值取向强势灌输给学生,或是过度尊重学生的教材解读与独特体验,导致出现偏离文本价值取向或是曲解文本的现象,有的教师甚至对学生的曲解大加赞赏,还称赞是“创新”,甚或是教师只关注语文教材的“工具性”,而忽视了教材的“人文性”。

那么,文本的价值取向与主体的独特体验究竟有何特点,两者之间存在怎样的关系,教师在教学实践中又该如何应对呢?笔者结合自己的教学实践,谈一些粗浅的认识与思考。

一、概念界定

(一) 文本价值取向

“新基础教育”理论创始人叶澜教授认为:“价值取向是人对客观事物及自己需求和利益的认识水平的反映,也是人的主观意志的体现。”“文本价值取向”,指作者在文章中所传递的对客观事物的一种态度、情感、价值观,学生在阅读中有所感悟,情感上得到陶冶,促进生命的不断发展。

1. “文本价值取向”的特点。

(1) 时代性。不同年代的教科书总是在一定程度上集中反映了国家的意识形态和时代所赋予的育人要求。在近代学校的发展过程中,尤其是义务教育阶段,教科书体现出鲜明的政治性格和阶级性格。我们从国家教育方针的演变便可窥见一斑。

如从 1949 年后培养学生“成为有社会主义觉悟的有文化的劳动者”到“文革”时期的“学工、学农、学军”,再到改革开放以后培养“四有”新人,以及 20 世纪 90 年代以后,“培养德、智、体等方面全面发展的社会主义事业的建设者和接班人”等。在这一教育方针的指引下,教科书无论是编排体例还是指导思想,都集中反映了这样的价值认同。

因此,无论从教材编制的系统性上,还是从专家或行政机构审查的权威性上看,教科书都是学校教育中最重要的载体,或是教材系列的主体部分。从这个意义上说,“文本的价值取向”首先具有一定的时代性,它在一定程度上反映了一个国家或当时社会主流的价值取向。

(2) 发展性。文本价值取向不是一层不变的,随着时代的发展与进步,它的内涵不断发展与充实。现行的教科书也被深深地烙上了时代的印痕,体现了人们新的价值追求与思考。

如现行的上海市小学语文教材,与时俱进,紧跟时代潮流,在原有的教材中增加了表现桑兰受伤以后惊人的毅力和不屈精神的故事——《微笑着承受一切》,描写刘翔在雅典奥运会上夺冠的精彩瞬间——《跨越新纪录》,记录“神舟”5 号飞船发射成功时人们无比激动、自豪的感人时刻——《梦圆九天》,体现人民子弟兵在洪水恶浪面前,为了保卫国家和人民生命财产安全而奋不顾身的抢险救灾——《大江保卫战》,等等。

叶圣陶先生当年编写《开明国语课本》的时候曾说过这样一段话:“给孩子们编写语文课本,当然要着眼于培养他们的阅读能力和写作能力……语文课本必是儿童文学,才能引起他们的阅读兴趣,使他们乐于阅读……”不难发现,叶圣陶老先生致力于“把真善美传达给学生,把爱,把正直传达给学生”,为孩子的“一生打基础”。

进入 20 世纪 90 年代以后,国家的课程标准明确指出:“现代社会要求公民具备良好的人文素养和科学素养,具备创新精神、合作意识和开放的视野,具备包括阅读理解与表达交流在内的多方面的基本能力,以及运用现代技术搜集和处理信息的能力。”

可见,在教育方针指导下的教科书,其价值取向的发展一方面是时代发展的必然产物,另一方面体现了育人的基本要求。

(3) 模糊性。文本的价值取向不同于一般的社会价值取向。首先,小学语文教材的“人文性”体现了人的精神领域的深层次表达,它的表现较为“含蓄”“间接”“模糊”,而非一针见血的直抒胸臆(当然有些作品表达得较为直接,如诗歌等);其次,学习主体先天和后天教育环境的差别,导致学生发展的差异性的客观存在。学生之间的差异性必将体现在“性向、兴趣、特长,以及学习和思维方式、认知框架与行进路线的区别”上。再次,文本的价值取向传递是通过学习主体的阅读实践实现的。因此,学习的主体——学生对文本的感知、领悟、理解的差异性客观存在,这种差异性既有个体与个体之间存在的差异性,更有个体与文本作者之间的差异性。正如人们常说的“一千个读者就有一千个哈姆雷特”!

（二）主体独特体验

学生阅读文本,总会有这样那样的体悟、认识和感受。不同的人也会有不同的理解、体验。作为一个教育学概念,“主体独特体验”是指学生在对事物(文本)的真切感受和深刻理解的基础上,对事物产生情感并生成意义的活动。换言之,体验是一种能生发与主体独特的“自我”密切相关的独特领悟或意义的情感反应。体验的结果是产生情感(有内心反应,内心有感动)且生成意义(产生联想、领悟),两者缺一不可。

第一,体验的情感性。所谓体验的情感性,是指学生在阅读文本的过程中,会产生一定的情感。“体验的出发点是情感,主体总是从自己的生活与经验,从内心的全部情感积累和现在感受出发去体验和揭示生命的意蕴;而体验的最后归结点也是情感,体验的结果常常是一种新的更深刻地把握了生命活动的情感的生成。”由于体验的情感性,所以主体在积极的体验中会形成对事物积极的态度、全身心地投入,甚至在内心与所体验之物融合在一起(即所谓主、客融合)。相反,消极的体验会使主体产生对被体验之物的厌弃、排斥、远离等态度,并与体验对象保持明确的界限。

第二,体验的意义性。体验是一种指向意义的活动,是主体确立自身意义世界以获得自我确证地位的保证。意义是对人的主体性活动的印证,它不具有那种纯粹逻辑推理的明确性,相反,它维系了人的感觉、知觉、情愫、反思和判断,成为人的总体生命体验的产物。“意义不是在体验之前或之外给定的自在之物,它毋宁说是主体在体验中通过主体客体互动而获得的,意义的深度标明主体的深度。”对主体而言,体验不是一种盲目的生命形式,也不仅仅是情绪的组合,它始终与意义伴生,是一种融知、情、意为一体的生命形式,是情感活动与理智活动的统一,尤其是一种寻求意义、赋予意义的精神活动。

体验的生成是意义的瞬间生成,是产生于个体心灵的、动态的、以意义为指归而臻达悦志悦神境界的一种心理历程。生命在体验中产生瞬息感悟,以对生命意义的把握而超越时空的阈限,从而以本真之心触摸到生命的真谛,体验与意义的相遇,是个体生命挣脱无意义纠缠的一种形而上的表达形式,这种表达形式的完美状态即是高峰体验。体验总是同生命的意义问题相伴生,或者说,体验本身就是追问生命意义的一种表达形式。所以,体验是个体生命形式的一种审美表述,又是世界、意义与个体生命的一种结合形式,是人向自由的完美生成。

第三,体验的亲历性。体验的主体性同时意味着体验的亲历性,不亲身经历体验的过程,主体是不可能形成某种体验的。体验的亲历可以是实践层面的亲历,即主体通过实际行动亲身经历某件事,包括主体扮演和不扮演客体的角色两种情况;也可以是心理层面的亲历,即主体在心理上、虚拟地"亲身经历"某件事,包括对别人的移情理解和对自己的回顾和反思。

当前,强调学习者的直接经验,强调让学习者学会关心,强调学习者的自我调节,已成为课程改革的重要取向,比如有人提出体验课程观,有人提出体验教育,还有人提出体验式教师培训,这些归根结底都是在强调学习者的亲历。

第四,体验的模糊性。学生对文本的体验常常是模糊的,知其意而难以言表。文本价值进入主体的潜意识,蛰伏于内心深处,起着潜移默化的作用。

同时,主体从体验中获得的丰富的内心感受,对不在场的另一主体而言,有些成分是可以言说的,有的则只能意会、不可言传,具有缄默性。如审美体验就是这种情形,主体在欣赏和享受美的时候,伴随着紧张剧烈的内部活动、丰富活跃的想象、热烈欢快的情感,产生的是深层的、活生生的、令人沉醉痴迷而难以言说的特殊的内心感受。因为学生对文本体验的模糊性,所以在课堂教学中,教师要创造更多的机会让每一个学生走进文本,静心体悟。

(三) 两者关系

文本的价值取向是主体独特体验的前提和基础。主体独特体验是文本价值的拓展和延伸。两者相辅相成,互相统一。

二、文本价值取向与主体独特体验的冲突表现

(一) 历史和现实的冲突

人类在不同的历史发展时期,总会形成一定的主流社会价值取向。文本的价值取向代表了一定时期人们的价值判断与社会认同,具有一定的时代性。但是,作为相对静止的文本价值取向总是或多或少地滞后于社会的动态发展,人们的价值取向在一定程度上总是具有一定的超前性。体现在课堂上,常常会出现当前主流的社会价值取向与历史的价值取向存在一定的不可调和性,有时甚至是对立的。

(二) 个体和群体的冲突

个体先天和后天教育环境的不同,他们的性格、兴趣、经历、心理等的差异客观存在。当不同的学生个体从"自我"的角度去看世界,常常会出现不同的声音。这一冲突一方面体现了学生个体对现实世界的认知不足;另一方面体现了学生个体与社会群体的融入度不够。这种冲突总是客观存在的,缩小这种冲突行之有效的办法就是走进社会,融入社会,适应社会。

（三）个体与文本的冲突

课堂上，个体与文本的冲突常常体现在主体不能准确地理解作者的创作意图、目的，抑或是迷茫困惑，不知所云；抑或是浮于表面，未及深意；抑或是人云亦云，缺乏自我；抑或是断章取义，曲解文本。造成这一现象的原因有很多，其一，作为阅读实践的主体——学生的认知水平、社会阅历、人生态度等与作者存在较大的差异；其二，作者的价值取向体现于文本之中，本身就是隐性的，模糊的，是只可意会不可言传的。这也在一定程度上造成了学生阅读实践的难度，需要学生必须有一定的阅读积累，较强的语感，才能实现文本价值取向的顺畅“输出”。

（四）教师和学生的冲突

作为课堂教学的两大主体，教师和学生在知识、经验、志趣、兴趣等上的差异是客观存在的，因此，课堂教学中，教师和学生对于相同文本的不同感悟、理解的差异也是客观存在的。这种客观存在的差异恰恰成为课堂教学的资源，成为学生不断探求文本价值取向的源源动力，成为教师引领课堂教学的有效载体，课堂教学正是在不断的冲突中重组、推进。学生的思维也正是在不断的冲突中发展、提升。

三、课堂教学中主体独特体验的几种现象

（一）“被体验”

所谓“被体验”，指阅读教学中，学生对于文本的价值取向并没有感受到，教师硬将文本所传递的价值取向塞给学生。

这种现象在日常的教育教学实践中屡见不鲜。课堂上，教师满堂讲，满堂灌，让学生死记硬背答案，而忽视学生学习能力的培养，目的只有一个——应付考试。课后，虽然学生都能“对答如流”，但是自身并没有深刻地理解课文内容，引起心灵上的触动，情感上的震撼，思想上的升华。因此，学生的记忆是短暂的，学生的知识、情感、态度、价值观也不会随着知识的积累而逐渐增加、积淀。长此以往，学生的积极性、求知欲将被渐渐“刨光”，课堂上缺少生命的活力，智慧的火花。

造成这一现象的主要原因是教师急功近利的思想较为严重。课堂上，忽视学生的主观性、能动性和创造性。急于完成教学目标，只把学生当作接受知识的容器，忽略了学生作为学习的主体自身发展的需要。

（二）“假体验”

学生对文本价值的“假体验”，主要指课堂上，学生在教师的诱导下，为了迎合老师，反复揣摩、猜测、提供教师所要的答案，而抛弃自己对文本的真切感受、体悟。

这种现象,表面上看教师和学生课堂上是"心有灵犀",一呼一应,相得益彰,效率很高,实则是一种虚假现象。这种虚假现象的背后本身隐含着教师对课堂的独霸,对学生个体生命成长的漠视。这样的课堂锻造的是一批没有自我主见,喜欢察言观色,见风使舵的未来一代。

学生个体缺乏自我意识,必然缺少自己对自己的信心。学生在学习、做事、生活中将会畏首畏尾,顾虑重重。学生的关注点由自己变为他人,学生的学习重点由"三维目标"变为如何迎合他人。

(三)"超体验"

所谓"超体验",旨在日常的教育教学中,个体对文本的价值认识、领悟已经远远超出文本,有了更深层次的思考。

对于文本的体验,能立足于文本,又超越文本,这样的学生不多,但是"超越文本的体验"常常让教师在课堂上措手不及,不知所措。教师对于这部分学生的感受、认识,要么予以肯定,要么不予评价,要么持否定(或怀疑)态度,打击学生的积极性、求知欲。

之所以这样,一方面是教师备课不够充分,自身没有读懂、读透教材。课堂上,对于学生超越文本的体验自然拿捏不准。另一方面,教师对班级学生的研究也不够深入,班级里哪些学生较聪明,学习能力较强,他们对文本的解读可能会有哪些不同的看法等,教师准备不足。

四、文本价值取向与主体独特体验冲突的应对策略

(一)树立一个理念:差异即资源

课堂上,学生对文本价值取向体验的差异性的客观存在,是必然的。有人说,学生情感体验与文本的价值取向之间的差异,就是语文教学落实人文素养的空间与落脚点。

教师要正确地认识和对待这种差异,允许出现这种差异。因为学生体验的差异也是一种资源,对于这种生成性的错误资源,教师要能够及时地捕捉、引导、重组,巧妙地进行课堂教学的推进,有时会得到意想不到的效果。

如笔者曾听到这样一节课,一位教师在执教五年级课文《半截蜡烛》时,教师组织学生交流课文怎样表现主人公的机智勇敢,有一位学生突然站起来说了一句:"英雄难过美人关!"立刻全班哗然,全场惊叹,但是这样说显然是不合适的。对于这一生成性的资源该怎样利用?大家静静地等待着。教师很智慧,愣了片刻,说:"说得好!不过我们来分析一下,这里的'英雄'指谁?'美人'指谁?"学生异口同声地说:"'英雄'指德国军官,'美人'指小女儿。"教师接着反问:"德国军官说是英雄合适吗?"学生被这一问,也愣了片刻。但马上一想,发现这样说明显不合适,于是有的学生站起来说:"德国人是侵略者，说是英雄肯定不合适。”其他的学生也恍然大悟。显然，教师并不满足于此，他接着问：“那么，到底是谁难过谁的关呢?”学生的情绪立刻高涨起来。思维的阀门瞬间打开。有的说：“狗熊难过美人关!”有的说：“德寇难过女儿关!”至此，老师和学生都感到松了口气，从内心佩服教师课堂上过人的教学智慧，精湛的教学艺术，更感受到文本价值取向在学生内心融化的过程是那样巧妙。

（二）坚持一个原则：正确解读

俗话说，备好课是上好课的前提和基础。作为课堂教学的组织者、引导者、评价者——教师，在上课之前，必须要深入地钻研教材，吃透教材，准确、正确地解读教材，做到上课前对文章的篇章结构，谋篇布局，创作意图了然于胸，文章的行文之道，语言特点，词句表达历历在目。这样，上课的时候，才不会“脚踩西瓜皮，滑到哪里算哪里”。课堂上，学生对教材解读不够深刻，或准确的时候，教师能及时地发现、纠正、引导。

如笔者在听《狐假虎威》一课时，教师在课堂上问了这样一个问题：“你认为这是一只怎样的狐狸?”有的学生说狐狸非常聪明；有的学生说狐狸非常狡猾，有的学生说狐狸非常会耍小聪明，还有的学生说这只狐狸非常了不起，居然把“森林之王”——老虎哄得团团转。

面对学生们的精彩发言，此时的教师显得束手无策，明知说狐狸是聪明不对，但又不知该如何引导。所以干脆西瓜芝麻一起捡，把发言的学生都表扬了一番，这样的课看似热热闹闹，学生实则没有一点进步。课堂上，撇开文章的价值取向，甚至与作者的价值取向背道而驰，学生的价值判断、理解和欣赏能力毫无长进。

（三）养成一种习惯：充分预习

我国著名作家巴金说过：“孩子成功教育从好习惯培养开始。”俗话说，有了一个好的习惯，就等于成功了一半。对于正在成长中的孩子，有许多的习惯需要养成，比如读书的习惯、提问的习惯、守时的习惯等，这些习惯，需要教师针对学生的年龄和心理特点逐步培养。

学生对文本价值取向的准确把握的能力也不是一蹴而就的，也有一个渐渐养成的过程。养成课前预习的习惯，充分地感知文本，了解文本的大致内容，可以更好地帮助学生理解课文内容，体会作者表达的思想感情。实践越来越证明，学生课前对教材预习的充分与否直接关系到课堂教学的效率。学生课前对教材预习得越充分，课堂学习的效果就好；反之，课堂教学推进就存在困难。

课前预习首先是让学生充分地感知教材，即朗读课文，做到正确朗读，字字音准,文通句顺。所谓“正确”,即做到“六个不”(不错字,不添字,不漏字,不唱读,不顿读,不回读)。在此基础上,再让学生归纳课文主要内容,圈圈画画,质疑问难,完成书后的练习等。没有对教材的正确认读,充分感知,学生对作者的写作目的和思想内涵感悟只能是囫囵吞枣,甚至会张冠李戴。

如上海市二期课改教材二年级语文有这样一篇课文——《狮子和山羊》,教师在学生初读课文后提出了这样的一个问题:“同学们,你觉得狮子、山羊和豺狗给你留下了怎样的印象?”

学生们积极开动脑筋,有的说山羊是勇敢的,有的说山羊很聪明。学生说完后,教师加以了肯定。接着,有的说狮子很胆小,有的说狮子很愚蠢。教师听了很满意。最后,当有个学生说豺狗很聪明的时候,教师突然愣了一下,也许这个答案是她所没有想到的,但是,教师马上调整了过来,反问学生:“豺狗我们能说聪明吗?”学生们一下子意识到了老师的意思,纷纷改口说“狡猾”。教师听了,马上在黑板上写下“狡猾”二字。这样,教师预设的三个答案全部都在黑板上了。

这便是典型的学生对教材不熟悉的表现。文中的豺狗确实是很“聪明”的,因为他一下子便识破了别人的诡计。但是,教师恰恰没有抓住教材中的有关语句细加分析,便草草下结论。

(四)把握一个尺度:回归真善美

课堂教学中,不同的学生对同一文本的理解差异客观存在。教师不必“唯书唯参”,特别是语文学科是一门综合性很强的学科,教师不必过分地追求答案的唯一性、标准化。只要学生对文本的品味、领悟是深入的、独特的,符合真善美的要求,也未尝不可。

如笔者曾听到这样一节课,有一位教师在执教五年级课文《瑞恩的井》时,让学生对文中的瑞恩做个评价。有的学生说瑞恩是个善良的孩子,有的学生说瑞恩充满爱心,还有的学生说瑞恩是个有毅力的人。从学生的表述看,都是有一定道理的。这些回答不难看出,学生已经走进文本,走进作者的心灵,对文本价值取向有了较为深刻的自我解读。这样的解读符合文本的价值取向初衷,这样的解读符合人们的审美要求,体现了人性之美。

(五)营造一种氛围:平等交流

从某种程度上说,课堂教学的过程就是对话的过程。是师生之间、生生之间、学生与文本之间的对话过程。课堂上,教师积极引导学生把对文本的理解、感悟,通过语言的形式表达出来。一方面进行语言文字的训练,另一方面借助语言表达,互相沟通,互相促进,达到信息共享,共同提高的目的。

学生课堂上的交流是彼此心灵上的沟通。其首先需要学生个体获得一种心理安全感。课堂上,教师积极创造一种平等、和谐、安全的交流环境是学生加深价值理解,对文本价值取向逐渐明晰的过程。每一个学生课堂上都能够想说,敢说,达到知无不言、言无不尽的境界。借助以说促悟,以悟促内化,实现文本价值与学生内心世界的顺利对接。

为此,教师必须要打破课堂上“一言堂”的现象,改变课堂上只有少数学生撑台面的“明星现象”,由满堂灌、满堂问改为积极引导学生参与到课堂中来,真正把课堂还给学生,让学生成为课堂的主人,让课堂充满生命的活力。

（六）锤炼一种能力：品词析句

文本的价值取向更多的时候不是外显的,它隐含于文章的字里行间。学生对文本价值取向的把握最直接的、最有效的方法就是细读文本,品词析句。细读文本是层层剥皮的过程,是去粗取精,去伪存真的过程。课堂上,学生只有抓住那些重要的细节描写,诸如人物的语言、动作、神态等的描写,才能走进人物的内心深处,才能较为准确地体悟主人公内心丰富而复杂的思想活动,才能感受作品的精彩。

如课文《父亲的谜语》,通过多次描写父亲的眼睛,为我们展现了一位饱经风霜、深深地爱着自己孩子的父亲的形象。

父亲眯起眼睛看着我,悠悠地念着他的谜语。

再盯着父亲的眼睛瞧,觉得他那双笑眯眯的小眼睛也和夜空一样深邃、神秘。

父亲笑着说:“你再听啊——”他把眼睛闭上,“晚上关箱子。”又把眼睛睁开,“早上开箱子。”父亲把眼睛凑近我,“箱子里有面小镜子。你仔细看看,镜子里是不是有个细妹子?”

每当我噘起了嘴巴……笑眯眯的眼睛一张一合……

这些句子只有通过学生深入地朗读,边读边想,边读边悟,才能感受到浓浓的父爱。

而有的文章则需教师引导学生抓住人物的动作和语言描写,去细细品味,才能有所收获。

如课文《看不见的爱》,对母爱的描写便非常有特点,文中有这样几段关于那位母亲的描写：

那位妇女坐在草地上,从一堆石子儿中捡起一颗,轻轻递到孩子手中,安详地微笑着。

他母亲对我笑了一笑。“谢谢,不用!”她顿了一下,望着那孩子,轻轻地说,“他看不见。”

“我告诉他,总会打中的。”母亲平静地说,“关键是他做了没有。”

他母亲并没有说什么，还是很安详地捡着石子儿，微笑着，只是递的节奏也慢了下来。

这几段看似平常的几段话，却将这位平凡而伟大的母亲刻画得细致入微。课堂上，如果教师不抓住“轻轻”“递”“捡”“安详”等表示动作、神态的词语引导学生细细品味，其中蕴含的深刻的思想内容学生便无从谈起。学生对文本的主观体验便如无本之木，无源之水，缺少前提和基础，失去体验的价值和意义，当然，文本所要传递的信息学生也无法深刻体会到。

文本价值取向和学生的主体独特体验是相辅相成的，两者共生共长。课堂上，教师如果能胸中有教材，心中有教法，眼中有学生，遵循课堂教学的规律，从学生的身心特点出发，便能处理好两者的关系，充分发挥文本的价值取向在学生人文素养提升方面的作用，滋润学生的心灵，启迪学生的智慧，激发学生积极的情感体验的形成。

【专家点评】

《语文课程标准》指出：“注意教育内容的价值取向，同时也应尊重学生在学习过程中的独特体验。”正确把握文本的价值取向，进行多元化的解读，是新课程有别于传统语文教学在文本解读层面的一种重要转变。

“文本价值”和“主体独特体验”两者之间的关系挺复杂，有时相辅相成，有时则互为冲突，在课堂教学实践过程中往往会让教师感到棘手、难以处理。作者以两者之间的冲突关系为研究对象，具有较强的现实针对性。如何处理好这两者之间所存在的矛盾冲突，课题在清晰阐明概念内涵的基础上从“历史和现实”“个体和群体”“个体与文本”“教师和学生”四个方面对于冲突的表现进行了较为全面的归类。由于多层面“冲突”矛盾点的存在，在课堂教学中学生的主体独特体验往往会被“架空”，作者根据学生体验的不同层次归因分类为“被体验”“假体验”“超体验”三种。如何解决这两者之间存在的冲突，在应对策略模式中，作者首先认同这种冲突所存在的合理性，提出应树立一种观念，将差异转化为有效的课堂资源；其次，当学生与文本之间存在一定距离时，教师首先应正确把握好文本的解读，但这并不意味着学生可以“不作为”，应借助课前预习，充分感知教材，逐步养成把握文本能力；当对于文本解读的尺度拿捏存在困难时，符合“真善美”要求可以作为一种基本取向……以具体的案例佐证策略提出的合理性，相应的观点具有可证性与可操作性。

合理把握文本价值取向与主体独特体验之间的冲突，对于课堂教学有着重要的现实意义。（薛峰）

旧枝吐新蕊　老课文焕发新光彩

——浅谈老课文的读写新尝试

奉贤区解放路小学　徐柳花

我国语文教材在编写时具有很强的时代感并兼具开放性,在一次次选择中,独树一帜的经典老课文成为了每一个时代智慧的烙印,它们不朽,亦不可复制。

在现行沪教版小学语文教材之中便有不少老课文,但在教学对象的年龄、教学目标、重点和难点上都作了新的调整。随着"充分关注表达,提升言语素养"的理念日渐深入人心,老师们都逐渐意识到只有充分关注文本的表达,才能保障语文课的语文特性,才能使语文教学有章可循,才能真正培养学生的语文素养,使语文课堂教学真正产生高效。那么,又该如何打破思维定式,转变解读视角,深入挖掘课文价值,优化教学方法,让老课文焕发新光彩呢?

一、聚焦语言,转变解读视角

(一)依据对象变目标

教学对象的变化意味着教学内容的相应变化,那么老师在解读老课文时,也应该依据其在整个小学阶段所处位置的变化,所面临的学生年龄特点、学习基础的改变,依据对象制定目标。

例如《我爱故乡的杨梅》原是沪教版三年级描写状物类作文的范文,因其结构清晰,脉络分明,可以算作学生习作的典范。经二期课改后修订,本文成为二年级第二学期的一篇课文。对于二年级学生而言,如果还是将课文的重点落在文章结构的梳理,体会写杨梅树与写杨梅之间的关系显然不合适了。那么,老师就要多揣摩作者是如何具体描写杨梅,如何通过比喻句、拟人句等句式写出杨梅的颜色、形状、味道。

(二)依据要求变重点

重新教学老课文,就应该有意识地转移关注的重点,与内容分析式的阅读说再见,把更多的目光聚焦到语言形式上来,"充分关注表达"已逐步成为教师们的共识,是当今语文教学最基本的教学内容。教师要有目的地感知、揣摩文章在篇章结构、表达形式、遣词造句,甚至是标点运用等方面的特点和作用。

如《赵州桥》中的过渡句“这座桥不但坚固,而且美观”是全文的主线,但不能仅停留于引导学生了解前文介绍桥的坚固,后文介绍桥的美观,更要让学生理解:赵州桥虽然兼有坚固与美观的特点,但作为建筑物来说,首先应该保证什么?从而找出全文的重点段,感悟文章合理安排详略的构思巧妙,在此过程中,自然而然地就把握了文本内容,感悟了文本主旨,体会了文本情感。

又如低年级的传统课文《小壁虎借尾巴》,二至四自然段描写了小壁虎分别向三种小动物借尾巴的经过。以往,教师通常把重点落在了解小壁虎向谁借尾巴的过程,从而知道各种动物尾巴的特点,但是对于低年级学生而言,句式训练是促进语言能力提高的重点。那么再看这篇课文,三种动物分别是这样拒绝小壁虎的:“不行啊,我要用尾巴泼水呢!”“不行啊,我要用尾巴赶蝇子呢!”“不行啊,我要用尾巴掌握方向呢!”这三句话不是简单的句式重复,而是运用恰当的动词,将小动物不借尾巴的原因说得非常清楚,是对低年级学生进行语言训练的最佳范例。

（三）突破难点多比较

老课文之所以成为经典,自然是因为这些课文或是遣词造句,或是构段形式,或是谋篇布局,可以作为学生学习的样本。但是,这些课文散落在各个年级、各个单元中,教师也就习惯性地一篇篇地往下教。其实,把这些课文放在一起比较,不难发现有许多关联之处,不失为突破读写难点的出口。所以,教师应该“瞻前顾后”,将有关联、可比较的课文合理组织着看,为学生更好地掌握知识、培养能力奠定基础。

如五年级第一学期中有两篇课文《快乐的杉树林》和《烟台的海》的语言形式十分相似,都是总分总结构,都是按照四季的变化顺序写的。那么,教师重组课文,前后联系,从而发现一些基本规律,这是孤立地去看某一篇课文很难达到的效果。

这两篇课文有相同处,也有不同处。《快乐的杉树林》中的第二至第四小节,每一节都是先写杉树林的变化,再写我们在杉树林中的玩耍。那么在教学时就不能逐一学习,而应该将景色和玩耍两部分各自串起来,再分开来,最后三小节串起来地“揉读”,引导学生品味语言。《烟台的海》文中多处描写大海的句子不尽相同,各有特点,如果整合起来品读别有一番滋味:冬天的海壮观,像猛兽扑向堤岸;春天的海调皮,像孩子奔向岸边;夏天的海温柔,像少女水平如镜;秋天的海平实,像渔家忙碌海中。因为景象的不同,所以作者所用的比喻、动词也不同,那么就要引导学生比较分析中领悟如何合理、形象地遣词造句。

二、灵活训练,促进语言生成

(一)经典语句积累,丰富语言积淀

老课文大多出自大家之手,语言文字准确、精美,是现代汉语的典范,是许多课文不能及的。所以,老课文中的许多语句值得学生积累,也适于学生合理运用。教师要着力引导学生将领悟学过的优美词句储存到自己的脑海中,多鼓励学生经常在自己的记忆仓库中进行"提取",用以表达,从而"温故而知新"。

如《林海》是一篇写景的文章,作者老舍先生用生动形象的语言具体描绘了我国东北大兴安岭美丽的自然风光,尤其是描写林海"绿"的句段让人忍不住一读再读。同样,《桂林山水》中的漓江水至静至清至绿,学生们在熟读成诵间体味着其中的韵味。那么,在学习新课文《穿越维也纳森林》时,先让学生欣赏维也纳森林的图片,再要求学生用上《林海》《桂林山水》中学过的语句说说维也纳森林的"水清林绿"。学生们果然就用上学过的优美词句,把话说具体了。

这样,老师让学生在回答问题时有意识地记忆、运用这些优美词句,日积月累,学生们就能成为语言的富翁,说话时,好词好句就会脱口而出,语言的素养就会自然提高。

(二)经典语句仿写,训练表达技能

一篇篇文章是作者情绪、思想的体现,尤其是老课文之所以能历久弥新,因为作者在表达情感时有表达的技巧手法,有表达感情的思路。这些技巧和思路正是可供学生模仿和学习的经典。教师要从老课文里精心选择一些经典的语言材料,使它成为学生进行语文实践的"模板",学生可以进行"剥样"。

如《悉尼歌剧院》的第三小节中从不同角度想象描写了悉尼歌剧院独特、美丽的外形,那就可以借鉴这种"不同角度分组描写景物"的方式进行练笔:"黄山的山石有趣极了！瞧,那座山像________,又像________,再仔细一看,更像________。"

如《开国大典》中的多处场面描写十分精彩。在学生品悟积累的基础上,就可以引导学生借鉴场面描写的手法,写写"阳光伙伴"比赛的一刻:"随着裁判员的一声令下,运动员们________________。"

如此让学生自由进行仿说句段、模仿手法,学生对语言特点掌握了,那运用起来就自如了,表达能力也提高了。

（三）经典章节重构，拓展训练思维

老课文给老师和学生留下了许多可利用和开发语文学习资源，或是事件情节之间的跳跃，或是人物对话和动作中的省略，或是故事结尾的戛然而止处……教师就可以调动学生的间接和直接经验，把他们引入丰富多彩的生活情境、语言环境和想象意境，进行重构。

例如《繁星》中描写了作者“三年前在南京时”与“如今在海上”，及“和繁星相对时”的情景，那么这三年中，作者又是怎样与繁星相处的呢？这正是课文的空白之处，也是帮助学生理解作者对繁星的感受微妙变化之处。教师就可以引导学生说说：“我每晚都和繁星相对。每当我________时，________；每当我________时，________。”如此，学生就在这意犹未尽的部分自然而然地体会到作者和繁星从亲密到知心的变化，也借助这种方式提高了语言表达能力。

例如《完璧归赵》一文中有这样的句子：蔺相如知道秦王没有诚意，上前几步，说：“这玉虽好，可是也有瑕疵。让我指给您看。”老师就引导学生读读前文，看看后文，说一说：“此时，蔺相如在想什么？”话音刚落，学生们就积极思维，联系上下文说出了蔺相如缜密的思维，自己的表达思维也逐渐严密起来。

综上所述，正如叶圣陶先生所指出的：“语文教学所当着眼的不应只是故事的开端、发展和结尾，应是生字难句的理解和文章方法的摄取。”面对老课文，教师也要在钻研文本、构思教学时，重新思考，既让学生把握文本内容、感悟文本主旨、体会表达情感，又要让学生关注领悟文本在表达方式上的特点、作用和效果，让“旧枝吐新蕊”，老课文焕发新光彩！

【专家点评】

这是一个提醒。特别是教了几年书的语文老师，拿到现行的教材，总会碰到“几张老面孔”，即老课文。由于思维定势的缘故，习惯上总将这些老课文按照老套路、老方法去教给学生。这固然也有合理的地方，但与语文教学的新理念、新要求却相差甚远。作者提醒得好，针对老课文，教师要转变解读视角，优化教学方法，焕发新的光彩。

这里也有方法。老课文要“吐”出“新蕊”，话是不错的。但老课文自己是不会主动吐“新蕊”的，这就需要语文老师运用创新思维，细读文本，对老课文的价值深入挖掘，再度开发。作者在文中列举的“依据对象变目标”“依据要求变重点”“突破难点多比较”等方法可以说是让老课文吐出新蕊的好方法。（金哲民）

在小学中年级语文教学中有序强化句段训练的策略研究

奉贤区解放路小学　徐柳花

一、研究概述

（一）研究背景

《小学语文教学大纲》提出："作文是学生认识水平和文字表达能力的体现，是字、词、句、篇的综合训练。"小学生的作文不同于作家的文艺创作，也不同于科学家写学术论文和专著，而是一种习作，是学习用词造句和谋篇布局的基本功，初步掌握运用连贯的书面语言的能力，目的是进行日常的交际。

学生的语言形式是随着思维的发展变化逐步提高的。低年级学生的思维还处于感性认识阶段，这个阶段主要以识字教学为主，引导学生说几句完整、连贯的话。中年级学生的思维进入从感性认识到理性认识的过渡阶段，语言方面的训练以段的训练为重点，掌握语法结构。高年级的思维进入理性认识阶段，语言训练则以篇章结构为重点，习得语言的功能性体裁。

由此，小学低中高三个学段要经历写句、写段、成篇三个阶段的作文训练序列。其中，中年级作文训练肩负着承上启下的训练任务，属于过渡阶段的训练。所谓"承上"就是承接低年级的句子训练，继续训练把句子写完整、写生动；所谓"启下"，就是通过进行片段训练，为高年级以后的成文训练打下基础。

然而，从实际情况来看，很多教师没有正确认识到这个过渡阶段的重要性，渐渐淡化了句段的训练，直接进入写篇环节，从而硬生生在学生的写句练习与成篇练习之间划了一道难以跨越的鸿沟。很多学生缺少基本的写作技能，思维混乱，语句不连贯，总是不能准确地、完整地表达自己的思想。究其原因，一是教材缺乏系列性的层次递进的习作教学要求，训练的要求比较笼统。二是教师在教学中指导无规则，训练目标无层次性，训练重点无渐进性，导致教学效果大打折扣，学生能力提高较迟缓。

有关专家对作文教学进行了一些理论上的探索与研究，尤其是 1978 年起，全国各地小学作文教学的研究开始活跃起来。如中央教育科学研究所张田若同志的“作文分步训练”，山东烟台的李昌斌、马兆铭等同志在此基础上的“四步走”，即说话训练、写话训练、片段训练、篇章训练，各个阶段有各个不同的发展思维和发展语言的具体任务。又如上海市的吴立岗、贾志敏等同志的“作文素描训练”，以观察实物为途径，以片段和简单的篇章作为形式，将描写和叙述结合起来反映周围生活的记叙文训练。吴立岗又在素描教学的基础上，提出了运用系统方法研究并拟定了比较科学的小学作文教学体系。还如广东省特技教师丁有宽的“读写综合的训练”，其特点是把作文知识和训练结合到讲读课文的过程中进行。

这些探索都注重将发展语言同发展思维结合起来，注意把训练计划细目化，实现训练的操作化，很有借鉴意义。但是，这些研究依然没有全面考虑到中年级的特殊地位——过渡阶段，句子（句群）训练是低年级到中年级的延续，要继续习得不同句型表达不同的情感。构段训练要合理选择符合中年级学生认知能力的构段形式，要通过不同途径激发学生兴趣、丰富学生的表达内容。另外，这些研究也没有和现行的教材密切相关，对一线教师的教学形成了阻碍。

为此，我们经过反复论证，以“在小学中年级语文教学中有序强化句段训练的策略研究”为课题，根据小学生作文能力形成的客观规律，按照小学语文教学大纲的要求，结合现行教材，编拟小学中年级句段训练重点，有序强化句段训练，夯实学生作文的基础。

（二）研究概述

本课题根据学生的认知规律、心理特征，依照新课程标准，构建依托教材的小学中年级句段训练序列，准确把握训练内容，明确训练思路，合理选择形式，探索如何有序提高学生写句、写段能力的方法和途径，以此提高学生的语文素养。

本课题采用“发现问题——提出问题——设计方案——实施方案——解决问题”的实践研究模式，主要采用“行动研究法”，结合“文献研究法、调查研究法、经验筛选法、实践反思法”等研究方法，通过学习“有序教学”“句段训练”等相关理论，研读、领会课程标准的要求，调查、分析本校语文中年级教师、学生在句段训练方面存在的弊端，在不断的实践、探索中，积累、总结出改善这些现象的教学策略。主要研究过程如下。

1. 前期研究阶段。

（1）调查分析，了解现状。只有在教学中发现问题并致力于解决问题，教师才会有研究的动力。本课题组设计并组织开展了“小学三年级学生句段能力问卷调查”，发现很多学生缺少基本的写作技能，思维混乱，语句不连贯，总是不能准确地、完整地表达自己的思想。以此为依据,作出相应的整改。

(2) 学习理论,统一思想。教学效率的提高,有效教学目标的实现,是各种因素发挥整体效能的过程,这就迫切要求教师加强学习有效教学理论。课题组成员通过查阅书籍、网上搜索等手段,深入了解了作文教学在课程改革进程中的变化,认识到有序训练学生句段能力的重要性。同时,仔细研读小学语文新课程标准,尤其是对三年级作文的相关要求及教学理念,把有序提高学生表达能力置于教育观念的改造的系统中来观照。

2. 制定方案阶段。

这一阶段是在前期调查研究、学习的基础上,设计了本课题研究的方案,制定了明确的研究目标,选择了研究的范围,规定了课题研究的原则,预设了相应的研究途径、研究策略等内容,细化了研究操作步骤。根据组内研究人员的情况,将各阶段的研究工作进行了明确的分工,把本研究放到有形、有效的环境中来实践。

3. 方案实施阶段。

为了使课题研究扎实深入,这一阶段根据方案中"在小学中年级有序强化句段训练的原则、途径、策略"的构想进行课堂教学实践,并探索有效的教学策略。通过行动研究,实践、验证、筛选预设的策略,并加以修正与补充,总结出行之有效的教学策略,以进一步推广与运用。

4. 研究总结阶段。

这一阶段是在实践研究的基础上,进行科学总结,梳理研究成果,对有序强化句段训练的策略进行提炼、归纳,完善研究成果,验证研究效果,撰写课题研究中期报告。

二、研究成果

(一) 理性认识

1. 句段训练体现阅读的双向心理过程。

语文教学中的发展性阅读是一种"双向"心理过程。首先是从语言文字到思想内容。读一篇文章,先感知文字,从字词到句子,从句子到段落,从段落到全篇,逐步读懂,并进一步把握文章的基本观点或中心思想,明确作者的写作意图。这是由文字到思想,由形式到内容,由部分到整体,由现象到本质的心理过程,侧重于理解。其次是从思想内容到语言文字的分析过程,研究怎样围绕中心选择材料,剪裁取舍,谋篇布局,遣词造句等,是从思想到文字,从内容到形式,从整体到局部,从本质到现象,侧重于运用。这个"双向"过程密不可分,前一过程是后一过程的基础,后一过程是前一过程的延续和提高。

这个"双向"过程融读写指导于一体,读为写提供成功的语言范例;写是读的效果的检验和反馈,使读写结合成为可能。学生能否进行仿写的决定因素是对仿写结果的期待,而片段习作正是有时间短、见效快,结果易见的特点,必然成为读写结合的基本形式。片段习作能缩短由读到写的过程,加速语文知识的理解及运用,并在运用中转化成学生的基本技能,成为知识向能力转化的捷径;片段习作能促进阅读"双向"过程的紧密结合,保证阅读过程的完整性。通过片段习作,强化阅读的双向过程,使阅读和写作相互促进,共同提高。

2. 句段训练提高学生的认知表达水平。

根据写作学原理,学生作文的经历双重转化。首先是客观事物,现实生活向认识主体的转化。它依据"反应论"原理,能动地、本质地、真实地将现实生活、客观事物转化为学生的认识(观念和感情),这是由事物到认识的第一重转化。然后是作者的观念、感情向文字表现的转化。它要遵循"表现论"的原则,有理、有物、有序、有文地将作者的意识、情感转化为书面语言,这是由认识到表现的第二重转化。

句段训练在学生作文的双重转化中其有特殊的意义和作用。首先,句段训练的内容往往是学生的生活经验或通过其他途径获得的间接知识经验。通过句段训练,能促进学生对这些直接或间验的经验进行再现、整理、归类、储存,积累生活素材和写作题材,这样就能效地实现写作的第一重转化,在反映现实中积累生活印象,在写整篇文章时就能左右逢源,落笔成文。同时,学生通过句段训练科学地持续地思考,反映现实生活,能锻炼学生的认识水平,更精确真实地反映客观现实。其次,句段训练要求学生在再现、整理直接或间接的生活经验时,进行简单的创造性加工,其实就是在演练某种语言表达技巧。通过科学有序的句段训练,许多种单一的语言表达技巧,能在学脑中逐步实现自动化,能恰当地综合运用,为实现学生写作的第二重转化奠定基础。这种循序渐进,由浅入深的作文基本功训练,能有效地提高学生的语言表达水平。

3. 句段训练生发学生的兴趣和积极性。

小学生具有较强的模仿性,他们喜欢模仿也善于模仿。句段训练的主要形式是照着范文仿写,降低学生写作起点,在语言理解与使用间架设模仿的桥梁,使学生认为写作是易行的事,从而激发学生的写作兴趣。

小学生还具有强烈的发表欲,他们迫切想把自己的所见、所闻、所想告诉别人;同时他们还具有较强的表现欲,急于在同龄人或老师、长辈面前表现自己的知识和能力。片段习作很自然地成为他们发表的场所,表现的工具。在句段训练的教学实践中,我们能通过学生的写作片段更多地看到他们的五彩缤纷的童心世界和流畅而富有创造性的表达。

学生对作文是畏怯的,普遍存在着习作障碍心理,害怕作文,甚至厌恶作文。克服学生习作障碍心理的方法有多,句段训练是一种实际有效的方法。因为句段训练不求全,要求不高,难度低,容易写,学生又能及时知道自己的写作结果,能及时满足他们的价值期望,从而提高写作的兴趣和积极性,形成写作水平和写作兴趣相互促进的良性循环。

4. 句段训练促进语文教学改革,减轻负担。

语文教学改革的方向是以教师为主导,学生为主体,训练为主线,这是改变语文教学高耗低效,费时费力又收获甚微的状况的保证。在实际的语文教学中体现"三主"方向,片段习作不失为一种简捷有效的方法。

句段训练或与阅读教学紧密结合,促进阅读的深入和延续,变理解性阅读为表达性阅读,使阅读与写作相互促进;或改变整体写作的训练为从部分入手,合理设置写作梯度,保证学生全面地提高写作水平。同时,句段训练因其篇幅短小,花时较少,而常常被安排在课堂内完成,从而在客观上要求教师精讲,实现学生多练的目的,有利于学生高效地掌握语文知识,形成语言能力,有效地减轻师生负担。

(二) 概念界定

"有序教学"是指有序地开展教学活动,是一个层次递行、渐进增量、螺旋上升的过程,通过反复的实践,使学生已经获得的知识达到自动化的熟练程度,即成为学习技能,而学习技能的掌握,又会加深对知识的理解和巩固。"有序教学"既强调能力培养,又不忽视学生基础知识的掌握,既强调教学创新,又不忽视常规的基本要求。

"句段训练"是指从关注中年级学生应掌握的句段形式及要求入手,采取各种有效的手段进行训练,在积累的过程中强化语言的运用,从而将积累到的语言内化为学生自己的语言。

(三) 调查分析

1. 学生层面。

通过问卷的分析整理,我们发现 50.73% 的学生一点也不喜欢写作文,36.8%的学生认为写好一段话的目的是为了提高表达能力,40.5%是完成老师布置的作业。在写话的过程中,56%的学生觉得在写作文时有困难,其中最大的困难就是不知道如何写,53.5%的学生偶尔能联系生活。看来,习作对于他们来说是一件痛苦的事,能不做就不做。

2. 教师层面。

大部分老师了解中年级学生应达到的表达能力要求,但是没有表达能力训练计划,进行的表达能力训练题目没有体系。每次表达训练时,有的教师指导不具体,针对性较弱,课内与课外不能密切结合的现象也较为普遍。老师们认为造成训练效果不理想的最主要原因是教材简单、训练目标不明。

3. 分析结论。

根据此现状调查,我们发现了造成现在习作效果不佳、学生表达能力提高不快主要有三个原因。

一是训练随意性。由于没有计划,就导致表达能力训练存在严重的随意现象,每一次训练的目的是什么?考查的是学生哪方面的表达能力?几乎没有人仔细考虑过。无"序"必乱,无序的写作训练导致低效,这也产生了事前无计划、当事随意性、事后无收获的不良现象。

二是指导简单性。大多数老师只做蜻蜓点水式的指导,只有少部分的老师会帮助学生进行写作材料的收集和写法的具体指导。很多教师把无法指导表达能力原因归结于没有作文教参。确实,阅读教材的教参很多很厚,但是作文的参考资料却只有一本本优秀作文集。对于习惯于依靠教参教学的老师,要作文课有自己的教学思路和方法确实举步维艰,但没有教参是否能成为教师不知道或简单指导学生写作的原因呢?

三是教学封闭性。在当下的作文教学中,很多教师忽视写作技能的训练和思维能力的培养,而一味在语言形式上下功夫,其结果是既无法提高他们的思维能力,更无法让他们的作文水平得到真正提高。

(四)确立原则

1. 愉悦性原则。

在教学中,教师要愉快地教,学生才能愉快地学。教师要通过丰富生活内容帮助学生搜索和提炼写作素材,用富于感染力的教激发学生写作的兴趣和积极性,使学生在练习过程中,体会到表达的乐趣,师生在愉快的教学活动中共同体验教与学的美感和愉悦,从而更好地实现教学目标。

2. 实践性原则。

要提高学生的句段能力,必须增加学生亲身活动的机会,注重主体实践活动和直接经验积累,通过亲身体验丰富多彩的活动,引导学生用手、用眼、用口、用脑,在活动中启发多种感官去获得直接经验,增加感性认识,以实现学生表达素养的形成,人的发展。

3. 渐进性原则。

学生知识与能力的形成与提高是呈螺旋式循序渐进的。我们在进行句段训练的过程中,既要注意学生知识传授与能力培养的衔接,又要注意到难易层次的安排,从而利于学生习作能力递进式发展。

4. 学生学习与教师指导相结合的原则。

学生是学习的主体,教学中的一切学习活动都要让学生亲自实践,教师要进行有效指导使他们想表达、会表达,并积极创设适宜学生发展的外部条件。

5. 差异性原则。

新课程的核心理念是"一切为了每一位学生的发展",但是学生的发展是有差异性的。在有序进行句段训练的过程中应当做到"不求人人成功,只要人人发展",关注每一位学生的个性差异,调动学生主观能动性,积极参与学习活动,促进人人发展。其中,尤其要关注后进生的发展状况,努力营造一个和谐、宽松、民主团结的学习氛围激励每一位学生都能积极主动地参与课堂学习,满足不同学生的学习需求,使每个学生得到充分的发展。

(五)具体策略

带着"如何在小学中年级作文教学中开展序列训练"这一问题,我们主要从四个方面进行了研究:一是梳理编排小学中年级学生应掌握的句段形式及要求;二是有序引导学生阅读感悟相结合进行理解性句段训练;三是有序指导学生诵读摘记相结合进行积累性句段训练;四是有序指导学生由仿到创的运用性句段训练。经过探索实践,我们取得了较显著的成果。

1. 准确把握训练内容。

中年级教材中有大量富有语言表达和结构特色的语段,教师要有一双慧眼善于发现,还要有一颗"慧心",懂得选择。教师要根据中年级学生的特点,细心归纳、合理选取训练内容,使学生每一步学习都脚踏实地。

(1)不忘句式训练。对于刚从低年级升入中年级的学生来说,只学会了写一些完整、通顺的基本句式和少量句群,这就需要教师帮助学生寻找适宜的句式进行提高训练,包括把字句、被字句、比喻句、拟人句、设问句、反问句等。在训练过程中,使学生的表达在语调上不再单一、呆板,在结构上衔接连贯、井然有序,从而能在习作中运用不同句型表达不同的情感。

比如比喻句是中年级教材中出现最多的修辞格,这是低年级到中年级的延续,但也有所提高。那么在教学中,教师就不仅要指导学生认清本体与喻体之间的相似点,把比喻句写对,而且要鼓励学生运用积累的词语把比喻句写得真实具体、富有感情。

又如设问句和反问句,这两种句式能强烈地表达句子的主要内容,并能吸引读者,引起读者的思考。教师可以通过与陈述句比较引导学生认识反问句和设问句,体会它们的作用,通过尝试运用增强学生表达的丰富性。

教材中还出现了不少由关联词语组织的句子,如"因为……所以……""不仅……而且……""虽然……但是……""不是……而是……"等,这样的句式对于中年级学生相对比较陌生和抽象,但能使他们把内容表达得更清楚、更有逻辑性,在生活中也常常用到,所以教师要有意识地带领学生积累、朗读有关句子,在句子训练中渗透简单的逻辑关系,培养语感。

(2) 着重构段训练。新课程标准对中年级学生明确要求"写片断和短文,做到有顺序、有中心,内容具体,语句通顺,比较正确地使用标点符号"。这个"片断"就是我们所说的"段"。"段"是介于"句"和"篇"之间的表现形式,是能反映某一层独立意思的句群联合体。在形式上可以是一个自然段,也可以是几个自然段。

打开中年级教材,我们不难看到自然段的构段方式多种多样。其中,中年级学生应当突出训练的大致分为这么几类(见下表)。

构段形式	训 练 重 点	课 文 范 例
总分式(总分、分总、总分总)	指导学生围绕一个意思把内容写得更具体、更形象	《童年的朋友》第3小节 《海底世界》第3小节 《威尼斯小艇》第4小节 《悉尼歌剧院》第3—4小节 《令人神往的日内瓦》第3小节 《燕子专列》第3—4小节 《南极风光》第4小节 《他从火里跑出来》第2小节 《不知疲倦的人》第3—4小节 ……
并列式	指导学生将同一内容分成几个相应部分进行描写	《威尼斯小艇》第5小节 《春天的小雨滴滴滴》第2—4小节 《荒芜的花园》第2小节 《新年的礼物》第3小节 ……
连贯式	指导学生有条理地写出连续动作或事情的经过	《放风筝》第6小节 《起死回生》第11小节 《攀登世界第一高峰》第3小节 《开启》第6小节 ……

分析这些段落的构段方式,有助于清理学生要学习哪些构段方式,为具体的段落教学做好铺垫。

(3) 尝试篇章训练。习作教学是具有整体性的,能够完整地体现语言社会交际功能的不是句段,是成篇的文章。所以,教师要清醒地认识到加强句段训练固然能让学生写意思明确、条理清楚的语段,但如果成天让学生进行单调的句段训练,他们便会索然无味,甚至产生厌恶作文的心理。反过来,尝试一些简单的篇章训练,以使段的训练不至于"孤军作战",而是为篇章训练序列的需要服务。同时,在作文评讲时又分别以句子和段落训练为重点,学生就会感到这种句子训练和段落训练能提高表达效果,十分必要,而且联系作文实际,有血有肉,易于理解,收效很快。

比如让学生尝试写习作"画鼻子",指导学生用连贯式把画鼻子的动作写清楚,用并列式把大家的反映写生动。又如写"菊花",指导学生用总分式写出不同菊花的美,用并列式把一株菊花的形状、颜色和香味写具体。

2. 有序安排训练内容。

在教学中,句段训练是在不断反复的,但不是简单反复,而是螺旋上升的。即使是一种句式的反复训练,三年级与四年级在要求上要从易到难,有所侧重,形成一定的坡度,体现层次感。这样,能够让学生的语言水平得到横向的扩展,纵向的提升。

(1) 明确各阶段训练目标。作为教师在句段训练过程中对于各阶段训练的目标把握很重要,避免在同一层次上反复练习。教师心中要明白同一个句段形式,这一次训练是第几次,在要求上应该有哪些要求。

比如在课堂教学中,经常会请学生运用"先……接着……然后……"等表示先后顺序的词语有条理地写出连续动作或事情的经过。在三年级阶段可以将目标定为"能准确运用表示先后顺序的词把事说清楚"就可以,而到了四年级,则可以将目标定为"熟练运用表示先后顺序的词把事说具体"。如此,那么训练的随意性就可以避免,教学效率就可以提高。

(2) 清晰各阶段训练内容。要提高句段训练的效益,教师需要清晰句段训练序列,教师要通盘考虑各阶段训练内容。

比如对于关联词语的造句训练。三年级训练的是一些常用的不易混淆的关联词语,并给予一定的情境,训练学生驾驭比较复杂的长句子能力。像"因为……所以……""不仅……而且……""虽然……但是……"等。四年级则要求学生掌握常用关联词造句,包括一些容易混淆的关联词语如"不是……而是……""不管……都……""尽管……还……"等。

3. 明确训练思路。

(1) 阅读感悟相结合的理解性句段训练。理解性句段训练,不仅是联系上下文和生活实际,让学生体会这些句段字面的意思,及蕴含在文中的思想感情,还要引导学生在理解句段含义的过程中,感受这种句式、段式的表达作用。

① 抓住关键词语,理解句段内容。有不少课后题要求"理解带点的词语(句子),并体会其中的意思",其实,这些带点的词语就是句子中的关键词语,这些句子就是理解文章的主要句子。让学生抓住了这些词语、句子,理解其意思,能帮助他们理解文本的主要内容。

如《赵州桥》中有这样的片段:“这座桥不但坚固,而且美观。桥面两侧有石栏,栏板上雕刻着精美的图案:有的刻着两条相互缠绕的龙,嘴里吐出美丽的水花;有的刻着两条飞龙,前爪相互抵着,各自回首遥望;还有的刻着双龙戏珠。所有的龙似乎都在游动,真像活的一样。”其中“这座桥不但坚固,而且美观”是串起上下文的过渡句。教师先抓住“坚固”“美观”两词,让学生对上下文内容进行概括,懂得前后部分的内容像河的两岸,过渡句就像是一条船,带着我们读者从这岸渡到了那岸。接着再抓住“不但……而且……”这个表示递进关系的关联词,引导学生关注到下文的语句就是在重点描写桥的“美观”。如此,学生对这个过渡句有了更深的理解。

② 类比比较,体会表达方式。有些句段的含义及表达的方法相近,但又有所区别,可让学生用类比比较或知识迁移的方法来学习,以达到“温故知新”,深入认识的作用。

如《空气中的“流浪汉”》中,作者用举例子的说明方法介绍了灰尘的用处和坏处。在让学生了解了用处和坏处分别是什么的基础上,让学生进行比较,发现虽然都是举例子,但是用处只举了一个例子,写得十分详细,坏处举了多个例子,但写得很简单。由此,引导学生体会到两层含义。一是灰尘的坏处很多,一下子就能举出多个例子;二是我们比较了解灰尘的坏处,所以可以略写,而不太了解灰尘的好处,那么就要详写。

(2) 诵记结合的积累性句段训练。语文教学担负着的积累语言的任务,包括语言材料、语言范例、语言知识三方面的积累。语言材料主要是指汉字和词语;语言范例是指好词佳句、名段名篇名作;语言知识是指同语言材料、语言范例的掌握密切相关的字词句篇、语法逻辑等知识。积累性的句段训练就侧重于积累语言范例及与语言范例相关的语法逻辑等知识。整个训练过程主要有“有感情地诵读”“正确摘抄的直接式积累”和“与运用相结合的积累”三种方法,这既是某一个句段的积累过程,也可以将三个方法同时推进。

① 朗读中丰富积累。巴金先生曾说过:“现在有两百多篇文章储蓄在我的脑子里面了。虽然我对其中的任何一篇都没有好好的研究过,但是这么多具体东西至少可以使我明白所谓‘文章’究竟是怎么回事。”只有积累丰富的语言范例,才能“厚积薄发”,才能“下笔如有神”。朗读是语文教学的基本方法,是阅读教学的重要环节,也是语言积累的重要途径。教学应以读为本,让学生充分地读,在读中理解,在理解中读,反复诵读,熟读成诵,读出滋味,读出情趣,从而读有所值,读有所得,在读中自然而然地积累丰富的语文材料。

例如,《五彩池》一文景美文美,它用总分结构,以优美的笔触,描写了五彩池鲜艳多彩的池水。教师可让学生观看相关图片,激发学生对五彩池的向往之情。在此基础上合作读、配乐读,在读中理解句段的特点,在读中想象五彩池的美景。学生心通其意,必有身临其境之感,将自己融入优美文字之中,就在感情朗读中顺理成章地积累了语言。

语文教学中,要让学生多读点,多积累些,天长日久,待到说话作文时便能呼之即出,信手拈来,随心所欲,左右逢源,“熟读唐诗三百首,不会作诗也会吟”说的就是这个道理。

② 摘抄中直接积累。指导学生摘抄是引导学生进行的一种行之有效的方法。教师要在教学中有意识地安排摘抄,但是,仅仅在课堂上练习几次是远远不够的,还应指导学生在课外进行摘抄,使学生养成日积月累的摘抄习惯。

首先,摘抄要循序渐进。摘抄的内容不能完全任“天马行空”,这样对学生组织积累的语言没有好处,应该根据教材及教学实情进行分学期、分阶段、分类别组织,如这一月摘抄连贯式片段类,下一月摘抄总分式片段等,有的放矢,事半功倍。

其次,摘抄与课堂教学相结合。摘抄作为语文课外学习的一项内容,可以随时成为课堂教学的好助手,与课堂教学相得益彰。如教学《泼水节的怀念》一文时,让学生摘抄其中的一个排比句,既可以让他们了解描写方法,又能深化他们对课文的理解。

第三,摘抄与要求背诵相结合。让学生边摘抄边背诵,是让学生尽可能多地记下那些应该记住且能记住的好东西,是充分利用学生这一年龄段的记忆优势,是顺应学生的发展规律的。而且,将摘抄的背诵下来,能使语言的积累更厚实。

③ 运用中深化积累。指导学生灵活运用课文中的好词佳句,成功片段,是深化语言积累的有效方法。在语文教学中,教师要善于捕捉运用迁移的练习点,指导学生有机积累语言,沉淀语言素材。学生有意识地在运用中已有的积累语言,是深化积累的最佳方法。

如《赵州桥》中,先通过列数字的方法描写桥长与桥宽,再介绍桥的结构及作用,以此写出了赵州桥的雄伟、坚固。这是介绍建筑物的方法之一。在学习的基础上,我为学生补充了相关资料,让学生学着这个片段的方法也来介绍一下上海的一座桥。学生在不断的、反复的语言运用中,既激活了自身的语言积淀,又吸收了他人的新鲜语汇,不断丰富了自身语言,达到语言的再积累。在习题评析时,对选材新颖、用词准确、词汇丰富的学生进行及时表扬,调动学生积累、运用语言的积极性,激发学生积累语言的内动力。

(3) 由仿到创的运用性句段训练。三年级学生的认知能力尚浅,对很多句型和构段形式还处于“模糊”状态,即使能生搬硬套,也只知其“形”,不解其

"意",无法真正达到运用语言的目的。那么,教师就可以打破教材常规,明确训练序列,有步骤地引导学生学习句段的表达特点,顺势迁移,自如运用,不断探求各种各样的语言风格。

① 重组范例,发现规律。要想让学生掌握某种句段形式,首先要给学生几个范例,并从大多数范例的普遍现象中发现规律。语文课本中的多数内容就可作为学生句段练习的典范,但这些范例并没有根据作文序列分布,而是散落在各个单元、各篇课文中。那么,教师就可以根据训练目标,创造性地重组范例,既发挥教材的典范作用,又利于学生发现规律,认识结构。

比如在学习《海底世界》时,学生初步感受了设问句"海底是否没有一点儿声音呢"的作用后,教师就将《牛顿在暴风雨中》提前教学,让其再一次体会,接着,又在学习《悉尼歌剧院》时引导学生清晰地认识。在具体教学时,教师可以让学生比较一下"悉尼,这座美丽的滨海城市,它的标志是什么呢?大袋鼠?不对。鸭嘴兽?不对。让我告诉你:是悉尼歌剧院"与"悉尼,这座美丽的滨海城市,它的标志是悉尼歌剧院"的意思、语气是否相同,表达形式有什么不同。如此,学生在几个范例间一步一步地深入,自然而然就认识了句子的形式和作用,产生对句式积极的正迁移,实现句式类推。

② 先扶后放,反复训练。任何一种能力都必须经过反复实践才能形成,每一个句段的掌握也必须多次反复、触类旁通。那么,在创造性利用范例,引导学生从阅读中感悟到写的门道的过程中,教师更要多安排几次训练,让学生多次仿写,举一反三,构成知识迁移,逐渐形成半独立写句、构段的能力。

比如在认识了总分结构后,教师就分几次设计几个符合学生生活实际和年龄特点的情境,用"总起→分述"的形式写一段话。第一次训练可以是有关课外活动:出示总起句"下课十分钟是我们最快乐的时光",请学生模仿课文,围绕这个句子中的中心词"快乐"写一段话。第二次训练写一个玩具:先用一句话总写一个玩具的特点,如可爱、有趣等,再围绕这个特点将玩具的颜色、形状或玩法中的某一方面写具体。第三次训练写一个人物:先总写人物的特点,如淘气、粗心等,再通过举两个以上的例子把人物的特点写具体。这三次训练从提供总起句写一段话,到指导学生写总起句,通过某一方面写具体,最后围绕总起句,通过两个例子写具体。这一系列训练过程着力于循序渐进地使学生掌握总分式的特点,既让学生把获得知识马上加以运用,进行强化,又使学生将学到的知识转化为技能,瞻前顾后,突出重点。

③ 由内到外,灵活运用。一种句段训练在课内"由师导通"的"内化"下,学生对带有规律性句段方式有了认识,正逐步转化为自身写段的"新质"。有了这"理性"的"内质",在自己有感而发的场景中,学生就会独立地"外化"某

个句段。

教师可以先组织活动后进行写段。比如组织学生做找“宝”之类的游戏，或在活动课上指导学生做小制作，以此为素材引导他们仔细观察，自选一种构段方式写一段话。教师也可以先进行写段再组织活动。比如学生自选一种方式写出某位同学的外貌、爱好、特长等，写完后请叫大家猜猜他是谁。教师还可以边组织活动边进行写段。比如请每位学生按不同的句式写同一个内容，互相交流，进行评比，再换一种句式写这个内容，进行交流、评比。

4. 丰富训练方法。

(1) 结合课内，随文练笔。练笔随文是在实施阅读教学过程中，把语言形式的运用和课文内容的理解有机地结合起来。这种方法虽然内容简短，但是能就文取材，使读与写彼此交融，和谐运行，简单而实用。

如《荒芜的花园》一课中的第二小节无论从构段方式，还是语言表达上都有特点，特别是“年轻人……小孩子……老人……有人甚至……”这一并列式构段形式的运用值得学生练习运用。于是，教师在教学本课第四小节时，让学生以此为依托进行小练笔：“那些贪玩的游客看了这块牌子后，对这座美丽的花园望而却步了。年轻人……小孩子……老人……有人甚至……”学生发挥想象，写下了这样一段文字：那些贪玩的游客看了这块牌子后，对这座美丽的花园望而却步了。年轻人连连摇头说：“太可怕了，我们再也别去了。”小孩子只敢在花园外面张望，不敢迈进去一步。老人另找了一个池塘垂钓。有人甚至守在花园门口，劝告游人别进花园。

结合课文内容进行小练笔，既回归了文本，让学生更深入地理解课文内容，又对所学段落进行了拓展运用，可谓一举两得。

(2) 拓展文外，专题训练。《语文课程标准》中指出：“应该让学生更多地直接接触语文材料，在大量的语文实践中掌握运用语文的规律。”因而，教师要引导学生将课内习得的语言规律及时加以运用，给学生提供大量的课外练习实践机会，通过举一反三的练习促成所学语言的全面消化，使典型段落的表达方法真正落到实处，植根于学生的心中。

如《走路的奥秘》第一至第六小节的内容是这样的：吃过午饭，我蹲在树旁看着一队蚂蚁爬上爬下。突然，一个问题在脑海里闪过：蚂蚁怎么走路的呢？它可是有六条腿的哟。我刚把问题提出来，同学们便嚷嚷开了。有的说：“先走左边的三条腿，再走右边的三条腿呗。”有的说：“才不能。应该是按腿的顺序，一对一对走。”……老师在带领学生基本理解后，拿出一个轻松的话题：“同学们，你们对男生特别爱看侦探小说这个现象怎么看呀？”生1：“他们爱探险。”生2：“侦探小说里的情节很紧张。”生3：“还能够训练脑子呢！”学生们众说纷纭,各抒己见。见此情形,老师随即提出请大家仿照“……同学们便嚷嚷开了……”将大家刚才的表现描述下来。有学生写道:老师问大家为什么女生特别爱看童话故事。话音刚落,同学们便嚷嚷开了,有的说:“他们爱探险。”有的说:“侦探小说里的情节很紧张。”……内容、形式都有了。教师没有收手,接下来又创设一个情景:手里握着一样东西让学生猜,并且提出更高要求,可以再加上动作、神态动笔写一写。精彩马上出现:老师紧握拳头,神秘地问大家他手里握着什么东西。老师刚把问题提出来,同学们便嚷嚷开了。有的抢着说:“橡皮。”有的大喊:“石子。”有的说:“什么也没有。”说完,自己先笑了起来……绝大多数学生当堂就掌握了这样的句式,写起来自然得心应手、文思如泉。

(3)灵活结合,触类旁通。学生只有熟练、灵活地掌握各种构段形式,才能达到触类旁通、融会贯通的效果。那么,在练习时,教师就要采用各种不同的练习方式。有时可进行不同构段方式写不同内容的训练,有时可进行不同构段方式写同一内容的训练,有时还可进行同一构段方式写不同内容的训练。

连贯式构段方式在教材中频繁出现,如《放风筝》第六小节、《起死回生》第十一小节、《攀登世界第一高峰》第三小节、《开启》第六小节……虽然具体事例不一,但都描写了人物的一系列动作,那么就让学生反复运用承接式写出不同的事例,为记事类文章的写作打下基础。

又如《悉尼歌剧院》第三小节是用总分式描写歌剧院外形的独特、美丽,《瑞雪》第三小节是用并列式描写雪后放晴的景色,《神秘的小岛》第二小节是按时间顺序描写小岛出现时的景象……同样都是写景状物,不同的作者运用了不同的方法,教师就让学生尝试着用不同的方式写同样的内容,从而达到灵活运用的效果。

三、研究成效

经过了一年多的努力实践,在小学中年级语文教学中有序强化句段训练越来越受到师生的关注,教师的教学行为、学生的学习能力均有了较大程度的改变,取得了些许教学成效。

(一)教师方面

1. 教学理念不断深化。

《语文课程标准》关于作文的总目标强调“能具体明确、文从字顺地表达自己的意思。能根据日常生活的需要,运用常见的表达方式写作。”在学习、研究的过程中,老师们再次明确中年段的作文教学目标,正在逐步解决目标序列不清的问题。

2. 教学措施不断优化。

在教学中,教师们正不断优化教学措施。在教学设计上,选好序列中的点,对句段训练的重点抓得住,盯得紧,展得开,并巧妙地将句段训练与情感体验融合起来。在教学过程中,教师顺学而导,强化点拨,提高训练效果。在作业设计上,注重语言实践,激发学生积极情感。

（二）学生方面

1. 学习方式初步改变。

在语文教学课堂里,通过实施有效的指导策略后,大多数学生知道了如何运用句式、段式把事写具体,把话说生动,参与学习热情高。学生们能自主学习、合作交流,学习方式的转变真正促进学生的有效学习。

2. 写作能力得到提高。

学生的作文能力训练从单一的、零散的、无序的训练进展到有序的、科学的、完整的训练,习作时能有章有据地进行,逐渐做到言之有序,言之有理,初步形成作文能力。

一年的课题研究,学生的习作水平上了一个台阶,积极参加校文学社的各项活动,计 65 篇习作编入校刊,这些学生的作品涉及校园生活、家庭生活、社会生活,既有教材上的写作内容,又有生活中的真实体验,不仅题材新、范围广、立意高,而且表现手法灵活,质量好,真正反映出学生生活情况。在 2007、2008 年两届“上海市小学生优秀作文征文活动”中,张安琦等 4 位学生获一等奖,曹炜依等 11 位学生获二、三等奖;在“上海市第五、第六届小学生现场写作活动”中,徐峥贤等十多位学生分获一、二等各层次等第奖。此外,多名学生的习作被分别编入上海市教育学会小学语文教育专业委员会出版的《我心中的爱》、上海锦绣文章出版社出版的《起步作文》以及上海市语言文字工作委员会和世纪出版集团上海教育出版社编制的《语言文字周报》。这些成果都印证了这一课题研究卓有成效。

四、问题与思考

（一）如何处理好写作技能训练与激发兴趣的关系

激发兴趣与写作技能训练应当是提高学生表达能力过程中两个十分重要的手段。这两者并不是简单的并列关系,而是彼此融合,两者互促的。所以,我们主张教师朴朴实实地教学,既不能把语文课上成机械的技能训练课,也不能把语文课当成“游乐场”。教的主导作用要表现在善于引导学生“入境”“入局”,善于指导学生思考和批判,善于培养学生自主地进行听、说、读、写的实践。

（二）处理好指导和创新的关系

教学中,我们常常陷入了两难境界。仔细指导了,学生往往思维禁锢,缺少自己的想法,无论是形式上、内容上,甚至遣词造句都有相似之处。似乎是同一种思想,同一种感情,同一种声音。放手写作,只粗线条指点,学生又无所适从,常常把句段练习当成了一种负担。

【专家点评】

本课题从调查分析入手,梳理出语文教学中教师对学生表达能力训练的无计划,学生的作文总是语句不连贯、思维较混乱等问题,并揭示出问题背后的三大原因:一是训练随意性,二是指导简单性,三是教学封闭性。由此认识到有序训练学生句段能力的重要性。问题的提出,原因的分析,都能从教学实践中得来,比较接地气。

按照问题导向的原则,作者关注到了小学中年级的特殊地位——过渡阶段,句子(句群)训练是低年级过渡到中年级的延续,句段训练是中年级过渡到高年级篇章训练的基础。如何在这个方面有所突破?作者提出了“在小学中年级语文教学中有序强化句段训练的策略研究”,遵照课程标准的要求,结合现行教材,编拟小学中年级句段训练的重点和序列,从而夯实学生的作文基础。这对当前的中年级语文教学有一定的指导性和现实意义。

在具体的策略上,一方面突出了“有序”,并从四个方面去实践研究,一是梳理编排小学中年级学生应掌握的句段形式及要求;二是有序引导学生阅读感悟相结合,进行理解性句段训练;三是有序指导学生诵读摘记相结合,进行积累性句段训练;四是有序指导学生由仿到创,进行运用性句段训练。另一方面突出了“强化”,一是从训练内容上强化,如加强句式训练,着重构段训练等;二是从训练方法上强化,如结合课内,随文练笔,拓展文外,专题训练等;三是从训练思路上强化,如重理解,感受句式和段式的表达作用;重积累,收藏名句佳段的表达风格;重运用,掌握句段形式的表达规律,等等。这些策略具体可行,有一定的操作性。

该课题在概念界定、理论阐述等方面如能再科学合理一些,课题报告将更加完善。(金哲民)

让读写交融

——中年级单元优化课型研究初探

闵行区七宝明强小学　姚　凤

一、课型实施背景

笔者使用的是上海市二期课改语文新教材，从一期课改到二期课改，教材的编排发生了很大的变化。无论是对于学生、家长，还是执教的教师，都面临着如何有效使用教材的问题。对于一线教师而言，教材只是一种实施教育教学的工具而已，其根本目的是为了实现学科特有的育人价值。

笔者立足于"用教材教"的理念，从分析教材出发，研读学生的情感需求，努力探索立足于对主题单元优化的思考，寻找中年级起步作文阶段与阅读教学的有机融合点。

1. 新教材在编排体系上对于单元的设置侧重从"主题单元"出发。

原有一期课改教材中的单元编排更侧重的是根据语文训练点的序列设置，而二期课改的教材编排更关注的是从主题出发的单元组成。从这样的编排设置来看，单元的学习更为强调的是语文学科的人文性，力图使学科的工具性和人文性在这样的编排中产生综合和渗透，从而真正发挥学科特有的育人价值。

2. 新教材对于写作教材的处理缺乏一种序列性的单元处理。

从教材中对于写作教材的编排来看，则明显缺少或主题或训练序列为依据的编排体系。因此，作文教材无论是对于执教者而言，还是对于学习者而言，都缺少一个清晰的写作序列，写作指导也更加呈现无序和凌乱。

3. 对于教材的使用更多地立足于学生立场基础之上的情感需求等，读写结合的单元优化成为一种必然的手段和策略。

对于教材中阅读材料与写作材料的梳理和整合研究已经进入一个非常关键的时期，以往的研究中偏重的是对一篇文本中读写结合点的挖掘和研究，而对于读写结合中以单元为整合单元的优化研究明显缺少相关的深入研究。本课型正是在这样的思考和尝试中,开始形成基于对阅读教材中的"主题单元"与写作教材中的"写作专题"的融合序列研究。

二、课型实施流程

正是基于以上三点思考,笔者开始摸索着构架中年级读写结合的单元优化课型框架。笔者发现阅读教材的主题单元的模式,很好地依托了学生的情感需求,充分挖掘了语言文字的情感价值,能比较有效地促使学生情由心生。这样的情感促动,如果同样能够很好地融进中年级学生作文的起步阶段,这将顺利打通学生读写结合的双通道,有效实现读写的进一步交融。

笔者试图探索,变革一课一课按部就班教学的传统模式,在对单元主题深入解读的基础上,通过"阅读主题导读课"深化、细化主题,将主题分解为与写作专题相融的二级主题,然后针对二级主题的分布分层进行单元内阅读材料的教学。同时,在这样的分层教学的基础之上,进行"写作专题构型课"的单元小结课,着眼于激发立足于学生成长需求出发的写作专题的自主构架,为写作专题寻找情感主题。最后通过"读写结合训练课"的常规训练课,实践读和写之间的主题交融。

(一)课型布局图例

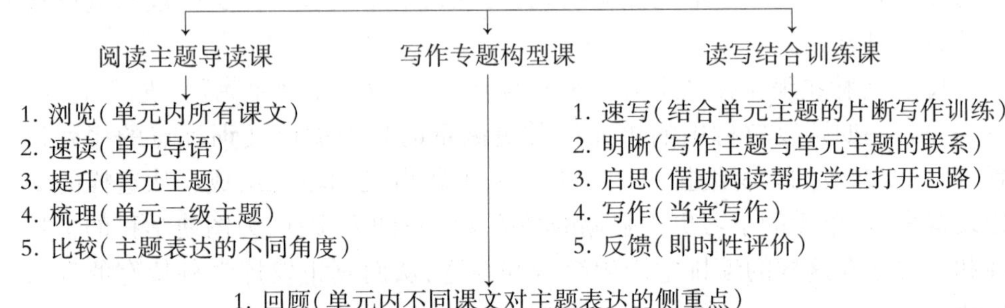

(二)具体实施说明

1. 阅读主题导读课。

着眼于和学生一起分析阅读单元中的主题确立,梳理单元组成中的二级主题,使学生能够在这样的层层赏析中,进一步了解单元构成。同时通过简单地整体阅读,透过单元内不同形式、不同文体、不同视角的不同文本的比较,引导学生开拓主题表达的不同视角,逐步形成学生殊途同归的表达愿景。

具体实施流程如下。

(1) 浏览: 学习一个单元之前,先浏览单元内的所有课文,建立对单元的整体意识。

(2) 速读: 带着对单元内课文的大致印象,迅速阅读单元导语,初步思考单元主题与文本间的内在联系。

(3) 提升: 通过快速的浏览与速读,思考提炼该单元的主题。

(4) 梳理: 结合提炼后的主题,再次浏览单元内课文,从文本对主题不同的表达角度,分类梳理该单元内的二级主题。

(5) 比较: 比较该单元内所有文本对于主题表达的角度的差异,使学生理解同样的主题,可以通过不同的语言、文体等进行不同的表达,从而建立初步的主题表达殊途同归的意识。

[举例说明]

第六册语文新教材开篇第一单元是关于"春天"的内容。编者依次选择了《春的消息》《啊,汤圆》《春天的小雨滴滴滴》《放风筝》《荒芜的花园》五篇文本。学生们在课堂上通过初步的品读比较,发现虽然同是表述"春天",这几篇文本却是从不同的角度来阐释春天。在教师的引导下,将这个单元主题分解成了春天主题之下的三个小篇章: 第一篇章为"自然的春天",文本内容为《春的消息》《春天的小雨滴滴滴》,这两篇文本从春天的诸多自然信息中让学生感受春天的生气和魅力;第二篇章为"灵动的春天",文本内容为《啊,汤圆》《放风筝》,这两篇文本从人们在春天的活动着墨,通过春天传统节日元宵节吃汤圆的活动和民间活动放风筝的描述,展现在大家面前的是一个动态的春天;第三篇章是"心灵的春天",文本内容是《荒芜的花园》,借助一个春天的故事来讲述人间心灵的春天。

2. 写作专题构型课。

立足于"阅读主题导读课"及单元课文品读,在对单元内典型文本的二次品读的基础上,适度地拓展学生相关主题的课外阅读,架构起课内外阅读的沟通和联系。同时,在这样的课内外阅读的体悟过程中,逐渐和学生一起构架与本单元主题相关的写作专题的框架,从已有作文教材内容的梳理和补充即时性写作材料,帮助学生形成基于阅读情感基础上的写作专题序列。

具体实施流程如下。

(1) 回顾: 学完主题单元,重新回顾该单元内不同课文对主题表达的异同之处,梳理不同文本不同表达的侧重点。

(2) 复品: 对于单元内较为典型的重点课文进行深入地二次品读,寻找该文本对于主题表达的写作特征。

(3) 延读：适度提供学生一些与单元相关主题的课外阅读文本，或者请学生交流日常阅读到的与主题相关的文本，延伸学生对主题的阅读视角。

(4) 构架：浏览教材中关于写作的相关内容，和教师一起探讨构架与本单元相关的写作专题的框架。

(5) 升华：通过梳理写作专题的单元框架，进一步实现单元主题的最优化。

[举例说明]

还是以第六册语文新教材“春天”主题单元为例，学生们和教师一起通过写作专题构型课的学习，一起重温了阅读主题，并且确立了该册教材的第一个写作专题：春之声。结合写作教材中的相关内容，又一起梳理、完善、创编了“春之声”专题下的写作序列：《春天来了》《我眼中的春天》《我心中的春天》《冬天里的“春天”》。

从这个写作专题序列的出炉，我们可以感受到的是学生们通过体悟第一单元文本中的语言文字过程，在感受自然的春天的同时，努力训练着一双观察自然的慧眼，同时初步学会体验着心灵的春天。

3. 读写结合训练课。

扎根于“阅读主题导读课”的导读与“写作专题构型课”的引领，建立阅读与写作之间的密切联系，通过当堂片段或部分的写作及即时性的反馈评价，加强学生写作中的过程指导，有效发挥读写结合单元优化的最优化价值。其中的“速写”一项为常规性的短时片段写作序列，其速写的内容可以形成从词句到片段的序列，同时也可以增加结合时事的针对性写作训练。

具体实施流程如下。

(1) 速写：结合阅读单元主题的感悟学习，进行中年级学生作文起步阶段的片断写作日常训练。

(2) 明晰：通过阅读主题单元的优化学习，梳理写作教材中的序列性，寻找写作主题与单元主题之间的内在联系，建立与阅读主题相吻合的写作专题序列。

(3) 启思：回顾阅读单元对于主题表达的多元角度，引导学生思索写作专题下的多元思维。

(4) 写作：有了头脑风暴式的写作思路的开阔，进行专题下的当堂写作训练。

(5) 反馈：学生写作过程中，教师及时巡视，发现问题进行即时性的点评，并提出即时性的修改建议。

[举例说明]

同样以第六册语文新教材第五个写作专题"创想篇"的训练课为例。结合第六册教材六、七两个单元都从科学的角度出发,向学生们讲述了科学的故事和科学家们的故事,最终将对科学的理解定位于人对科学的执着研究之上。所以将这两个单元的专题写作定位于"创想篇",将创想建立在对生活事实的观察之上,发现生活,创想生活。

同时,对于三年级的学生而言,想象作文是他们的兴趣所在,同时也会在想象的过程中呈现无序和凌乱的状态。这些天马行空的无序想象化为语言文字更加缺乏条理性与合理性,因此在教学中努力通过对绘本阅读《云朵面包》和动漫作品《哆啦 A 梦》的辨析赏读,结合书本后面的作文教材中比较具体有明确指向的"我心爱的学习用品"与"我想设计一种玩具"作为创想篇的事实基础,然后进一步引导学生进行源于生活又高于生活的奇思妙想的构思中。

日常的教学实践中,不断尝试进行每节语文课前的"三分钟速写",要求学生在三分钟内进行集中的词语积累、词语运用、片断写作、趣味问答、阅读体悟等多形式的速写,"创想篇"的速写内容就建立在这样的常规训练基础之上,针对学生写作创想的需求展开头脑风暴式的发散速写,激发学生奇思妙想的原动力。

三、课型实施成效

在本课型的实践探索过程中,尽管还有许多过程中的问题存在,但是也呈现了以下成效。

(一)单元教学可以"大题小做"

二期课改新教材的编排原则与旧教材最大的不同正是主题单元的出现,每一个年级的单元组成中,编者均以极富人文气息的主题为线索,构建着一个个生动的主题单元。也许正是因为有了这样的大主题,教师在单元教材解读的过程中往往视这样的主题为根本,拘泥于这个大主题的思考之下设计着单元中的每一篇文本。但是以往没有对单元的主题进行深入的思考,缺少对单元主题的微格化分析和解读。

正如上面例子中谈到的"春天"的主题单元,因为对"春天"这个主题进行了全面的思考,所以笔者把这样一个传统的大主题分化为三个小主题:自然的春天、灵动的春天、心灵的春天。三个循序渐进的小主题,充分彰显了对"春天"这个主题的全新思维过程,将学生对春天的理解从表层的"自然的春天"过渡到内涵的"心灵的春天"。通过将这样的单元大主题分解细化和大题小做,使主题在学生的认知世界中水到渠成。

1. 单元优化巩固了学生的结构意识。

从学生传统对单元的学习过程中，不难发现学生缺乏对单元之间的不同文本的关联性的整体思维。单一的、孤立的文本品读割裂了单元中由主题建立的联系性，这样的学习往往是学一篇记一篇，这样的记忆也是割裂的。学生记忆中的已有知识不能成为未知知识学习过程中的学习基础，从而使学习永远处于一个重复的起点。

而在本课型的探索实践过程中，笔者正是试图建立起学生已知和未知之间的桥梁，努力让已知成为未知的学习基础，通过对单元内文本学习的集优化学习帮助学生形成并巩固单元学习过程中的结构意识。在阅读主题单元的导读，写作专题的构架，读写结合的训练三种既层次分明，又相互融合渗透的课型学习中，不断地强化阅读和写作之间你中有我、我中有你的互通性。

2. 二级主题深化了学生的阅读体悟：

通过引导学生将每个主题单元中的课文按照二级主题进行更为细致的分类，将同一个主题中的课文按照细微的差别分成不同的主题篇章，使主题内容呈现一个循序递进的渐进过程。这样的一个二级主题的分类不是来自老师单一的指令，而是源自师生共同的品读。在品读的过程中，借助于二级主题确立这样一个指向性明确的任务驱动，防止学生对单元主题的表层认识，进一步开拓了学生阅读体悟的深度和视角。

这样的二级主题的梳理同时又是从写作层面的一种独特思维，学生在这样的梳理过程中不断明了的是同一主题的不同表达方式，不断感受的是表达视角不同所带来的不同语言风格。无论是对文本的阅读体悟，还是写作的视角定位，这样的二级主题无疑都增加了相关的广度和厚度。

3. “避实就虚”活化了自读课文的自主学习。

新教材的每一个单元中均有一篇文本为自读课文，因其自身文本特点等因素，往往出现在单元中不同的位置。自读课文因其自读的原因，不同的教师往往采取不同的措施：有的教师无视自读课文的特殊要求，上成“看护式”教学；有的教师曲解自读课文的自读要求，上成“放羊式”教学。无论是“看护式”的“把”，还是“放羊式”的“放”，都忽略了自读课文在主题单元中的独特价值。

《春天的小雨滴滴滴》虽然处于这个单元的第三篇课文，但是将主题分解之后，发现它和《春天的消息》有相似之处，因此笔者将这两篇姐妹篇的文本放在一起教学，以《春天的消息》这个实例为蓝本教学，通过虚设的质疑来引领《春天的小雨滴滴滴》的教学。这样就避开文本中学生实实在在理解的对春雨的描写，从学生理解层面较为矛盾的冲突之处着手，避实就虚，活化了自读课文的自读要求。

（二）写作专题可以“情由心声”

1. 专题构型积淀了学生的写作情感。

写作专题的构型课最初源于对写作材料的梳理，传统的做法是教师依据经验与个人理解选择教师认为学生“理所当然”的写作材料。这样的选择往往忽略了学生作为写作主体的情感需求，让学生觉得这篇作文是老师让我写的，不是我要写的。即使是一些即时性的写作材料的补充，同样因为没有了学生的自主参与，使学生的写作原动力打了不少折扣。

本课型实施过程中对于“写作专题构型课”的思考，正是基于积淀学生的写作情感的源点出发，在阅读与写作的结合中自主构架与主题相关的写作专题，并且通过师生间的相互沟通，使写作专题中的内容序列更具学生的共性智慧和共性感悟。笔者同时发现，也正是因为有了这样的认同感，学生对于专题中的序列写作内容有了更多的兴趣和热情。

2. 发现问题拓展了学生的写作空间。

在阅读教学实践中常常发现学生们不会质疑，不会提问。与此相关的同样的问题也在困扰学生们的写作，他们面对一个作文题不断感叹：“写什么？没什么写的！”应该说孩子与成人最大的区别是孩子的脑海中总是有着各种各样千奇百怪的想象。是什么让孩子们在成长过程中渐渐丧失想象的勇气和胆量，也许问题的根子正是我们日常的阅读教学中不断于无形中扼杀着他们的问题与创想。

笔者在上文案例中第六册语文新教材的“春天”主题单元的教学中，提到该单元自读课文《春天的小雨滴滴滴》的阅读教学。学生在课上提出了似乎零散杂乱的诸多问题：“文中描写‘春天的小雨细细的、柔柔的，像花絮一般，随风飘散’，怎么可能‘敲醒大地’？”“为什么作者把细细柔柔的春雨落在地上比作在‘敲鼓’？”“春天的小雨怎么可能‘轻轻地把种子撒在大地上’？”“我也尝过春天的小雨，觉得没什么滋味，为什么作者说‘甜蜜蜜’的？”如果缺乏对这些零散问题的归整梳理，你很难发现这些问题其实都源于学生对文本拟人写作手法的不理解而引发的困惑。如果发现了这些零散问题背后的整体思维现状，就可以引导学生从整体出发去解疑释疑，去深化文本中特殊的拟人手法的巧妙运用。当原本零散的问题被肯定、被梳理、被放大、被归整，那么学生们无论是对于阅读文本的主题单元，还是对于写作专题的兴趣也必然会与日俱增。

四、课型实施过程中的问题及后续思考

1. 课型布局中的三种课型的命名方式的准确性、科学性有待进一步提炼。

对于课型布局中的三种课型的命名方式更多呈现的是笔者对于读写结合单元优化课型的整体思考下的细节思考，更多反映的是具体实施过程中三种

不同角度的课型操作流程。对于这样的命名方式是否准确、科学，还有待进一步的思考和提炼。笔者认为命名的一个变化过程应该能够呈现研究者对于这个单元优化课型研究的不断深入的过程，对于课型研究中三种基本课型的命名思考也体现了笔者正在尽力在从本质上思考此课型的根本性问题。

2. 读写结合中对于课外阅读的吸纳和融入还缺少一个更为直接有效的途径。

这样的一个课型的思考更多地立足于教材中已有阅读材料的学习和消化，对于学生大量的课外阅读的吸纳和融入还缺少一个更为直接和有效的运用途径。笔者在对学生课外阅读的指导过程中，往往感觉到指导的力不从心，课外阅读似乎永远与课外阅读保持着平行的疏远关系，缺乏课内外的有机融合。虽然笔者在研究的过程中已经关注到了这个问题，也努力在过程中适度延伸学生的课外阅读，使之真正为学生的阅读和写作服务，但是在实施过程中，依然感觉到了课外阅读课内有效指导和运用上的缺乏和无力。笔者认为需要建立的是学生对于大语文观基础上的大读写结合和大单元优化，所以必须进一步思考课外阅读在读写结合中的重要位置。

3. 后续思考。

目前，本课型的研究较多的重心放在笔者所执教的三年级这样一个中年级作文起始年段，对于其他年级的相关性研究还停留在意识层面，需要进一步加大推进的力度。同样的，对于相关的年级序列的梳理也需要笔者加快研究的步伐。笔者正在思考，从三到五年级这样三个年级中加大推动的进程和力度，比较系统地对于三个年级中的课内主题单元、写作专题内容及相关的配套课外阅读进行集中的梳理和整合，使阅读单元和写作单元之间形成真正行之有效的序列内容，真正地促成阅读为写作服务，写作提升阅读，阅读和写作最终又为学生的发展奠定生命体验的基础性资源。

五、附录

1. 第六册语文新教材读写结合单元优化内容梳理。

一级主题	二级主题	习作专题
此处的“主题内容”指的是语文教材上以主题单元为单位的8个自然单元。	此处的“二级主题”是指将8个主题单元中的课文按照二级主题进行了更为细致的分类，将同一个主题中的课文分成不同的篇章，使主题内容呈现一个循序递进的渐进过程。这样的二级主题的分类来自师生共同的品读。	“习作专题”建立在单元主题内容的学习领悟基础之上，将学生在单元学习中的感悟融合到专题写作中去。同时将主题内容与教材后面的作文序列进行主题引领下的取舍和整合，将教材内容、生活感悟有机地融合在一起。

续 表

<table>
<tr><td>第一单元：寻找自然的春天，感受心灵的春天</td><td>第一篇章：自然的春天
《1 春的消息》《3 春天的小雨滴滴滴》
第二篇章：灵动的春天
《2 啊，汤圆》《4 放风筝》
第三篇章：心灵的春天
《5 荒芜的花园》</td><td>专题一：春之声
《春天来了》《我眼中的春天》《我心中的春天》《冬天里的“春天”》

说明：从第一单元文本中的语言文字中感受自然的春天，练就一双观察自然的慧眼，同时初步学会体验心灵的春天。</td></tr>
<tr><td>第二单元：童年的故事，童年的精彩</td><td>第一篇章：童年的勇气
《6 新年的礼物》《7 小读者》
第二篇章：童年的烦恼
《8 班长的苦恼》
第三篇章：童年的心灵
《9 给予树》《10 妈妈，我不是最弱小的》</td><td rowspan="2">专题二：我的世界
《我的烦恼》《我真了不起》《我想长大》《二十年后的我》

说明：结合第二、三单元的童年故事和历史故事，建立学生对自我的确切认知。从自我内心世界的探求，到对自己未来世界的畅想，形成学生积极向上的人生观和世界观，让文本中的这些英雄人物成为学生学习生活中的一种学习榜样和理想，最大限度地激发学生更大的学习热情。</td></tr>
<tr><td>第三单元：历史故事，英雄人物</td><td>第一篇章：历史人物
《11 起死回生》《12 田忌赛马》《13 完璧归赵》
第二篇章：英雄人物
《14“军神”》《15 抗日女英雄赵一曼》</td></tr>
<tr><td>第四单元：人间真情</td><td>第一篇章：亲情篇
《16 家是什么》《17 别人的妈妈》
第二篇章：友情篇
《18 在金色的沙滩上》《19 杏儿熟了》《20 哦，让我永远忏悔的狗》</td><td rowspan="2">专题三：我们的世界
《同学之间》《师生之间》《父(母)子(女)之间》《我和小动物之间》《我和小鸟的对话》《我在山水之间》

说明：这两个单元的主题看似无关，实则密切相关，它们所表达的都是人和人之间，人和动物之间，人和世界的沟通和联系。这样的整合适合孩子从比较全面的角度建立对世界的认知和了解。写作专题的序列设计也考虑从这样的一种联系中引导孩子们学会感知世界之间有形或无形的纽带。</td></tr>
<tr><td>第五单元：动物世界，世界奇观</td><td>第一篇章：动物世界
《21 我喜欢小动物》《22 鳄鱼的争斗》
第二篇章：世界奇观
《23 神秘的小岛》《24 南极风光》《25 埃及金字塔》</td></tr>
</table>

续 表

第六单元：科学的殿堂，自然的奥秘	第一篇章：自然中的奥秘 《27 我多大了》《28 鱼化石》 《29 在牛肚子里旅行》 第二篇章：生活中的科学 《26 蝙蝠和雷达》《30 邻家的星期四》	专题五：创想篇 《我心爱的学习用品》《我喜爱的玩具》《我想设计一种玩具》《我的奇思妙想》 说明：六、七两个单元都从科学的角度出发，向学生们讲述了科学的故事和科学家们的故事，最终将对科学的理解定位于人对科学的执着研究之上。所以我将这两个单元的专题写作定位于"创想篇"，将创想建立在对生活事实的观察之上，发现生活，创想生活，因此将作文教材中写实的"我心爱的学习用品"与"我喜爱的玩具"作为创想的事实基础，然后进一步进行源于生活的奇思妙想。
第七单元：名人的世界	第一篇章：科学家的故事 《31 他从火里跑出来》《33 不知疲倦的人》 第二篇章：艺术家的世界 《32 全神贯注》 第三篇章：运动员的故事 《34 一次著名的冲刺》《35 攀登世界第一高峰》	
第八单元：生活的味道	第一篇章：分享篇 《36 独果》《37 红樱桃》《39"我也会送你一辆新车"》 第二篇章：自尊篇 《38 秘密》《40 开启》	专题六：《记忆中的……》《给予的快乐》 说明：最后一个单元是学生比较难理解的一个单元，它从一个充满哲理和人性的角度引导学生去发现生活中的善和美。习作专题正是基于对生活这样的"透视"，充分挖掘学生生活中记忆深处的一些小事，从中体悟生活就是一个最大的课堂。

2. 第六册语文教材读写结合单元优化专题五"创想篇"之写作训练课例。

学校：闵行区实验小学	年级：三年级	班级：5 班	人数：41 人
学科：作文	课题：我的奇思妙想——设计篇	教师：姚凤	日期：2008.5.28

一、教学目标

1. 引导学生观察生活，鼓励学生通过大胆想象，自己设计一种物品，并能说明设计初衷。
2. 引导学生能从不同的方面来介绍这种物品，并在分步介绍的时候能有序地抓住物品与众不同的特点进行。
3. 通过想象空间的创设，树立学生"想象源于生活"的理念，逐步形成学生观察生活、创想生活的良好习惯。

续 表

二、目标制定依据

1. 内容分析。

本次作文的题材立足于本学期本班习作专题五“创想篇”的基础上。所谓“习作专题”即建立在单元主题内容的学习领悟基础之上,将学生在单元学习中的感悟融合到专题写作中去。同时将主题内容与教材后面的作文序列进行主题引领下的取舍和整合,将教材内容、生活感悟有机地融合在一起。本次教材六、七两个单元都从科学的角度出发,向学生们讲述了科学的故事和科学家们的故事,最终将对科学的理解定位于人对科学的执着研究之上。所以我将这两个单元的专题写作定位于“创想篇”,将创想建立在对生活事实的观察之上,发现生活,创想生活。

同时,结合书本后面的作文教材中比较具体有明确指向的“我心爱的学习用品”与“我想设计一种玩具”作为创想篇的事实基础,然后进一步引导学生进行源于生活又高于生活的奇思妙想的构思中。

2. 学生实际。

对于三年级的学生而言,想象作文是他们的兴趣所在,同时也会在想象的过程中呈现无序和凌乱的状态。这些天马行空的无序想象化为语言文字更加缺乏条理性与合理性,因此在教学中努力想呈现的意图之一是:通过对绘本阅读《云朵面包》和动漫作品《哆啦A梦》的辨析赏读,形成学生“想象源于生活”的理念。

通过前阶段“我心爱的学习用品”等题材的写作指导,发现学生初步具备了状物的基础写作技巧,因此在本次教学中努力想呈现的意图之二是:通过对自己想象设计的物品进行外形、功能等方面的写作指导,巩固和强化学生已有的对状物的习作基础。

本班学生的思维不乏想象,却缺乏想象的发散性与即时性,因此在日常的教学实践中,我尝试从三上开始进行每节语文课前的“三分钟速写”,要求学生在三分钟内进行集中的词语积累、词语运用、片断写作、趣味问答、阅读体悟等多形式的速写,本节课上的速写内容就建立在这样的常规训练基础之上,针对本节课的创想需要展开头脑风暴式的发散速写,激发学生奇思妙想的原动力。

教 学 过 程

教学环节	教师活动	学生活动	设计意图
热身	“今日速写”:有人把一个鸡蛋从二楼往下扔,没有碎。你知道为什么吗?(写出一种猜测的合格,写出两种猜测的良好,写出三种及三种以上猜测的优秀。)	学生当堂速写	通过“头脑风暴”式的集中发散性思维,为学生本节课的创想打下一个想象的思维基础。

续 表

教学过程			
教学环节	教师活动	学生活动	设计意图
一、绘本阅读引奇思	1. 回忆绘本读物《云朵面包》、动漫作品《哆啦 A 梦》片段 2. 随机板书总结 3. 揭题：我的奇思妙想	说说作者为什么会有这样的想象	通过引导学生对绘本读物与经典动漫形象的“视读”，激发学生在欣赏别人想象力的同时，努力挖掘想象的原动力，树立学生想象从生活中来的思想，引导学生积极主动地观察生活，发现生活。
二、妙语开头比创想	1. 你生活中有过什么奇思妙想吗？怎么会想到的？ 2. 教师随机评价，随机板书总结	1. 指名交流 2. 自己思考，当堂写个几十字的开头 3. 指名交流	在学生相互的交流中展开第二次的头脑风暴式发散性思维活动，充分运用学生间的差异资源提升学生整体思维品质。
三、梦想成真赛功能	1. 具体说说自己的设想 2. 教师随机点评，随机板书总结： 外形、功能、颜色、质地——按顺序 抓特点 …… 3. 教师随机点评，随机板书	1. 小组内交流自己的设想，重点说说设计中与众不同的特点 学生交流 2. 指名交流，学生相互评价 3. 学生当堂选择一个或几个方面写具体自己的奇思妙想 4. 交流反馈 5. 相互阅读组内同学的奇思妙想，欣赏他人的奇妙之处，提出修改完善的宝贵建议	依托学生已有的“我心爱的学习用品”等习作基础，积极调动学生对此类想象状物已有的写作结构资源，引导学生学会迁移，将造型、功能、颜色、质地等方面的有序写作技能迁移到本堂课的奇思妙想中。同时，通过学生的相互评价，师生的对话评价等多向互动中，实践对自己设计的物品的具体描述，通过想象实践自己对生活的美好追求与愿望。
四、意犹未尽话积累	1. 结合板书总结 2. 布置作业：修改、完善“我的奇思妙想” 3. 推荐绘本阅读网站：小书房		推荐绘本阅读网站，旨在建立阅读与写作之间的永久的亲密联系，让“读”和“写”相互促进，携手并进。

续 表

教学过程			
教学环节	教师活动	学生活动	设计意图
反思重建	1. 学生的想象因为阅读而丰富。 从本堂课的生成资源中,我可以感觉到学生的想象力在课上的惊人绽放。我想也许源于速写中对于智力题的脑力风暴式训练,更直接地源于学生对于绘本阅读《云朵面包》和《哆啦A梦》的感悟。因为有了长时以来的阅读指导,学生对于阅读的丰富体验帮助学生打开了无限想象的空间。 2. 学生的表达因为关爱而生动。 学生的想象表达有相当一部分目光聚焦到了这次的四川汶川大地震,这样的表达得益于学生对于社会公众事件的关注,当然也得益于我在日常教学过程中对于学生关注视野的开拓。学生们在关注身边人、小“家”、大“家”的过程中学会了有心,更学会了关爱。因为有了关爱的目光,才使学生的表达生动起来。 3. 学生的志趣因为兴趣而盎然。 学生在这样的想象创作中,更多的不是仅仅呈现个人的烦恼解决,而是呈现更多的志向和理想。这样的创作热情因为学生浓厚的写作兴趣而变得生机盎然。 重建:在写作结构和写作方法的指导运用过程中,应该更加充分地调动已知和已有,使学生在写作的过程中不因写作技巧而停止写作的脚步。		

【专家点评】

在小学中年级语文作文教学实践中,基于“读写交融”理念,进行阅读与写作结合的课型研究,虽然自谦为初步尝试,但对于整个小学阶段阅读教学与作文教学的改革,均有启示意义。这一研究从分析现行语文教材的特点与不足出发,通过实践探索,提出了“读写结合”的课型框架,以及各类课型的具体操作流程,提出了“大题小做”的实施策略、“情由心生”的引导策略,这些都有充分的教材文本依托与教学实践依据,得出的结论对于改进语文课堂、提高实际有效性,具有参考价值。

研究报告在阐述成效的同时,也提及了研究中存在的不足,即课型命名的准确性与科学性。准确性涉及名称的文字表达当否,科学性关乎概念的内涵界定。对课型进行分类,应依据课堂教学过程及其结构,本研究将小学语文课的课型分为阅读主题导读课、写作专题构型课、读写结合训练课,需要给予理论支撑。此外,研究中使用的一些概念宜考虑其在语义方面的通常含义。如“构型”是指固定不变的结构排列,现在被用来表征写作专题课,是否合适?(郑润洲)

兴趣的摇篮　想象的翅膀

——小学生低年级“诗画作文”探新研究

闵行区七宝明强小学　姚　凤

作文是运用语言文字进行表达和交流的重要方式，是语文素养的综合体现。可现在的小学生对作文普遍存在恐惧心理，一提到作文就脑子一片空白，慨叹“作文难，文难作，难作文”。历来较多的研究着眼于中高年级的作文教学，较多的关注点放在对中高年级的学生进行序列性的、针对性的训练，但对于低年级的作文教学研究较少。已有的一些研究也仅仅建立在一些缺乏统筹考虑的零敲碎打的做法上，总体上来说对低年级学生的教学重点是放在识字和阅读之上。

同时，阅读教学在原有的语文教学中总是站在主导地位，作文教学往往被置于一种尴尬的边缘位置。尤其是低年级的语文教学中更是找不到作文教学研究的一席之地。可以说，低年级的作文教学研究尚在星星之火的阶段，有一些不成气候的研究，但是它正在引起有识之士的不断关注。如何培养低年级学生作文方面的兴趣和自信，让孩子们愿意说，喜欢写，乐于积极地表达，是作文教学中的重中之重，也是摆在教师面前的一个“难题”。

一、低年级诗画作文研究的缘起

对于低年级诗画作文研究的缘起来自自己对小学语文作文教学的情有独钟。从成为语文教师以来，我一直在探索作文教学的创新实践，曾经做过想象作文专题研究、活动作文专题研究等，始终觉得作文是语文教学中无法绕过去的重要内容。愈是研究愈加发现，无论是在自己的儿子身上还是在自己的学生身上，总是发现无病呻吟的命题作文像镣铐一下束缚住了孩子们想象的翅膀，很多作文为作而做，违心话、套话比比皆是，唯独缺少孩子真情实意的表达。我们都会有这样的同感，年级越低，孩子们的学习兴趣越高，想象力更无限，随着年级的增长，这样的优势逐渐消失殆尽。而更多的外出学习培训机会让我有了对中西方作文教学比较的学习机会，发现国外母语教学中更强调学生独立自主的个性化表达,更关注学生的兴趣和想象的自生长。而我们传统的低年级作文教学是存在以下误区的。

(一)低年级作文教学不需要

以往低年级语文教学中,总是将关注的焦点放在了识字教学和阅读教学上,作文教学被置于一个丢弃的角落。许多低年级的语文教师花费了大量的时间和精力研究识字教学的有效性,研究识字教学与阅读教学的融合,他们从来没有意识到低年级起步作文教学的重要性,他们甚至认为低年级作文教学不需要。低年级学生大字不识几个,他们怎么可能写什么作文,还不如老老实实地教学生识字阅读,打好基础是关键。

笔者的观点:作文训练其实对学生学习知识、发展智力和陶冶情感具有重要意义。而低年级是作文教学的初始阶段,直接为中高年级的作文教学打基础。低年级孩子的认知有着自身的特点和规律,刚入学的孩子,一方面积累的字词不多,生活经验贫乏;另一方面,却又渴望表达自己的所见、所闻、所感。如果从小学低年级起有意识地培养学生的写作兴趣与写作能力,将会为学生今后的写作奠定一个良好的基础。因此,低年级的语文教师,更需要重视作文教学的起步阶段,注重激发学生的写作兴趣,引导学生迈出写作的第一步,逐渐将学生引上写作之路。

(二)低年级作文教学不可能

因为低年级学生面临着拼音、识字等诸多基础性的知识障碍,于是低年级学生的起步作文在有些老师眼里是不可思议的。缺少了这些基础性的表达元素,作文教学的实践似乎成了纸上谈兵的空谈。低年级学生的行为习惯、学习态度等都处于一个适应和养成的特殊阶段,这个阶段的学习任务相比其他年级而言更为复杂和艰巨。这种情况下,管教尚且来不及,哪有时间研究作文教学?

笔者的观点:低年级学生的思维处于一种未经雕琢的处女地状态,特有的想象能力和空间其实比高年级更大。低年级学生的表达方式、语言习惯等都是其他年级学生或者成人所无法企及的。如果缺乏足够的空间让他们得到锻炼和强化,他们的这些能力必将面临弱化的发展趋势。一句充满创造力的话,一颗充满想象力的童心,就是低年级起步作文教学的立足点。

(三)低年级作文教学不重要

低年级语文教师在教学实践过程中,往往认为低年级学生处于学习生涯的起始阶段,作文不是低年级语文课堂中的重点。即使是面对低年级教材中已有的说话训练内容,教师们都认为不重要,想到了就偶尔开展一次说话训练,想不到就可以一个学期不上这样的内容,更不用说开展针对性的作文教学了。

笔者的观点：作文是学生认识能力和语言文字表达能力的体现，作文能力是最重要的语言能力之一。低年级是作文的起始阶段，低年级作文起步教学搞得是否成功，基础打得是否扎实，对学生今后的作文水平影响极大。作为一名小学语文教师，要从小学生一进校门就有计划、有目的、有重点地对他们进行作文起步训练。

二、低年级诗画作文研究的意义

（一）让作文成为学生情感表达的特殊载体

从作文教学的源头探索，我们不难发现作文其实是学生情感表达的一种特殊载体。为学生的作文寻找写作的内驱力，努力营造学生的情感喷涌而出的积极状态。笔者想从如何激发学生的写作激情入手，从一些趣味性、活动性、序列性的设计中，使学生的每一次写作均成为推动学生作文水平的原动力，在作文之后体验成功的同时获得经验和技能的积累和集聚，在一次又一次的积累和集聚中，自主探索习作的奥妙和乐趣，自主探究习作的方法和技能，从一厢情愿的"要我说、要我写"向一泻千里的"我要说、我要写"发展，点燃学生的写作激情。

"没生活就没有作文、有生活就有作文"，一位教授在他的"新体验作文"中的教学理念从教师的角度反思，为什么很多学生不会作文或者说作文能力很差呢？根本原因是学生没有经历、在作文写作中处于"被作文"地位，老师们忽视了对学生观察、阅读习惯培养等上下工夫，更没有在写作动力、刺激等问题上做研究。如何从根本上激发起学生，尤其是作文起始年级学生的习作兴趣，需要教师更多的思考。

（二）让诗画成为低年级学生作文的独特手段

朱作仁先生所作《小学语文教学原理》一书中谈道："从儿童发展的角度看，作文是他们思想认识水平和文字表达能力的具体体现。作文是生活实践（观察事物）、思维（分析事物）和语言（用文字表达事物）的统一。"从这个观点上来说，低年级学生对事物的观察、分析、表达与高年级有着明显的不同，他们倾向于较为直观的图画思维，他们的语言更像未经雕琢的诗句。因此，诗画作文的探索在低年级学生中尤为有其研究的价值。

从学生思维发展的规律而言，低年级学生的直觉思维、主观思维较强，他们对于事物的观察和表达等比较自我和主观，同时也是充满独创和想象力的。因此，低年级学生语言表达上更具有诗的无拘无束和画面的立体感，以诗画作文作为低年级学生起步作文的载体，将为低年级学生乐于表达、善于表达打下有利的发展基础。

（三）让想象焕发童心的独特魅力

爱因斯坦说过："想象力比知识重要，因为知识是有限的，而想象力概括着世界的一切，推动着进步，并且是知识的源泉。""天高任鸟飞，海阔凭鱼跃"，低年级学生的想象力犹如一个尚未开发的宝藏，只要善于挖掘，就会找到取之不尽，用之不竭的宝藏；如果没有挖掘，那么就可能把宝藏埋没于底。低年级学生相比其他年龄段的学生而言，他们的思维更具原创性和独特性，这个阶段开展适时恰当的起步作文教学，无异于挖掘低年级学生想象力这片富有的宝藏。

而诗和画这两种不同领域的表现手段有一个共性的特点，那就是都需要丰富的想象力。我们发现，年龄越低的孩子，似乎天生是"诗人"和"画家"，十个里面起码有八个喜欢画画，不时蹦出让你叹为观止的"诗"话。低年级起步作文教学的落脚点也正在于此，让这个年龄段独特的想象力不扼杀在教师善意的错误中。

三、低年级诗画作文的研究概况

（一）"诗画作文"是什么？

简单定义如下：特指基于低年级学生年龄特征的依托儿童诗化语言、图画语言等表达方式的低年级说话写话，关注的是低年级学生的本真表达、想象表达、创新表达。研究力图体现以下三个特点，第一基于低年级特点，依托诗画进行说写表达。因为大家都十分清晰地意识到，因为识字量的限制，阻碍了低年级的说写表达时空，诗画可以突破这样的瓶颈；第二个特点是实现诗化语言和图画语言之间的互融互通，能够呈现学生最原生态的本真表达；第三个特点是研究关注的是兴趣的本源，依托诗画这样学生喜爱的方式激发的是学生想象和表达的热情。主要思考的目标是激发低年级学生主动创新的情感表达，引导他们在发现和体验生活的过程中，学会组织运用原创性的诗化语言和图画语言等，有表达生活的自主需求和欲望。

（二）"诗画作文"做什么？

我们的课题主要是从以下三个方面的内容着手研究的：其一是从学校整体推进的角度思考，从初步构建符合本校学生学情的校本特色诗画作文课程体系框架开始，在此基础上，初步探索低年级诗画作文的课堂教学基本模式及一些基本的教学策略等。这个过程中，我们也在尝试探索初步形成积极有效的诗画作文评价的策略途径等，能和学生的综合学业评价形成一个补充、完善的环路系统。

（三）"诗画作文"从哪里开始做？

具体推进的过程中，从两个比较集中的途径开展。其中之一悦读分享系列，主要是依托教材文本材料、课外拓展文本材料，如绘本等，开展系列诗画作文教学研究。基本采取的是从学悟、仿说到创写的三段式教学。第二个主要途径是生活悦享系列，主要是引导学生采用从图记、分享到评价的学习习惯，针对学生日常生活和校园生活中的点点滴滴进行诗画探索的实践研究。尤其是在结合校本化主题活动开展的过程中，学校以诗画探秘的方式引导学生观察记录、感悟提升，两本诗画作品集正是我们几年实践过程性记录的最好印证。

四、低年级诗画作文的实施

赵欲仁所著《小学国语科教学法》中指出："作文能力进步的程序大概是：第一，善于说话，使人听了能够清楚明白——说话能力；第二，能够把语言写成文句——造句能力；第三，能够把零碎的文句连缀成篇——联缀能力；第四，能够把做成的文章修饰得格外美观——修词能力。"从这样的描述中，我们不难发现小学低年级正是作文的起步阶段，学生在识字、写字、说话和初步阅读的基础上，从口述到笔录，连词造句。写作内容比较浅显，表达的意思比较简单。

笔者期待通过了解低年级学生起步作文的发展现状，分析低年级学生作文学习的基点和障碍点。同时通过梳理教材中易于进行低年级学生诗画作文相关训练的文本材料，构架低年级学生诗画作文系统中的教材配套系列。不断寻找低年级学生学习、生活中的对事物、现象、情感等较为聚焦和集中呈现的系列专题，构架低年级学生诗画作文系统中的生活配套系列。尝试以诗画作文的方式激发低年级学生的起步作文兴趣，并探索与之相适应的诗画作文评价标准等。

（一）我阅读所以我诗情画意

通过引导低年级学生阅读兴趣入手，提供学生通过阅读之后的表达空间和场所，提升学生对于阅读的感悟，建立表达的阅读资源库。基本途径为"阅读→体验→表达"的感悟历程，通过师生共同的阅读心得交流等多种方式途径，引导学生学会将语言文字的赏析回溯到生活的原点。

1. 连词成句说大意。

在低年级语文课堂教学中，词语的学习对于完整的篇章而言有着至关重要的作用。词汇量丰富的学生，理解能力相应高；反之亦然。低年级的篇章中相当数量的文本为朗朗上口的诗歌、童谣等，篇幅不长，理解上存在障碍的可能就是部分关键词语。牵一发而动全身，每篇文本中的关键词语就成了串起文章大意的主梁。

笔者在低年级语文课堂中很注重开展一个环节："连词成句说大意"。具体是指在预习适当前移的状态下，提供学生文本关键词语，要求学生用这几个关键词语说说文本的大意。实践表明,虽然相当一部分学生无法确切地表达文章的大意,他们的表达只涉及了文章的部分内容,但是他们却在这样的语言组织过程中,每节课都在进行着连词成句的表达训练。通过这样的阅读训练,学生描述的虽然是文本内容,但却是经过学生内化之后的语言,有时他们的表达总是妙趣横生,充满让人意料之外的惊喜。

2. 妙笔生画学重点。

喜爱图画是儿童的一大特点。我们往往发现,许多只可意会不可言传的内容如果要求学生通过绘画的方式表达,他们一定可以用画笔淋漓尽致地表达他们心中的感悟。同时,我们紧接着发现,面对自己亲笔画下的画面,学生往往能自如地描述画中的含义。看来,绘画也是低年级学生一种非常重要的“语言”。

针对低年级学生的这个特点,笔者不断尝试在课堂中运用绘画的方式帮助学生理解文本,利用绘画的方式训练学生开始跨出起步作文的第一步。例如一年级下第一篇课文《春天在哪里》的学习过程中,教师请学生在全文学习的过程中,借助绘画将文本中描述的画面简单板演出来,同时请他们用画面补充文中意犹未尽的地方。短短几分钟的时间,在黑板上我们看到的不仅是文中所描述的春天,我们更看到了孩子眼中的丰富多彩的春天。再请这些小画家们上台向大家介绍这些画面,如春天般美好的诗的语言不时地迸了出来,让教师叹为观止。

3. 改头换面仿结构。

笔者认为学习的兴趣最初来源于模仿,模仿教师、模仿家长、模仿伙伴、模仿文本。如果能让低年级的孩子们对语文教材中生动有趣的文本产生模仿的兴趣,那么学习的兴趣也就开始萌芽了。而低年级的语文教材中较多篇目都是结构比较相似、内容比较浅显但又充满趣味的诗歌、故事等,这样的文本内容提供了低年级学生从模仿起步的作文训练。

因此笔者在自己的语文课堂实践中,尝试挖掘低年级识字阅读教材中便于学生进行模仿式结构训练的资源,引导学生通过结构上的模仿打开思维的空间。例如一年级下第十一课《夏天》中,有两个自然段结构非常相似:“爬呀,爬呀,给……”在充分理解感悟的基础上,让学生模仿这样的结构说说夏天还可能爬到哪里,用同样的语言结构来说一说。学生呈现的语言证实了结构上的模仿并不能阻碍孩子独特的思维想象空间,反而为他们拓展思路提供了有力的载体。

(二) 我想象所以我诗情画意

心理学研究证明:四五岁的儿童正处于无意想象时期,而七八岁的儿童则正处于无意想象向有意想象的过渡的阶段，可见，学龄初期的儿童的心理发展正处于想象力培养的“敏感期”。以此类推，作文教学其实更需要学生无穷的创造力和想象空间。低年级的年龄特点恰恰是没有经过约束和限制的，他们的创造力和想象力同样也是充满这一年龄段的独特魅力。此时进行以想象为主攻的起步作文无疑会事半功倍。

1. 生字变变看。

低年级语文老师在识字教学中，常常要求学生用各种不同的方法记忆生字，例如从字形结构上加一加、减一减、换部首等，从字义内容上找朋友、编儿歌、编故事等。传统的教学中总是以识字为根本目的，忽略了这样的识字过程本身就充满了作文教学的前奏信息。尤其是请学生根据字形结构自己创编儿歌、故事等，这样的创造本身发挥了低年级学生异想天开的想象力功效，同时又彰显了学生表达由一个字到几句话的发展历程。

为了帮助学生更好地在识字过程中发挥想象力，进行初步的言语表达的训练，笔者又尝试请学生利用图画让“生字变变看”，让学生通过自己编的故事将生字进行艺术化的夸张处理，将自己对结构、笔画的想象通过夸张的画面呈现出来，再借助画面进行介绍。学生们既牢固记住了这个生字，又为这个生字注入了充满幻想的童心色彩。

2. 词语碰碰看。

词语在低年级起步作文的教学中不容小觑，尤其是通过学生充满想象的创作之后，词语也会成为生动的资源。以往低年级语文教师在教学的过程中只关注到了词语对于本节课、本篇课文的即时作用，却忽视了词语在学生长程学习过程中的重要作用。

笔者认为低年级起步作文教学的另一启蒙领域正是在词语的妙用。教师可以通过提供几个学生已知的词语，通过让学生将几个毫无关联的词语，利用想象力，串起这些词语成为一个个有趣的故事，并且可以通过画下这些故事来帮助自己记录思维的过程。于是，我们会惊奇地发现，原本不可能产生联系的几个干巴巴的词语碰在一块变成了生动有趣的故事，甚至有的学生还画了连环画形式的动态画面，让这些词语赫然焕发了无穷的活力。

3. 图片连连看。

既然低年级学生喜欢图画，那就不妨在教学中投其所好。有趣的图片同样可以成为低年级学生起步作文的有效载体。低年级语文教材中的课文插图、语文快乐宫中的图片等，往往成为教师不屑一顾的陪衬品，没有发挥图片作用的意识。

笔者则将这些图片请上了课堂，请学生将这些图片与文本内容进行连连看的游戏,看看课文插图最直观地表现了文章哪些内容,插图上哪些细节可能又是文本内容所没有表现出来的。通过这样的比较和联系,学生建立了文字表达和画面表达之间的联系,有了将画面转述为语言的基本训练。另外,笔者也尝试运用“图片连连看”的游戏,训练学生进行语言表达。将看似毫无联系的图片放在一起,请学生根据自己的理解将这些图片进行两两连线,再说说这样联系的原因。同样,学生的想象力再一次让毫无联系的事物联系在了一起,直观的图片也化为了抽象的语言,变得更有意义了。

4. 故事猜猜看。

故事在低年级学生的世界里是不可或缺的。无论是书中的童话故事,还是生活中的真实故事,对低年级学生而言故事形式总是充满吸引力的。那么何不让低年级的起步作文不要成为学生惧怕的作文,而让它成为学生喜欢的故事形式呢? 答案显然是肯定的: 让故事引领学生步入作文的天地是可行的。

教材中的故事有各种类型的,由于受篇幅的限制往往结束得匆忙,同时也给学生提供了无限的发展故事空间。续编故事成了首当其冲的选择。不过,笔者在进行续编故事的创作中,请学生先把自己的想象思维转化成图画,利用图画梳理自己对故事的思考过程,再进行语言描述。有的学生还巧妙地把自己画的故事用演一演的方式让其他同学猜一猜,然后再讲述给大家听完整的故事。在这样的互动过程中,在这样的画笔和话笔齐头并进的过程中,一个个生动有趣的故事诞生了。也可以说,一篇篇充满童趣的美文诞生了。

(三) 我生活所以我诗情画意

通过引导学生仔细观察生活,寻找生活中的表达素材,提供学生通过相互的交流和沟通来积极表达的空间和场所,提升学生对于生活的感悟,建立表达的生活资源库。基本途径为“观察→体验→创作”的感悟历程,引领学生发现生活,感受生活,记录生活,更创造生活。

对生活的观察是作文教学中的基本能力,为了养成低年级学生观察生活的习惯和能力,笔者尝试采用多种方式加以实践。如引导低年级学生通过“图画日记”的方式记录生活,通过将自己一天中印象最深刻的画面,看到的、听到的、想到的画下来,然后根据画面在班级学生中进行交流介绍。生动有趣的画面,真实可信的语言,打动了孩子们的心灵。又如引导学生以小组为单位撰写“连环日记”的方式记录下组内成员的生活。每一位成员都可以用图画或者写话的方式记录自己轮到的那一天的生活,每一位后写的成员必须在看完前面同学的日记基础之上才能完成自己的记录,同时可以用自己喜欢的方式(例如画张笑脸,写句话,说句赞美的话等)评价一下前面完成的同学,每到周末以小组为单位进行交流汇报，评选出最佳组合张榜公布。

无论是采用什么样的方式，笔者的意图都是从引导学生养成观察生活、阅读生活、感悟生活的习惯，用诗和画的方式加以创造性的记录和体验。当然，笔者也注意到了引导学生从以下几个方面去观察和体验。

1. 节日缤纷“记”。

节日应该是孩子们最喜欢的日子了，这样的日子里总是有许多让人惊喜的意外。这样的独特意外才让孩子们对节日总是念念不忘，所以缤纷节日里的生活记录是少不了的。如妇女节、植树节、清明节等，西方特色的复活节、母亲节、父亲节等，这些中外节日里的记忆都化成了充满诗情画意的美画美文。

例如三八妇女节这天的记忆，有的学生画下了自己陪奶奶散步的动人一幕，有的学生画下了给妈妈送花的深情一幕，有的学生画下了给妈妈买礼物的生动一幕……图画下面学生的语言同样如诗般动人，妈妈的激动之情，奶奶的感谢之意等，画和话交融，景和情交融。

2. 游山玩水“记”。

现代家庭决定了我们的孩子们有更多的机会可以走出家门，走向自然，游山玩水成了许多学生假期中的重要项目。游览的过程中是兴奋和激动，但是如果没有及时感悟和体验，这些兴奋和激动很快就会成为被遗忘的记忆，所以游山玩水的记忆也应该被及时地记录下来。

有的孩子去了四川旅游，他用画笔记录下了最记忆犹新的那一个画面，于是那些可爱的熊猫宝宝留在了他的画板上，一段描述熊猫宝宝可爱的文字也跃然纸上。有的孩子去了长城，充满冲击力的画面表达了他心中的观感。有的孩子去了风景优美的海南岛，于是蔚蓝色的海水伴随着诗意的语言朝我们扑面而来。景迷人，孩子心中的记忆更迷人。

3. 生物万象“记”。

对于低年级学生而言，生物万象都是吸引人的。他们用眼睛看，用耳朵听，用嘴巴尝，用双手触摸，用心灵感受，不同的感官带给孩子们不同的体验。如此奇妙无穷的生物万象，千姿百态地展现在孩子们面前，怎能不让他们内心产生诗情画意？

于是，可爱的动物朋友们，奇特的植物们，春天的颜色、春天的桥、春天的池塘……连太阳公公和乌云都在孩子们的笔下变成了淘气的可爱伙伴，说着只有孩子们才懂的语言。各种各样的事物、现象都在孩子们的想象世界里熠熠生辉。

有人说：“没有诗意的语文课堂是悲哀的，这是语文课的不幸，也是语文教师的不幸。”笔者要说：“没有诗情画意的低年级语文课堂是呆板的，这是低年级语文教师的不幸,更是低年级学生的不幸。”笔者期待低年级的孩子们在老师的引导下,眼中有画,心中有诗,这样才能在低年级学生起步作文举步维艰的局面中开创出一片别样的天地来。

附件

1. “小学低年级学生诗画作文研究”课例研究 1《我的日记》

热身:猜一猜游戏

说明:通过猜一猜教师的姓名画及文字画,增进师生之间的情感交流,激发学生对文字和图画之间多元沟通的学习兴趣和热情。

一、走进绘本

1. 听绘本故事《蚯蚓的日记》。

2. 说说初步的听后感受。

说明:《蚯蚓的日记》是美国朵琳·克罗宁创作的绘本故事,故事以蚯蚓为主人公的日记体记述方式,向孩子们展现了一个生动奇妙的蚯蚓世界。这个世界似乎又与孩子们的生活世界有着很多的相似之处,选择阅读这篇故事同时旨在引导孩子们借蚯蚓的视野,学会关注自己身边的生活、体验生活、记录生活。

二、走进蚯蚓

1. 阅读日记一:4 月 20 日。

(1) 自读日记,观察图画,细品文字,思考:读出了________的蚯蚓?

(2) 如果给这则日记中描述的事情起个题目:________(预设:恶作剧)。

(3) 抽生模仿感情朗读。

说明:全书共有 18 篇日记,时间关系不可能全部作为范本学习,选择此篇是因为此篇的事件在孩子们的生活中较为常见,较为鲜明地体现了蚯蚓的顽皮,更有孩子的特点。从朗读体会到概述性的命名,意图引导孩子学会日记撰写的基本内容结构,从而起到一个教结构用结构的方法前移渗透功能。

2. 阅读日记二:5 月 8 日。

(1) 自读日记,观察图画,细品文字,思考:写出了蚯蚓的________。

(2) 如果也给这则日记中描述的事情起个题目:________(预设:噩梦)。

(3) 抽生模仿感情朗读。

说明:选择此篇是因为做梦,尤其是做一个噩梦在孩子们的世界中的代表性,它直面的是孩子的不安和恐惧。此篇通过类似的学习过程体验,从学结构到巩固结构,进一步强化日记撰写的基本途径。

3. 自读其余日记,选择其中一篇自己最感兴趣的日记和同桌分享阅读之后的感受。

（1）学生自读。

（2）同桌分享。

（3）全班共享。

（预设，教师随机板书：高兴的、伤心的、尴尬的……）

说明：通过学生自主性的选择一篇最感兴趣的日记和同学分享的方式，进一步调动全体学生资源，达到迅速浏览全书的功效，并在整体的浏览分享中，学会图文并茂地选择生活中各种各样的事件，在记述的过程中体现真情实感。

三、走进自己

1. 结合板书随机总结。

2. 说说自己印象最深的一天、一件事。

3. 当堂创作。

4. 全班分享。

说明：放手让学生用图文方式尝试撰写自己的日记，过程中重要的不是日记撰写的具体写作方法，而是渗透日记所传递的即时性记录自己心情的独特功能，发挥日记对自我独特的情感价值。

四、走进生活

1. 阅读推荐：《蜘蛛的日记》《苍蝇的日记》《小屁孩日记》。

2. 生活推荐：图画日记记录自己每天的生活。

说明：《蜘蛛的日记》《苍蝇的日记》是朵琳·克罗宁的同系列作品，《小屁孩日记》是从孩子视角撰写的图文日记，这些作品同样充满童真的视角和童心童趣。推荐阅读是为了开拓孩子们的视野，而更关键的是引导孩子们养成以图画日记记录生活的态度和习惯。

2. “小学低年级学生诗画作文研究”课例研究 2《奇怪的事》

学校：奉贤	年级：二年级	班级：3 班	人数：47 人
学科：语文	课题：《奇怪的事》	教师：姚凤	日期：2014.5.13

一、教学目标

1. 通过感情朗读金子美玲的儿童诗《奇怪的事》，体会生活中的奇怪和奇妙之处。在品读诗人诗句的过程中张开想象的翅膀，走进迷人的诗境。
2. 通过仿写“怎么会？”的疑问句式，引导孩子尝试学会运用图画和诗歌语言记录日常观察中的生活细节，学会发现生活中别人熟视无睹的神奇世界。

续 表

二、设计依据

[课题背景]

《小学低年级学生"诗画作文"教学研究》是自2012学年开始个人着重进行研究的学科课题,本课题旨在针对语文教学现状中重阅读感悟轻作文指导、重被动机械表达轻主动情感表达、重中高段书面表达轻低段口语表达的现象,研究如何利用低年级学生的年龄特点,以现有的教材资源及学生的生活资源,多手段多途径激发学生主动创新的情感表达,运用原创性的儿童化语言、蕴含丰富情感的诗歌语言及蕴含丰富想象的图像语言等,引导低年级学生学会观察生活、体验生活、思考生活。

本课题研究基于低年级学生起步作文发展需求的基础,构建易于激发低年级学生作文兴趣的教材、课外读物及生活中适于诗画作文训练的材料序列,探索如何合理地利用这些素材激发低年级学生的自主情感表达,丰富低年级学生多元情感表达途径。本课例的选择正是基于课外读物作为"诗画作文"训练的序列构架之一,运用这样一个节点研究,探索如何依托教材之外的补充材料进行课题实践层面的具体案例研究,便于形成课题系统构架之下的整体"诗画作文"序列及具体的教学模式、教学途径、教学策略等。

[学情分析]

二年级第二学期的学生经过了一年半的学习,逐渐向三年级过渡。教材中的文本篇目也逐渐向篇目较长、有一定故事情节等较为具体的文本篇章过渡。学生在具备了熟练的独立拼音和独立识字的能力基础上,逐渐向文本语境中的整体性词句学习和理解能力过渡,并逐渐形成初步的质疑思考能力。

二年级的孩子有了一定的古诗及儿童诗歌等的积累学习,诗歌特有的韵文形式利于学生朗读,也吸引了学生一定的学习兴趣。但是二年级第二学期教材中真正涉及诗歌学习的篇目并不多,学生也缺乏系统的层次递进的诗歌学习和创作的指导。诗歌独特的语言表达方式也给学生的学习带来一定的困难和阻碍,尤其是学习诗人如何在细致入微的观察和思维中发现生活、体验生活、表达生活。

[教材分析]

《奇怪的事》是日本金子美玲的诗歌作品,选自她的诗集《向着明亮那方》。诗歌以比较直白的语言表达方式,以"怎么会?"的反问句记述生活中的细节事件,呈现了诗人细致入微、好思敏问的可贵品质。

选择这篇诗歌作为诗画作文教学的载体,一者是因为这首诗歌的表达形式对于低年级学生而言,结构性强,有可模仿性,比较易学;二者是诗歌的观察视角平易近人中有创新,利于引导低年级学生养成观察生活表达生活的观察和思维习惯,引导孩子们学会关注自己身边的生活、体验生活、记录生活。本课例的选择希望通过学习诗人善于观察、善于提问的思维习惯,养成学生对生活的自主观察和体验习惯。

教 学 过 程

教学环节	教师活动	学生活动	设计意图
学科热身	玩一玩文字游戏:句子大变身	朗读体会	初步体会诗歌语言的独特魅力。

续 表

教 学 过 程			
教学环节	教师活动	学生活动	设计意图
一、初读诗歌，整体感知	1. 读题，读出奇怪的味道 (1) 指名读，说说读出了什么。 (2) 再读，让大家感受事的奇怪。 2. 读诗，读出奇怪之处 (1) 读准字音，不加字、不漏字，带问号的句子读出疑问的语气。 (2) 边读边思：诗人写了几件奇怪的事？ 3. 交流反馈 (1) 指名读。 (2) 指名交流：这首诗写了几件奇怪的事？教师随机板书：雨闪银光、白蚕绿桑、花会自开、笑说当然。 4. 总结 诗人在生活中发现问题，提出问题，通过问别人想解决问题，别人的答案不懂，又提出问题。你觉得诗人是一个怎样的人？（预设：爱观察、爱提问……）	1. 个体朗读，读出语气 2. 按要求自读 3. 多种形式地读 (1) 概要地描述奇怪的几件事。 (2) 理解“怎么会？”的疑问句式，多种形式地朗读体会。 (3) 个体朗读。 (4) 齐读。 4. 个体交流	从题目入手，引导学生抓住题眼整体感知整首诗的主要内容。 通过多种形式的朗读，初步读懂诗歌描述的几件奇怪的事，并理解诗人疑问句式的表达方式。 通过对诗人的评价帮助学生理解诗人的写作初衷，发挥诗歌独特的育人价值和功能。
二、精读诗歌，品味语言	1. 自由读，边读边思 诗人写这几件奇怪的事有什么相同之处？ 预设： (1) 每一件事都写了三行。 (2) 第一行都写了“我奇怪得不得了”。 (3) 第二、三行写了发现的奇怪之处，并用问句提出问题。 (4) 不同之处：三件事用“怎么会”，最后一件事用“为什么”。 2. 总结：诗人有一双善于发现的眼睛 3. 比较读，边比较边思考 (1) 出示句子： 从乌云里落下的雨，怎么会闪着银光？ 从乌云里落下的雨，为什么会闪着银光？ （预设：反问词突出奇怪，强调奇怪，程度更深） (2) 指导朗读全诗（个别读，齐读）。 (3) 这几件奇怪的事能否颠倒顺序？为什么？（预设：从小到大，从高到低……）	1. 自由读，边读边思 2. 比较阅读 (1) 自读句子体会不同之处并进行反馈交流。 (2) 再读反问句式体会。 (3) 体会诗人一定的观察顺序。	通过比较诗人表达方式上的异同点，深入理解诗歌的独特表达，为学生仿写诗歌梳理表达方式上的结构方法。 细致比较“怎么会”与“为什么会”的细微差别，旨在引导学生体会反问词的特殊作用，并体会用词的准确。

续 表

教 学 过 程			
教学环节	教师活动	学生活动	设计意图
	4. 总结 作者写奇怪的事都是三行,第一行写了(齐读),第二、三行是写自己在生活中发现的问题(秘密),都用提问的方式,特别是用上"怎么会"这样的疑问词强调了心中的疑问。你们在生活中一定也发现了不少奇怪的事,学习诗人这种表达方式也来写一写三个句子,把生活中发现的奇怪的事告诉大家。	3. 齐读体会	小结强化的是诗人独特的诗歌表达方式,再一次强化学生仿写时可以借鉴和学习的表达结构,体现学结构用结构的思维方式。
三、联系生活,写诗句	1. 发给学生练习纸,要求学生独立创作 (1) 写出奇怪的事。 (2) 分三行,标点符号正确。 (3) 用上"怎么会"。 2. 指名交流、评价 3. 三件奇怪的事放在一起,排列一下顺序? 应该谁先读? 为什么? 4. 组内分享 5. 推荐阅读《向着明亮那方》	1. 学生按要求独立创作 2. 按要求相互评价 3. 尝试按一定的顺序排列作品 4. 组内自己读一读,摆一摆	让学生不事先交流,而直接进行独立创作,旨在避免学生盲目的从众心理,引导学生独立自主的观察和思维习惯的养成。 通过排列三位上台朗读的同学作品及小组内的作品顺序,初步引导学生学会关注表达的顺序。
反思与重建			

附板书设计:

	奇怪的事	
	雨闪银光	
爱观察、爱提问	白蚕绿桑	怎么会?
	花会自开	
	笑说当然	

附诗歌内容：

奇怪的事　　　　（日本）金子美玲

我奇怪得不得了，
从乌云里落下的雨，
怎么会闪着银光？
我奇怪得不得了，
吃的是绿色的桑叶，
怎么会长成白色的蚕宝宝？
我奇怪得不得了，
谁都没有碰过的葫芦花，
怎么会自己"啪"地就开了花？
我奇怪得不得了，
为什么问谁谁都笑着说，
"那是当然的啦。"

3. "小学低年级学生诗画作文研究"课例研究3《如果我是一片雪花》

学校：闵行区马桥实验小学	年级：二年级	班级：3班	人数：37人
学科：语文	课题：《如果我是一片雪花》	教师：姚凤	日期：2015.11.12

一、教学目标

1. 通过阅读诗歌《如果我是一片雪花》，依托图画帮助学生品读和拓展诗境，学会体会生活中的趣和美。
2. 通过学习作者的表达方式仿写仿说仿画，启发学生大胆想象，引导孩子学会运用图画和诗歌语言观察和记录生活。

二、设计依据

［课题背景］

本课题《小学生低年级"诗画作文"探新研究》是本人参加市第三期名师培养基地之后始终践行着的学科课题，特指基于小学低年级学生年龄特征的依托诗歌、图画表达的低年级作文方式，从"说—画"到简单的"说—写—画"，关注低年级学生的本真表达、创新表达。课题确立的初衷主要是针对语文教学现状中常见的"重阅读感悟轻作文指导、重被动机械表达轻主动情感表达、重中高段书面表达轻低段口语表达"等现象，研究如何利用低年级学生的年龄特点，以现有教材资源及学生生活资源中的"诗画元素"，多手段多途径激发学生主动创新的情感表达，运用原创性的儿童化语言、蕴含丰富情感的诗歌语言及蕴含丰富想象的图像语言等，引导低年级学生学会观察生活、体验生活、思考生活。

续 表

本课题研究基于低年级学生特殊的“起步作文”发展需求的基础，构建易于激发低年级学生说写表达兴趣和想象热情的校本化教材体系，探索如何合理地利用这些素材激发低年级学生的自主情感表达，丰富低年级学生多元情感表达途径等。本课例的选择正是基于此课题实践中相对较为典型的教学实践课例，呈现课题探索实践过程中较为常态化的一种研究形态。

[教材分析]

《如果我是一片雪花》是学生较为喜欢的金波的诗歌作品。诗歌选自四本《金波幼儿文学选》之诗歌卷《如果我是一片雪花》，该丛书的作品涉及儿童生活的方方面面，内容丰富多彩：清新美丽的大自然、奇妙有趣的动植物、和睦温暖的家庭生活、丰富的知识……作者以优美的文笔娓娓道来，为我们展现了一片纯净美好的天地。这些作品帮助儿童了解身边的自然和社会，感受文学语言的节奏、韵律和优美，是对儿童进行文学熏陶和文学启蒙的优秀读本。

本篇诗歌诗人以自问自答、一问三答的语言表达方式，描述了一片雪花飘落在不同地方发生的趣事，呈现了诗人细致入微、好思敏问的可贵品质。本课例的选择希望通过学习诗人善于观察、善于提问的思维习惯，养成学生对生活的自主观察、体验、记录的习惯，能大胆想象，发现生活、源于生活、高于生活。

[学情分析]

二年级第一学期的学生，刚经历了一年级的学习。教材中的文本篇目与一年级相比，从字数、文体等各个方面均有了明显的变化，学生在具备了较为熟练的独立拼音和独立识字的能力基础上，逐渐向文本语境中的整体性词句学习和理解能力过渡，并逐渐形成初步的字词独立理解思考能力。二年级第一学期教材中真正涉及诗歌学习的篇目不多，诗歌独特的语言表达方式也给学生的学习带来一定的困难和阻碍，学生也缺乏系统的层次递进的诗歌学习和创作的指导。

在对同年级学生进行前测中发现，学生对于本篇诗歌的字词绝大部分都能独立理解，“飘落、融化”等个别词语尚有个别学生理解上有一定困难。虽然学生对于理解没有多少难度，但是从朗读到独立的仿写仿画创作依然存在一定的困难。因此，本课的设计中尝试将教师下水创作的诗画作品作为第二阅读文本，积极将诗画作文中“图画”的元素加以双重双向的运用：其一为在阅读教师的下水文过程中，通过孩子们自主读懂插图帮助孩子理解和拓展诗句描述的意境；其二为在说写表达中，启发学生大胆想象，学习阅读中的表达形式，把想象的内容写出来、画出来，依托小组互为插画的方式，既增加学生的学习兴趣，又让学生的想象感悟可以通过图画语言高效的外显和有形化。

基于学生的年龄特点，此篇诗歌的理解对于学生的学习来说相对比较容易，因此教学的整体设计偏向引导学生通过大胆想象来激发学生原创的发散性诗画思维，在相互的插画、赏析、评价中彼此认同，彼此欣赏。

教 学 过 程

时间	教学环节	教师活动	学生活动	设计意图
	学科热身	“马小豆趣味添画游戏”	学生游戏	游戏目的旨在启发学生大胆想象，重构图画与表达的联系。

续 表

教学过程				
时间	教学环节	教师活动	学生活动	设计意图
6'	一、提问导读，感情朗读	1. 板书诗题《如果我是一片雪花》 2. 出示诗歌 引入：如果我是一片雪花，你猜，我会飘落到什么地方去呢？ 3. 指名读第二小节 (1) 要求：读准字音、读通句子，思考：这片雪花飘落到了哪里，做了什么事？ (2) 交流反馈，教师板贴。 4. 指名读第三、四小节，交流反馈，教师板贴 5. 小结，再读诗歌，读出快乐 (1) 学生自读。 (2) 男女生读。	齐读 学生读第二小节，其余学生边听边思考 学生交流 学生交流 学生自读 男生读、女生读	通过不同层次的品读，引导学生理解诗句中小雪花的快乐，并通过感情朗读体现这份快乐。
6'	二、学习仿作，引导仿说	1. 出示教师写的诗歌，引读，学生简单评价 2. 出示教师画的插图 说说画的和诗句配不配？为什么？ 3. 引导学生大胆想一想 如果我是什么，会到哪里去干什么呢？ (1) 独立想象。 (2) 同桌互相说一说。 (3) 指名说。	学生评价 学生交流 学生思考 同桌互相说 学生交流	通过教师下水创作的诗画作品作为学生仿写仿说仿画的第二文本，激发学生诗画表达的兴趣和热情，鼓励学生大胆想象创作。

续 表

教学过程				
时间	教学环节	教师活动	学生活动	设计意图
10’	三、大胆想象，诗画创作	1. 学生独立进行诗画创作，完成后小组内交换作品，给对方的诗歌配上插图： 如果我是________ 作者：________ 绘者：________ 如果我是________， 你猜，我会________？ 我愿________， ________， ________ ________。 2. 教师过程中巡视指导	学生独立创作	诗画创作过程让学生独立自主完成，尊重学生原创性的童真语言，保障儿童诗性语句的原汁原味。而小组内互相交换作品，给对方诗歌配上插图，正是在引导学生相互欣赏的基础上，以图画语言高效反馈阅读感悟，形成图文的有效融通。
12’	四、引导自改，评价提升	1. 指名交流，相互评价 评价提示：诗句通不通 想象新不新 插图配不配 2. 根据交流情况自行修改 3. 组内分享评价：读一读文，看一看图，相互评一评 4. 指名交流分享，二次评价	学生交流 学生自行修改 学生组内分享评价 学生交流	通过个体学生典型性作品的共性评价，引导学生如何赏析和自我修改。不同层次的相互赏析和评价，呈现不同学生的发散性思维，激发学生今后更加多元的表达需求。
1’	五、课堂小结，课后分享	1. 小结 2. 课后分享		课后多种形式的分享，不仅提供了学生多元交流的平台，树立学生的创作自信，更进一步激发学生持续性诗画表达的兴趣和热情。
反思与重建				

附板书设计:

如果我是一片雪花

小河里	变成水	游戏
广场上	堆雪人	笑眯眯
妈妈的脸上	亲亲她	融化
诗句通不通	想象新不新	插图配不配

【专家点评】

以诗画作为铺垫工具和中介平台,在小学低年级学生中进行语文作文教学起步尝试,以突破教师中实际存在的低年级作文教学“三不”认知误区(不需要、不重要、不可能),是一种创意探新,具有现实意义。研究者基于自身教学实践,提炼出不少可资同行借鉴的教学策略或方法,如运用“连词成句说大意”的方式,既引导学生掌握课文中的关键性词语,又训练学生的语言表达能力。如发挥教材文本中某些典型句子在故事上描写上的示范作用,让学生进行“改头换面”式的结构模仿,既可训练学生语句的呈现要注意内在逻辑性,又能极大地丰富学生的想象。所附的三个低年级作文训练课例,潜藏了研究者秉持的语文教学理念——只要设计合理,诗画是可以用来激发学生写作兴趣与培养学生想象思维的。

研究用“诗画作文”作为核心概念,探索小学低年级学生语文作文的启蒙教学,需要充分斟酌。现代汉字很多是从象形文字演变而来的,用画代替语言表达思维,古已有之。而此处“诗”的内涵怎么界定,似宜针对实际需要,用一个比较贴切的说法。(郑润洲)

基于可视化路径　优化作业设计

奉贤区江山小学　张海萍

作业设计是教师根据不同阶段的学习目标、学习任务有针对性地让学生通过一定量的练习,从而掌握一种技能的学习工具。它需要教师从语文知识掌握、能力训练与语文学习习惯、情感态度培养,以及各年段、各阶段、各课时的不同学习目标、学习任务的整体来通盘考虑,合理布置,强调与课堂教学的一致性。

新课标下语文作业侧重于多元化的思维发展,而我们之前的作业设计中存在着以下问题:单元的"主要目标"的覆盖度不高,单元目标的层进性不明显;作业设计基本没有分层,一刀切;作业类型也较为单一,以书面作业为主要形式。因此,我们在作业设计中,基于可视化路径,强调从四个方面达成作业的总体成效,即作业有价值,作业有效果,作业有效率,作业有魅力,主要通过向生活、思维、个性三个维度的开放来有效实现教学目标。我们设计的作业也与教学内容更贴近,更能检验教学目标的完成,重难点的突破也以作业为辅助训练工具。

一、把握起点,目标调适

关注学生的起点才能更清楚地了解学生的实际需求,更有针对性地展开学习活动。这里的起点既是学生在这一年段,知识、能力、态度等各方面应该具备的逻辑起点,也是学生在实际学习过程中运用已有的知识和经验来学习新知识、解决新问题的能力的实际起点。

通过实践,我们发现"预习单"是一种有效诊断学情的方式,也是合理制定学习活动目标的依据。"预习单"可以从字音、字形和教学内容密切相关但又难以理解的词语、课文的主要内容以及学生初读后产生的问题等几个方面检测学生的已有基础,全覆盖式地了解学生的学情。如在四年级《大仓老师》的第一次预习单作业是这样设计的:

《大仓老师》这篇课文主要写了两件事,一件事是________,另一件事是

________。

之后我们根据可视化路径的评价指标进行预判：

作业目标的适当性	1. 作业目标是否恰当地描述了教学目标和要检测的内容？	否
	2. 作业目标是否表明了测量目标和内容的相对重点？	否
作业内容的适当性	1. 是否提出了一个清楚、明确的任务？	是
	2. 难度是否适当？	是
	3. 是否有一个相对共同认可的答案？	是
	4. 与其他题目是否独立？	是
	5. 作业量是否控制在相对合理的范围内？	是
其他方面的适当性	1. 是否有指导语？指导语是否清楚简明？	否
	2. 评价标准和测评方式是否清晰？	否

通过填写上表，我们觉得原先设计的预习单作业有需要改进的地方：教师设计的作业题目表述一定要清楚，能让学生看了后明确自己将要做什么以及应怎样去做。本单元的单元目标中提到能根据记叙文的六要素或用段意合并等方法归纳全文的主要内容，如果题干中只是提示学生写第一件事、第二件事，学生的关注点比较分散，因此，加上在什么时间，大仓老师干什么的提示，可引导学生根据记叙文的六要素思考，并从中体会人物的特点。

基于以上的考虑，把本题调整为：

《26 大仓老师》这篇课文主要写了两件事：

________（什么时间），大仓老师________（干什么）

________（什么时间），大仓老师________（干什么）

课文详写了第________件事，课文第________小节到________小节记叙了这件事；从这两件事中我感受到大仓老师________。

通过把握学生起点，并根据学生的实际学情、学习能力、学习风格等特质进行学习活动目标的调适，以更好地把握学生的就近发展区，使得学习活动更有针对性。

二、活动进阶，注重内化

在展示学生学情的基础上，教师可以诊断学生学习的问题，进行方法和行为上的帮助和指导，促使学生有突破和进步。

如二年级课文《喜鹊》，设计了以下渐进式的练习环节，体现坡度和层次。

在学习了“喜鹊羽毛颜色”的段落之后，让学生借助“喜鹊全身的羽毛________。头、颈、背部和尾部________。双肩和腹部的羽毛________。”这一填空，来进行介绍。

在学习了喜鹊体态的段落之后，请学生以“大家好，我是喜鹊。我的体态轻盈优美……”作为开头来介绍。

两个练习形式不同，思维容量也不相同。第一处练习主要是学生对内容理解之后的记诵，但是第二处练习则要求学生在理解的基础上内化语言，先进行角色转化，进而选择恰当的语言形式进行表达。

这样一来，学生不仅理解和内化了课文的内容，更是实现了介绍方法的迁移运用，对于进一步提高学生的语言表达能力大有帮助。

三、单元整合，螺旋上升

学生的语言发展是有规律的，要经历理解、积累、运用的过程。在引导学生进行言语实践活动的过程中，把理解语言、积累语言和运用语言进行有效整合，使一个作业内容承载尽可能的功能。

单元中的每课作业设计既是独立的，又是相互有关联的，而把它们联系在一起的就是单元作业的主要目标。因此，每课作业应尽量根据主要目标设计相关的能力训练题，并关注主要目标的覆盖度。同时，对同一能力点的训练设计要体现单元作业设计的整体性和层进性。这样，就能有效避免作业设计的随意性。

如四年级第二学期第六单元作业设计的主要目标有以下四点：

1. 能联系上下文理解词句的含义。

2. 能根据记叙文的六要素或用段意合并等方法归纳全文的主要内容。

3. 能运用抓住课文的总起句、过渡句、小结句，按记叙文的六要素，先概括段落大意，再把段落大意连起来等方法简要复述重点段落或全文。

4. 能联系文章的具体内容谈读文的感受。

我们在设计作业时，努力做到整个单元的作业要体现主要目标的层进性。

（一）词语理解——注重自主体验

四年级的学生已经有了相当大的识字量，基本具备了自学字词的能力。他们也初步养成了课前预习的好习惯，大部分学生能熟练地借助拼音读准字音，也能自主运用工具书来理解词语。在本单元词语学习上，主要引导学生学习用同义词替换的方法或联系上下文的方法来理解词语。

例如：在课文《大仓老师》的预习作业中，先让学生查字典理解“溜号、挑别、理会”，同时在具体的语言环境中，引导学生用联系课文具体内容的方法来说说词语的意思。如：大仓老师面对山本春美的异议，他的态度是怎样的，引导学生关注“若无其事”，然后再通过“理睬”和“理会”两词的区别，进一步理解“若无其事”的含义。

又如在课文《小珊迪》中有这样一个作业设计：用学过的方法理解“纠缠”的意思。查字典理解“乞求、请求”的意思。

课文《小珊迪》，词语不多，最关键的就是“请求、乞求”这组近义词的理解。通过这组词语的理解，还能把握文中小珊迪的感情变化。课前预习中先请学生查阅字典辨析这两个词语的不同意思。课后练习中再通过联系上下文，学生就能理解到“请求”是比较强烈的要求。“乞求”是在小珊迪饥寒交迫、无可奈何的情况下，只得屈膝求人的意思，再次让学生通过词语的理解感受当时小珊迪的可怜。

（二）简要复述——目标达成注重方法

在阅读方面，学生已掌握一些阅读方法，也有了初步感知课文的能力。课前，教师可适当布置预习作业，促使学生借助原有知识储备，有针对性开展预习工作。本单元教学目标为简要复述课文，教学时需注重方法指导，并在课内加以落实。

如《小珊迪》是以对话展开故事情节，如果要学生独立复述比较困难。教师必须通过抓住文中关键词句的理解，抓住文中描写人物语言、动作的相关段落、语句进行反复品读，概括提炼出文章的主要内容，把握故事的主要线索，概括帮助学生掌握复述的要点。课后作业中有效设计写话练习点，通过文本这一“例文”，解构写作技巧，力求使学生突破写作上的这一瓶颈。

四、模仿文本，举一反三

“模仿是学习的必经之路。”教学中，我们依据教材有目的、有针对性地安排模仿文本，让学生借鉴文本的语言形式，进行语句表达的语言实践，以达到熟练运用语言的目的。

如课文《图书馆里的小镜头》，作者以写实的手法，聚焦一个个小镜头，通过细腻的笔触描写了图书馆里不同年龄、不同职业、不同性格的人对知识的渴求。作者精湛的写作技巧和独特的观察视角，是一篇指导学生学习写作方法，模仿遣词造句技巧的佳篇范文。教学中，我们充分利用教材对人物形象进行分析，帮助学生体会、学习作者是从局部或细节去描写人物，表现人物性格品质的，是通过“点面结合”塑造人物形象的，从而引导学生运用课文“细节描写”的方法说说你眼中的学校图书馆里的小镜头。在课后作业的布置中，又设计了让学生选取“超市里的小镜头”“菜场里的小镜头”“运动会上的小镜头”

“课间小镜头”等其中的一个镜头进行描写。学生以文本为例，将文本的语言内化为自己的语言，借鉴文本的语言表达方式，描写自己眼中的小镜头，在模仿中“举一反三”。

五、巧用资源，凸显运用

于漪老师说过，“语言文字是文化的载体与结晶”，“要真正读懂教材，既读懂字面，又读懂内涵，还要读懂字面和内涵如胶似漆的关系”。教师要围绕教学目标，对捕捉到的各类信息加以整合、重组，促进资源的生成。这就需要教师具有适时点化能力，点在需要时、化在关键处。

（一）抓住空白，丰富想象

德国康斯坦茨大学教授伊瑟尔在《阅读活动》中提出了“空白”理论，他认为，文本给读者留下不确定性的“空白”，在阅读活动中等待读者用想象去补充，从而来充实作品的内容，丰富作品的内涵，发展自己的思想。

教学中，教师可以通过找准学生阅读文本时的兴奋点，分析学生学习的疑难点，思考学生现有的认知能力，提供一些信息资源，如文字、图片、录像等作为媒介，填补学生知识经验中的空白，使学生的探究、想象能不断深入，体验更强烈、更深刻。

在课文《信任》中，当看到告示“桃子——自采——三里地”，“我”和丈夫决定去看个究竟，这时“我”会想些什么？文章中没有具体介绍，但是根据“我”前面的行为，联系下文，抓住“决定”一词，可以想象“我”有一个思考的过程。让学生关注到这些信息，就能比较容易地想象。

课文最后一句话“我们得到的是人与人的信任和被信任的喜悦”，是学习的难点。在教学时，可以给学生设置坡度练习，先联系课文的上文想想：回来的路上，“我”为什么禁不住回过头去，久久地注视着那片果林？将这久久注视时的心理活动补充完整，让学生借助上文的内容，能抓住那留言的纸条、狗、钱箱说具体，最后引导学生理解最后一句话，学生就有话可说了。

（二）巧用资源，重组语言

教师要善于挖掘教材文本中的“留白”和“空白”资源，巧用其资源，进行语言重组，来训练学生积极运用语言意识和能力。

如课文《小花鹿卖空气》的五、六小节讲了小花鹿怎么卖空气，是教学的重点段落，小花鹿先把新鲜空气装进大葫芦卖给了一位老奶奶。吸了小花鹿的新鲜空气后，老奶奶的气喘病竟然好了。在指导读“吸了你的新鲜空气，我的气喘病好多了。我要把这个好消息告诉大家”，体会老奶奶高兴的心情后，可以根据本课童话故事的特点，设计练习，让学生转述老奶奶的好消息：早晨，老奶奶在公园里看到了邻居王阿婆，她高兴地说：“________。”中午，老奶奶在超市遇到了老同事张伯伯，她高兴地说：“________。”晚上，老奶奶接到女儿打来的电话，她高兴地告诉女儿：“________。”

通过角色扮演来说说老奶奶是怎样把“好消息”传出去的，这既引导了学生结合课文内容理解“好消息”的具体所指，又训练了学生的表达能力。

作业是课堂教学的延伸，让作业与学生的思维共进，让作业走进学生的快乐生活，成为学生精彩生活的一部分，是我们义不容辞的责任。作业改革，这棵茂密的大树，向上展现在大家眼前的是我们鲜活的课堂；向下扎根的是每个学生的个性成长！

【专家点评】

针对当前小学语文作业存在的问题，将作业设计的改革从学习任务、学习目标的分析入手，思路可行；提出“有价值、有效果、有效率、有魅力”的作业设计目标，也有一定新意。根据教学实践探索中得到的认识，总结了“把握起点、注重内化、单元整合、模仿文本、巧用资源”等设计经验，并运用题例，印证一些操作措施，显现了这一研究具有的参考价值。（郑润洲）

以学习支架引领课堂对话

——小学语文阅读教学改进的实践研究

奉贤区江山小学　张海萍

“以学习支架引领课堂对话——小学语文阅读教学改进的实践与研究”于2013年4月申报立项为区级课题。一年多来，我们以“学习支架引领课堂对话”为抓手，深入推进小学语文阅读教学改进的实践与研究，在理论和实践两方面都取得了预期的成果。

一、本课题的概述

（一）研究背景

《语文课程标准》指出：“语文教学应在师生平等对话的过程中进行”，“阅读教学是学生、教师、文本之间对话的过程”。“对话”理念变革着传统的小学语文教学的课堂。对话意味着教师对学生学习过程中主体地位的重视。但是目前，“对话教学”更多的是一种理想追求，还存在许多问题。特别是语文学科的教学，由于受应试教育和传统的语文教学的束缚，在现行的小学语文课堂教学中仍然存在着以知识为中心，以教师为中心的现象，课堂教学中“主体与文本的对话”未得到应有的重视，出现了忽视文本甚至丢弃文本的倾向。学生与文本的对话通常被喋喋不休的教师讲解，被反反复复的师生问答，被热热闹闹的“小组合作”所阻隔。有的课堂，教师为了体现新课程理念，不敢讲授，少有分析，浅显无聊的讨论充斥课堂……课堂教学效益得不到保障。因此，立足于课堂教学，探究语文阅读教学有效对话的研究对确保教学质量的稳步提升意义重大。

新语文课程标准积极倡导自主的学习方式。自主学习是一个动态的过程性活动，其成功的关键是学生具备学会学习的能力，要培养这种能力，不能忽视教师的引领作用，因为脱离教师的帮助和引导，一味地强调学生的自学，是不现实的，也是低效的。以学习活动为中心的课堂教学中，教师的作用就不是知识的讲授传递者，不是一只“水桶”，而是帮助学生“成长”的支架。学生不是"白板"。好的教学设计是把"学习支架"立在学生的最近发展区内(学生现有水平与更高水平的落差区),这个发展区要有一定的跨度,以使不同程度的学生都能有提高。"学习支架"是随学生的情况而变化生成的。它的作用是随着学生程度的提高而逐渐"淡出",即教学的最高境界是"会教而不教"。

学习支架使得学习情境能够以保留了复杂性和真实性的形态被展示、被体验。学习支架让学生经历了一些更为有经验的学习者(如教师)所经历的思维过程,有助于学生对于知识,特别是隐性知识的体悟与理解。学生通过内化支架,可以获得独立完成任务的技能。学习支架保证学生在不能独立完成任务时获得成功,提高学生先前的能力水平,帮助他们认识到潜在的发展空间。对学生日后的独立学习起到潜移默化的引导作用,使他们在必要的时候,可以通过各种途径寻找或构建支架来支持自己的学习。

在以自主学习为主要方式的小学语文课堂教学中,为学生提供学习支架具有重要意义,而实践中却恰恰忽视了学习支架的设计与应用,这是造成学生在小学语文课堂学习中迷失方向、丧失学习兴趣、缺乏学习动力等问题的一个重要原因。教师必须帮助学生提高学习的自觉性,逐步掌握学习方法,养成良好的学习习惯,并要满足个别化的学习要求,才能达成这一目标,因而在教学过程中利用适量、适合的学习支架,无论是对教师的教还是对学生的学都是非常有帮助的。

(二)研究目标

本课题旨在针对当前语文教学中存在的教师行为表现为霸权与控制、学生行为表现为从众与退缩、课堂群体生态的失衡等问题,以对话教学理论为指导,通过对典型课例的研究,努力创设对话环境,为学生搭建对话的学习支架,把学生培养成富有对话理性的人,让学生通过对话生成个性,提高小学语文课堂教学的有效性。

(三)研究内容

1. 对话式教学中学习支架设计的现状调查及分析。

2. 对话式教学中学习支架设计的理性探索。

(1)"对话教学""学习支架"的概念界定;

(2)设计学习支架的原则;

(3)学习支架的类型;

(4)学习支架设计的要素。

3. 对话教学中学习支架设计的实践探索。

(1)对话式教学中具体的、操作性较强的、可控可测学习支架设计的类型。

(2) 对话式教学中学习支架设计的策略。

① 根据课程标准设计系统的普遍适用的学习支架;

② 根据学生的个体差异或专题的难度设计个别化需要的学习支架。

4. 探索对话式教学中学习支架设计的策略,不断积累成功案例。

5. 尝试使用案例中的资源与方法展开验证性教学实践,并逐步成为对话式教学中学习支架设计的有效参考。

(四) 研究的过程

——成立课题组,分工协作。

2013 年 4 月,我们正式成立了"以学习支架引领课堂对话——小学语文阅读教学改进的实践与研究"的课题研究组,课题组成员由区学科中心组成员,语文教研组长、备课组长及骨干教师组成。期间,我们还邀请了校小学语文骨干培养对象来充实课题组力量,并明确分工,责任到人,共同协作。

——学习培训,理论指导。

我们学习有关课程改革理论,用理论来指导实践。我们解读了《上海市小学语文课程标准》,了解了小学语文课程的功能、目标、定位、价值,树立了课程新理念,并结合实际开展专题研讨,提升教师提高课堂教学的意识,为学生的发展提供更多、更广的空间;同时,又学习了《中小学教育科研》《走进新课程》《小学语文教学》等书籍刊物,并积极参加市、区的教研活动,加强与外界的交流研讨,加大课题研究的广度与深度,形成浓厚的研究氛围,提高课题组成员的业务素质和理论素养。

——现状调查,寻找症结。

为了使课题研究更具科学性、针对性和有效性,我们按照课题实施方案开展了广泛深入的调查,了解教师对小学语文教学的观念与认识。

通过设计问卷,调查教师在课堂教学中的现状及存在问题。课题组抽取了全校 20 位小学语文教师,以无记名方式进行了问卷调查,从教材的学习与研究途径、课堂教学的设计、实施课堂教学的方法与成效这三方面进行调查,旨在了解教师教学观念和在具体教学实践中的经验和困惑,并对调查问卷作了缜密分析,为下一步研究打下扎实基础。

——反复商讨,完善方案。

经过理论和现状调查研究,我们找准了问题的症状,从中也得到一些启示:我们的研究首先要提高教师的认识,调动教师的积极性,还要从学生实际出发,因地制宜地挖掘、利用教学资源,以《上海市小学语文课程标准》为指南,聚焦课堂,更新教学方法;知行结合,拓展实践时空,从而提高课堂教学的实效性。

——实践研讨,总结策略。

实践研讨是激活教师能量,促进信息交流,达到共同提高的重要途径。我们抓住教研活动这块阵地,通过定期开展研讨交流活动,在交流研讨中汲取亮点,发现疑点,寻找对策,总结经验,提升发展。

1. 我们相继开展了近 12 次的主题教学研讨活动,共同探讨方案中的研究内容:设计学习支架的原则、对话式教学中具体的、操作性较强的、可控可测学习支架设计的类型等。在此基础上,我们又通过理论思辨,得失总结,经验提升,构建了对话式教学中学习支架设计的策略。

2. 在边实践边研究的过程中,我们总结教学策略。如:我们开展“立足学情 制定目标 聚焦课堂 提高质效”的研讨活动,采用骨干引领——教学观摩——经验交流的方式,探讨如何依据《上海市小学语文课程标准》,依据学生发展需求、搭建学习支架,在一次次的磨课中提高课堂教学的有效性。这样的研讨活动,为课题组教师提供了科学的理论支撑与适宜的实践范例,使得教学策略来源于实践,又服务于实践,从而帮助教师有的放矢地进行实践研究。

3. 我们开展了一系列形式各异的教学活动——有“教学新秀”教学评比、教学设计比赛、微课比赛;有资源联盟体同课异构活动等;有提高课堂实效的教研组经验交流活动等,力图通过各类活动,提高教师专业技能,共同研究课堂教学的有效性。

二、本课题的理论探究

(一) 理论基础

1. 最近发展区理论。

苏联教育家维果茨基认为:处于某一年龄阶段的学生,他们的思维能力和知识容量是有一定限度的。所学知识超过这个限度,学生掌握不了;达不到这个限度,则又不能充分挖掘学生的潜力,浪费了教育资源。以这个限度为中心的一定的区域,就是学生的“最近发展区”。教育者要为不同的儿童制定不同的教学目标要求,为每一个儿童创设不同的“最近发展区”,使每个儿童的潜能都能得到最大限度的发展。

2. 掌握学习理论。

布卢姆在掌握学习理论中指出:学生之间存在个别差异,主要原因在于学生先前的学习水平和他所受教育质量的差异。只要有合适的学习条件,并找到帮助每个学生的方法,绝大多数学生在学习能力、学习速度和继续学习动机方面将变得十分接近。

3. 多元智能理论。

哈佛大学教授加德纳提出“多元智力理论”,他认为每个人都同时具有相对独立的存在的、与特定的认知领域或知识范畴相联系的多种智力,这些智力之间的不同组合表现出个体间的智力差异。这个特点对于差异教学是很重要的,我们就要利用个别差异的心理表征的不同方式,以多元智能为教学上的“多元切入点”,为所有的学生都提供发展的多元途径,实现有效教学。

（二）概念界定

“学习支架”就是指维果茨基社会文化学说中的脚手架。学习支架是根据学习需要,为学生提供的一种临时性的支持框架,这里的搭建支架指的是教师对教学过程的调控管理,通过支架逐步把管理调控学习的任务转移给学生自己,然后逐步撤去支架,让学生独立探索学习,目的是帮助学生穿越最近发展区,获得进一步的发展和独立自主学习的能力。

“对话教学”是一种基于当代思想关于人与世界之间、人与人之间的关系以及人的发展等理论本质的最新认识基础上的一种崭新的教学理念,其起始和终点都在于关注和形成“主体间性”,并且通过一定的策略在教学过程中建构对话的教学交往关系,从而培养能在对话关系和交往中适意生存、建构意义、创生知识和不断发展的个体。

（三）学习支架实施的原则

1. 适时性原则。要在学生需要帮助时提供适合的支架,并在适当的时候撤除支架。

2. 适度性原则。学习支架应当有坡度,要给学生留有恰当的发展空间。学生站在支架上,必须经过自己的奋力一跳,才能达到目标。

3. 适量性原则。学习支架的设计不是越多越好,应该做到“恰到好处”,给学生提供支架要精。

4. 动态性原则。学习支架要随着“最近发展区”的变化而变化。

5. 个性化原则。不同水平的学生需要不同程度的学习支架。要根据学生的年龄特征、学科特点、学习内容及学习环境的需要,选择适当的支架类型和具体内容。

6. 引导性原则。学习支架在于引导学生,而不是给出答案或替代学生完成学习任务。

7. 多元性原则。主要指支架角色的多元。支架并不是只能由教师给出,家长、专家,甚至学生自己都可以提供支架。

8. 渐退性原则。当学习者能够承担更多的责任时,支架就要逐渐移走,给学生更多的意义建构空间,使学生形成自己真正的能力。总之,无论设计什么样的学习支架，都要以促进学生学习，帮助其顺利达成学习目标为目的，考虑支架使用的有效性，发挥支架的最大功效。

三、研究成果

本课题确立后，课题组成员多次组织认真学习相关理论，明确概念，统一认识；大量收集情报资料，作好情报综述。研究人员通过情报综述在对小学语文教师学习支架设计的现状初步了解的基础上，进行实践探索，通过对典型课例的研究，努力创设对话环境，为学生搭建对话的学习支架，提高小学语文课堂教学的有效性。

（一）《小学语文教师学习支架设计现状》的调查

课题组抽取了全组小学语文教师中的20位，以无记名方式进行了问卷调查，从小学语文教师学习支架设计现状、课堂教学有效性的内容理解、实施教师有效教学行为的方法与成效这三方面进行调查。经课题组调查问卷，综合分析，课题组认为小学语文教师学习支架设计现状主要表现在以下三个方面：

1. 教学行为的偏失（见下表）。

表1　设计教学目标时你是否考虑了学生已有的知识水平

较少考虑	经常考虑	从不考虑
40%	20%	40%

表2　在教学中你最关注的是什么

认知性任务的完成	学习能力的培养	学生情感的激发
50%	30%	20%

教学目标既是教学活动的起点也是归宿。从这些直接材料中，我们了解到教师教学目标设计陈述模糊、笼统、片面，“三维”目标不能有机得到整合。教学目标设计的失效主要表现在：（1）备课时设计教学目标总是照搬教参或其他资料，常常是停留在“使学生理解……掌握……理解……”的层面上，对于学生如何做，达到什么程度是不清楚的，这样的教学目标对学生的学习不具备指导性。（2）在设计教学目标时只考虑自己怎样处理教材而没有考虑学生已有的知识水平，只考虑知识性目标较少考虑发展性目标。在编写教案时很多老师照搬教参或现成的教案，不能针对自己本班学生的实际情况设计教案，更不能设计不同思路的教案，以适应学生的学。

2. 教学行为的强制性(见下表)。

表3 当课堂中出现的一些意外资源时,你的做法是

全部利用	不予理睬,继续按预设进行	有选择地利用
20%	30%	50%

调查显示:在教学中,教师常常习惯性地充当了权威的角色,凌驾于学生之上,一切"教师说了算","我教你学什么,你就得学什么",无形中降低了学生课堂主体的意识。课堂教学过程过于程式化,缺乏弹性空间。教学行为往往较多地从自身出发,而较少地考虑学生的感受和实际效果,过多地考虑自己怎样教,而没有考虑学生怎样学,对学生已有经验和知识起点了解不充分,往往只是凭教师的想当然,没有具体可行的方法去了解学生。对出现的意外情况往往是尽量避免,一是怕麻烦,二是怕节外生枝影响课堂教学效果。对出现的意外性资源教师往往呈回避状态,不能很好地开发和利用,造成资源的流失和浪费。

3. 教学行为的盲目性(见下表)。

表4 您对支架式教学策略是否熟悉?

非常熟悉	熟悉	一般	不熟悉
0	20	40	40

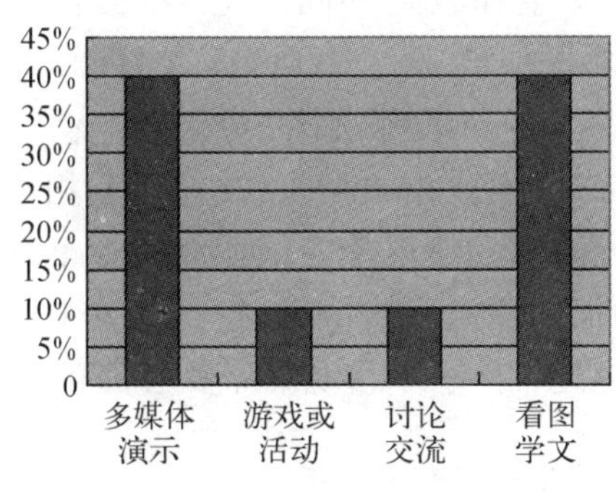

图1 教师常用课堂教学方式

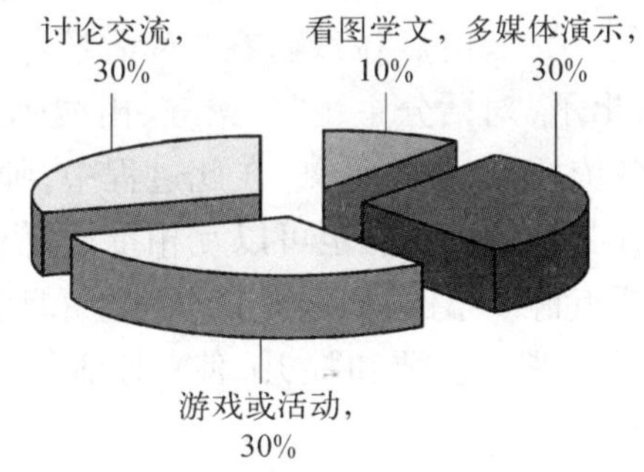

图2 学生喜欢的学习方式

教学方式往往决定学生的学习方式,有效的教学方式应该是能够最大限度地调动学生学习的积极性,针对教学内容灵活处理。从调查中反映出:教学方式单一,大多还采用讲授式教学法,教师一讲到底。所以课堂教学不够生动,课堂活不起来,学生的兴趣不高。因此,优化课堂教学方式是提高教学实效的关键。

（二）构建以“对话”为学习策略的课堂教学模式

以“对话”为学习策略的小学语文教学模式是以“对话核心主题”为中心点，以“对话分主题”为线索，以“对话依托点”为具体内容，“由点拉线、由线画面、由面及点”地构成一种主题鲜明、各环相融、对话引证式的课堂模式。该模式以“预习与交流—确定对话核心主题—引出分主题—借助对话依托点阐述分主题—整合分主题回归核心主题”为基本框架。

1. 对话核心主题。

对话核心主题是语文教学中师生对话的中心，是“显性对话者”—“教师、学生”与“隐性对话者”—“作者和编者”借助教材这一载体，共同构筑的一个话题。教学的过程，就是教师和学生围绕这一对话核心主题进行对话的过程。

2. 对话分主题。

在对话核心主题的总体框架下，学生会有自己不同的感受和理解，他们会提出自己不同的观点，这些在对话核心主题之下的主题就是对话分主题。

3. 对话依托点。

如果说“对话核心主题”和“对话分主题”是课堂对话赖以展开的中心，那么对话依托点就是阐释对话核心主题和分主题的“论据”。语文课堂对话的依托点包括文本的字、词、句、段、篇等不同层面的语言单位，也包括在此基础上延伸的相关内容。

4. 对话教学的基本框架。

第一，确定“点”。通过预习和交流，学生和教师共同确定“对话核心主题”。第二，由点拉线。在“对话核心主题”之下，学生表达自己的理解和感受，出示“对话分主题”。第三，由线画面。学生和教师围绕“对话分主题”，寻找各依托点，各抒己见，在此过程中，师生共同生成相关问题、共同研究相关问题，同时，各依托点也可以互相批评、借鉴和补充，使单个的依托点成为整合的依托点群。第四，由面及点。学生和教师根据课堂对话情况，整合各分主题和依托点进行总结和提升，使“对话核心主题”有一个多方面、多层面的研究内涵。

（三）在对话教学中搭建学习支架的策略

1. 明确学习支架的类型。

（1）范例。范例即是举例子，它是符合学习目标要求的学习成果（或阶段性成果），往往包含了特定主题的学习中最重要的探究步骤或最典型的成果形式。好的范例在技术和主题上都会对学生的学习起到引导作用。范例展示可以避免拖沓冗长或含糊不清的解释，帮助学生较为便捷地达到学习目标。

(2) 问题。问题是学习过程中最为常见的支架,当教师可以预期学生可能遇到的困难时,对支架问题进行适当设计是必要的。

(3) 建议。即当学生在独立探究或合作学习遇到困境时,教师提出恰当的建议,以便于学生的学习顺利进行。与“问题”支架的启发性相比,“建议”支架的表现方式更为直接。

(4) 情境。提供情景支架要注意:依据教材的内容和难度来提供。不能将所有的内容都提供为情景支架。情境性支架包括导入式情境支架、递进性的情景支架、创设随机的情景等。

(5) 图表。图表包括各种图式和表格。图表用可视化的方式对信息进行描述,尤其适合支持学生的高级思维活动。

2. 选择学习支架的依据。

首先,学生与课程的要求。只有当学生与课程均有要求的时候,老师适时地设计支架才能够起到作用。其次,要确定一个共享的目标,共享目标是可以调动学生集体合作的一个纽带,可以利用共享目标,培养学生的合作能力。当老师跟学生一起确定教学目标的时候,学生也可以变得更为有兴趣。

3. 搭建学习支架的基本流程。

(1) 搭脚手架——围绕当前学习主题,按“最邻近发展区”的要求建立概念框架。

(2) 进入情境——将学生引入一定的问题情境(概念框架中的某个节点)。

(3) 独立探索——让学生独立探索。探索过程中教师要适时提示,帮助学生沿概念框架逐步攀升。起初的引导、帮助可以多一些,以后逐渐减少——愈来愈多地放手让学生自己探索;最后要争取做到无须教师引导,学生自己能在概念框架中继续攀升。

(4) 协作学习——进行小组协商、讨论。在共享集体思维成果的基础上达到对当前所学概念比较全面、正确的理解,即最终完成对所学知识的意义建构。

(5) 效果评价——对学习效果的评价包括学生个人的自我评价和学习小组对个人的学习评价,评价内容包括:① 自主学习能力;② 对小组协作学习所作出的贡献;③ 是否完成对所学知识的意义建构。

4. 搭建学习支架的策略。

美国教育家布郎认为:“学习的环境应该放在真实问题的背景中,使它对学生有意义。”这里的“真实问题”显然是学生的生活实际。要创设贴近学生生活实际的课堂就实现于教学过程之中。通过挖掘贴近学生生活实际的教学资源,创设贴近学生生活实际的教学情境,运用贴近学生生活实际的课堂教学活动,设计贴近学生生活实际的问题,引导学生关注生活,在自己的生活中去搜寻,从他人的经历中去感悟,让学生经历一个“从生活到知识再到生活”的螺旋式的上升过程。

(1) 问题设计优化策略。实施问题设计优化策略,主要目的是变“单纯的思维性”课堂提问为“多维的读悟性”的课堂提问。

① 主问题设计。教学内容往往通过问题来呈现。提高问题设计能力,是该项研究的重点。我们提出“主问题设计”的概念,用精、少、实、活的问题激活课堂,精练教学内容与教学过程,直指教学目标,达到高效目的。

主问题的界定:就是从教学内容整体的角度或学生的整体参与性上引发思考、讨论、理解、探究的“牵一发而动全身”的重要问题。

主问题的特点:具有吸引学生参与的牵引力;在教学过程方面具有形成一个教学板块的支撑力;在课堂活动方面具有让学生共同参与、广泛交流的凝聚力。

主问题的设计:依据学科特点和学生学习起点具体设计。

为使课堂教学设计更为有效,我们在每次的课题研究课前,都要求执教者进行说课,说完课后,听者依据教学目标,提出合理的改进意见,执教者进一步加以修改。每一次的评课,我们都能努力以课堂教学目标的达成来检测该课堂教学的有效性。有效提问是提高教学效率的必要途径。

② 趣化问题设计。问题的趣味性是激发学生学习兴趣的关键。在问题情景设计中贯彻启发诱导原则,主要是为了调动学生学习的积极性,引导学生积极思考,探索解决问题的方法。教师要善于结合教材和学生的实际状况,用通俗形象、生动具体的事例,提出富有趣味性的问题,对学生形成一种智力活动的刺激,从而引导学生积极主动地去发现问题,获取知识。在整个教学活动中,学生是在教师创设的故事、问题、实物等情景中自主地学习,不仅兴趣盎然,而且乐在其中,在愉悦的情景中体会和感悟知识。

③ 优化问题运用。围绕教学内容,充分利用现代化的教学手段,创设能促使学生自己发现并使问题得以解决的教学情境。采用激励性评价,回答正确的要给予赞扬,回答有错误的也要肯定他们动脑思考和敢于回答问题的精神;设计问题要引发学生认知冲突,以促进学生的参与探求的兴趣。

在交流互动、动态生成的教学过程中,来自学生的资源大多处于原生状态,往往是零星的、片面的、模糊的,这就需要老师自始至终研究学生,“选择”学生的创新信息,引领学生把教学过程向更高水平推进。每个学生都有自己个性化的思维方式和学习方法,教师要捕捉能展现学生独特思维和良好学习方法、有利于发展学生智能的信息,进行正确的引导和剖析,深层追问,帮助学生清晰、完整地表达。

课文《母鸡》的课后练习中有这样一道填空题:

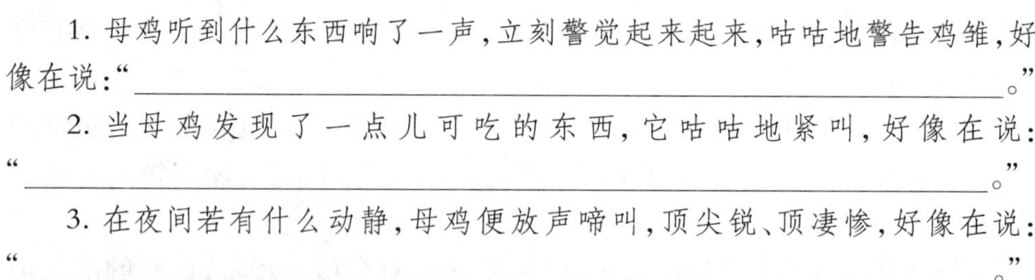

1. 母鸡听到什么东西响了一声,立刻警觉起来起来,咕咕地警告鸡雏,好像在说:“____________________________________。”

2. 当母鸡发现了一点儿可吃的东西,它咕咕地紧叫,好像在说:“____________________________________。”

3. 在夜间若有什么动静,母鸡便放声啼叫,顶尖锐、顶凄惨,好像在说:“____________________________________。”

教学中,首先出示第一个填空,让学生尝试着说一说。学生们各抒己见,答案主要分成两派。第一种意见是“孩子们,快过来,要有危险了,你们快躲到妈妈的翅膀下来,让妈妈来保护你们吧!”第二种是:“有危险,快躲到妈妈的翅膀下面!”接下来,我让两方辩论,阐述各自的理由。刚开始,学生一边倒地支持第一种意见,因为母鸡在他们的眼中是很慈爱的。面对这样的情况,我没有急于下结论,而是让学生们回到课文中,结合当时的情况再静静地思考一下。这时有学生抓住了“警告”一词,认为当时母鸡说话时是干脆的,不容置疑的,语速是快的,语气是严肃的。很多学生觉得很有道理,这时,我又顺势提醒:如果小鸡雏不听母鸡“警告”的话,会有什么后果?一般我们会用上什么词连接呢?学生立刻想到了“不然”“否则”。此时,再让学生说说母鸡警告的话,学生说得简短有力——“快过来,不然就有危险了!”“到我翅膀下来,否则会被坏人抓去!”联系前文中的“一点动静”,学生就能深入地感受到母鸡是这样的认真和负责。同样,再进行第二、第三两项训练时,学生就能抓住“紧叫”“放声啼叫”和两个“顶”,进行表达,内容更有侧重,理解母鸡的形象也是全方位的。

在教学过程中,为了避免“浅读”“泛读”,教师要潜心会文,去捕捉作者的写作意图,去把握文本的主要倾向,抓住一个个细节,细细琢磨。在互动对话过程中,常常会出现学生面对某一问题纷纷发表不同意见的情况。面对学生的争论,教师应牢牢把握良机,让学生充分阐述自己的观点,让各种不同的声音在争论中彼此交锋、碰撞、融合。在他们交流的过程中,要先了解“意外”背后的真相,继而因势利导,巧引妙导,把学生“脱轨”的思维引导到有价值的发现上来,让学生的思想“抽穗”,思维“拔节”。

(2)课堂实时调控策略。《小学语文教学大纲》要求教师根据素质教育的精神，树立正确的教育观，改革课堂教学，最大限度地给学生提供自主探索的机会，多设计一些探索性和开放性的问题，强化学习重点，突出教学难点，生动活泼地展示认知对象，引起学习者的兴趣，整体推进课堂有效教学。在整体推进课堂有效教学中，教师对教学的实时调控是至关重要的一环。实施有效的调控，可以真正发挥教师的主导和学生的主体作用，使课堂教学出现张弛有度的教学格局。

① 点击关键词，立体表达。关键词，顾名思义，这些词在全文起着关键的作用，或能反映主题、概括主要内容，或能暗示课文的思路、标示句段之间的关系。

很多时候，从几个关键词入手，就能带动起对全篇的理解，这样的解读虽然没有“超链接”的大容量，但却使教学变得丰满。在解释词语时，不仅要注意字词的表层意思，而且要立足于全篇，根据文章前后之间的联系，对字词所包含的情感、意蕴作深入的理解。

对关键词的点击，就是让散落的语言珍珠，串成一条璀璨的语言项链。从关键词打开一个缺口，让学生从缺口处逐渐深入，透过字词表面的信息而挖掘出潜在的含义，由表层到深层，透过表象抓住本质，对文本进行深层理解，从而探寻到整个的语言风景。以下是一位教师执教课文《燕子专列》的一段课堂实录：

师：“呼吁”是什么意思？

生：呼喊、告诉……

师：不急。我们先想一想，电视和广播向人们发出呼吁时，要说清楚哪些内容？

生：让人们寻找燕子，把燕子送到火车站。

师：电视和广播不仅要向人们讲清楚到底发生了什么事情，还要让人们知道怎么去做。我们再来看“呼吁”这个词，“呼”的意思是告知，“吁”的意思是请求。

师：那瑞士政府是怎样呼吁的呢？请你做一回新闻小主播。

（媒体出示填空）现在向您播报一则紧急消息：由于________，请大家________。

按照这个提示，先自己练说，再同桌互相说一说，评一评。

“呼吁”一词的理解是本课知识训练的起点，老师没有强塞给学生现成答案，而是引导学生联系上下文，说说瑞士政府发出呼吁时要讲清楚哪些内容，再紧扣“呼”“吁”二字用词素法准确理解词语意思。在此基础上，教师又出示填空练习，让学生当电台主持人、记者，动之以情，晓之以理呼吁居民救助燕子。同时引导学生尝试运用课文中的语言，或转述，或重组，多角度、多层次训练，充分调动学生的表达欲望，为学生的表达搭建了有效的支架，将理解和表达融为一体，实现语言训练立体化。

② 优化情境，螺旋体验。学习的环境应该放在真实问题的背景中。这里的“真实问题”就是学生的生活实际。我们要摒弃烦琐的分析，将静态的文字链接成生活的情境，在反复品读中丰富语言的内涵，丰富学生的体验。

课本内容本身也是一种教学情境，问题的讨论和情感的体验首先要立足于文本原有的情境之中，情境的创设应根据课文学习的需要与学生的现实基础而定。教师应挖掘语言文字本身的感染力，给学生以想象的空间，引导学生在自己的生活中去搜寻，去感悟。

例如在教学课文《燕子过海》时，我首先出示句子：“一群从北方飞往南方过冬的燕子，在海的上空不停地飞呀飞呀……”同时课件展示燕子在疾风骤雨中奋勇飞行的情景，让学生进行换位，模仿燕子展翅飞翔，以文本中的主人公的身份，进入到角色所在的精神世界中去，从而获得真切体验。原本打算让学生“飞”一分钟，可没想到“飞”了一分钟后，学生精神很好，觉得好玩，一点都不累，没有达到预期目标。为了让学生有真切的体验，同时又不影响教学进程，我决定让“小燕子们”继续扇动着翅膀，一边飞一边想象：燕子飞行的路途如此遥远，还会有哪些艰难险阻等待着它们，它们又是怎样克服的？此时，课堂中，出现了一道奇特的风景——一群“飞”着上课的学生。在学生们争先恐后地交流中，“小燕子们”又不知不觉地多“飞”了两分钟。当他们累得不由自主地垂下“翅膀”，我又抓住契机，适时引导：“同学们刚才只飞了三分钟就飞不动了，可燕子却要在一望无际的海上不知要飞多久才能休息，燕子是多么顽强呀！”接着我指导学生有感情地朗读，学生那一遍又一遍饱含真情的朗读，就是对燕子“顽强”的最好诠释。这样，学生的心灵才能得到震撼，内心才能有感触——燕子是非常辛劳的，整堂课中学生情感目标的达成是水到渠成，真可谓：“随风潜入夜，润物细无声！”

因为情境得到优化，学生的体验始终处于一个情感的磁场之中。学生能够沉浸于文本，产生了角色效应。作者真挚的情感、独到的感悟隐含在看似平淡直白的文字之下，好比一座冰山，露出水面的只是八分之一，教师有责任带领学生把水面下的八分之七读出来。

③ 调整流程，点燃激情。教学流程就是将教学设计内容以最优化的原则进行“组装”。由于受年龄的影响，学生在理解、感悟上，难免会比较肤浅。如

果我们把这种状况视为一种教学资源,那么,我们就可以以学生的肤浅作为教学起点,引导学生浅入深出。

在教学课文《昨天,这儿是一座村庄》时,一开始,我就从题眼入手,让学生理解"昨天"和"这儿"具体指什么,但没想到学生一脸茫然,课堂上出现了冷场。"深圳、改革开放"等内容对这一代的学生来说还是有点距离感的,为了调动学生的学习兴趣,我当机立断,把原本放在最后总结环节的视频资料《春天的故事》提前,并引导学生认真看歌词,从歌词中找答案。学生兴趣盎然,课堂气氛一下子活跃起来,在悦耳的旋律中,学生们找到了答案,还了解了歌词中的"一个老人"就是邓小平爷爷。在媒体的直观提示下,学生能从画面中了解这首歌曲的内容,感受到了深圳的繁华。随后引入新课,通过今昔的对比激发学生进一步了解深圳发生的巨大变化的兴趣,为理解诗歌内容做铺垫。

教学流程是"裁剪的艺术",是一种点燃、一种激发,一个语文的视角。课堂上,教师应从学生实际出发,从学生的需要入手,对原有教学内容进行合理整合,对教学流程进行优化组合,使师生之间进行真实的情感、智慧、思维的碰撞,从而使原有的教学资源发挥最大化的效益。从学生需要的角度和文本特质出发设计切入点,触及学生的情感,把学习内容巧妙地渗透其中,合理融合,为学生细细品味文本打下基础。

(3) 关注学生参与课堂教学的有效性。

① 淡化教师的权威意识。教师常常习惯性地充当了权威的角色,无形中降低了学生课堂主体的意识。教师和学生应该始终贯穿着情感的交流、心灵的沟通。在课堂上,教师和学生应该确立一种无拘无束、无话不谈的朋友关系,教学相长的合作伙伴关系,教师以亲和的态度对待每一个学生,努力为学生创设一种宽松、和谐、民主、向上的学习氛围,使学生减轻心理压力,拥有良好的心境。

② 关注学生内心需求,培养学生主体性。学习能力很重要,因为学习不是灌输一种东西,学习应该是自主的,独立的探索。我们提供的支架,最终要帮助学生自己去寻找支架,自己去寻求支持,达到自我学习的目的。

在教学中,要充分尊重学生的主体地位,调动学生参与学习的积极性,主动性、关心学生内心需求,以及他们对学校生活的憧憬,让孩子根据自己的生活经验和既有知识、技能来认识自我,发展自我。

《开国大典》是五年级的一篇课文,记叙了 1949 年 10 月 1 日首都北京举行开国大典的盛况。作者以"会场布置→大会盛况→阅兵仪式→群众游行"为写作思路,文章层次清楚,场面描写与抒发感情相结合。

为了让孩子们从会场的布置中感受开国大典的盛大隆重。我们设计了这

样一份学习单(出示学习单如下所示):

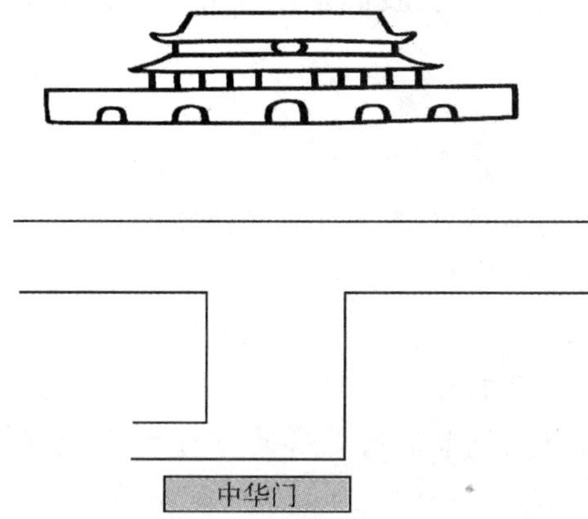

我们让孩子们自己读课文第二、第三小节,根据文章的描述和同桌一起用简笔画画天安门广场上的布置,这个简笔画让孩子们将外在语言转化为了内在认知,感知会场的方位,感受开国大典的庄严和隆重。然后让孩子们根据所画的简图,有次序地用自己的语言介绍会场的布置情况。

以刚才的课文为例,我们设计了如下一个课后学习任务:

> 课后尝试:
>
> ★ 看看图,把天安门广场的布置说给爸爸妈妈听。(试着按方位顺序来说)
>
> ★★ 观察图,写一写天安门广场的布置。
>
> 提示:按一定的顺序观察图,用上表示方位的词使你的介绍更清晰。

这份学习单通过说一说、写一写的方式,把课内的训练任务延续到了课外,使课后作业与课堂教学内容保持一致。同时,由于学生的能力是有差别的,因此在学习单设计时考虑到了不同层次学生的需求。

③ 关注学生中的各个群体,因材施教。学习支架是在学生需要的时候出现,引导学生向潜在的水平发展。从最近发展区到达他潜在的一个发展水平,这其实也体现了因材施教的教学理念。

例如教学课文《摇花船》,学生生活资源就大有区别。学生不同的生活背景,不同的学习基础,不同的性格特征,使学生之间产生差异性。他们不一定了解大人为什么重视元宵节,也不一定了解不同的地方过元宵节的风俗是不一样的。

如何激活这些原有的、无意的、真实的、不同层次的资源，结合教学活动中获得的新知识来提升新认识？我们是这样分层搭建学习支架：

元宵节的风俗

情境渲染，借助观看过元宵节的视频资料展示过节的热闹场面，让学生“身临其境”，在多种感官的冲击下而体验快乐；

情境再现，通过说说你和你家人元宵节的各种活动，激发学生已有的过节生活的经验；

游戏体验，回味过节的开心瞬间；

故事交流，畅谈自己过节的所见所闻与所为，产生幸福感。

由此可见，教师不仅要善于发掘学生已有的生活经验，还要针对学生的不同情况进行教学。教师的任务，不是让学生认识课本中的生活与社会，而是架起生活资源与教材内容的有效通道，激发每个学生的潜能。

四、研究效果

经过一年多的深入研究，本课题的研究取得了预期的效果，学生的学习兴趣、学习水平、教师的教学方法等方面都发生了显著变化，具体表现在实现了“三个优化”。

（一）优化教育理念，促进教师专业成长

我们以往的教学只注重知识传授的教学模式，使学生在教师的教授下一味地接受现成的知识，成了知识的接收器，而支架式教学，学生的知识不是由教师以现有的方式呈现出来，而是要求学生自己主动地去搜集、整理资料，分析相关的信息，进行自主建构，这与我们目前新课程改革中的“为了每位学生的发展”的理念是相一致的，为我们新课程改革的实施提供了一种新的教育模式，值得我们吸收借鉴。课题组成员张海萍撰写的论文《重锤敲击，在语言文字中走个来回》获上海市教学论文评比一等奖、《关注细节　激活课堂》获市三等奖，顾彩红老师撰写的论文获上海市教学论文评比二等奖。

（二）优化师生关系，活跃课堂教学气氛

以往我们过于强调教师的作用，忽视学生的积极主动性，但目前随着课程改革的深入又出现了一种现象：强调学生的主动学习，忽视教师的作用。而支架式教学在这两种极端中找到了一个契合点，支架式教学中教师不再以信息的传播者、讲师的角色出现，也不是以完全的辅助者为主，而是转变为“导”者，一个支架的设置者。在这种关系中师生之间更多的是合作与互动，教师是经验上的先导，他把握着活动的整体方向，但并不控制、限制，也不一味顺应学生，而是一种“后有扶持，前方引导”的方式来扩展学生的学习。这首先要求教师要创设一种愉快、温暖的心理氛围，在这种氛围中学生没有压力，学生主动地探索，自主建构，教师为学生提供必要的工具和材料，在学生遇到困难时，教师依据学生的程度，以及困难的程度为学生搭建支架，这种支架有时只是一个建议或一个手势，有时是一定的讲解、示范、演示，这要因人而异，因情境而异。师生之间沟通、协商，共同促进问题的解决。好的支架设置者如同一个好的教练，他能够了解选手的特点和能力，指导什么时间应该提供什么样的支架，只是必要时在一旁提示和指导，提供及时的反馈。张海萍老师开设的区级公开课《扬州茶馆》《金鸡独立》，巧妙的课堂教学设计、灵活的教学方法、互动式的教学方式、优秀的课堂组织能力获得了老师们的一致赞誉；顾彩红老师执教的《伟大的友谊》《妈妈，我想对你说》，王丽红老师执教的《天鹅的故事》，无论是在教学的设计上，还是在教师的整体课堂语言上，都充分地体现了师生之间、生生之间和谐相处的场景。

（三）优化教学方法，提高课堂教学效益

支架式教学是围绕所要学习的知识建立的一个相关支架。这需要教师首先要对复杂的学习任务进行分解，根据学生的理解，逐步深入。首先支架与学生的“现有水平”相联系，教师通过教学，唤醒学生原有的相关知识经验，使学生认识到这些知识经验与即将学习的新知识有着重要的联系；其次支架的搭建关键是为了促进学生“现有水平”向“潜在发展水平”转化。在对学生已有知识经验的唤醒后，使学生将自己的这些经验带入到新知识的学习掌握之中，在原有知识基础上对新知识进行自主的建构。支架的搭建是在学生对已有知识经验的基础上对新知识的掌握，这有助于学生树立学习的自信心，另一方面在教师的引导下，通过学生自己的思考建构，使新知识真正成为自己的新经验，使学生体验到突破自己已有水平的成功体验。

五、讨论与思考

在研究中，我们发现，这一课题研究涉及的面比较宽泛，我们只能抓住了主要的几个方面加以研究。在今后的研究中，我们将试着将研究的几个方面加以整合，以加快整个课题的研究进程，并使课题研究更全面、更深入。

（一）重视对教师的培训

教师是课程的指导者、设计者和组织者，也是提高课堂教学实效的关键，因此要继续通过各种培训，帮助教师掌握一些具体的教学方法，提高教师教学资源激活和有效利用的能力，让教师在不同类型的教学中获得多方面的启示。

（二）得到学校的进一步重视

在大力推进二期课改，提倡素质教育的同时，在部分教师中还存在惯有的定向思维,主动性、钻研性、积极性还不强,希望学校领导在认识到本学科重要的基础上再要进一步的重视,从而使教师的专业发展有保证,“促进学生全面发展”的课改理念成为教学真正追寻的目标。

【专家点评】

基于对当前课堂教学现实问题的认识,尝试运用支架式教学理论,指导小学语文阅读教学的改进,选题的针对性强,适应课程改革实际需要,具有实践意义。研究从现状分析入手,围绕教学支架的理论来源、实施原则,以及对话教学模式的基本要素与框架、操作流程,整个过程有序进行,其设计符合教育科研的常规要求。课题从教师教学实践中总结出搭建、运用学习支架的“三大策略”,即“问题设计与运用策略、课堂实时调控策略、促使学生有效参与课堂教学的策略”,以及“问题设计的趣化和优化、优化情境、调控流程、抓住空白、关注学生内心需求”等 11 项操作要点,其间又以相关案例进行诠释,结论具有借鉴价值。

在运用学习支架引导学生开展探索活动上,课题研究有一定建树。而对于用支架引领课堂对话的研究,尤其是在为学生搭建对话支架、“让学生通过对话生成个性”等方面,尚需有整体性的思考与进一步的实践探究,以实现预期的目标。(郑润洲)

教在学生“学”的起点上

——以二年级语文《小冰熊》一课教学为例

青浦区实验小学　张筱琳

一、为什么要教在学生“学”的起点上

从教和学的关系上来看，教和学是不可分割的辩证关系，教学过程就是教和学双方共同分享彼此的经验，共同经历情感的体验，教学相长共同发展的过程。要研究“教”，必须要研究“学”。

从教学的质量和效率上来看，教的最终目的还是要落到学上，不管我们采用怎样的方法，选择怎样的资源，关注学生的发展是我们永恒的价值追求。在追求以学定教的今天，教学更应改变以往固定的思维方式，从儿童发展的角度审视教材，设计学习活动。只有将教的起点切切实实确立在学生“学”的起点上，从学生出发，端正教学的逻辑起点，教学中学生的主体作用才能真正发挥，取得切实的教学效果。

从日常教学中的现状来看，我们还是可以发现许多老师没有真正把教放在学生学的起点上，表现在课堂教学中，教师还是将教学的起点放在自己的兴奋点上，放在自己的经验上，放在自己预设的教案上，放在习题甚至放在考试要点上。这需要我们切实转变理念，开展实践研究，及时改变和调整自己的教学行为。

二、怎样才是教在学生“学”的起点上

现行的语文教科书主要是以主题来集结单元选文的，因此，从教材内容到教学内容的转化较多地依赖教师的课程意识和教学能力。同一篇课文，不同的老师确定的教学内容可能是完全不一样的。我们可以从教师教学内容确定的行为中窥探到背后教师教学出发点的理念。

以二年级语文教材中《小冰熊》为例，这是一篇科普童话，讲述了妈妈送给小熊的新年礼物是小冰熊。小熊非常喜欢，抱着它亲了又亲，还要把它放进自己的被窝，结果小冰熊“瘦了些”。妈妈把小冰熊单独裹在棉被里，结果小

冰熊"一点儿也没冒汗"。通过这个故事,告诉小朋友冰受热会融化;而棉被能隔热、保温。对这样一篇课文,怎样教才是教在学生"学"的起点上呢？我们可以结合其中的几个片段加以分析研究。

（一）教学案例及分析

案例1：课堂导入环节。

教学A：

1. 出示课题"小冰熊",学习生字"熊",齐读课题。

2. 出示课文第一小节：新年到了,熊妈妈雕了一个可爱的小冰熊,送给她的孩子。自读,思考：你知道了什么？

3. 学生交流,了解信息。齐读句子。

教学B：

1. 回忆一年级学过的课文《寄冰》,用一两句话说说主要内容。

2. 交流这个故事告诉我们的科学知识,教师随机板书：冰遇热融化

3. 出示课题《小冰熊》,知道今天学习的故事也和冰有关。

分析：从以上教学内容来看,B教师根据学生以往的学习经历,清楚地知道学生已有的知识经验,虽然这个故事是要告诉小朋友冰受热会融化,棉被能够隔热保温,但是B教师在制定教学目标的时候已经清晰地意识到棉被能隔热保温是这篇课文教学的难点,而知道冰受热会融化这一点根本就不应该写进本课的目标。这样由旧知引入,大大提高了课堂效率。而A教师的教学显然是根据教材的内容顺序来确定教学的出发点的。

案例2：整体了解故事内容。

教学A：

1. 出示自学要求。

（1）读准字音,读通句子。

（2）思考并完成填空：

小熊得到了小冰熊后________,结果小冰熊________。妈妈________,结果小冰熊________。

2. 学生交流填空,教师点拨指导。

3. 同桌互说。

教学 B：

1. 小熊和妈妈分别是怎样对待小冰熊的，在文中找到有关的句子。

2. 简要说说他们是怎样做的，指导学生概括句子的意思。（板书：亲了又亲　抱进被窝　裹进棉被）

3. 根据小熊和妈妈的表现（指板书）完整地说说小熊和妈妈是怎样对待小冰熊的。

4. 学生交流，教师指导。

5. 同桌互说。

分析：二年级学生整体把握课文内容的能力较弱，因此，出示填空帮助学生理清课文的内容或故事的情节是教师经常用的策略。但是，如果仔细分析，这样的练习对于学习困难的学生而言，需要搜集较多的信息内容，可能会存在一定的难度；对于资优生而言，这样的填空只需要找到信息，无须自己再更多地组织语言，无法体现挑战性。因此，最终就是优秀学生回答，一般学生模仿，虽然也能够达成了解内容的目的，但是缺失了如何去整体了解课文内容的方法指导。教学 B 中，先找句子，重在训练学生准确搜集信息的能力；紧接着进行读懂句子意思，简要进行概括句意的训练，符合二年级学生言语和理解能力的就近发展区；最后完整说说三个部分的内容，需要学生加入“还”“可是”等一系列的连词才能将句子意思表达清楚，在语言表达的完整性和连贯性上提出了较高的挑战。这样的设计是基于学生的起点展示学习的思路和方法，让资优学生看到挑战，中等学生看到任务，困难学生看到希望。

案例三：研读重点内容。

先体会小熊对小冰熊的喜爱。

教学 A：

1. 读读小熊的表现，你感受到了什么？

2. 亲了又亲是亲了几次？

3. 当你亲小冰熊的时候你的嘴唇有怎样的感受？那么小熊为什么还要亲了一次又一次？

4. 小熊为什么不愿意小冰熊一个人睡？他是怎样想的？试着说一说。

5. 指导朗读两句句子。

教学 B：

1. 读读小熊的表现，你感受到了什么？
2. 通过朗读将小熊对小冰熊的喜爱表现出来。

再了解棉被为什么可以隔热保温。

教学 A：

1. 自读第 5 小节，圈画妈妈为小冰熊盖棉被原因的句子。
2. 学生交流，校对。
3. 看媒体演示棉被是如何隔热保温的。
4. 学生朗读。教师小结。

教学 B：

1. 自读第 5 小节，圈画妈妈为小冰熊盖棉被原因的句子。
2. 学生交流，校对。
3. 出示学生用的保温杯，理解“保持原来的温度”。
4. 指名学生朗读句子，强调“单独”“隔开外边的暖空气”“保持原来的温度”。
5. 出示媒体演示。
6. 学生根据媒体演示，结合课文内容，尝试说说妈妈为什么要把小冰熊裹进棉被。
7. 两名学生交流，同桌互说。
8. 小结并板书：棉被可以隔热保温。

分析：基于二年级学生理解句子的能力和他们的实际经验，小熊对小冰熊的喜爱之情，通过“亲了又亲”“抱紧被窝”这两个细节完全可以体会，教学 A 中对于学生能理解的内容反复分析，能体会的情感反复强化，占用了宝贵的教学时间，教学起点偏低。对于保温瓶能够保持温度学生有生活经验，但是因为自己睡进棉被会感到越来越热，因此棉被的作用是隔热保温与他们的经验形成了一定的冲突，是学生理解的难点。语文教学中，学生理解的过程应该是一个内化的过程，将书本上的语言转化为自己的语言的过程。教学 B 中选择学生的难点部分重点突破，不满足于学生的朗读，而是让学生在运用语言的过程中真正理解句子的意思，建构起自己对客观事物的理解，在一定的任务挑战中达成语文学习的本质要求。

（二）案例给我们的启示

1. 教的重要原则在于立足于学生已有的起点，使教学的适切性生成实效性。

著名认知心理学家奥苏贝尔有一句至理名言："假如让我把全部教育心理学仅仅归结为一条原理的话，那么，我将一言以蔽之：影响学习的唯一最重要因素，就是学生已经知道了什么，要探明这一点，并应据此进行教学。"把教学建立在学生已有的知识和生活经验之上，把目标建立在学生的最近发展区内，这是教学必须遵循的"金科玉律"。正确设定课堂教学起点，开展适切的学习活动，让学生在原有的基础上得到发展才能真正体现教学实效性。

2. 学生学的起点不仅指学生的知识和经验，还包括学生已有的能力和方法，情感与态度等。

学生起点状态的分析主要从以下几个维度展开：学生的认知基础、已有的学习能力，还有学生的学习态度、学习习惯、意志品质等。特别要关注学生潜在状态的分析，主要指学生可能发生的状况与可能的发展，可能会有什么困难与障碍，还要思考解决的对策等。

3. 确立学生学的起点要满足学生发展的需求，更要符合学科本质的要求。

我们需要站在儿童的立场，研究儿童身心发展的规律，同时，我们也要站在儿童的认知起点对教材进行符合儿童需求的二次开发，当然，我们所说的学生学的起点还应该带有鲜明的学科属性和学科特质，使得我们立足的起点有利于学生的发展，也有利于学科的本质要求。这样设计出的教学内容也会更加科学、合理、自然。

4. 学生学的起点在不断运动，教学只有起点没有终点。

教学过程中永远有起点，因为起点是动态生成的。一个起点解决了，另一个新的起点便又诞生了。这些起点犹如一级级台阶，让学生拾级而上。因此，整个教学的过程中教师的任务就是一次次地寻找和把握新的起点。在新起点上提出新的任务，不断序进的教学才会使学生充满求知欲和创造感。

三、如何做到教在学生"学"的起点上

儿童"学"的起点是现实的，又是动态生成的，因此需要我们在教学的整个过程中不断地去发现。确定学生学的起点既可以在课前，也可以在课中，还可以在课后。

（一）课前及时诊断

教学前的起点研究，我们着重了解学生的知识、能力与情感，初步预设教师教的策略。通过我们前期的实践研究，总结出学生预学可以从字音字形、和教学内容密切相关的但是学生有可能难以理解的词语、课文的主要内容以及学生初读后产生的问题等几个方面检测学生的已有基础，全覆盖地了解学生的学情，让学生带着知识技能上的准备和心理上的准备进入课堂。

对于低年级的孩子来说，要完成"预学单"需要一定的时间，学生在书写上可能也有困难，会给学生造成一定的负担。因此，我们采用"有代表性的学生课前访谈"的形式进行。可以在班级中根据学力差异选定个别学生，请他们课前到老师这里读读生字词语甄别生字在读音上的难易程度；说说对词语的理解或是用指定词语说一个句子，了解学生已有的学习和生活经验；抄抄课后要求抄默的部分词语，了解学生在掌握字形上的难点；提提自己想知道的一些问题，了解学生在阅读时的兴趣点、疑惑点和盲点。实践证明，这既不加重低年级学生负担，又能比较准确地诊断学情的有效方法。

比如，在《小冰熊》一课的课前访谈中，教师请学生写写这篇课文中需要学生掌握书写的生字，结果却出人意料，教师认为学生"窝"字字形掌握有困难，可是学生都写对了，而"度"字笔顺错误非常多，因此及时调整了教学。又如课前访谈中让学生说说小冰熊为什么不能和小熊一起睡，学生都知道冰受热会融化，这也告知了老师学生已有的经验基础。

（二）课中敏锐捕捉

预设的学习起点是静态的，但是课堂中现实的起点是动态的。在课堂教学的过程中甚至会发现教师预设之外的新起点，因此，教师需要在教学过程中展示学生学的全过程，创造学生探索的机会，暴露学生的思维过程，在这一过程中把握学生思维的脉搏，捕捉学生的真实起点，分析问题及其成因，不断调整教学策略。

如《小冰熊》一课中，交流到"妈妈把小冰熊裹在棉被里"时，教师让学生提出问题，有的学生问道："妈妈为什么要把他裹在棉被里?"有的学生问道："把小冰熊裹在棉被里他会热坏吗?"这样的质疑也是展示了学生的学情。又如，在请学生圈画"妈妈为什么给小冰熊盖棉被"的原因时，有的学生画了第一句，有的画了第二句，有的两句都画了，教师没有马上肯定画第二句的学生是正确的，而是以"为什么你没有画第一句，第一句在写什么呢"顺势而导，解决学生的疑惑。为了充分展示学生起点的变化，教师应该在设计教学过程时"低就"，慢慢引导学生"高攀"，在学的过程中掌握学的方法，也是更好地让大班额情况下各个层次的学生获得相应的发展。

（三）课后准确评估

教学后的起点研究主要是通过科学的评价与分析，让这一课的结束成为下一课新的教学起点。同时，课后的有效检测也可以让教师更有针对性地展开课外辅导的工作。我们在课后作业评估的过程中关注了课前检测中学生凸显的关键问题，本课要达成的重点训练目标以及与之相匹配的学生能力训练，以此来评估课堂教学的有效性和学生的能力发展。

总之，教在学生"学"的起点上，对学生的认知发展、探索热情有着直接的影响，也制约着教学的针对性和高效率，当然也影响着教师的教学理念、品质和作风。它犹如一根杠杆，最终将支撑起整个教学，乃至撬动整个教育。因此，在教学多元化、个性化的今天，我们不应盲目跟风，还是应该在教学的核心问题上踏踏实实地下功夫，锻造自己好教师的品质。

【专家点评】

教师课堂教学的水平表征于课堂生成的质效，其中至关重要的是精准把握儿童情感知能生成过程中的困难。筱琳老师说，学生在"课中的起点是动态的"，她在课堂教学过程中十分注意"低就"，慢慢引导学生"高攀"。这样的教学行为及其背后支撑的教育理念十分宝贵，这不仅仅可以比较充分地显现不同发展水平的学生在情感知能生成过程中的实际需求，让教师在学生的"最近发展"组织好"挑战性学习"，使教师的帮助和促进更具有针对性、实效性，更重要的是促进了更多的孩子投身于语文学习的过程，让更多的孩子体验、享受到自己进步的愉悦，也使"为了每一个孩子的发展"走出了空谈。坚持这样的课堂教学磨砺，学生喜欢的优秀教师就有可能会更多出现。（郑少鸣）

在序进式学习中提高学生的阅读能力

青浦区实验小学　张筱琳

一、阅读教学的现状及其原本意义

阅读，是小学语文课程中最重要的学习领域，阅读教学在整个小学语文教学中占比达到近四分之三，可以说没有阅读教学的质量，就难以有语文教学的质量。为了提高阅读教学的质量，我国曾多次进行了小学语文教学的改革，取得了举世瞩目的成就。把这些改革成果汇总起来看，涉及两大方面：一是关注语文本体性任务，关注学生的语言学习；二是体现外语学习的语用观，如关注表达，培养应用能力等。

但是从现在的阅读教学实际审视，我们可以发现，阅读教学存在的问题并没有得到根本性的解决。主要表现在以下三个方面：阅读教学质效普遍比较低下，习题化教学等急功近利的现象没有得到彻底解决，甚至考什么教什么，不考就不教；阅读教学的方式方法偏离了原本应有的方向，如不是以读散文的方式来教学生读散文，不是以读小说的方式来教学生读小说，而是全部以整体了解—关键词句品读—感悟文章主旨的方式进行教学；阅读教学的改革视野比较狭窄，只是从单一的角度进行局部的改革，没有从系统性上考虑学生整体的阅读能力怎样培养，许多语文教师在阅读教学中对学生的能力培养还缺乏清晰性和层次性，使得学生能力停留在浅表层面，或始终在同一层面徘徊，难以实现阅读教学整体的改革与质效的提升。

要解决现实问题，找到出路，就应该追溯阅读教学本来的意义和目的。阅读教学中，阅读不是为了阅读而阅读，不是为了学习阅读而学习阅读，更不是为了语文考试的阅读成绩才去学阅读。学习阅读其根本的目的是获得书面语篇所传达或显示的咨询、知识、先辈时贤对社会的认识和人生感悟（王荣生）。阅读是在与文本对话的过程中，读者不断提升自己与文本的对话能力，不断提升自己对世界和人生的认识力和感受力（王荣生）。“阅读不仅是把读物从一系列的符号变为一种充满意义的作品，而且改造阅读者本身。”（李维）由此可见,小学语文教学中的阅读教学应该是让小学生主动参与到阅读过程中来,通过阅读实践不断提高他们的阅读能力,培养阅读的素养,从而提升自己对社会和人生的认知能力及感受能力。

二、阅读教学各项任务和学习水平的层级分析

要用系统的、整体的观点来研究阅读教学,从而全面提高学生的阅读能力。首要的就是要对阅读教学的各项任务和学习水平层级做出系统的分析。在知网上查阅相关的研究成果,发现与语文阅读能力相关的成果一共有 771 篇,另外还有不少专家的专著。不同的专家从各自理论和经验视角出发,有着许多不同的见解。如西方 N.B.史密斯等曾将阅读能力因素分为 23 个方面,依据发展水平归纳为"理解—解释—评价—创造",这也是西方较为共识的提法。国内专家也有许多相关研究。有些是以纵向层级为主的能力结构观。如刘增福认为,阅读能力大体上由阅读过程中的感知能力、识记能力、理解能力和评价能力四个方面构成;王松泉认为,阅读能力结构主要由认读能力、理解能力、评赏能力、借鉴能力四项组成,体现阅读发展的四个层级。也有专家以横向属性为主来构建能力结构观。如张志公认为,阅读能力包括三个方面因素,理解、记忆和速度,体现在读懂、记住和读得快;刘守力认为,阅读能力可以分解为语感、文感和情感三项能力;张建华认为,阅读能力的构成要素有三个方面:知识因素、思想因素和技能因素。综合以上研究成果,阅读能力的分析指向两个方面:偏重"意义理解"和偏重"智力发展",其中又以"意义理解"为主要取向。当然,受到时代和研究视野的局限,这些研究还缺乏一些"主体关怀"和"前沿意识",如最新的教育教学理论提出的阅读是一种多向、动态、开放的对话过程,阅读要有读者意识、学生立场,关注学习者的个性化阅读体验等。

2011 年版《义务教育语文课程标准》明确指出:阅读教学应注重培养学生感受、理解、欣赏和评价的能力。这种综合能力的培养,各学段可以有所侧重,但不应把它们机械地割裂开来。根据前期的研究成果、课程标准的思想,结合自身的阅读教学实践经验,可以推导出阅读教学的任务至少可以分为以下几个层次:培养学生基础的认读、感知的能力,理解、解释的能力,欣赏、评价的能力和迁移、运用的能力。这些既是阅读教学需要面对的学习任务,也是阅读教学需要培养学生的各种综合能力。

三、阅读教学的任务模块与教学思路

如何才能实现阅读教学的根本目的?如何由浅入深、循序渐进地培养学生的语文能力呢?我们可以根据阅读水平的层级设计序进式的学习活动,让学生在亲历学习活动的过程中,完成阅读任务,培养和发展学生的语文能力。

依此,我们可以设计如下表所示的阅读教学框架及任务模块。

任务/水平	关键行为	学习活动	教学方式	课　型
认读感知	辨识/认读	识记、朗读、默读、默写、积累等(朗读)	识记性阅读	朗读指导课
理解解释	提取/解释	感受、推断、择要、联系、组织、解说等	理解性阅读(分析性阅读)	探究阅读(变式阅读)
欣赏评价	感悟/评述	想象、品赏、感想、抒发、评论等	评价性阅读	对话交流、感想评说、感想交流
迁移运用	转换/应用	连接、联想、延伸、拓展、借鉴、模仿、运用等	迁移性阅读	技能、情感和思想方法的迁移运用

1. 认读感知的能力。

认读感知的能力指的是学生在阅读的过程中能够对文字符号做出识别而准确读出来,在阅读能力结构中处于基础层次。当然,只是做到正确读出并不是认读的全部,对后续的理解也是不利的,认读的过程中应该做到初步了解、感知阅读材料的内容,为理解做准备。因此其学习层次体现为正确读出——正确流利地读出,注意适当的节奏和停顿。

识记、默写、积累等都可以做到认读和感知的目的,但是在这些活动当中,最能够提高学生认读感知能力的方式还是朗读。在朗读的过程中培养语感,结合形象和想象进行朗读也有助于后续的理解。因此,要达成认读感知,最基本的课型是朗读指导课,让学生在朗读的过程中真切地充分地进行感知。

2. 理解解释的能力。

理解解释是指在感知材料的基础上,学习主体利用原有的知识、经验经过分析、归纳、综合、概括、想象和推断等思维活动,把握阅读材料的思想内容和语言方式。理解是阅读教学的目的和最根本的任务,是阅读能力的基本要求。其学习水平由低到高体现为:内容和形式上的识别——对语言材料的检索、选择、整理、记录、存储——推断、感悟及组织解释表述。

理解的方式是多样的。如教师的讲解、灌输下学生也能产生理解,合作学习也可以产生理解,借助工具也可以帮助理解。但是最根本的理解源于学习主体的自主学习,最根本的方式是探究,典型的课型是探究型阅读课。

3. 欣赏评价的能力。

欣赏评价的能力是以理解为前提,对阅读材料的思想内容与表现形式进行鉴别与评价。评价是对理解的进一步深化,不仅仅是对阅读材料进行客观性的认知,而且在此基础上结合读者自己的主体价值观进行分析、鉴别、思辨、欣赏、评论等,在阅读行为上更加凸显一种读者个性化阅读的姿态。欣赏评价是高层次的阅读能力,其学习水平主要表现在个性化的认知、鉴别,在比较与反思中形成融合或冲突的认识、体验,以价值观和主体情感倾向为前提的取舍及表达主观性的认知与情感。古人的"奇文共欣赏,疑义相与析"说的就是这样一种阅读状态和水平。

培养欣赏评价能力的基本课型是对话交流课、感想评说课或是感想交流课。通过欣赏评价,在不断拓展和深化自己认识的基础上,能够达成共享智慧、集思广益。

4. 迁移运用的能力。

迁移运用的能力是阅读能力发展的高级阶段,是指在阅读材料中触发阅读主体的个性化行为和创造欲望而产生学习迁移。可以是对阅读材料的引用和延伸,可以是对语言形式的变式和转换,可以是对认知和情感的迁移体会,可以是运用同样的思维方式去探寻事物之间的联系和因果,也可以是依靠和创造条件来解决实际问题。其学习水平主要表现为联系、模仿、简单应用—变式、转换、重组材料和方式—由此及彼地单因素或多因素迁移或创造。

重迁移运用的课型重在技能、情感态度和思想方法的应用,重在通过联系、延伸、变式迁移中解决实际问题。

四、在序进式学习中提高学生的阅读能力

阅读教学要综合培养学生的认读、感知的能力,理解、解释的能力,欣赏、评价的能力和迁移、运用的能力,这些能力目标呈现出由低往高发展的阶梯式层次。阅读教学可以设计和组织有层次的学习活动,让学生在完成序进式的学习任务中拾级而上,达成阅读能力培养的目标。当然,语文阅读能力的综合性特征是现实存在的,阅读教材的特性也直接造成了阅读教学的复杂性,在一篇课文的阅读教学过程中可能侧重某一方面的阅读能力训练,也可能是这些能力的综合培养。下面以小学语文三年级课文《想别人没想到的》的教学为例加以说明。

课文讲述的是一位画师让三个徒弟在相同大小的纸上画最多的骆驼。大徒弟画了密密麻麻的骆驼。二徒弟画了许多骆驼头。小徒弟画了几条线代表山峰,又画了两只骆驼从群山里走出来,最终赢得了师傅的称赞。这是一篇启智类的文章,情节看似简单,但三个徒弟的画为什么不一样?他们分别是怎么想的?小徒弟的画为什么得到了称赞?三个徒弟的思维方式到底不同在哪里?这些问题的解决既是教学的重点也是学习的难点,都需要学生不断深入地探索。一位教师在教学中一改以往"导入课题—整体了解—选点读析—教师总结"的教学模式,设计了以下的学习任务:

1. 初读课文,了解文章内容和主要人物,理解课题意思,知道是谁想到了谁没有想到的。

2. 再读课文,圈画相关的内容,了解三个徒弟分别画了什么,并尝试简要概括。

3. 从三个徒弟画的内容出发,联系上下文推测他们的想法。

4. 比较三个徒弟的不同想法,说说自己获得的启示。

5. 课外阅读《深山藏古寺》《踏花归来马蹄香》《十里蛙声出山泉》,思考这些艺术创作又是如何做到"想别人没想到的"。

这些学习活动的设计紧紧围绕教学的重难点,让学生理解课题,了解内容,推测想法,比较辨析,拓展阅读,由浅入深、由易到难,而且环环相扣,板块化推进。在这样序进式的学习任务中,学生的语文能力得到了充分锻炼。

(一) 在搜索信息中提升学生的认读感知能力

感知能力在阅读能力水平中属于最低的,主要表现在对阅读材料的客观梳理,支持学生进行认读、背诵、积累等。它是学生进行阅读的基础。提高学生的感知能力水平主要可以通过正确朗读,查找圈画信息,复述故事的大概内容,根据课文内容回答问题等。

本课的学习活动中,从课题出发,让学生了解课题中的两个"想"分别是谁在想,并联系事情的起因完整说说课题的意思,其实这就是对课文内容的大致了解。让学生圈画三个徒弟画了什么,并连起来说说也就是让学生在阅读的过程中搜索信息,复述故事的相关内容。

在了解事情的起因时,教师不满足于学生找到文中画师要求徒弟们画画的内容,而是让学生读读这部分内容,说说画师提了哪三个要求,学生搜索到相关信息:要在同样大小的纸上画,必须是画骆驼,要比一比谁画得最多。这不仅是发展学生的感知能力,更重在为后续理解三个徒弟的想法做铺垫。

(二) 在推测想法中提升学生的理解解释能力

提升学生的理解能力可以通过对相关内容的选择和判断,简要概括主要内容,采用个性化的方式对内容进行重组,推断和感悟语言材料的内涵,并组织解释及有序表达等。合理地解释和有序地表达是提高理解能力的关键。

值得注意的是,理解的途径是多样的,如教师的讲解也能够促使学生理解,借助工具书也能帮助学生理解,在阅读教学中,我们需要关注和强调的还是学生的思维参与度,能否以较快的速度找到相关的"暗示"并将它们进行有序的联结。

本课的学习活动中,"从三个徒弟画的内容出发,联系上下文推测他们的

想法”是教学的重点环节,也是理解课文内容的关键。其中,推测小徒弟的想法又是学习难点。教学中采用以下策略尝试突破:

1. 反复读文。学生推测小徒弟的想法有明显困难时,教师提示,文中哪些内容可以帮助我们推测出他的想法,从而引导学生再去反复读读小徒弟画的内容和画师的话。学生在反复的朗读中进一步提高了对材料的意义感知,为理解铺垫。

2. 建立联系。在反复读文的基础上,教师提示学生关注两个词语“连绵起伏”和“若隐若现”,学生借助工具书理解了这两个词语的意思,但是这两个词语和小徒弟的想法之间又有怎样的联系呢?“连绵起伏的群山一定是怎样的?”“若隐若现是有还是没有?”“是看得清还是看不清?”“为什么有但是看不清?”借助教师给出的提示,学生真正建立起了联系:正是因为群山连绵起伏,让人看得遥远,山中的骆驼才会若隐若现;正是因为若隐若现的骆驼走在这层层叠叠的群山中,才会让人想象山中有数不尽的骆驼。

3. 有序表达。借助这两个关键词语,让学生将画的内容和小徒弟的想法进行有序地组织、清晰地表达,从而真正体现出学生对这些内容的内涵理解。

(三)在比较辨析中提升学生的欣赏评价能力

欣赏与评价是高层次的阅读能力,对于小学生而言,就是教学中要关注课文写了什么,也要关注为什么这样写,还要知道写得好不好。提升学生的欣赏评价能力,可以评价文章的内容和内涵、作者的表达技巧、作者的观点态度和情感倾向,或进行个性化评论,或进行质疑问难,鼓励学生讨论甚至争辩。

在本课教学中,只是理解三个徒弟的想法而没有辨析和评判就难以凸显文章“启智”的价值。如何才能让学生感受到三种想法本质上的不同呢?教学中较多采用了比较辨析的方法。

如课文中对于二徒弟的画只写了一句“二徒弟画了许多骆驼的头”,联系前后语境我们可以发现,文中省略了很多其他的信息。如何才能让学生感受到大徒弟和二徒弟想法的不同之处呢?教师准备了一幅画,只画了许多骆驼的头,但是没有画满,笔画很粗,问学生:“如果这样画能够画到最多吗?那二徒弟是怎么画的?他又是怎么想的?”这样一比较,学生立刻明白,二徒弟和大徒弟比较有相同之处:他们都画得“多、细、密、满”,但是二徒弟想到了用骆驼的头来代替骆驼,以局部来替代整体,更胜一筹。

同样在了解了小徒弟的想法后,也让学生来讨论讨论:他们三个人的想法,对你有什么启示?有的学生说:“我最欣赏小徒弟的想法,因为他的想法独具一格。”有的学生说:“小徒弟虽然只画了两只骆驼,但是想得巧妙,以少胜多。”还有的学生说:“我们应该换一个角度思考,这样才能想得独特。”学生个性化的评论凸显了他们思维能力的提升。

（四）在问题解决中提升学生的迁移运用能力

提升学生迁移运用能力可以通过拓展阅读、仿写等变式训练，材料重组进行表达，同一主题下的创新表达等途径实现，也应该包含激发和提升学生拓展阅读的自主需求和思想情感的迁移运用。需要注意的是在学生迁移运用能力的培养中应强调学生主动发现问题，进行假设推理，解决新的问题的实践，这样才能真正达到“教是为了不教”。鉴于小学生的实际能力，教师可以参与学习，给予提示性的问题、思路或者学法，促使学生更好地进行内容或方法的灵活运用。

本课教学最后设计了一个拓展阅读的环节，但是在阅读之前，教师有意识地提示学生：“其实，换个角度思考问题，在画面上留白等在艺术创作中是非常常见的，如果请你画根本看不见的东西，画出一种香味，或者是画出一种声音，你又会如何创作呢?”这样引发了学生解决新问题的兴趣和尝试的动力，再推荐相关的阅读资料《深山藏古寺》《踏花归来马蹄香》《十里蛙声出山泉》等，这样一来，迁移能力强的孩子会有个性化的想法，其他学生也会提升阅读的兴趣，拓展思维的宽度。

以上阅读能力培养的各个层次符合学生认知心理和思维的规律，先后既有明显的差异，后一层又都以前一层为基础，而要实现跨越又有一定难度，形成了一个梯度推进的思维链。循着这样的层级和系统精心设计相对应的序进式的学习任务，让学生在活动过程中扎扎实实地学习知识，完成阅读任务，培养思维能力，提升阅读水平，是提高小学阅读教学效益的有效途径，也是检测课堂教学有效性的一杆标尺。

五、研究结果：阅读教学改进取得的实效

（一）教育观念得到更新，教学行为得以改进

通过行动研究“学习—反思—实践—再学习—再反思—再实践”不断往复的过程，把握专业引领与行为跟进这两个关键性问题，促进了教师在本课题的校本行动研究的过程中成长。本课题研究所做的课例着力于让学生在教师的指导下，以研究探索的方式自主地进行阅读，不仅学生的学习兴趣、学习主动性得以提升和发展，也使得教师通过这样的“研究课”将教育理论与成功经验逐渐内化为自己的观念，转化为自己的实际教育教学行为，提高了科研能力，提高了教学质量，促进了学生的发展。

（二）在序进式的学习任务驱动中提升了语言学习的品质

学生的阅读能力不是教师讲出来的，主要靠学生自己大量接触并有意识有目的地去学习规范、生动、优美的语言而生成的。通过朗读感受、深入理解、

主体评价和迁移运用,使得学生在理解课文内容,学习课文语言上有序攀登。小学语文教师必须在阅读教学中做到以读代讲,以读促思,以读导学,以读激情,使学生超越自己原有的认知经验、智慧水平、想象能力,形成积极的创造精神,从而促进学生对课文内容的理解,情感的陶冶,语感的发展和语言的发展。在课题研究的过程中,教师始终观察与研究语言积累内化为语言的运用和实践能力这一问题,通过序进式的学习任务驱动,学生以理解为前提的逻辑记忆更有效地促进了语言的迁移与内化。

（三）使语言文字的理解运用与人文精神的熏陶渐染水乳交融

"新课标"强调语文教育要关注学生的可持续发展,要从提高人文素养的高度进行语文教学。语文教育首先是人文教育。在本课题研究中,不仅着力于让学生独立自主地从事阅读活动,研究和解决问题,还特别强调要珍视学生的独特体验与感悟;从读者视角出发,给学生自由表现的机会,让学生在积累、感悟和熏陶中学习,真实地、个性化地理解课文,使学生将语言文字的理解运用与人文精神的熏陶渐染能水乳交融。

综上所述,阅读教学必须把握各项阅读能力培养的关系。值得注意的是,在不同的年段,针对不同的学习材料,各种阅读能力的培养应该有所侧重,但是任何阶段都不应对核心能力有所忽视,也不应完全割裂机械教学,学习活动的设计应该注意环节融合,实施过程更应该注意好有层次的板块化教学,提高整体质效。如何重情感及变化的整体把握朗读指导,如何将读和品词品句、揣摩表达作用、学习表达方法结合起来,在"以读为本"的基础上,把各层级学习任务机智地镶嵌组合,较理性地把握好各层级语文能力培养的关系,需要我们作进一步的探索与研究。

【专家点评】

目前的儿童阅读教学还存在着无序和随意的弊端,这不仅仅影响了儿童阅读学习的质量,更影响了为儿童终身学习和发展奠定坚实的基础。张筱琳老师切入儿童阅读学习的内在机理,将目标、内容、学习水平、教与学的行为建构起序进式的教学框架及任务模块,使阅读教学走向了合目的性与合规律性的统一,为克服当下儿童阅读教学的弊端提供了可资借鉴的思路。看到如此深入语文学科教学内涵的实践研究,除了感动更觉振奋,因为这不仅需要学识、能力和精力的支撑,更需要境界、责任和担当的力挺,使同行者看到了前进的方向和目标。思想方法的高度与精度,决定了研究实践的深度和研究成果治疗时弊的实际作用。唯有坚持扎根于学生发展需求的教学改进,才是教学研究与教师发展的正道。（郑少鸣）

对“学生学习不充分”的成因简析与改进建议

松江区教师进修学院　郑　艳

随着课改的不断深入，我们对课堂教学的研究视角也在发生变化，由重“教师的教”到重“学生的学”。我们逐渐达成了这样的共识：“教过”并不等于“学过”，教学环节的呈现并不代表学生学习的真正发生。课堂教学效果如何，不是以教师的主观意识来判断，也不是以听评课者的主观意识来裁定，最有发言权的是学生。

当下，我们开始探讨一个新的话题——“学生学习是否充分”。这是一个话题，更是一个观课视角，还是一个教研突破口。对这一问题的关注，充分说明了我们的教研正在直面教学的本质问题——学生的学习。

结合平时的教研工作，笔者发现“学生学习不充分”的现象还是比较普遍地存在于我们的小学语文课堂教学。下面结合几个案例，简析“学生学习不充分”的成因。

一、案例呈现

案例1：只见要求，不见落实。

在平时的听评课活动中，我们经常会看到老师们在揭示课题后马上出示课件，内容类似于这样：

1. 读准字音，读通句子，把不认识的字圈出来；
2. 用学过的方法自学不懂的词语；
3. 用心读课文，思考（与全文内容有关的一个问题）。

根据这样的要求，接下去的课堂应该出现这样的学习场景：学生自己读课文，把每个字音读正确，每个句子读通顺，把不认识的字圈出来；对不懂的词语，或借助字典，或根据上下文反复揣摩，或向老师、同学请教；最后静心思考问题,或口头练习,或与同伴交流。

而实际上,这些应该发生的学习场景,在课堂上几乎没有发生。我们看到的往往是这样:大部分学生自由地读了一遍课文以后,目光开始注视老师,等待老师的"下一个指令"。除此之外,几乎没有做别的了。而老师呢?看看学生读得差不多了,拍拍手示意学生停下来,说:"好,同学们读得很认真,下面老师来检查一下你们刚才学得怎么样。"

这种"只见要求,不见落实"的教学,学生的学习是不充分的。

案例2:只见一人,不见全班。

一位老师在教学四年级第一学期课文《特别的作业》时,先让学生按要求自学课文,然后出示词语,请一位学生带着全班同学读。这位学生读一遍,其他同学跟着齐读两遍。听着整齐划一的朗读,老师显得很是满意,说:"词语学得不错,看看这个问题能不能回答。"待一位学生回答完后,老师用自己的话再重复了一遍,继续问第二个问题:老师为什么要布置这个特别的作业?又请了一位学生回答。待该生回答完后,出示一个句式:"因为________"所以,老师布置了第一个特别的作业"是________"。老师请了另一位学生根据句式来说话。待学生说完后,老师说:"你讲得很好,下面谁能把这个句子换个顺序说意思不变呢?"

乍看这样的教学,的确给人一种"行云流水"的感觉。但是,在看似行云流水的教学背后,我们不难发现老师与学生针对一个问题进行互动时,始终只有一个回合。也就是说,无论所提问题的难易度如何,所设计练习的难易度如何,只要有一个学生站起来回答,就到下一个教学环节了。只要有一位学生能和老师进行对话,就能将教学顺利进行到底。这种"只见一人,不见全班"的教学,学生的学习也是不充分的。

案例3:只见老师,不见学生。

一位老师在执教三年级第一学期课文《一座铜像》时,这样教学重点词语"急中生智"的意思:

师:小于连"急中生智",用自己的小便浇灭了导火线上的火花,保住了布鲁塞尔和全城老百姓的性命。

师边说边在黑板上写下"急中生智"一词。

师:同学们,"急"的意思是什么?"急"就是紧急。那什么是"智"?在这里"智"是指"办法"。连起来就是在紧急的关头,也可以说在紧急的时刻,想出了解决问题的好办法。明白了吗?那小于连到底发现了什么危机的情况呢?文中哪些句子写到了,请同学们用直线画出来……

在这一过程中,我们听到的只有老师的声音,没有学生的声音。我们看到的是老师的思维过程,而看不到学生的思维火花。我们不禁也要问:这种老师独霸课堂的教学,学生的学习经历在哪里?学生的学习体验在哪里?学生的学习增长又在哪里?这种“只见老师,不见学生”的教学,学生的学习同样是不充分的。

每个现象的产生一定有它内在原因。究竟是什么原因导致我们的教学依然重视“教师的教”而忽视“学生的学”呢?下面笔者从三方面作分析。

二、成因简析

(一)认为“大家都这么上”

在平时的各类调研活动中,笔者发现有好一部分的课,开始部分的上法与案例1中这位老师的上法极其相似,似乎老师们已经习惯了这样的一种上法。在一次与老师们的共同备课中,笔者建议上课老师要放慢脚步,让每一个要求有落实,有过程。上课老师的一句话道出了背后的原因——大家好像都是这么上的,不这么上,我就不知道怎么上了。

笔者对在揭示课题后让学生对课文有一个整体的感知,是非常赞同的。在整体感知前解决字音、词义的问题,也是完全可以的。教学形式的采用原本就是因人而异。关键问题不在于用什么样的形式来教学,而在于老师要想明白为什么大家都用这样的形式?这种教学形式的目的是什么?再进一步去思考,我有没有比这更好的教学形式,能更好地完成我的教学目的?

下面,我们不妨一起来思考案例1中的老师为什么要出示这样的自学要求。小学生自学容易没有方向,于是老师从几个方面给学生以提示。这样的自学,就不是盲目的自学,而是学生带着老师的要求,有既定目标的自学。有了自学提示,还要有时间上的保证。有了时间的保证,还要加上老师的监督。老师要运用各种激励方法,来监督学生有没有在自学。更重要的是,老师要在学生自学的同时发现问题。哪些是老师可以及时处理的问题,哪些是老师要在后面的教学中予以关注的问题。学生的自学,可以说是一堂课极其重要的环节,我们可以通过这一环节,大致了解学生的学习起点,发现学生的学习困难,体察学生的学习情绪,并及时调整自己的教学安排。

如果我们想明白了学生的自学是产生丰富教学资源的土壤,是激发老师教学灵感的源泉,是一堂课能否成功的关键时,我们在出示自学要求后,就不会出现案例1中“只见要求,不见落实”的现象了。

因此,笔者认为造成“学生学得不充分”的第一个原因就是——老师受固有教学模式影响,思维定式,不求改变。

(二)认为"我已经讲过了"

案例 2 是笔者在某校听课时的一段记录。课后,笔者与上课老师进行了交流。老师的第一句话就是:我们班的学生今天上课发言一点都不积极。言下之意是他每一次都选择一位学生作答的原因在学生。笔者追问:你觉得词语学生都会读了吗?你觉得所提的问题学生都能回答吗?你觉得用句式说话,其他学生都会说吗?面对笔者的追问,上课老师似有所悟,但最后还是说:"应该会的吧,讲也讲过了,读也读过了。"

问题就出在这里!我们往往以为全班齐声朗读过了,就是全班都会读了;有一个学生站起来说了,其他学生就都会说了;自己讲过了,学生一定就会了。其实不然!全班读不一定个个都会读;一个学生会说不一定每个学生都会说;老师讲过的不一定学生就学会了。我们忽视了一个关键问题——学生的个体差异。学生的个体差异是客观存在的。每个学生身上都拥有不同的学习力量,每个学生的学习都是一种个性化的历程。老师要根据学生的差异化学习提供有针对性的教学策略。教学中若忽视"个体差异",教学就成了"掩耳盗铃""装聋作哑"。没有问题的教学是虚假的教学,也是没有意义的教学。

除此之外,笔者认为出现这一现象的原因还在于我们对"学习"本身的认知模糊。"学习"是学习者因经验而引起的行为、能力和心理倾向的比较持久的变化。也就说,没有经验的积累,没有过程的经历,真正的学习就不会发生。师生间只有一个回合的交流,是很难让学生经历"比较持久"的变化的。这种蜻蜓点水式的教学必定造成"学生学得不充分"。

这样看来,造成"学生学得不充分"的原因之二是老师受主观判断影响,忽视学生个体差异,缺少对"学习"的本质认识。

(三)认为"时间来不及了"

案例 3 中上课的老师是一位基本功过硬、教学经验比较丰富的老师。这样一位优秀的老师,为什么会出现"一言堂"的现象呢?用老师自己的话说——怕时间来不及,因为我后面要上的内容还有很多。

在老师看来,这节课除了教学的任务,同时还肩负着评比的重任。在"教得完整"与"学得充分"这两者之间,选择了前者。怕时间来不及,老师宁可牺牲学生的学习过程,只要自己教过,不求学生学过。怕时间来不及,课堂教学的组织者取代了主体地位的学生的角色。在有限时间内如何分配话语权方面,老师给予了自己充分的话语权,而忘却了应该给予学生充分的话语权。

《义务教育语文课程标准(2011 年版)》(以下简称《课标》)指出:学生是语文学习的主体,教师学习活动的组织者和引导者。语文教学应在师生平等对话的过程中进行。只有当师生间展开平等对话的时候,学生的身心才会是愉悦的,学习的环境才会是有安全感的。正如一位优秀的语文老师所说,教育给予学生最重要的东西,确实不是知识,而是对知识的热情、对自我成长的信心、对生命的珍视,以及更乐观的生活态度。从这一角度来看,认为"时间来不及"的原因是我们对教学的实质缺乏理性认识。

除此之外,在老师担心教学时间来不及的背后,还存在一个整合意识薄弱的问题。《课标》还指出:整体考虑知识与能力、过程与方法、情感态度与价值观的综合,注重听说读写之间的有机联系,加强教学内容的整合,统筹安排教学活动……整合意识的加强,能为我们解决时间来不及的问题,找到一个突破口。

因此,造成"学得不充分"的第三个原因是对学生主体地位的不尊重,以及科学整合教学内容这一备课能力的缺失。

为了进一步寻找造成学生学习不充分的真相,并求得可供参考的改进建议,笔者结合一次区级蹲点式调研,开展了实证研究。

三、实证研究

开展调研前,笔者从"学生的学习方式、学习状态"两个维度设计了一张课堂观察量表:

教学环节(提前写好)	学生学习方式(记录时长)			学生学习状态(打√)		
	记中学	做中学	悟中学	不投入	较投入	投入

对"学生学习方式"的说明:"记中学"包括听老师讲、听同学讲等(具体见案例 4)。"做中学"包括自己默读、圈画、练习说话等(具体见案例 5)。"悟中学"包括体会、质疑等(具体见案例 6)。

案例 4:"引导"学生发现一段话的规律——"记中学"。

老师出示三个语段,让学生自己读读,看看有什么发现。

学生感到有点困难,没有几个人举手。

师:是不是听起来很押韵?

生:是。

师:是不是字数都差不多,你看,都是四个字四个字的,是吗?

生：是。

以上案例中，教师有启发学生去发现的意识，但是教师忽视了让学生自己动脑筋，学生仍处于静止的思维状态，并没有自己动起来。这种看似启发的“启发”，只是徒有形式而已，学生并没有在老师的启发下自己解决问题，学生仅仅是一个个接受知识的容器。类似于这样的学习我们可以把它归属于“记中学”。这种学习方式学生的学习是不充分的。用斯金纳操作学习理论来说：在应答性行为中，有机体对环境做出的反应是被动的。因为没有发生思维的学习，实际上学习根本就没有发生。案例2、案例3中学生的学习都属于这一类。

案例5：体会叙利亚人的奇特招数——“做中学”。

师：下面请同学们默读课文第5小节，看看叙利亚人做生意的招数“奇”在哪里，用横线画出有关句子。（生默读课文，并画出有关句子）

……

师：谁来交流你画了哪些句子？（生读句子）

师：你能说说“奇”在哪里吗？

在这一教学案例中，学生经历了自己读、自己画，并用自己的话来说一说。类似于这样的学习我们把它归属于“做中学”。案例1中学生的学习就属于这一类。

案例6：体会叙利亚人的奇特招数——“悟中学”。

师：下面请同学们默读课文第5小节，看看叙利亚人做生意的招数“奇”在哪里。用横线画出有关句子。（生默读课文，并画出相关句子）

（有学生举手）

师：不要急着举手，自己再边读边想：这些做生意人的招数到底“奇”在哪里？

师：谁来交流你画了哪些句子，然后来说说“奇”在哪里。（生先读句子，再说自己的体会）

本案例与案例5相比，最明显的区别就在于画线处的内容。这位老师在让学生站起来交流前多了一个提醒：自己边读边想。有了“想”，学生的学习就经历了一个从外到内的过程，一个从被动到主动的过程。这样的学习我们就称它为“悟中学”。这在案例1、2、3中均可看到。

对"学生学习状态"的说明：所谓"不投入"是指学生在学习过程中感到被动、无趣，从外部特征来看，主要是目光茫然，经常走神，话语被动；"较投入"是指学生在学习过程中感到比较有兴趣，从外部特征来看，注意力比较集中，对教学活动的参与比较积极；"投入"则是指大部分学生能积极参与到教学活动中来，且注意力集中。

具体数据汇总如下：

	学生学习方式（以平均值汇总）			学生学习状态（以总数汇总）		
	记中学	做中学	悟中学	不投入	较投入	投入
1（写字课）	12.5%	87.5%	—	√	—	—
2（阅读课）	74%	26%	—	—	√	—
3（阅读课）	78.2%	21.8%	—	√	—	—
4（阅读课）	61%	34%	5%	—	—	√
5（阅读课）	58.2%	37.8%	4%	—	√	—
6（阅读课）	79.4%	20.6%	—	√	—	—
7（阅读课）	36.6%	41.5%	21.9%	—	—	√
8（阅读课）	68%	27%	5%	—	√	—
9（阅读课）	67.8%	32.2%	—	√	—	—
汇　总	59.5%	36.5%	4%	4	3	2

基于数据的分析如下所示。

学生学习方式：

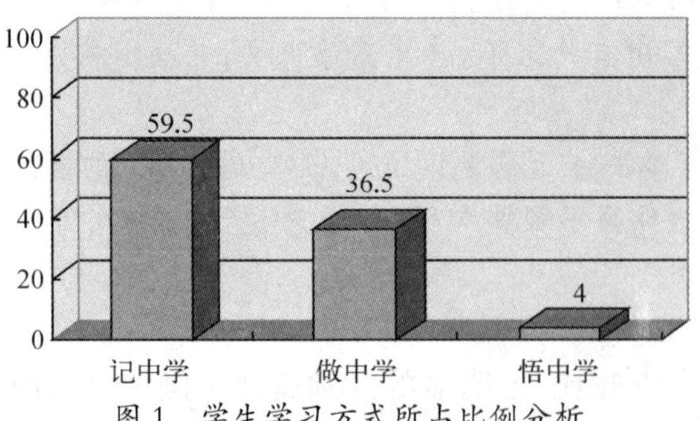

图1　学生学习方式所占比例分析

从图1可以看出，学生的学习方式以"记中学"为主，"做中学"为辅，"悟中学"最少。由此看出，学生学习语文的方式以听老师讲、听同学讲为主。也就是说,造成学生学习不充分的原因是聆听教师讲解与他人对话成了学生学习的主要方式。而这样的学习方式导致了学生主动学习的严重缺失。

学生学习状态:

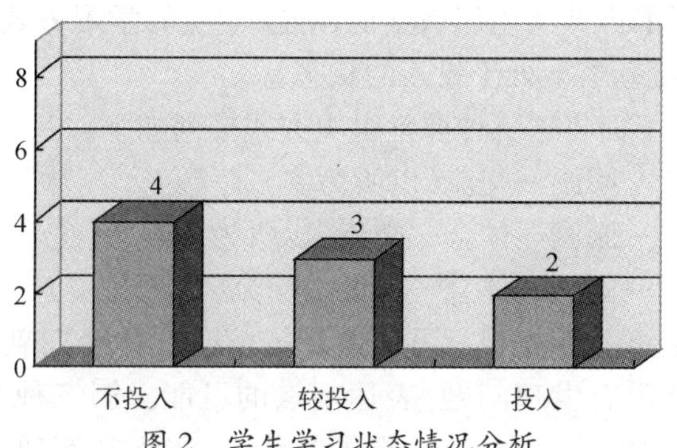

图2 学生学习状态情况分析

从图2可以看出,9节课中学生学习状态的投入程度,由“不投入”到“投入”依次递减,状态“不投入”约占44%,“较投入”约占33%,“投入”约占22%。与学生的学习方式相联系,可以得出这样的推论:学生学习主动性的缺乏导致了学生不能投入地学习。

以上仅是对一所学校两个年级为期一周的课堂观察与分析,结果表明:学生学习的不充分现象还是比较普遍存在的,而且在广大教师的教学意识中,对这一现象是比较忽视,甚至可以说是比较麻木的。

作为教研员,我们可以做什么?笔者认为,我们是可以有所作为的,我们也应该有所作为。

四、改进建议

(一)由既定目标达成转为表现性目标达成

教研员在观课与评课时,关注的往往是这一堂课是否完成了既定的教学目标,即教师写在教案上的教学目标,却较少关注学生在这堂课中的个性化变现。表现性目标取向是由美国课程学者艾斯纳提出的,这种目标取向非常注重每个学生在具体教育情境的种种“际遇”中所产生的个性化表现,强调学习者和教育者的主体精神和创造性表现。

如果说既定目标达成是以教师的教学内容实施情况为目标,那么表现性目标则是以学生学习既定内容的各种表现如何为目标。前者关注的是教学内容,后者关注的是学生的学习。

从实证研究中我们发现,学生的学习表现如何与教师采取什么样的教学组织形式有密切关系。采用“默读—圈画—交流”的方式来组织教学的课堂,学生以“记中学”为主要学习方式,学习状态“不投入”的较多。采用“默读—圈画—体会—交流”的方式来组织教学的课堂,学生在“记中学”的基础上,兼有“做中学”这一学习方式,学习状态比较投入。而采用“默读—圈画—体会—练说—交流”的方式来组织教学的课堂,学生的学习方式中还出现了“悟中学”,他们的学习基本上处于投入的状态。

为便于比较,下面将这三种课堂组织方式排列如下。

方式一:默读—圈画—交流(以听为主);

方式二:默读—圈画—体会—交流(以听为主);

方式三:默读—圈画—体会—练说—交流(以听为主)。

第二种方式比第一种方式多了“体会”。没有“体会”,就没有“理解”,没有“理解”,学生就没有发现问题、表达观点的可能。第三种方式比第二种方式多了“练说”。学生是怎么想的,想了些什么,我们只有通过聆听他的语言才能得知。怎么让口头表达能力比较欠缺的小学生站起来也能比较流畅、完整地表达自己的观点,呈现自己的思维结果,教师要给他们“练说”的机会。

如果说第二种方式关注了学习的“自主性”的话,那么第三种方式则关注学习的“合作性”。在此基础上,笔者认为还可以关注学习的“探究性”。就是教师在学生交流的过程中提醒其他学生认真聆听,并鼓励他们根据发言学生的内容作补充或纠正,在彼此思维不断碰撞的过程中,逐渐获得建构知识。这就是第四种学习方式:默读—圈画—体会—练说—交流(以参与讨论为主)。

美国学者、哈佛大学著名教学论专家达克沃思认为:课堂教学必须建立在每一个学生的独特性之上,而学生的独特性集中体现在每一个人的观念的独特性中,教学的目的就是帮助学生在原有观念的基础上,产生新的、更精彩的观念。没有“体会”“练说”“讨论”,课堂教学就无法帮助学生产生新的、更精彩的观念。而这些都是需要时间的。因此,教研员要建议教师学会“等待”,舍得“留白”。只有这样我们才能:

给学生时间,让他们去思考。当学生提出有价值、值得讨论的问题,教师不要立即评价、判断。而是要通过“等待”“留白”,把时间留给学生,让他们在独立思考、互相评判乃至自言自语中深入思考。如果没有“等待”“留白”,学生就缺乏期待,缺乏自主思考的时间,教学就会流于形式,没有深度。

给学生空间,让他们去展示。教师要为学生提供民主、安全的环境,让学生有表达观点的空间。教学中若有“等待”“留白”,就能为学生充分表达想法提供平台。在学生发表的观点不完善甚至是错误的时候,要允许他们出错。学习就是在不断发生错误、纠正错误的过程中发生的。因此,讨论不能流于形式,而是要追求深刻的体验。

给学生冲突,让他们去讨论。教师要及时捕捉学生在冲突中闪现的思维火花,使他们产生更多的想法,增强他们表达自己想法的愿望,把冲突交给学生,让他们相互争辩,相互启迪。在组织他们讨论时,教师要注意聆听,积极思考,引导学生将问题的讨论逐层深入,逐步完善。当学生经历这样的"头脑风暴"后,学习就不再是"滑过"而已了。

教研员衡量一堂课的标准要从教师既定教学目标的达成,转为学生学习是否充分的表现性目标达成。只有这样,我们才能逐渐逼近教研的根本目标,即最大限度地释放学生的求知欲、表达欲和创造欲。

（二）由关注教师的教转为关注学生的学

学生在听评课活动中是不该缺席的缺席者。为什么"学生学习的不充分"长时间地发生在我们的课堂教学但却一直未能引起广大教师、教研员的重视？笔者认为,一个很重要的原因是我们很少想到问问学生这一节课你遇到什么困难,你什么收获,你想给老师提什么建议。

就像一个裁缝做了一件衣服,他不问穿衣服的人合适不合适,却一个人闭门修剪,无论他花多大力气,都做不出适合别人的衣服来。我们一定觉得这是一件荒唐的事情。实际上,我们的教学研究也常在做荒唐的事情。我们组织那么多的教研活动,精心设计那么精致的教学形式,但是我们却忘记了先征求学生的意见。也许我们认为小学生还小,可能说不出个道道来。至少,我们在听评课时要把目光投向学生的学习状态,我们在讨论一节课时要更多涉及学生在这一堂课上的学习如何。

在一次听评课活动中,笔者组织教师课前根据问题设计听课量表,量表中其中一项就是要观察学生的学习状态。结果发现在这一堂看似行云流水的课上,学生的学习多处出现问题,而这些问题都是与教师有直接关系的。比如:学生还没有听清楚老师布置的任务就开始活动,他们不知道为什么活动,也不清楚如何开展活动,只是跟着伙伴做相同的动作。还比如:教师要求学生观察台上的两位学生是怎么扳手腕的,而实际上坐在教室两旁的学生是无法看清两位同学的表情的,但是老师没有意识到,结果还是组织全班学生进行交流。再比如:由于屏幕上面的字太小,坐在后面的学生根本看不清楚,教师因为没有注意到这些细节,依然组织学生带着屏幕上的问题开始学习了……这些问题,可以说在我们的常态课中是经常出现的,但是我们习以为常了。

作为教研员,我们要发现老师们还没有发现的,我们要拓宽研究对象,拓深研究空间。我们不仅要与教师个体发生对接,还要与学生个体发生对接,让教师与学生被共同嵌入到我们的视野中。从偏重"研教"到偏重"研学"。对于大部分教师来说,只有看到教研员开始关注学生的学习了,他们才有可能跟上来。因为对于他们而言,教研员是带头人,是领头雁。因此,笔者认为,让学生的学习变得充分,首先要从教研员自身做起。

（三）由间接指导转为以身示教

针对一个普遍存在却未引起高度重视的问题,教研员除了组织专题教研活动开展研究之外,还要以身示教,上好种子课,给广大教师以直观形象的例子,让他们觉得教研员的理念并不是高不可攀,而是切实可行的。

近期,笔者执教了五年级第二学期课文《奴隶英雄》,试图从以下几个方面给广大教师以启发。

让学生经历过程,获得学习方法。这篇课本剧的教学要落实"概括文章主要内容"的任务。概括一篇文章的主要内容并非易事,它是需要经历一个过程的。如何让学生经历学习过程,从中获得学习方法,笔者采取先分后合的路径:第一板块让学生在梳理罗马贵族是怎样对待奴隶后,用一两句话说说罗马贵族是怎么对待奴隶的;第二板块让学生在梳理斯巴达克是奴隶英雄的理由后,用自己的话简要介绍斯巴达克这一个人。在此基础上,让学生将两部分内容连起来再说一说。

教学如果到此为主,给学生留下的只是这篇课本剧的主要内容。从一篇到一组,从一篇到一类,引导学生自己提炼概括方法是关键所在。因此,在前面教学的基础上,笔者让学生回顾这一节课是怎么一步一步将课本剧的主要内容概括出来的,并鼓励学生以后可以用这样的方法去概括类似的课本剧。

让学生探究问题,获得思维发展。这堂课的核心问题是"斯巴达克为什么是奴隶英雄"。要解决这个问题,学生必须了解罗马贵族是怎么对待奴隶的,还必须了解斯巴达克是一个怎样的人。而要了解一个人,最好的办法就是走进人物内心,与人物共呼吸同命运。如何让学生走进人物的内心?教师就要敏感隐藏在文本中的矛盾冲突,要善于挑动学生去发现这些冲突,并在这些矛盾冲突中启发学生心智,深化学生的情感体验。

"斯巴达克当时最想告诉奴隶的是什么?"这一问题在学生的预习反馈中没有一个人提到,而这一问题恰恰是走进斯巴达克这一人物内心的第一扇门。当这一扇门被开启之后,紧接着"既然他最想告诉他们的是这个意思,那为什么之前他还有问那么多的问题,说这么多的话呢""你认为斯巴达克是奴隶英雄的理由有哪些"这些门就相继被打开了。

在核心问题的统领下,这一系列的问题就形成了一条问题链,既是教师教学的逻辑链,也是学生思考的逻辑链。当这条逻辑链被串联起来的时候,也正是学生的思维逐渐走向高处的时候。当思维触及陌生地带的时候,就是一个人的兴趣被再一次激发的时候。学习有了兴趣,学生自然就会全身心地投入了。

让学生读思悟辨,获得精神成长。一节课语文课,如果只有知识,只有思维,就像一个人只有血肉与筋骨,却没有灵魂一样。儿童的精神成长是一节语文课的“魂”。而这“魂”是在“读思悟辨”这样一些切实可操作的学习经历中被逐渐树立起来的。

当学生经历了读、思、悟、辨后,“斯巴达克”这一人物形象不再停留在课本剧中,而是在学生的心中。而留在学生心中的,一定不仅仅是这一人物形象而已,还有他的精神力量。这种力量如同一粒种子,种植在他们的心田里,在他们内心深处慢慢萌芽、成长。

当教研员将自己还原成教师的角色,以当事人的身份和心态投入到课堂教学中去,无论是上研究型课还是上示范型课,都给广大教师以感召、启悟和熏陶,都能起到影响、推广的作用。

关注“学生学习是否充分”,要从我们每一位教研员自身做起!

【专家点评】

郑艳的《对“学生学习不充分”的成因简析与改进建议》聚焦学生的学习,研究学生的学习,并旨在改进学生的学习,提高教学的效率,具有很强的时代意义和实践价值。

论文通过剖析案例,抨击了当代课堂教学中司空见惯的忽视学生学习的现象,较为清晰地剖析了造成这种现象的可能原因,切中时弊,读来发人深省,体现了郑艳对课堂教学的独特与清醒的认识,十分难能可贵。

论文的观点鲜明,不说空话、套话,不泛泛而谈,而是通过实施科学研究,如设计观察量表,实施课堂观察,分析观察结果,用数据和资料说真话、说实话,得出了比较具有说服力的结论,这也是十分可贵的。

论文还站在教研员的立场,讨论怎样在一个区域范围内改革教研方式,改变课堂面貌,努力推广研究的成果,这有利于将理论研究成果转化为行动策略,进一步推进课堂教学改革。论文若能在更加理性的层面上分析问题,对于改变教育现状就更具启发意义。(丁炜)

研究学生学习　突破教学瓶颈

——“基于‘充分学习’的小学语文课堂改进”课题研究报告

松江区教师进修学院　郑　艳

一、研究背景

“以生为本”是新课改的核心理念，让每一个学生都拥有学习的意愿和兴趣，都具备一定的自主学习能力，是我们每一位教育工作者的追求，而这一追求的达成，与学生经历怎样的学习过程、获得怎样的学习体验有着至关重要的关系。

随着课改的不断深入，我们对课堂教学的研究视角也在发生变化，由重“教师的教”到重“学生的学”。我们逐渐达成了这样的共识：“教过”并不等于“学过”，教学环节的呈现并不代表学生学习的真正发生。我们可以通过三个例子，来看看学生的课堂学习存在哪些问题：

问题 1：只见要求，很少落实。我们经常会看到这样的教学现象：教师在揭示课题后马上出示学习任务，内容类似于这样：

1. 读准字音，读通句子，把不认识的字圈出来；
2. 用学过的方法自学不懂的词语；
3. 用心读课文，思考（与全文内容有关的一个问题）。

根据这样的要求，课堂应该出现的学习情景是：学生按照要求一步一步展开学习。而实际上，这些应该发生的学习情景在课堂上几乎没有发生。我们看到的往往是大部分学生自由地读了一遍课文以后，目光开始注视老师，等待老师的“下一个指令”。而老师呢？看看学生读得差不多了，拍拍手示意学生停下来，说：“好，同学们读得很认真，下面老师来检查一下你们刚才学得怎么样。”

这种“只见要求，很少落实”的教学，学生的学习是不充分的。

问题2：只见一人，难见全班。在一些课堂上，师生之间的互动成了个别学生的专利，接连几个问题均由一位学生包干回答，其他学生成了旁听生。在这种看似行云流水的教学背后，我们不难发现每一个教学任务的完成始终只有一个回合。也就是说，无论所提问题的难易度如何，所设计练习的难易度如何，只要有一个学生站起来回答，就到下一个教学环节了。

这种“只见一人，难见全班”的教学，学生的学习也是不充分的。

问题3：只见老师，不见学生。我们一定也能回想这样一种课堂现象，整个教学过程只听到老师的声音，没有学生的声音。课堂展示的是老师的思维过程，看不到学生的思维火花。这种老师独霸课堂的教学，学生的学习经历在哪里？学生的学习体验在哪里？这种“只见老师，不见学生”的教学，学生的学习同样也是不充分的。

面对这样的课堂现象，我们的反应总体上是迟缓的，甚至可以说是消极的。

有人认为“大家都这么上”。这种想法说明了我们受固有教学模式影响，思维定式，不求改变。有人以为“我已经讲过了”，讲过了就等于学过了。这种想法源于我们对“学习”本身的认知模糊，“学习”是学习者因经验而引起的行为、能力和心理倾向的比较持久的变化。也就说，没有经验的积累，没有过程的经历，真正的学习就不会发生。还有人认为“时间来不及了”。在“教得完整”与“学得充分”这两者之间，选择了前者。只求自己教过，不求学生学过。

试想，如果课堂教学不能提供学生充分的学习，学生的学习经历、学习体验如何获得？学生如何拥有学习的兴趣与意愿，如何形成自主学习的能力？“以生为本”的教育理念又如何得以真正落实？

基于当下的小学语文课堂教学现象，我们需要在关注学生“充分学习”这一方面进行课堂教学的改进。

二、课题界定、研究目标与内容

（一）课题界定

我们认为关注学生“充分学习”的语文课堂教学应该是能为学生创设安全的、愉悦的学习环境，以学生的学习兴趣和内在需要（与学生的已知和生活链接）为基础，以学生的学习经历和学习体验为目的，为学生提供必要的、充分的学习时间，让大部分学生产生高水平的学习，体验学习的成功，收获学习的快乐。

（二）研究目标

本课题以学生的“充分学习”为核心问题，从课堂教学的内容确定、环节设计、教学策略等方面开展课例研究,以期从学生的学习时间、学习热情、学习体验这三方面取得改进当下语文课堂教学“学习不充分”的经验与做法。

(三) 研究内容

1. 如何使教学内容的确定更为精准?

如何在学习时间不变的前提下,让学生拥有更加充足的学习时间?教师根据学情精准地选择教学内容是关键,即如何削枝强干,突出核心,突破重点,要始终考虑“在有限的学习时间里,学生学习什么是重要的”这一问题。

2. 如何使教学环节的设计更为精心?

教学设计既要根据学生思考加工过程出发,又要影响这一过程。教师在设计教学时如何用潜心、用心、精心,努力考虑更加贴近学生的学习,即“教路”与“学路”一致的问题。

3. 如何使教学策略的使用更为精巧?

教学中要努力体现对学生已知的尊重与运用,体现学习语文与提高生活质量的密切关系,体现知识、思维、情感的密切融合,寻求解决个体与集体之间矛盾的优良措施等。这些目标的达成需要我们在教学过程中发挥教师的教学智慧,巧妙地运用各种教学策略。

三、主要做法

本课题研究采用行动研究为主,个人访谈为辅的方法。行动研究指的是课堂教学实践研究。根据执教教师经验程度的不同,采用“课堂呈现—提炼经验”“课堂呈现—发现问题—提出问题—改进课堂—提炼经验”“发现问题—提出建议—课堂实践—讨论问题—提炼经验”等研究路径。个人访谈包括执教教师个人访谈以及学生个人访谈。

四、阶段性研究成果

(一) 理论成果

1. 探究造成学生学习不充分的原因及对策。

(1) 原因。

① 学生各科学习任务重,学习时间紧,缺少思考、学习的时间。小学阶段,从三年级开始,语数英三科知识的容量不小,三科加起来的学习任务对于中等生、学困生来说,有点吃力。他们忙着应付一门门功课,鲜有沉下心来思考的时间,对于很多知识的学习往往是囫囵吞枣。

② 课堂上,教师越俎代庖,没有给学生足够的思考时间。传统教学中,教师们往往注重于教,一节课想要教得很多,抛出问题后急着要答案,学生还没有想清楚时可能就急着告诉学生答案,导致学生很少有足够的思考时间。

③ 学生学习主动性不强,习惯于被动接受。以上第一个和第二个原因导

致学生长期习惯于被动接受知识,学习主动性不断地被弱化。

④ 学生自主学习时缺少相应的方法。某些时候,老师可能给了孩子自主学习的时间和空间,但是孩子们却没有自学的方法,所以他们常常束手无策,这也限制了他们充分有效地学习。

⑤ 教学中所定的学习目标不是学生的最近发展区。结合我区的实际情况,一般学校由于班额较大,教师在制定教学目标时往往要考虑整体水平,那么对于学有余力的孩子来说,他对于所学内容可能都懂,所以觉得无趣,就不那么充分地进行学习了。对于学习困难者而言,他可能觉得这个目标离他太远,从而失去了要充分学习的信心。

(2) 对策。

① 多在校内挤出时间让孩子完成课文预习等学习任务。预习的重要性毋庸置疑,要求学生提前预习其实是给学生自主学习机会,可是由于家庭作业较多等问题,预习作业的质量往往很难保证。为保证学生的预习有质量,建议尽量安排学校晚管课等时间进行预习,尽量控制回家预习的量。

② 课堂上给予学生充分思考的时间。老师在课堂中尽量使教学环节简化,使教学目标集中,然后提出重要问题后一定要给予学生自己充分独立思考的时间。如果问题有一定的难度,独立思考后,可以让学生与同桌进行交流,取长补短,进行思维碰撞,最后再在全班交流中进一步提升。

③ 把更多的发言机会留给学生。教师要努力尝试自己能不说的就不说,能少说的就少说。有难度的问题,多给学生一些启发,也让好同学带着说。难度低的问题,留给平时不怎么发言的学困生,给他们锻炼的机会。

④ 教学生一定的学习方法,鼓励他们自学。学生是需要点拨指导的,如果没有一定的方法,只是放手让他们学习,很多孩子可能无所适从。如黄欣欣老师执教课文《十年的礼物》,先带领着孩子一步步学习如何简要复述,再让孩子自己根据前面学习的方法尝试简要复述后面的内容。教师指导有法,学生在方法的指引下,学有所得,就能够充分地进行自我学习。

⑤ 开展高效的小组学习,因材分配学习任务。小组学习能大大提高学生发言的频率,是一种高效的学习形式。在开展小学学习时,要合理分工,及时调整。比如在四人小组中,要考虑互为异质,让学生既有共同的任务,又有不同的分工,可设计具体的任务单,任务单上根据学生学力的不同有不同层次的任务,能力强的孩子被要求全程认真倾听,轮到最后发言,或者在过程中帮助有困难的同伴完成前面的几个任务。在这样的合作学习中,人人都在自己能力范围内,跳一跳摘到了果子。大家分工合作,互相学习,学得充分。

2. 促进学生充分学习的教学策略。

（1）给学生时间，让他们去思考。当学生提出有价值、值得讨论的问题，教师不要立即评价、判断。而是要通过“等待”“留白”，把时间留给学生，让他们在独立思考、互相评判乃至自言自语中深入思考。如果没有“等待”“留白”，学生就缺乏期待，缺乏自主思考的时间，教学就会流于形式，浮于表面，没有深度。

（2）给学生空间，让他们去参与。教师要为学生提供民主、安全的环境，让学生有表达观点、展示自我的空间。教师要想方设法为学生创设机会，提供平台。有这样一句话：告诉我，我会忘记，做给我看，我会记住，让我参与，我就会理解。

（3）给学生冲突，让他们去讨论。教师要及时捕捉学生在冲突中闪现的思维火花，使他们产生更多的想法，增强他们表达自己想法的愿望，把冲突交给学生，让他们相互争辩，相互启迪。在组织他们讨论时，教师要注意聆听，积极思考，引导学生将问题的讨论逐层深入，逐步完善。

有了充足的时间与空间，学生的听、说、读、写、思等能力的形成就有了保障。只有当学生经历充分的学习之后，他们才能真正经历学习过程，提升认知水平，获得学习经验，掌握学习方法，进而获得思维的发展与精神的成长。

（二）实践成果

1. 激发了教师教研意识。

课题研究至今，课题组总共撰写教研反思、心得 100 余篇。组员郭老师从开展课题至今，养成了边实践边记录自己想法的好习惯，就在形成一篇篇反思稿的过程中，她的教研能力得到切实的提升。以下是郭老师一段关于如何让学困生学得更好的反思记录：

在课堂上，怎样让学困生学得更好，我需要做更多思考，比如仿写一段话，我是不是可以步骤再具体一些：学生先认真读读作者的描写——了解句型结构——再说说我们可以选取什么来描写——做一番讨论后进行总结，在此基础上自己说一说，之后交流……后来的课堂中，我确实在说话练习中考虑到了这部分学生，细化方法，扶着他们敢说话，敢仿写。实践下来发现，这样做效果很不错。于是，我在执教《十年后的礼物》时再一次采用这样的方法来关注学困生。让孩子们先进行分层，再写一个关键词，最后根据关键词来简单复述。细化了方法之后，学生有了抓手，那么怯于说话的孩子就可以用老师提供的扶手完成复述，并不困难，写下来也没有问题。

2. 坚定了教师课改决心。

(1) 转变了备课理念。本课题的研究,在一定程度上改变了教师的备课理念,在备课环节中,学生成了教师主要研究的对象。以下是组员黄老师的备课记录:

我借用了预习单的形式,让学生在家预习时写下自己的问题,第一次是《秦陵兵马俑》,第二天收上来的学生问题吓了我一跳,因为我当时预设学生会遇到的问题有:兵马俑到底是什么?为什么说秦陵兵马俑是珍贵历史文物?(备注:看课文近10分钟,只想出这两个问题,同时意识到学生提三个问题其实要经过很长时间、对课文进行很扎实的预习才能实现。)学生提了近60个不同问题,内容涉及以下方面:

词语理解及运用方面:例“惟妙惟肖”是什么意思?文中为什么用“挽着”而不是“扎着”发髻?“擎着”利剑为什么不用“拿”?“鸟瞰”为什么不用“俯视”?“无不为”什么意思?“弓弩”是指什么?

篇章结构、写作手法方面:篇文章的结构是怎样的?按照顺序写的?这篇文章想表达什么?如果复述这篇文章,怎么复述?第10自然段的内容与第4—9自然段的内容是不是重复?为什么文章写完车兵俑后没有写马俑呢?为什么第2自然段用了那么多数字而不用文字?想突出什么?后面讲兵马俑类型众多的地方为什么不用那么多数字?

文章内容方面:秦始皇为什么要造兵马俑?谁造的?为什么说秦陵兵马俑是珍贵的历史文物?兵马俑为什么那么“惟妙惟肖”?

文章矛盾处:为什么课文说“每一件兵马俑都是精美的艺术品”,不是很多兵马俑都是坏的、破的吗?“走近它们身旁,似乎还能听到轻细的呼吸声”中“似乎”有什么意义?它们没有生命,为什么能听到呼吸声呢?文中写到“随时准备上马冲杀”,可兵马俑不会动啊!这是为什么?

关于课题:课题为什么不用“壮观的兵马俑”?“秦陵兵马俑”是什么意思?“陵”是什么意思?……

五花八门,又不乏新意,很多问题接近文章的主旨,还有的是我们老师忽视的,或者是我们所不屑的。这些问题让我深深体会到:学生有巨大的潜在的学习能力,不容小觑。从以上的问题可以发现,他们提的问题很多,范围很广,但最主要的是很真。比如“惟妙惟肖”是什么意思?《音乐之都维也纳》中“小盆地”是什么意思?《看不见的爱》中,为什么我读来读去都没有感觉到爱呢?哪里体现了母亲对儿子的爱?他们提的问题也很天真(甚至完全和大人不在一个点上)。比如有学生问:“为什么维也纳人这么喜欢音乐?”“他们一刻也离不开音乐,一直听音乐,不烦吗?”

学生之间的提问有很大差距。有的同学关注的是字词,有的关注的是内容,还有的是内容,还有的同学为了应付而随便提些没有意义或已知答案的问题。我们很难界定谁好谁坏,但是它在一定程度上反映了学生学习能力间的差异,需要引起我们的重视。

对比学生的问题,老师的问题就显得少得可怜,同时也有些狭隘。我想,老师看文章,首先是从成人的角度,然后还会从教师的角度,读文章时会自觉地思考:几年级的课文?需要教给学生什么?我们的职业习惯,我们所承载的教学任务从一定程度上决定了我们会有这样的思考。我们教师对学生问题的了解能够增加教师对文本的理解、重点的把握。

(2)改变了教学行为。课题组朱老师来自一所农村学校,她紧紧抓住“如何通过评价来开展小组学习,从而提高学生学习兴趣”这一突破口来促进学生的充分学习。以下是朱老师实践的经验总结:

① 朗读评价:个别朗读。我们的评价不能满足于在小朋友朗读之后说“真棒!你读得很好”,或者全体小朋友竖起大拇指,鼓掌说“嘿!嘿!你真棒”。这种评价既笼统又表面,作用不大。我们要有意识地引导学生给出具体的、合适的评价,如:“你的声音有进步,响亮多了”“你读出了……”“你让我感受到……”“如果你……就更好了!”集体朗读。在初读课文部分同桌合作读的效果要明显好于学生自己读,尤其是一二年级,一个读,一个听,然后互相评价。这样不仅激发了大部分孩子的朗读热情,更拉回了一些曾经游离于课堂的孩子,让他们也从课堂的看客转为学习的主人。

② 写字评价。学生说笔画结构的注意点,老师范写,然后在投影上点评一两个孩子的写字本,是我们写字教学的常态。不过这样点评的范围还不够广,同桌互评可以让所有的孩子都参与进来,同时有效帮助他们保持认真写字的热情。

③ 写话评价。二年级看图写话是日后写作的基础,但学生因为家庭背景不同,阅读量各异,语言的积累、运用能力大为不同,这时候的同桌评价更是一种互补互助,对于能力稍差的孩子来说更是一种学习,孩子们在互相评价中学习,在互相评价中进步。

(3)促进了教学反思。一年来,课题组成员本着及时反思、真实反思的原则,通过课后询问学生的方法,提高了反思的效能。下面是郭老师的一篇反思:

2016年2月22日执教《小溪流的歌》。课上重点是理清每一小节主要内容并朗读感受小溪流的品质。第一小节抓“日夜不停”,第二节抓“玩耍”,第三节抓“笑着”,第四至第七节在读的基础上体会小溪流的品质,并读原文部分(关于小溪流怎么汇成小河,小河如何成为大江,大江怎么汇入大海的),再读最后一节,了解“小溪流长大了,成了小河,成了大江”。学完后,想象说话:小溪流还可能碰见哪些新朋友?它们之间会有怎样的对话?下面是学生学习的情况。

优等生:知道了“清亮”和“清脆”的词语意思的不同之处,会仿照课文内容想象说话,不仅仅是劝说小溪流的,还有愿意和小溪流一起去大海的小鱼……能说出课文为什么用“跑、漂、游”三个不同的动词来描写水中的生物。读了原文后,知道最后一小节“成了小河、成了大江”的过程,体会到了小溪流乐观、坚定的品质。

中等生:知道了文中哪些地方体现了小溪流“日夜不停”,能说说还有谁也向小溪流打招呼(并会选一个白天的、一个夜晚的、一个春天的、一个夏天的……),能想象说话,能体会出小溪流的品质。

学困生:知道了每一小节主要讲了什么,能说出小溪流用“跑”的原因,但小树叶用“漂”、小乌龟用“游”的原因讲不清楚。仿照课文想象说话在形式上、意思上完全仿照课文内容,没有突破。

根据学生的反馈,我发现,本文课后“说写双通道”的题目并不是很难,孩子们在写的时候(课堂作业)主要问题是提示语的叙述上,不能很好地体现人物的性格或心情,课文中有“看到小溪流活泼欢快的样子”“叹口气”“看着他们笑了笑”等带有动作的提示语,孩子们在写的时候没有能很好地仿照。批改过程中发现了这个问题,我马上就想到了是我在和孩子一起品读这几小节时没有引导孩子们关注到这里。课上重点在品读对话内容,感悟品质,而忽略了提示语。后来虽然也有补漏环节,但效果已经不是最好。把握时机,真的很重要!

因为第一节抓住了“不分日夜”,并找出能体现它“不分日夜奔流”的语句(第一节),之后又让他们想象还有谁和小溪流打招呼,孩子们不仅说到了白天和晚上的动物、气象,也说到了时间跨度更大的四季,如“春风和小溪流打招呼,秋霜也和小溪流打招呼”“桃花对小溪流微笑,菊花也对着他微笑”。

一个孩子经历了这样的学习过程后举手说:“我还发现课文中也有其他语句写出了小溪流的日夜不停。第二节写‘小溪流摸摸沙地上才伸出脑袋来的小草’,说明是春天。第四节写‘那里还有一小片枯黄的草’说明已经到了秋天。这两处可以看出小溪流四季都在奔流,不停止。”我想,他不仅理解了“日夜不停”,自己的发现也更能帮助他感悟小溪流永不停止的品质。

为什么他可以有这样的发现?我想,是因为他经历了“联系上下文理解词语、找出具体的语句、想象说话,打开思维后再回到文中”的学习过程,所以就能发现文中隐藏的关于“不分日夜”的信息。这是他的收获,也是我的收获。

3. 提高了学生学习兴趣。

组员穆老师通过实践,深刻体会到“兴趣是最好的老师”这句话,在教学《埃及金字塔》一课时,她尝到了关注学生兴趣,引领学生充分学习,提高教学效率的甜头。以下是她的一段研究记录:

我班学生朗读平平,教学时也很难引起他们的兴趣。可是在教学《埃及金字塔》一课埃及金字塔是如何建造的这部分内容时,学生明显都很起劲儿,很感兴趣。因为难得学生在课堂上这么兴奋,我就准备利用好这部分内容。我先让学生充分朗读这部分内容,然后分小组,利用手中的橡皮当学具,试着摆一摆、搭一搭,学生在搭建“金字塔”的过程中,一边读课文,一边搭建,无形中学生将读到的知识变成了生活体验,这样将书本知识与体验结合起来,是将知识输出的过程,学生的学习才是充分的。另外,在这之后,我又让学生用自己的话说一说金字塔是怎样建造起来的,大部分的学生能够详细说出来。虽然这部分的教学运用了比较长的时间,但是学生真真正正地在自主学习,充分学习,学习也是很有效果的。

这个案例中,金字塔建造过程本不是重点,可是我考虑到学生的学习兴趣,让学生充分讨论、动手操作,反而学生的学习变得充分了,学生还在无形中复习了详细复述这一知识点,收获了意想不到的效果。

五、存在的问题及下一步研究设想

(一)存在的问题

1. 研究缺少一个严密的理论框架。如何形成系统研究,这是目前亟待解决的问题。

2. 如何处理团队与个人的关系,既有明确的研究方向,又能发挥教师个体的特长。

3. 研究行为如何体现层进性。

(二)下一步研究设想

1. 借助专家力量,形成研究框架,解决系统性问题。

2. 通过比较组员一学期不同时期的两堂课来发现组员的成长轨迹,从而提炼经验,发现亮点。

3. 定人定时监督组员撰写研究记录、心得、体会,养成教研结合的习惯,提高教师教研的品质。

课题研究至今,我们发现,当老师们开始关注并研究学生的学习时,他们的课堂教学、教学理念自然就悄悄地发生着改变。研究学生学习,是我们这一课题今后要继续努力且要一直努力的方向!

【专家点评】

郑艳的《研究学生学习　突破教学瓶颈》作为课题研究的阶段性报告,对造成学生学习不充分的原因作了细致的分析,提出了富有针对性的解决对策,并用行动研究中获得的实证资料说明研究所取得的成效,研究思路清晰,研究方法得当,研究所取得的阶段性成果比较显著,对于改变当前小学课堂"重教轻学"的现象提供了有意义的启发。

报告最为重要的是,用非常翔实的备课笔记、反思记录、研究记录证明了"研究学生学习"的重要价值,用鲜活的、生动的实证案例说明了参与研究的教师思想上的转变、行为上的改进,以及课堂教学的成效,这说明郑艳具有较强的行动研究的能力,能有效运用行动研究的方法,揭示研究中的重要发现。

如果能对研究的核心概念"充分学习"作更有深度的分析,更清晰地界定充分学习、高水平学习的基本特征,更明确地梳理充分学习与学习兴趣、学习需要、学习经历、学习体验、学习时间的关系,就能够保证未来的研究在更加理性的层面上展开,并取得更加令人瞩目的成果。(丁炜)

亲历过程：让“读者”在阅读中成长

嘉定区教师进修学院　周雅芳

作为一名教研员，听课、评课是工作的重要内容，在这一过程中教师们为我提供了许多鲜活的课例，我也在与老师们的互动交流中受到很多启发。虽然这些课例上课内容不同，执教老师不同，学习对象不同，但不少教师在课后却会有相同的困惑：课堂上本是想要充分信任与尊重学生，可是当教学中出现学生的兴趣点和兴奋点时，为了保护他们的学习积极性，教师们在这样的教学环节往往会投入比预设更多的时间，结果后面的教学时间就显得“捉襟见肘”，有时甚至会影响教学目标的达成。显然在“尊重学生”，确立“学生的主体地位”和按时有效完成教学任务之间，教师们往往无所适从。值得肯定的是这些教师的眼中是有学生的，他们都能在教学中时刻关注学生的学习状态，并努力保护学生参与学习的积极性，这体现了教师对学生的信任与尊重。但从教学实效来看，往往会留下了一些遗憾：如教学秩序未能在张弛有度中得以维护，教学预设与课堂教学生成未能实现真正的融合，教学目标未能有效达成等，对此，笔者认为有必要进行进一步的探讨与思考，以确保在尊重学生的前提下按时有效地完成教学任务。

首先我们来看看这些课例中看似热闹的教学环节都有何特点。

一、简单重复——缺少思维

在我们的小学语文教材中有很多文章的作者运用了比喻、拟人等修辞手法。教师们也很喜欢在这样的环节引导学生进行语言的模仿表达训练。

如《南极风光》一文中写道：“在漫长的极夜中，突然，漆黑的天幕上闪现出绚丽夺目的光彩，有的像空中垂下的帘幕，有的像不断蹿动的火焰，有的像强大的探照灯光动荡摇曳，有的像天上的流行一掠而过。”一位老师在教学时先请学生观看一段南极光的动态视频，学生显然被变幻莫测的南极光吸引住了，不时发出“哇！”“天哪！”“快看！”……这样的惊呼。看完视频，当大多数学生还处于震撼和赞叹中时老师适时出示这段文字，并随之在学生朗读后出示了另外几幅南极光的图片,请学生也用上比喻句来介绍一下南极光。学生热情高涨,纷纷举手。

学生1:南极光像烟火。
学生2:南极光像灯笼。
学生3:南极光像把剑。
学生4:南极光像火花。
学生5:南极光像金龙。
……
老师:现在谁能学着课文的样子用上三个比喻句把它们连起来说一说?
学生6:南极光有时像宝剑,有时像烟火,有时像金龙。
……

在老师不断的鼓励下,学生纷纷举手发言,看似欲罢不能,课堂气氛非常活跃,但作为课堂观察者的我们遗憾地看到在这一教学片段中学生只是在进行简单语言的重复,既没有感受到文中排比句型的特别,也没有发现作者在写这些比喻句时不仅写出了南极光像什么,而且抓住了南极光的特点,写得较为具体生动。看似热闹的课堂背后是思维的空洞,这样的热闹显然只是一种假象。

二、交流已知——缺少互动

做老师的都知道很多同学开学时拿到新书时最感兴趣的往往是语文书,因为我们的语文书里有许多"故事",读语文书就像在读故事书。所以在上课前,学生对课文内容通常是熟悉的,加上平时生活和阅读的积累,很多文本内容处于已知状态。

一位青年教师执教课文《赤壁之战》时就因此遭遇了学生多次的"七嘴八舌"。第一次是课文导入环节,教师想请学生简单介绍一下《三国演义》,结果许多学生都大声嚷嚷,试图发言,课堂里出现小小的混乱。第二次是随着故事情节的发展,教师针对教材补充拓展了原著《三国演义》里关于"赤壁之战"的一些情节,激起了不少学生的兴趣,特别是一些男同学,对历史上的一些英雄人物本就充满仰慕,今天有了机会,他们忙不迭地在底下大声地补充自己知道的相关故事内容,此时课堂内教师的介绍声和学生的补充声混杂在一起,导致其他学生听不清楚到底是怎么一回事儿。第三次是课堂尾声,老师问学生:"故事中的人物分别给你留下了什么印象?"不少同学心中早已有答案,迫不及待地想要分享,课堂上很快出现了集体大声发言的情况。这一堂"赤壁之战”上得如此“热闹”,令执教者自己有些失望。因为她自己也知道看似“热闹”的背后实质上是一种乱哄哄的假象,学生并没能真正在课堂上进行完整的说话练习,也没能够清晰地说出对课文的理解,个别人“自由”地插嘴状况,让教学环节的设计没能真正实施,对于学生到底学到了多少,教师心里并没有底。

所谓当局者迷旁观者清,作为课堂的旁观者,我看到在这节课中学生看似积极投入学习,但不难发现他们所交流的仅仅是已知的内容。“简单介绍一下《三国演义》”“拓展《三国演义》内容”“原著中的人物给你留下了什么印象”,这些问题对于这个班的学生而言显然属于“已知”,缺少真正的挑战性。学生看似积极参与,但彼此之间缺少真正的分享互动,难怪学生们不可避免地进入到“七嘴八舌”的无序状态。

三、快乐体验——缺少启迪

课堂中还有一些热闹的场景会出现在学生体验环节,这往往是学生最乐于参与的学习环节。

如学习课文《荷花》时,当学习理解“挨挨挤挤”这个词语的意思时,有的老师会请几个同学站起来一起做做“挨挨挤挤”的样子。还如课文《拥抱大树》的引入环节,有的老师会请全班同学和身边的同学互相拥抱体验……在这样的教学片段中,学生往往很兴奋,大家挤成一堆,抱在一起,大声欢笑,课堂其乐融融。不是说这样的体验不需要,不是说这样的“热闹”不可取,我们需要反思的是这样的“热闹”背后学生的智慧是否受到启迪,这样的“热闹”对于后续的学习是否有推动作用,这样的“热闹”是否是教学不可或缺的重要步骤,答案显然是否定的。事实上这些词语的理解并不是一个简单的动作就可以实现的,更何况它们的本义学生也是不难理解的。教师在这样的教学过程中不仅要追求热闹,更要关注学生智慧的成长。“挨挨挤挤”不仅仅是指“挤在一起”,也指“紧密,没有距离”,更是有“多”的意思在里面。而“拥抱”是需要情境体验的,拥抱的时候彼此之间更需要的是情感的互动,非学生们嘻嘻哈哈抱一下就真的理解了。

从以上这些课例片段中我们会发现有些教学环节看似热闹,似乎是尊重了学生,激发了学生学习的积极性,但遗憾的是学生在这一过程中没有智慧的生成,诚然我们一直在强调阅读教学要尊重学生,尊重学生的个性化阅读,尊重学生的阅读体验,但在尊重之外,我们对学生的阅读同样应该是有要求的。我们一直在课堂教学中努力追寻:教学的根本意义何在?如何实现学生的主体地位?我想课堂给了我们最好的答案——“学生成长”才是课堂教学的意义所在,学生成长才是学生主体地位的最好彰显。课堂教学永远是不可重复的激情与智慧综合生成的过程,对智慧没有挑战的课堂不具有真正的生成性,又谈何学生成长。所以要想真正尊重学生,就要还学生以真正的"读者"地位。让学生在阅读的基础上,"亲历"思考、质疑、探究、发现、交流等多种学习过程,从而让他们在主动积极的思维和情感活动中加深理解与体验,并最终收获学习成果,形成自己的学习经验,这才是真正的尊重学生。那么到底可以怎么做呢?我们同样需要用几个课例来做简单说明。

(一)尊重读者,靠近作者,让阅读变得亲近

还是以《南极风光》为例,在这一文中作者重点介绍了南极的冰雪、动物和南极光。不少教师在教学中会重点关注"南极光"这部分内容。因为这部分内容介绍比较具体,而且语言比较优美。教师们的不约而同源于较为扎实的文本解读功力,但在一位青年老师的课堂上我建议她再往前走一步,让读者和作者更靠近些,让阅读变得更亲近些。尝试之后,我们发现效果不错。

上课伊始,教师先请学生做出选择,对"冰雪""动物""南极光"哪部分最感兴趣。然后老师便尊重这些小读者的选择先来教学"南极光"这部分。在这部分教学的基础上教师又请学生议一议:"'冰雪''动物''南极光',作者又会对哪部分最感兴趣呢?"学生兴趣十足,找到不少理由证明"作者同样对南极光最感兴趣",因为他说南极光"十分罕见",而且他还说到"凡是见过南极光的人,没有一个不为这奇景惊叹不已的",这里当然也包括作者……我们可以看到在这一讨论交流的过程中读者与作者明显亲近了起来,老师适时展开朗读训练便水到渠成。之后教师"乘胜追击",又问:"既然你们都觉得作者和你们一样,都对南极光比较感兴趣,那为什么作者会在介绍南极的冰雪、动物之后再来写南极光呢?"学生在刚才阅读讨论的启发下很快表达了自己的阅读感受:在南极,冰雪最常见,相对而言动物比较少见,而南极光更是十分罕见,作者似乎是根据这个顺序来写的……

其实作者到底怎么想的并不重要,这些问题也没有什么标准答案,但教师这样的教学设计既尊重了学生的个性阅读感受,也带领学生真正亲近了作者,让阅读过程真正变成了既美好又亲切的体悟经历。

(二)发现区别,教在异处,让阅读更有挑战

《邻家的星期四》听过多遍,很遗憾的是不少老师会将这篇课文上出浓浓的"品德与社会"味。不可否认,这篇课文的文本内容确是引导学生提高环保意识,做爱护环境的小公民的好材料,但切不可将这当作这堂课的全部目标,满堂都是"保护环境、注重环保"这样的口号,老师们要记得我们是语文老师,我们需要做语文老师该做的事情。

课文中邻家的女主人三次提醒"我"——"明天是星期四,是收垃圾的日

子”。我们可以在教学中引导学生理清课文脉络，在初步了解三次“在什么情况下，邻家女主人用什么方式提醒我”的基础上尝试连起来简要复述课文的主要内容。然后可以引导学生发现女主人这“三次提醒”的区别：第一次、第三次作者的介绍相对简单，文字也比较少，都只有一两句话，言简意赅。而第二次的提醒内容就比较多，作者写得比较详细。不仅写到了人物之间的互动，还写到了邻家小狗，至于第二次作者为什么要这样写，作者到底是如何写具体的，就是接下来师生重点阅读的内容，这里不再一一赘述。

在这样的教学过程中，阅读早已不再是简单的问问答答，而是师生共同经历发现与挑战的过程。

（三）感悟生活，探究文本，让阅读更富智慧

有些课文对学生而言有些距离，教师如何更好地引导我们的小读者亲历阅读的过程呢？这里介绍一下《高尔基和他的儿子》一文的教学。高尔基是苏联著名作家、诗人、评论家、政论家、学者，跨越百年的他对这些年仅七八岁的二年级学生而言显然是陌生的。

教学伊始老教师可以请学生说说“你觉得谁最爱你，你是怎么感受到的”或是“说说你最爱谁？你是怎么做的”。学生说的大都是自己的家人，介绍的也通常是爸爸带着自己去旅行，妈妈给自己烧好吃的饭菜，自己为奶奶拿拖鞋，为满头大汗的爸爸送上毛巾此类，显然这就是学生在生活中感悟到的。随后老师可以这样说：“今天我们就来看看作为一名伟大的作家和他年幼的儿子，他们表达爱的方式和我们一样吗？”从感悟生活出发，再到文本中去探寻新的答案，这样的教学设计让学生不会有过于陌生的感觉。教学结尾，教师总结：“上课前，通过大家的交流，老师发现你们与家人之间大多是通过吃的、玩的来感受到爱与关怀的。学了课文你们知道高尔基和他的儿子之间是通过怎样的方式传递爱与关怀的？”在学生交流中，我们发现学生已经清楚意识到伟大作家和他的儿子是通过“种花”“赏花”“写信”这样一些独特的方式来传递亲情的，在此基础上教师可以提醒学生留意生活，除了“吃”的、“玩”的，能不能也用心去感受一下自己还能从哪些方面感受到浓浓的亲情？

这样的教学设计在文本与生活之间架起了桥梁，不仅让学生与文中人物之间不再陌生，而且不断丰富着学生的心智。

综上所述，阅读是一个过程，是需要学生真正亲历的过程。教师需要将目光聚焦于学生学习，聚焦于学生这一特殊的读者群体，聚焦于语文学科价值的真正内化。教育家苏霍姆林斯基认为：“在人的心灵深处，都有一种根深蒂固的需要，这就是希望自己是一个发现者、研究者、探索者，而在儿童的精神世界中，这种需要最为强烈。”所以作为一名语文教师，切不可将我们的学生训练成

一名阅读的“看客”,远观文本,疏离作者。我们要在关注作者、关注文本的同时更要关注读者。始终明确教师任何的教学行为最终都是为了让学生学会阅读,要将我们的学生培养成为一名真正的读者,引导他们走进文本,与读者沟通,与生活对话,与教师和同伴分享阅读体验。只有这样真正放手让他们去充分地阅读,形成自己独特的感受、体验与理解,才是真正地信任学生、尊重学生,语文课堂才有可能是鲜活的、灵动的和智慧的。我们的“小读者”才能在阅读中更快更健康地成长。

【专家点评】

“当前,以学生为本,以学生的学习活动为本”已成为有识之士的共识,也正在成为越来越多的教师的自觉行动。由于教师更关注学生的生成,学生的活动量趋于增加,活动面趋于更广,我们的课堂也随之热闹起来了。然而,在看似热闹的背后,作者以其独特的“慧眼”,透过现象去看本质,去研究这些看似热闹的学习活动是否有利于学生的成长,并旗帜鲜明地提出自己的观点:“学生的成长”才是课堂教学的意义所在,学生的成长才是学生主体地位的最好彰显。那么,如何做到以学生为本?作者认为,就要还学生以真正的“读者”地位。让学生在阅读的基础上,“亲历”思考、质疑、探究、发现、交流等多种学习过程,从而让他们在主动积极的思维和情感活动中加深理解与体验,并最终收获学习成果,形成自己的学习经验,使他们在阅读中成长。

作者针对基层一线教师上课时常见的貌似体现“学生以为本”的共性问题,列举了自己在听课过程中看到的三个典型课例,归纳了它们三方面的共同特点,并分析了它们的弊端。即简单重复——缺少思维,交流已知——缺少互动,快乐体验——缺少启迪。可谓不破不立,破字当头,而立也就在其中了。

针对基层一线的教师更关注的是在教学中究竟如何操作的问题,作者还是通过三个小课例提供了三方面的操作方法,并说明了这样做的好处。即尊重读者,靠近作者,让阅读变得亲近;发现区别,教在异处,让阅读更有挑战;感悟生活,探究文本,让阅读更富智慧。

这样的文章观点鲜明,说理清楚,举例得当,方法可行,更重要的是对基层一线教师有深刻而又深远的指导意义。不能不说这是一篇深受教师欢迎的上乘佳作。(蒋惠芳)

“读者意识下的小学语文阅读教学深化研究”项目总结

嘉定区教师进修学院　周雅芳

上海市普通中小学课程理念的第一点指出：课程要为学生提供多种学习经历，丰富学习经验。而与之相呼应的《上海市中小学语文课程标准》中的课程理念同样明确指出语文课程要关注学生在有计划、有目的的课程活动中的“学得”，也要关注学生在各种语言实践活动中的“习得”。这些理念的传递都在提醒我们要树立起学生在学习中的主体地位，树立课程要为学生提供多种学习经历的观念，更要关注学生学习的过程，帮助学生在学习过程中体验、感悟、建构并丰富学习经验。我们有必要直面挑战，反思区域小学语文阅读教学。

一、阅读教学地位与区域教学现状

“读者意识下的小学语文阅读教学深化研究”的提出正是嘉定小学语文在改进阅读教学中的思考与实践。作为一名语文教师，我们都清楚地知道，当前小学语文课程是阅读主导的课程形态，占比大也意味着阅读教学在语文教学中地位举足轻重，阅读教学对语文教学质量起着决定性影响。

再来看看现状，我们的语文老师非常辛苦，舍得在阅读教学中花时间、费精力，但教学成效仍然比较低下，教学效益也一直备受质疑。

这样的现状始终没有很好解决。究其原因，主要还是因为有的时候阅读教学面目不清，同时也缺乏相应的深入研究等。面对这样的现状，老师们有的“听之任之”，有的“浑然不觉”，更多的则是呼吁改革，呼声之下，改革主流主要在这样两个方向上：第一是关注“主体性”，如现在经常听到的以学定教、少学多教、生本课堂等，核心就是关注学生“主体性”；第二是借鉴“语用论”，如关注表达，指向表达的阅读等。

我们可以看到不管是关注主体性还是借鉴语用论，他们的特点都是比较清晰的，即指向学生、指向语用。这对我们改变阅读教学的整体面貌发挥了积极作用。与此同时,在这样的背景下站在辩证客观的立场审视,语文老师们还需要有自己的深入思考及判断。那就是对“主体”的认识还需要进一步深化,同时必须意识到“语用”仍难以体现阅读和阅读教学的完整内涵与根本目的。

做出这样的判断主要是因为:

1. 对主体性的实践认识需要再深化。“主体性与高质量”并不能完全画上等号,有了主体性并不代表学生就“会学”了,因为主动之下并不一定会产生阅读的高效益,能力方法不科学等都将影响主体性的发挥。所谓“无之不然,而有之未必然”说的就是这个道理。

2. 应该进一步处理好“文本”与“读者”关系。在这里单向接受与双向关注、单边活动与多边互动的处理都是我们要进一步思考的内容,“向文本学习表达”的意义绝不在于读者接受文本的单向性,文本与读者在课堂内应该是各有各的地位和价值的。

3. 对阅读的内涵实质与阅读教学的根本目的还需要深入理解与正确把握。单纯的“表达观”显然会“窄化”阅读的内涵,需要明确的是阅读教学的重要目的是“培养学生的阅读能力”,达到“会学”而自能读书的状态。

4. 目前教材的阅读体系,难以支持实践所需要的“语用训练”的结构与序列。课程标准中所指的“语用”是针对整个小学语文课程来讲的,并非针对阅读教学;同时,我们的阅读教材并不支持实践所需要的语用训练的结构和序列,故而我们在区域实践中就会发现不少低层次的实践现象:如教学中为了体现语用而进行的很多散点式的无序训练,看到AABB式的词语就进行积累,看到比喻句就进行模仿练习,看到对话就进行分角色朗读,看到省略号就进行想象说话,看到动词就进行圈画等,不考虑文章的行文思路,也不考虑人物的情感脉络,想练就练,毫无章法。

正是因为了解了阅读教学的重要地位与目前区域阅读教学的实践现状之间的差距,我们才有了进行学科改进的想法,这也是“读者意识下的小学语文阅读教学深化研究”这一项目产生的缘由。思考是行动的开始,而行动才意味着改进的可能。只有我们一线教师都能行动起来,为语文而变,为学生而教,我们小学语文学科的区域改进就能真正落地生根。

二、本项目的意义内涵和行动路径

项目中所指的“读者意识”的内涵,并不是写作教学中的“读者意识”,而是借鉴了文学批评中“读者意识”的概念,即强调阅读批评中读者的“主观反应”,自我认知与自觉意识的觉醒。

那么我们阅读教学中的读者意识到底指的是什么?主要是强调了阅读教学中“文本”“读者”的“双向尊重”,即文本客观的学习价值和学生主观认知同时受到尊重,不强求学习主体对文本认知的绝对“一致”与“统一”,体现了“共识”与差异、个性的并存。

我们在项目实践中基于“学习取向”理念所进行的阅读教学深化的大致思路是这样的——在主体活动方面:变“单向接受”为“双向关注”,变“单边活动”为“多边互动”。课堂教学空间中作者、文本、小读者、教师之间都应产生互动对话。在阅读的内涵方面,更要正确理解,即阅读中要获得精神,关注对阅读者“精神领域的深广影响”和“心灵滋养”;还要获得知识和语言,主要包括语言积累、态度、方法等;同时还要获得能力,在学习经历中帮助学生不断获取学习的经验,进一步形成能力。在阅读教学的目的方面:不仅要追求体现阅读内涵实质的高质量学习,还追求教会阅读,培养学生“会学”的能力。

这样的深化思路基本可以将我们项目实践的目的较为清晰地加以呈现:

一是在课堂教学的环境中思考读者地位与学习成效:“课堂既以独立个体的形式存在,也以读者群的形式存在”,所以课堂教学空间中生本对话、生生对话、师生对话和自己的内省对话都将成为教与学的有效资源。

二是从内涵视角实现阅读教学的本质价值:阅读的目的就是要产生高质量的学习,全面理解阅读教学的要求,要在学习知识、追求语用之外,助推学生的精神成长。

三是以学习取向优化教与学的过程,引导学生主动获得阅读经验、提高学习的能力,从“主动学”到“会学”。

为了让研究的每一点思考都能更好地进入课堂,我们进行了大量的课例研讨。基于读者立场的阅读教学课堂大致呈现这样特点:从重掌握、“标准化”要求的成绩取向转向学习取向;从教师主体、文本接受转向师生共为主体,文本接受与主体建构并重;从传授、问答为主转向有对话,有互动,有主体生成;从组织严密转向民主、有序、适度开放。

那么明确了这样的课堂教学的特点,或者说是价值取向之后,我们的行动路径又是怎样的呢?为便于将项目研究的成果与广大一线教师分享,我们根据语文阅读课教学的主要内容,以自主阅读课、阅读总结课、阅读欣赏课为主要课型,分别结合年段特点展开相关课型的实践与具体操作说明。

如低年级自主阅读课的实践,我们将通过“自学引导”—“质疑引思”—“合作引学”—“实践引用”四个教学环节的实践与操作展开具体介绍。而中高年级自主阅读课的实践将结合学生年龄特点,简化为“自读与交流”—“探究与对话”—“整理与反思”三环教学简式。为逐步强化学生的整体意识,提高学生自主进行归纳与整理的能力,读者意识下的阅读总结课同样有值得借鉴的教学简式,即“回顾导学”—“交流导思”—“拓展导练”。如果说自主阅读课、阅读总结课主要是为了培养学生自主学习的意识,以读者意识的觉醒来更好掌握阅读策略、方法并最终学会阅读的话,那么阅读欣赏课则更强调学生作为读者要在阅读中保持独立地思考,获得更高满足的阅读体验和可持续发展的精神生命的成长。我们主要是通过三、四、五年级教材中几位著名作家的作品展开课例实践与操作。

三、读者意识下不同阅读课型教学模式的构建与实践

读者意识下的小学语文阅读教学深化研究指向的是阅读教学,项目的推进主要着眼于两点,一是改变观念,二是课堂实践。第一点就是通过研讨、培训、展示等引导教师在阅读教学中建立读者、作者、文本间的联系,特别是要思考读者和文本之间千丝万缕的联系,明确读者不仅是文本"空白"的填充者,"期待视野"的改变者,也是文本意义与价值的体验者和决定者,新文本的创造者……还要进行阅读教学中师生角色的重新定位——确立"平等的读者意识"。当然,要真正实现项目研究的价值,我们还是要依托于课堂实践。根据小学语文阅读课的不同课型,我们分别进行了实践与研究。下面将分课型的相关研究成果分类呈现。

课型一:读者意识下自主阅读课的实践解读

一、概念

什么是"自主阅读课"?"读者意识"下的语文自主阅读课以坚守儿童立场,践行儿童语文为价值导向,以学生的自主阅读和交流互动为起点,旨在以发现表达、质疑问难等为依托展开探究与对话,并在阅读过程中实现学生阅读所得的整理与反思。因此,其基本流程可以包括自读与交流、探究与对话,整理与反思。

对于小读者而言,自主阅读有着独特的意义,他们有着自主的意识,需要主动地阅读以获得语言知识,发展语言能力,也需要自主地掌握阅读的策略、方法以学会阅读,在阅读中独立地个性化地思考,获得文化修养的提高和精神生命的发展。

二、目标

(一)挖掘年段和教材特点,充分体现读者意识

基于小学学生语文学习的实际以及课程标准的要求,力求挖掘教材中体现"读者意识"的切入点,发挥学生的主体意识,在潜移默化中提高学生的阅读素养。

(二)探索多元化对话模式,提高读者阅读能力

通过对各年段教材的分类梳理,创建可操作的教师、学生、文本多边的多

元化对话模式,丰富学生的学习经历,在循序渐进中提高学生的阅读能力。

(三) 丰富阅读教学的内涵,提升学生语言素养

尊重学生的个性化阅读体验,创设自由交流的平台,尊重学生在阅读中应有的地位与作用,在综合性、多样性的教学活动中,达到提升学生语言素养的目的。

三、路径

(一) 激发读者兴趣,关注读者“前在”

学生并不是脑袋空空地走进课堂的,相反,在上课之前他们已经通过阅读,了解课文内容这就是学生的“前在”。教师要做的是在课堂上创设平台,激发小读者的兴趣,让他们与教师、同学交流自主学到的基础知识,自主读到的课文浅层信息。

(二) 培养读者敏感,激发读者“潜在”

通过阅读,读者所读到的语言信息与引发的思考是不同的,也是有层次的。学生可能容易被内容所吸引,并不会主动地关注文本的关键词句或选材组材等表达形式的问题,因此,教师要引导学生有意识地关注文本的表达,鼓励学生个性化的表达,为学生的自主阅读打下基础。

(三) 架设读者支架,着眼读者生成

学生应以所学课文为例,进行适宜的语言文字训练,进行语言的感知、模仿及表达,做到学用结合。但是,从文本的表达到学生自我的表达,这中间是有一段“距离”的,因此,教师需要在教学中运用策略,为小读者架设支架,引导他们获得生成。

四、实施

项目实践过程中教师的教学更多向学生的学习倾斜,给予学生更多自主学习的机会、互动交流的机会、梳理成果的机会,这一点可以从教学主要流程“自读与交流、探究与对话,整理与反思”窥得一斑。同时我们还可以根据年段特点、教学内容的特点、班级学生的具体情况做调整,如低年级学生的自读能力有限,我们就可以将教学改进为“自学引导—质疑引思—合作引学—实践引用”四个步骤,更注重发挥教师在课堂教学中“引导”作用,体现年段特征。

自学引导是指小读者通过课前自学交流或者课堂自学交流的形式,自由朗读课文,读后进行交流反馈。目的是初步解决课文的生字,初步理解词语,初步了解课文的结构、熟悉内容。

质疑引思是指自读了解文本内容后,小读者对无法理解的阅读内容提出疑问,并在教师的组织引导下,进行更深层的思考。通过有质量的问题,开展有质量的学习。

合作引学——小读者在感知、疏通文本的基础上进行的对文本的深入探究和学习。通过师生之间、生生之间积极有效的互助与合作,完成语言学习和表达分享的任务。

实践引用——小读者运用前三个环节中学习掌握的知识、方法、技能进行语言实践和方法运用。

课型二:读者意识下阅读总结课的实践解读

一、概念

读者意识下的阅读总结课是以教材的主题或单元为依托,在统整教材选文、练习与课外资源的基础上,学生借助方法找出文本共性,明晰语言规律,习得阅读方法,最终促进语言素养的提升。

二、目标

(一)基于年段与教材的特点,体现读者意识

研究力求以学生语文学科素养发展序列为依据,以现行教材为依托,做到源于教材又超越教材,尊重学生个性化的阅读感悟,充分发挥主动性。

(二)凸显主题或单元的重点,挖掘文体共性

单元或主题的整合从整体入手,引导学生感知单元或主题学习内容,在学习活动中发现不同文本的"共性"与"个性"之后,对单元或主题学习内容进行统整、提炼。

(三)关注学习与体验的过程,提升语言素养

读者意识下的阅读总结课强调学习资源的整合与生成,着眼于语文学习的综合性、实践性,重视学生"学"的过程。在群文阅读中,开展充满生命张力的语文学习活动,使学生实现各种语文能力的提升。

三、路径

(一)关注主体意识,提供完整丰富的学习经历

读者意识下的阅读总结课体现的是教学的民主性、开放性、探究性,尊重学生的个性化认知,引导学生亲历学习的过程,充分进行阅读、思考、感悟,在个性化阅读的过程中真正走进作品,接触作者的灵魂,从而诱发自身缤纷的内心感受。

(二)构建思维路径,习得科学有效的阅读方法

学生在亲身参与丰富、生动的思维活动,实践富有建构意义的语文学习的过程中,形成自主探究的心理倾向,习得科学有效的阅读方法,以此培养筛选、处理语言信息的能力,发展独立阅读、个性化阅读与多种文本阅读的能力。

(三)拓展学习视野,提升持续发展的运用能力

读者意识下的阅读总结课意在让学生在知识整合的过程中逐步拓宽阅读

的视野，掌握阅读的方法，培养主题阅读的思维方式等，从而促进其知识、能力、情感态度价值观的迁移，打通课内阅读与课外阅读的壁垒，提高阅读教学的效益，促进学生持续学习及阅读能力的提高。

四、实施

在具体实践中，依据学生语文学科素养发展序列，依托现行教材，我们尝试每两周用一课时进行读者意识下的阅读总结课的研究，并根据课型特点将教学流程从“自读与交流、探究与对话，整理与反思”调整为三步导学模式，即“回顾导学—交流导思—拓展导练”。该模式呈现的是一个思路明晰、步骤简单的阅读总结过程。在这个过程中，教师为学生触摸语言、探究文本铺路搭桥，指引方向。学生以小读者的身份探寻文本共性、习得阅读方法，发展阅读能力。

回顾导学——把同一单元课文或主题的知识进行系统化梳理，抓住关键，理出规律，让学生从整体上把握所学内容，形成知识的骨架和思维的阶梯，发挥“导”的作用。

交流导思——以主题单元为依托，围绕三维目标，学生、教师、文本之间三位一体，进行比较抓联系、读思找规律、交流学表达的动态过程。

拓展导练——在回顾导学、交流导思的基础上，引导学生学会运用、延伸学习内容，拓展学习视野，促进由读到写的迁移，跳出文本的束缚，实现课内外学习和运用的结合。

课型三：读者意识下阅读欣赏课的实践解读

一、概念

阅读欣赏课是指学生根据已有的认知水平、兴趣爱好，阅读课内外相应的美文佳作，领略作品内容、中心思想、表现技巧、语言风格的课堂。阅读欣赏课主要在中高年级展开实践，开展读者意识下中高年级阅读欣赏课的教学方法众多，我们在实践中根据学生年龄特点，将依托“阅读存折”作为本项目研究的重要手段之一。具体指的是为每个学生建立“阅读存折”，以此为抓手，引导学生在自主阅读，交流探讨等过程中把好词佳句、思想内容、写作技巧、语言风格等方面的内容存入“存折”，在存折的积存中实现迁移与运用。

二、目标

通过项目的实施，使学生能够初步探索作品的思想内容，表现技巧、语言风格等方面的内容，并乐于依托“阅读存折”进行迁移和运用。通过项目的实施，逐步培养学生阅读兴趣，拓宽阅读视野，提高审美能力。

三、路径

阅读欣赏属于阅读鉴赏领域，但鉴于小学生年龄特点，我们还是以欣赏为主，带领学生发现文字之美，感受阅读之趣，至于通过对照、比较、评价、判断来对语言进行鉴赏可以在此过程中有所渗透，但不做强行规定。而在学生的阅读欣赏中，得当的评价激励措施能让学生产生浓厚的、持久的阅读欣赏愿望。评价激励的措施是多样的，本项目实践路径中，“阅读存折”是很重要的激励手段，为了帮助学生保有更长时间的阅读兴趣，能在阅读中欣赏到更多的美好，我们鼓励学生在阅读中注意积累，并对照“存单”获得相应的阅读币，阅读币累积到一定数量，可获得奖励。

四、实施

读者意识下阅读欣赏课在“自读与交流、探究与对话、整理与反思”的基础上根据课型特点将教学环节调整为：自主欣赏—合作共赏—链接运用。

自主欣赏——教学中强调学生的阅读亲历，操作中，教师下发“阅读存折”，学生自主阅读名家经典，再根据自己的认知能力、兴趣爱好，存储作者信息、好词佳句、第一印象、质疑问难等方面的内容。因为年段的不同，学生学力不同，所以三、四、五年级“阅读存折”项目完成的难度是随着年段递增而逐步增加的。

合作共赏——注重培养学生的合作意识，通过生生合作，师生合作等方式共同欣赏作品，主要包含互助探究、引导探究等方式。“互助探究”指的是把通过集体讨论、同桌交流、小组合作等方式探究得出的内容存储在存折上。“引导探究”指在课上存储一些在老师的引导下所发现的作品写作风格、构篇方式、语言特点等方面内容，相对难度较高。

链接运用——注重学以致用，这一环节包含“链接”与“运用”两大块。“链接”指的是欣赏了课内文章再链接相关的作家作品。三至五年级根据年段特点，链接应有难度区分。如三年级可链接同一作者的文章，四年级可链接同一主题的文章，五年级可根据需要作相关链接。而“运用”指的就是学以致用，把所学到的知识运用在口语表达及写作活动中，其方式有多种，如“交流分享”，主要指与同学口头分享自己的阅读体会；“吟诵朗读”，主要指通过吟诵、朗读等方式来分享美文佳句；“随文练笔”，就是根据年段特点，进行多种形式的写作活动，如文章改写、段落仿写、情节续写等。

以上是“读者意识下的小学语文阅读教学深化研究”项目的相关实践与思考，需要说明的是“读者意识”下的阅读教学的实践与研究不是对以往语文阅读教学的否定和颠覆，而是基于为读者留出拓展空间的思考与实践，将在一定程度上完善并丰富传统意义上的阅读教学,将语文教学真正回归到学生身上,真正关注学生的学习内化和成长发展。在读者意识下的阅读教学实践与研究将始终明确教师任何的教学行为最终都是为了让学生学会自己阅读。教师在读者意识下的阅读教学中要真正成为教材使用者,而不仅仅是教材的解读者,要让教材为我所用,思考除在教学中引导理解内容、体悟情感外,如何利用教材指导和实践读书方法,实现阅读效率的提高。在项目研究中引导广大教师在阅读教学中利用阅读期待、阅读反思和阅读批判等张扬读者个性,进而锻炼学生思维的独立性、广阔性和深刻性。

当然我们的实践与研究只是为广大一线教师提供了小学语文阅读改进的一个抓手,并不是唯一的路径,我们期待通过我们基于"读者意识下的阅读教学深化研究"的思考及实践,引发大家更多的思考、实践与行动,让学生在课堂教学空间中能与作者、教师共同发出声音,积极参与互动对话,真正成为课堂上有着独立地位,独一无二的读者,成为真正有学习能力的人。

【专家点评】

该项目的提出基于对小学阅读教学地位的认识和对区域小学阅读教学现状的分析和反思,基础扎实、针对性强。研究者对"读者意识"有较为清楚的界定,对项目的意义内涵和行动路径表述清楚。项目组成员对读者意识下不同阅读课型的教学模式也进行了构建与实践,清楚地呈现了"读者意识下自主阅读课、读者意识下阅读总结课、读者意识下阅读欣赏课"这三种课型不同的教学模式。这三种全新的课型的构建和实践充分体现了"读者意识"下小学阅读教学的特征和路径,是对传统小学阅读教学的补充和完善。

该项目研究阵营强大、研究过程扎实、研究手段科学、研究成效显著,其意义在于:一是引导教师将语文教学真正回归到学生身上,回归到学生的学习内化和成长发展上来,真正做到使学生在阅读中成长;二是为广大小学语文教师提供了科学的便于实践的行动路径;三是在项目实施过程中锻炼培养了一批注重理论和实践结合的青年教师团队。

期望项目组在今后实践中能提供更多成熟的案例,供广大一线教师学习和借鉴。(蒋惠芳)

文化视野的开拓与阅读素养的提升

——科普阅读生态环境的创设

上海市科技艺术教育中心　朱　青

科普阅读有益于启迪智慧,有益于拓展视野,有益于实际应用。科普阅读的兴趣和习惯的养成定会使学生在成长中受益匪浅。但是,目前学生课外阅读科学书籍和科普读物的时间少,阅读量小。据专业人士调查,学生在阅读上所花费的时间,大约有 1/3 是用在阅读教科书上,2/3 用在阅读课外书籍上,而其中用在科普读物上的时间只占 1/10。

即便阅读的意义开始引起越来越多的学生和家长的关注,但是学生的阅读仍然受应试教育的影响,呈现出很强的功利性特征。在家长的要求、监督下,学生阅读以提高成绩为目的,阅读的书主要是教科书以外的参考书、习题集、辅导书以及少量的文学性课外读物,阅读科普读物仅仅是凭学生个人兴趣爱好,学生的科普阅读还没有跳出科学课本的框框,学生阅读的科普读物以科幻类的、动漫类的科普书籍为主,科普阅读所涉及知识面非常狭窄。同时,学生也不善于用已有的科学知识解决生活中的问题,也不善于观察生活发现科学现象并在科学书籍或科普读物的阅读中寻找答案。

科普阅读可以激发学生学习科学的浓厚兴趣和求知的欲望,从而丰富知识、拓宽视野、锻炼思维;可以充实课内所学的知识,从而学得更有趣、更智慧;可以培养学生科普阅读的习惯,提高学生科普阅读的能力及部分学生科普童话、科幻小说的撰写能力。让学生阅读科普读物,实际上是引领他们走进科学的世界,接受审美教育和情感熏陶的一个很好的途径。

所以,我们着力创建校外科普阅读体系,开展科普阅读活动来丰富学生科学知识,拓展学生知识面,提升他们的阅读素养和科学精神。

一、博览科普书籍,提高学生科普阅读的质量

学生阅读素养和科学素养的形成与他的阅读量有必然的联系,阅读量越大,阅读面就越广,阅读面越广知识也就越丰富,所以提升学生阅读素养最基

础、最基本的就是增加学生的阅读量和阅读面。我们以“1+3”模式来增加基本阅读量,“1”就是阅读一本(部)主要书籍,“3”可以说是一个虚词,是指在阅读一本(部)主要书籍之外,再延伸拓展阅读几本(部)书籍。

例如,在爱鸟周活动中,我们推出《鸟的世界》一书,并进行阅读指导,让学生在这本具有趣味性的鸟类科普书籍中了解鸟的起源和进化、了解鸟的种类、了解不同鸟类的特征和有趣的行为,以及鸟类与人类的关系……学生通过引导,对鸟产生了浓厚的兴趣,激发了对鸟的好奇心,于是,又向学生推荐相关的系列书籍《麦田漫画屋·Q版奇趣野鸟图鉴》《野鸟漫画图鉴》《鸟类王国》《野外观鸟》《中国鸟类野外手册》《中国鸟类生态大图鉴》《唐诗中的鸟类图鉴》。学生通过阅读不仅认识了鸟,获得了关于鸟的知识,而且从古典诗歌中的鸟类来印证人与自然的关系,领悟中华优秀文化的魅力。

也可以是主题式阅读,一个科学领域为主题,向学生推荐一系列但不局限于一类书的书籍让学生自由选择阅读。

例如,7月11日是“中国航海日”,我们就以“航海”为主题,推荐航海文学:海洋童话《保冬妮绘本海洋馆》,了解海洋生物生命成长,航海小说《鲁滨逊漂流记》,感受鲁滨逊强烈的进取精神和坚强的毅力。推荐航海史话:《海洋,我们民族留下的记忆》,了解中国人在各个历史时期探索和认识海洋的艰辛历程。“航海”主题科普书籍的阅读,让学生全面了解了海洋历史和海洋知识,知晓中国在世界航海史上的重要地位,欣赏了海洋的浩瀚广阔、自然的神奇美妙、大千世界的无穷趣味。科普书籍阅读为学生提供了领略和探索自然意趣的途径。

二、开设趣味学堂,激发学生科普阅读的习惯

在情趣盎然的科普课堂培养学生读懂一本书的习惯,比如拿到一本书之后,先读什么,再读什么。例如在《植物标本集》的阅读课堂上,语文特级教师步根海老师告诉学生所要养成的阅读习惯,就是拿到一本书首先要会看封面的信息,知道书名、认识作者、了解出版社、知晓这本书的版本以及作者完成这本书的时间等;然后了解扉页、序等内容……在阅读的过程中要善于思考,善于质疑,善于提问,适当的时候要动笔记录。所谓“不动笔墨不读书”,这对于阅读一本书,对于自己阅读的发展是非常重要的。

同样的《植物标本集》一书,植物学家史军老师以“餐桌上的植物”为切入点带着学生从绘本阅读中走进植物世界,通过有趣的语言和生动的图片,向孩子们生动形象地列举了日常生活中的植物及植物标本的制作过程。课堂上,他把科普阅读与生活紧密结合,从孩子们感兴趣的问题入手,互动交流,激发学生思维挑战生活常识,引发学生热烈讨论和积极参与。在轻松愉快的氛围中,向孩子们普及了植物科学知识,还开启了孩子们对科学学习和探索的欲望。在传授知识的同时,他向学生渗透一个理念:认识植物、研究植物、保护植物非常必要。只有保护植物,才能实现人与自然的和谐发展。

一样的科普书籍,不一样的教师,带给学生不一样的科普阅读课堂氛围,但却一样地激发了学生阅读科普书籍的兴趣,培养了阅读的习惯。

三、排演科普实验剧,提高学生科学演绎的能力

科普实验剧将科普知识、科普实验等以表演的形式展现出来,融合小品、小舞剧、音乐剧、演唱、舞蹈等多种表演形式,让学生在演绎角色,观赏表演,跟随故事情节发展的过程中接受科学知识,感受科学精神,参与科学实践,以此激发对科学的认识,对科学的兴趣,在寓教于乐中传播科学知识和科学观念。

《冈特生态童书》是世界“蓝色经济”模式创始人冈特·鲍利撰写的一套以“水、食物、居住、健康、能源、工作、教育”环保为主题的儿童科普知识绘本,每一辑以学生喜闻乐见的表现形式讲述36则生动有趣的故事,让学生从小树立爱护环境、珍惜资源的理念。我们开展“向大自然学什么”为主题的科普实验剧表演活动,让老师依据书中生动的故事、有趣的卡通图画,将学生好奇的话题“会飞的苹果”“种出来的房子”“红色稻米”“咖啡豆的魔力”等创编成科普实验剧表演出来。学生在创作表演的过程中不仅增进了艺术表现力和创造力,而且在阅读科普书籍,建立了关于生态与环境的新观念,了解自然的奥秘,收获科学知识,促进学生的生态意识教育。

四、开展科普体验活动,提高学生运用科普知识的能力

科普阅读活动是科学教学的拓展和延伸,是科学实践活动的重要形式,让学生在实践活动中感知,在阅读中思考,在思考中体验,有效地防止了学生的阅读疲倦,调动学生科普阅读的主观能动性。

自然笔记让学生体验了一把科普阅读的“新玩法”,激活科普生态教育。《自然笔记》一书引导学生快乐地亲近大自然,学会用科学的眼光观察自然,用科学的方法记录大自然。我们组织开展了“走进大自然,聆听叶言花语”自然笔记实践活动,学生随着《自然笔记》的作者芮东莉一起放下书包,带上画笔,揣着好奇到大自然中用眼睛观察,发现身边大自然的美;用大脑思考,运用感觉器官对自然形成一个更为立体的感知;用心灵绘制,静下心用图画描绘自己看到的自然,写下自己的感悟与触动。自然笔记活动让学生在绘画过程中学会了仔细观察,也了解了许多生物知识,并且学会把自己观察生物的所思所想记录下来,将自己的疑惑思考通过查阅生物图鉴和相关资料从中一一解答。

在学生科普体验活动中非常强调“少儿文化”意识,它是一种感性文化,强调情趣性,让学生通过视觉的、听觉的、触觉感官的体验来完成认知事物的过程。这与成人科学理性的逻辑思维方式截然不同。“少儿文化”着重游戏精神、强调学生参与性、互动性,让学生在科普体验活动中对自我肯定与自我表现获得充分的展示。

《星际精灵蓝多多》是中国首部少年生态科幻系列小说,也是国内第一套冠以“生态”概念的儿童文学作品,它以科幻的形式深入浅出地讲述了保护森林、保护海洋、合理处置垃圾、正确利用污泥干化粉粒等环保知识。在“地球一小时”活动之际,我们以这本书为蓝本,以“气候、人类、社会”为主题创设情境游戏开展了一场名为“寻找比特星球的生态之旅”的寻宝活动,学生用拍一拍、画一画、做一做、说一说等形式参与其中,把环保知识和生态理念的传递与摄影、绘画、实验、创作等手段结合起来。在体验活动中,学生快乐的学习环保知识,充分展示自己的创新才能和艺术表现力。

综上所述,科普阅读可以促进学生阅读素养的积淀,促进学生科学认知的拓展,促进学生科学精神的培养,可以激励学生不断探究新的发现,从而了解世界的新现象、新规律,可以增强学生不懈追求真理的信念。创设科普阅读生态环境是全面提升学生阅读素养和科学素养、培养学生创新意识的有效途径。

【专家点评】

我们所培养的下一代儿童是否具有“科学素养和创新精神”,与他们相应的学习经历有着密切的关系。

本课题的研究着重创建校外科普阅读体系,开展科普阅读来丰富学生科学知识,拓展学生知识面,在科普阅读中提升学生阅读素养和科学精神,具有非常强的现实意义,对学生的终身发展举足轻重。作者站在文化视野开拓与阅读素养提升的高度审视当今的小学生阅读现状,对科普读物和学校的科普活动作了系统的梳理和设计,通过顶层设计和活动推进的方式,来推动全校科普阅读的提质增量。如,以“1+3”模式来增加基本阅读量,通过一本带一类,一个主题带一类的方式,开展了诸如“爱鸟”和“航海”为主题的科普阅读活动,激发学生的阅读兴趣。通过开设“趣味学堂”,在阅读课上教给学生阅读一本书的基本步骤,引导学生逐步形成相应的阅读策略,以提高阅读的效益。更难得可贵的是,学校能积极创造丰富多彩的校园生活,设计丰富有趣的科普活动,让学生主动投入广泛参与,如排演科普实验剧、开展科普体验活动等,这些都大大提高了学生科学演绎和运用科普知识解决实际问题的能力。

在小学阶段就开始关注学生文化视野开拓与阅读素养提升,具有一定的前瞻性。本课题的研究以“科普阅读生态环境的创设”为重点,使课题研究更加聚焦,更具有可行性。(薛峰)

“小学语文教学中文情互融关系的实践研究”课题总结报告

上海市科技艺术教育中心　朱　青

一、课题产生的背景

(一) 国外的研究现状

当今世界各国在语文教育的过程中都十分重视处理好语文文字学习与文本情感之间的关系。

1. 美国。

美国的教育理念是“道德品质是在朝着理想的目的,训练天赋能力的过程中形成的。世俗的至善是将自我奉献给高于自我的理想——为真理和他人的献身”。所以美国教育工作者对于语文教育目标的认识并不局限于工具性方面,而且还意识到它是关系到“民主制度精髓的集体思想和判断的基础”。在语文大纲中明确语文教学要担负“交流情感、思想、观点、价值取向、经验和信息”的任务,认为语文教育是“实现培养有见识、能思考的公民”这一教育中心目的的最重要的一种方法。美国的语文教师十分注重利用课文,不失时机地对学生进行思想品德教育。

2. 日本。

日本文部省颁发的《学习指导要领中》,把语文教育的性质规定为“以言语教育为中心”,但无论是教科书还是教学课堂,实际都十分重视在语文教育中对学生进行心灵的启迪和高尚的人格与情操教育。从日本的语文教材中就可以看出,无论是说明性文章教材,还是文学性文章教材在内容的选择上都是进行了精心设计,力图让学生在习得语言知识、技能的同时,还能在思想、视野、思考能力等方面都得到启迪和发展。

3. 英国。

价值观及精神道德教育是英国语文教育的重要内容。2000 年英国国建课程进一步强调语文的教学目标是要促进学生思想道德的发展并提出了思想发展目标,即精神、道德、社会、文化。道德教育的基本要求是传递国家政治形态的核心价值,而居于重要地位的是自我确定的价值。正如《GCSE 国家标准》中明确指出的那样,“道德的发展包括明辨是非、理解道德冲突、关心他人和采取正确行为的意志。能够、愿意去思考行动之后果,学会如何善待自己和别人。发展做出负责的道德决策并付诸实施所需要的知识、技能、理解、品质、态度”。语文课程作为国家统一的核心课程,无疑担负着培养学生价值观和道德品质的重任,语文教学目标中也明确揭示出通过语文教学发展学生道德与学生个体和未来生活的关系。

4. 德国。

德国《联邦教育总法》对学校目标做出了规定:“培养学生在一个自由、民主和福利的法律社会中……对自己的行为有责任感。”主要包括:(1)培养学生良好道德品质。(2)培养学生的规则意识。(3)培养爱国情操,增强学生公民意识。

德国教育学家赫尔巴特曾说过:“教学中如果没有进行德育教育,就只是一种没有目的的手段。道德教育如果没有教学,就只是一种失去了手段的目的。”语文教学中的情感渗透,是一个系统的工程,是一个对学生学习祖国语言文字的同时进行心灵净化的过程。作为教育者,我们要充分发挥学科特点,将语文教学中的思想教育无声地深入学生的心田,对学生进行潜移默化的熏陶,逐步地、不断地提高学生道德行为规范意识,使之成为能肩负起 21 世纪重任的合格人才。

(二)国内的研究现状

1. 专家学者们的观点。

《文章作法》,夏丏尊、刘薰宇著:文章本是为了传达自己的意思或情感而作的,所以只是一种工具。单有意思或情感,没有用文字发表出来,就只能保藏在自己的心里,别人无从得知。单有文字而无意思或情感,不过是文字的排列,也不能使读的人得到点什么。意思或情感是文章的内容,文字的结构是文章的形式。

文章有内容和形式两方面,所谓好文章,就是达意表情,使读者读了以后能明了作者的本意,感到作者的心情的文章。

文章是传达自己的意思和情感给别人的东西。“情者,文之经;辞者,理之纬;经正而后纬成,理定而后辞畅:此立文之本也。”所以作文先要有真实的“情”。倘若并没有这样的心情,徒然用这样的笔法来装饰,便是不真实。

《文话七十二讲》,夏丏尊、叶圣陶著:文章源于作者的心情,心情是所谓主观的东西。客观的事物呈现在作者的面前,作者把主观的心情照射上去,然后写述出来。作者主观的心情不同,所以对客观的事物所感到的意趣也不同。记叙文常与心情有关,生性缜密的人常欢喜写事物优美的部分;生性豁达的人常欢喜写事物壮伟的部分;一个闲适的人听了烦嚣的蝉声也会说它寂静;一个忧愁的人看了娇艳的春花也会感到凄凉。事物还是客观的事物,一经主观的心情照射上去,所现出来的就花样繁多了。作者所以要写作的缘由并不在记叙他所写的事物,却在发抒他胸中的一段感情;感情不能凭空发抒,必须依托着事物,所以他用记叙事物的手段来达到发抒感情的目的。发抒情绪的文章无论用明显的或者含蓄的方式,总之有句语可以指出。情操成为一种基本调子,渗透在全篇文章里头。

《语文随笔》,叶圣陶著:叙事叙情的文章还要"美读"。所谓美读,就是把作者的情感在读的时候传达出来。这无非如孟子所说的"以意逆志",设身处地,激昂处还他个激昂,委婉处还他个委婉,诸如此类。美读的方法,所读的若是白话文,就如戏剧演员读台词那个样子;所读的若是文言,就用各地读文言的传统读法,务期尽情发挥作者当时情感。美读得其法,不但能了解作者说些什么,而且与作者的心灵相感通了,无论兴味方面或采用方面都有莫大的收获。各种东西的形状,各种活动的情态,这个,那个,这样,那样,不依傍语言材料全都没法想。思维活动不是空无依傍的,必须依傍语言材料才能想。思维活动的过程同时就是语言形成的过程。作品是作者思维活动的成果,思维活动的固定形式,也就是写在纸面上的语言——文字。写在纸面上的语言是作者与读者心心相通的唯一的桥梁。读者不能脱离作品的语言理解作品,要是那样,势必是胡思乱想。思维和语言是分不开的。内容实质凭空拿不出来,它要通过语言形式才拿得出来。语言形式有改动,内容实质不能不改动。

《谈文学》,朱光潜著:语言文字是每个人表现情感思想的一套随身法宝,它与情感思想有最直接的关系。人之所以为人,不只因为他有情感思想,尤在他能以语言文字表现情感思想。有了语言文字,许多崇高的思想,许多微妙的情境,许多可歌可泣的事迹才能流传广博,由一个心灵出发,去感动无数心灵,去启发无数心灵的创造。这感动或启发的力量大小与久暂,就看语言文字运用得好坏。

《语文:表现与存在》,潘新和著:语文教育,不是要求学生被动地"应需",把学生"塑造"成符合成人社会的教育观念的统一的"人"。语言教育是要唤醒学生固有的言语生命意识和言语潜能。人的言语欲求,言语意识、言语才情、言语智慧、言语能力、言语抱负和言语信仰,是从每一个人的鲜活自由的内在生命生长、绽放出来的花朵。

《语文教育谈艺录》,于漪著:语文学科是一门多功能的育人学科,"育人"是核心,"多功能"是特点。"育人"包括对人的素质、能力、智力进行综合培育与训练的内容。具体来说，就是一要充分发挥语文的文化熏陶功能，以体现其人文特点；二是以思维能力为教学核心，开发智力潜能，使听说读写四种能力相互促进，协调发展。

2. 课堂教学中的现状。

长期以来，学术界围绕语文学科的"工具性"和"人文性"争执不休。工具论者从语言的工具性推及语文的工具性，认为语文是人们进行思维、交流思想、学习各种文化知识、储存传递信息的工具，并因此将语文定位于工具学科。人文论者认为人文性是语文学科的本质属性，语文学科是站在人的高度来培养学生的语文能力，提高语文素养的。这两种观点都有偏颇处：工具论仅把语文作为工具手段，忽略了语文的本来价值，忽略了语文的多重功能；人文论则是以语文学科去附会"人文性"，使语文失去了自身存在的理由和依据。

语文教学中强调工具性，语文课只是单一的知识传授、技能的操练。有的语文课还是老路子，课文掰得比较碎，仍有"牵"的痕迹。语文教学中强调人文性，有些语文课堂比过去活跃了，但形式主义的东西多了，淹没了语文的本体。课堂上"语文"少了，"关于语文"的东西多了。非语文课、泛语文课的现象屡见不鲜。

比如对文本内容的过度拓展，课外资料的冲蚀了文本内容的学习，夸大了语文课的综合性，语文课上成了自然课，上成了历史课，异化为音乐课、美术课等大杂烩的也比比皆是。比如多媒体、表演的使用过度辅助，取代了学生对文本中文字符号的"还原"，阅读能力得不到提高。比如有些语文课只反复的、琐碎的分析本文的内容，挖掘文本的中心思想，把语文课上成了思想品德课、主题教育课。一堂语文课后关于语文的知、能、素养的收获得之甚少，这样的语文课就没有了语文味。

现在课程改革之后，大家都会说术语，就是工具性与人文性的统一是中小学语文的最基本的也是最主要的特征。我们且不说这句话对不对，或者说这句话意义到底在哪里，我们就说这句话它揭示的是什么规律。你讲统一，统一的标志是什么？什么叫统一？我们讲语文的这两个统一就统一在语言形式上，这样的语言形式既是一种规范，又是一种人文的。它是带有一种感情的，尤其是在特定的语言环境当中，用这样的语句，用这样的修饰语，用这个词语，不用那个词语，用陈述而不用疑问，这里面本身就带有感情因素。而我们是学习母语的，这种形式的母语的背后隐含的是文化的内涵。因此当我们关注到这样的语言形式的时候，这工具性与人文性本身就不可能隔离，所以不是工具性与人文性两者的结合，而是工具性与人文性的内在的不可分割。因此，我们今天一会儿强调工具性，一会儿强调人文性，恐怕都有问题。我们甚至可以这样说,你真正地关注到工具了,那么它必然包含着人文的因素。因为我们讲工具,不只是讲语言是交际的工具。语言更多的功能是认识客观世界、丰富内心世界的工具。而你要认识客观世界,你要丰富内心世界,没有这种情感的、文化的、人文的因素怎么可能呢?因此,你把它狭窄的理解为交际工具,那是你自己窄化了工具的功能。因为语言作为一种工具不只是为了交际,或者说主要还不是交际,是它在这个社会中生活,是它对这个社会的认识以及它自身的一种情趣的提升,这个就是工具,所以这个叫"工具性与人文性的统一"。

那么既然它有这样的一个性质,我们在学习语文的过程中恐怕就有必要关注语言的表达形式。这个就是要考虑课程的因素。考虑课程因素的案例还有,全国第八次课改之后,专家们到各地进行宣讲,一开始宣讲的比较多的是三维目标。后来越讲越细,细到对知识的认识,对训练的认识,对文体的认识。于是提出了一些口号,所谓的淡化知识,淡化语法,淡化文体,淡化训练。这样一来似乎是干扰了我们的教学,干扰了我们在教学内容的确定过程当中,对是不是要考虑知识因素的判断,其实无论是全国的课程标准还是上海的课程标准,对知识从来没有说要淡化,我们对"知识"的提出不是去追求那个语言学的严密的知识体系,这叫"不求细读"。我们的语言学习不求语言学的那个烦琐的细读,因为我们是以应用为主的,不是以研究为主的。语言学的研究无论你怎么样细读研究都无妨,但是我们是应用为主的。

二、课题研究的意义

(一) 关键词的界定

"文"是指理解和运用祖国语言文字的能力和语言、文学文化知识的统称。

"情"是指情感,包括道德情感和价值情感两方面。在小学语文教学中,教师在充分利用自身和教材所蕴含的情感因素熏染学生的心灵,激发起他们的自信心和求知欲,激活他们的内在潜能,发展他们的情感调控能力,促使学生通过内化而产生积极的情感体验,养成良好的情感品质,促进学生身心全面和谐发展。

互融:相互融合。在小学语文教学中,语文知识传授、语文能力培养与情感教育有机地融合在一起,让学生在语言文字的品味,作者思想感情的理解,作品形象的活现过程中潜移默化地得到情感的体悟,提升人文素养。

(二) 小学语文教学中文情互融的必要性

1. 教育改革发展的要求。

《上海市中长期教育改革和发展规划纲要》提出了"为了每个学生的终身发展"的核心理念,这一理念反映了社会主义教育的核心价值观,体现了科学发展观和以人为本的要求。学校教育应该在学生完整人格的培养上,在观察世界、认识世界、改造世界的能力上为其终身发展打下坚实基础。学校教育需要的不仅是知识文化的传承,更需要培养学生高尚的道德情操、爱国情怀、科学人文素养以及创新思维。

2. 新课程标准的要求。

《语文课程标准》中明确指出:"语文是最重要的交际工具,是人类文化的重要组成部分。工具性与人文性的统一是语文课程的基本特点。"这里的"工具"是一种比喻的说法。"工具性"着眼于语文课程培养学生语文运用能力的课程的实践性特点;"人文性"着眼于语文课程对于学生思想感情熏陶感染的文化功能和课程所具有的人文学科的特点。新课标同时倡导"知识和能力、过程和方法、情感态度和价值观"三个维度相互渗透,融为一体,注重语文素养的整体提高。各个年段相互联系,螺旋上升,最终全面达成总目标。

3. 小学语文学科课程发展的需要。

当前形势下,国际间的竞争实质上就是综合国力的竞争,而教育是综合国力的基础。加强对未成年人思想道德教育的建设,是培养中国特色社会事业合格建设者和接班人,确保党和国家事业后继有人的重要举措。

中国的教育必须培养全面发展的人,必须给所有学生一颗爱国心,因此要"树魂立根""立德育人",培养学生健康积极的情感、态度、价值观。语文作为中华民族最重要的交际工具,人类文化的重要组成部分,一门具有丰富人文内涵的学科,对此有着义不容辞的责任。以"以德树人"为核心,遵循教育教学和学生成长成才的规律,整体构建中小学语文学科具有工具性和人文性,这意味着语文不仅担当培养学生的智育,而且肩负提高学生德育、美育等的重任。

《语文课程标准》明确指出:"语文要重视提高学生的品德修养和审美情趣,使他们逐步形成良好的个性和健全的人格,促进德、智、体、美的和谐发展。"在现行的《九年制义务教育小学语文教学大纲(试用修订本)》的教学目的中也作了这样的要求:"在教学过程中,进一步培养学生的爱国主义精神,激发学生热爱祖国语文的感情,培养社会主义思想道德品质,努力开拓学生的视野,注重培养创新精神,提高文化品位和审美情趣,发展健康个性,逐步形成健全的人格。"在这些要求中,在对语文的感知、分析和运用能力要求提高的前提基础上,进一步强调了语文的人文性特点,对于创新的、美的要求更高了。

如小学低年级语文学科中文情互融教育总体目标是:

(1) 通过观察、朗读、学习、活动等,着眼培养学生的语文素养和实践能力,懂得关爱、思考、创新,培养学生的情感意识和创新精神,促进学生的全面发展。

(2) 观察四季、家乡和丰富多彩的大自然,了解大自然是一本读不完的

"书",培养学生观察能力和热爱大千世界的思想。

(3) 通过识字、寓言、童话故事,了解凡事从小事做起、善于思考与合作的道理,培养学生真诚、谦虚、诚实、认真的意识。

(4) 通过课文的学习,结合身边的事例,让学生贴近生活,走进科技世界,正确处理事件,培养学生现代科学发展观。

小学语文教学中语文教材作为一个例子,具有丰富的文化内涵,对于培养小学生的人文情怀和科学精神,弘扬祖国的优秀文化和吸收人类的进步文化具有得天独厚的优势。

教学中紧紧把握语文科目的特点,采用多样化教学方式,诸育融合,发挥文以载道,以文育情,用文育人的作用,使学生在语文知识学习中人文情怀、道义情操得到激发和培养,自主意识和自主能力得到增强。在语文知识学习中培养和完善学生人格,培养学生学会"热爱",主动去"热爱",把知识传授、熏陶和德育、美育教育熔为一炉,让语文课堂变为增知育情的主阵地,是学生发展成为"集体""学习"和"生活"的主人。有效进行"文"与"情"融合,对培养学生做学习的主人、做集体和生活的主人至关重要。

4. 提升小学语文教育教学有效性的需要。

当前,在基础教育领域,现代教育环境下的语文课堂是以学生多元发展、主动探究、协作互动、全面成长等为本的空间场所。也就是说,语文课堂上学生是否有效发展是衡量语文课堂教育教学是否有效的基础标准。学生"有效发展"的基础是教师打造的"有效课堂",教师打造的"有效课堂"的核心载体是"有效教学"。小学语文课堂教育教学实现有效性的过程中,我们语文教师承担着巨大而神圣的责任和使命:一是要使学生掌握语文基本的知识和技能,帮助学生学会必要的生存本领;二是要培养学生具有高尚的道德情感,帮助学生树立正确的三观;三是要努力启迪学生的心智,使不同差异的学生都能得到健康的成长和高效发展。

小学语文教学要注重对语言文字的理解和品读,通过对语言文字的感受进行文化熏陶,让学生体会语言文字所蕴含的文化内涵和审美价值。通过对语文课程与教材的深入研究和分析,发挥语文教材中经典篇目的永恒教育价值,在阅读、感悟与体验中培养学生高尚的情操。

小学语文教师在课堂上文情互融的教学策略,具体表现在寓教育于情趣、寓教育于情境、寓教育于快乐。小学语文课堂在教师的精心组织、有效教学中,要让所有学生都能快乐学习、热爱学习、学会学习、善于学习。主要体现在:

一是要"因材施教"。这就是说我们语文教师要提升对教书育人真谛的认识,而其实质就是在语文课堂上弘扬教师的"大爱"精神。从技术层面上讲,语文教师要根据学生的年龄特征、心理特征,深入研究学生、了解学生、热爱学生。根据不同学生的个性、特点和特长,在钻研教材、认真备课的基础上,制定多样化、个性化和动态化的教学计划和教案,帮助不同学生实现在课堂上的主体地位,即自己的个性差异、能力差异得到充分尊重,只有这样才能真正调动每一名学生在语文课堂上学习的参与性、积极性和主动性,语文课的有效教育教学目标才能真正达成。

二是要"意在情趣"。这就是说我们语文教师不管是在课堂教学前、课堂教学中,还是课堂教学后,都要认真思考如何让我们的学生"乐于学习"。在语文教学中,激发学生的学习兴趣还是要在"情、趣、意"上下功夫:即师有情、生有情,师生才会有情;教有趣、学有趣,教学才会有趣;教有意、学有意,教学才会有意义。现代教育环境下,教师在语文课堂上要实现"传道授业"就必须充分体现教师对学生、对语文教学、对语文课堂教育的感情、热情和激情,就必须赋予规程化的语文课堂教学以生趣、活力和艺术。在这种幸福、快乐、和谐的语文课堂环境下,学生才能被教师的教学所感染、所激活,语文课堂教育教学的意义才能自然而然地得到实现,在"意在情趣"的语文课堂里,教育教学的有效性才能真正地得到提高。

三、课题研究的方法

1. 文献研究法:通过请教专家,资料检索,寻找理论依据。在研究"小学语文教学中处理文情互融关系的原则"时,主要采用文献研究法。

2. 案例分析法:对小学语文教材、语文综合活动中文情关心的互融点进行分析研究,总结研究经验。在研究"小学语文教学中处理文情互融关的的策略、举措、方法"时,主要采用案例分析法。

四、课题研究的目标

教师在教学中根据教材语言文字的特点挖掘情感因素,采用科学的、辩证的、全面的方法较好地处理小学语文教学中文情互融关系,捕捉作者熔铸在作品中的情和意,获得与作者情感上的共鸣,提升自身的情感感悟,培养良好的学习习惯,良好的审美情趣,高尚的道德情操,树立正确的价值观。

五、课题研究的内容及成果

(一)小学语文教学中处理文情互融关系存在的问题及原因

素质教育的核心理念是"为了学生的终身发展"。从当前整个社会大气候情况来看,德育教育工作正受到越来越多的重视。一般来讲,义务教育学段的学校除了开设专门的思想品德课和政治理论课作为德育主阵地以外,还要求其他各学科的教学与德育有机结合起来,这是时代所趋。然而受当前教育形势或传统教育观念的影响，在小学语文学科的教学中，对德育目标的实施还存在着一些误区。

1. 受当前教育形势的影响，存在重知识技能传授而轻情感熏陶的倾向。

近几年来，随着人民生活水平和文明程度的不断提高，考学、就业、发展等现实问题凸显，教育受到了社会各界前所未有的重视，教育市场的竞争也日趋激烈，受当前教学评估体系的影响，各学校一般都把学生知识技能水平的高低作为学校教学质量的最重要的指标，把学校升学率作为一个学校的生命线，在这样的教育形势下，教师把绝大多数的时间花在知识的传授与训练上，更无暇顾及其他。

因此，语文学科教学中，情感教育往往是处于“缺席”地位的。照理说，语文学科自古就有“文道合一”“文以载道”的传统，但受当前教育形势及传统教学中“工具论”的影响，一些教师放弃了对学生的人文的熏陶，放弃了对学生人生观、价值观的培养，放弃了对学生进行理想主义、爱国主义等的教育，只把语文当作一种知识传授的工具，只对语文教材进行技术层面的分析与训练，这对学生的身心发展是极为不利的，这与新的课程标准对学生的培养目标也是背道而驰的。

2. 过分夸大语文学科教育的地位和作用，将语文课上成德育课的倾向。

与上一种倾向相反，有的教师过于看重语文学科的育人功能，尤其在近些年来语文教育界对“人文性”的提法呼声越来越高、“二期课改”的新教材也大量引进了极富人文性和思想性的文章的情况下，在实际的教学过程中教师往往把握失当，或重蹈多年前的覆辙，用陈旧的思维向学生灌输主题、立意等思想内容，或过多地给学生提供背景资料或拓展材料，力求学生在思想深度上有所掘进，或在课堂上大讲时政，甚至唱国歌、写誓词，所有这些都让语文课堂承担了不该承担的思想品质课的教学任务，而忽视了语言文字训练这一语文教学的基本任务，从而影响到学生语文素质的培养和语文技能的提高。

3. 忽视学生的主体地位，采用灌输的育人模式，缺少情感的注入。

目前中小学校的育人目标，主要注重于考查学生知识的掌握程度，注重于学生的行为是否合乎规范，而没有注重学生的内心情感和信念是否发生了改变。对于教育之后，学生的爱心、同情心、友谊感、自尊心、责任感等有没有得到发展，缺少关注和反馈。例如很多学生反感写“读后感”，出于对老师的敬畏而敷衍完成作业，有的学生从教师、教材、资料那儿得来的知识进行简单的“复制”，有的学生从网上点击搜索、下载而交差，老师也默认了，视其完成了作业，而学生内在情感是否真正得到升华或心灵真正得到净化，则不认为是语文教师的教育职责所在。

4. 美育代替德育，重文不重道。

随着新的课程标准的颁布和新教材的使用，审美教育在语文教学中的地位日益凸显出来，一些教师在观念中常把审美训练当成育人目标来完成，同时认为讲人生观、价值观、爱国主义、理想主义等是时政，对小学生来说有些遥远，也有些虚空，从而使学生在学习语文教材时偏重语言技巧、写作文笔的锻炼，偏重审美情感的培养与审美能力的锻炼，却往往忽视了语文教材中所展示的健康积极、奋发向上的思想情感来对学生进行熏陶和激励。这一做法的弊端在学生作文中体现得更为明显，许多学生作文文采斐然，可是文章情调、思想却平淡无奇、低沉迷乱甚至功利私欲，其中表现的人生观、生命观、价值观与我们提倡的高尚的人文精神存在着格格不入的地方，而且这种现象还往往发生在那些学校优异、成绩较好的学生身上，这应该引起我们为人师者的深思。

（二）小学语文教学中处理文情互融关系的策略与举措

1. 小学语文教学中实施文情互融关系的策略。

小学语文学科中蕴含着丰富的情感教育资源，有的真实生动地描写了我们民族的优良传统，有的热情讴歌了我们民族的伟大精神，有的精彩地描绘了美丽多娇的祖国壮丽山河，有的深刻阐述了生命地价值……因此，在小学语文课堂教学活动中，教师要充分挖掘小学语文教材中的优势，进行无痕交融，使小学生在接受知识传授的同时，也得到思想情感的熏陶。

语文教材中的情感教育内容，不可能像学科知识那样处处明显，它往往是内在的、深层的，个别隐蔽的，情感教育是融化在学科知识的方方面面，与学科知识融而为一。在小学语文教学活动中，教师可以通过引导学生欣赏文中字、词、句，理解句中句式的作用及其变换、文中修辞、标点符号的运用，使学生能意识到祖国语言无可比拟的表现力，体会到祖国语言质美意深，简练如金的妙处，能感受到祖国语言的丰富多彩，包罗万象。

（1）遵守熏陶感染，潜移默化的原则。

如今开放的小学语文课堂之中，随着个性化阅读进程的推进，主流思想与非主流思想并存，似是而非的各种意念在小学生阅读感情的自由表达中共存着。虽然说，现在的小学生自我意识在增强，他们乐于独立思考，敢想敢说了，这种积极性要给予保护和鼓励，但是，他们毕竟还小，缺乏一定的认知水平和价值判断能力，所以在小学阶段，对小学生进行正确的情感、态度、价值观的引导是那样的重要。

当然，对教师来说，更为困难的是在面对开放的课堂，面对个性化阅读和自由表达时产生的情感、态度和价值观的偏离应如何正确引导。如果只是作抽象的理性说教，即使学生表面上表示认可了，也并不真正解决思想问题。正确的做法应当如《语文课程标准》指出的，要提倡平等的对话，在“珍视学生独特的感受、体验和理解”的同时，“注重熏陶感染、潜移默化”，并经常地能够“贯穿于日常的教学过程之中”。

例如，在教学《麻雀》这篇课文时，我设计了一个环节，要小朋友设身处地地思考：如果你就是老麻雀，你会怎样想，怎样做？一石激起千层浪。学生们实话实说，展示了不同的情感、态度和价值观：一位女学生怯怯地说：“我不敢冲下去和猎狗斗，我胆小，怕……怕死。”“你敢于说真话，这个态度很好。”我给予了正面鼓励。“我也不会。因为那样做，老麻雀是死定了。”另一位女同学如实说。“你是估计了双方力量对比的差异，才这样认识的。一般是会这样想的。”我还是客观地评价了女孩的认识。这时，有一位男同学说：“我觉得那样做不是真正的勇敢，老麻雀怎么斗得过猎狗，不但救不了小麻雀，还会搭上一条命，多不值得。”“你是很冷静地作了估计之后，才得出了‘不合算’的结论。这不是一点没有道理。”我点了点头。“我会想，反正孩子注定没命了，我去白白送死，还不如回去再孵一窝小麻雀。”另一位男同学站起来说。话音刚落，许多同学都笑起来。我笑着冲他说：“你真会精打细算啊！”

“那么，有没有同学会像老麻雀那样做呢？”老师再耐心启发。“我会去试试。因为以弱胜强是常有的事，不去试试就输定了，去试试，才有可能战胜对手。”我说：“这话有道理，弱者不能老受人欺侮呀，当然要反抗一下。”“论身躯、体力，老麻雀当然不是猎狗的对手，但母爱的力量使它顾不上一切了。”“老麻雀当时只想到不能眼睁睁看着亲骨肉被吃掉，就不顾一切冲下来了。”“说得真有道理！”听到这话，我不禁称赞说，“救孩子要紧呀，老麻雀根本不会去考虑这是不是‘真正的勇敢’，也不会去细致盘算‘怎样才划得来’，更不会想到因为可以再孵一窝小麻雀，而对孩子见死不救呀！”此时的课堂，可真是小学生自由思想的展示、交汇、碰撞和升华。学生的价值取向，当然有是非对错，但能够想啥说啥，说出来总比藏起来好。但说出来之后，教师必须与学生平等对话，给学生正确的引导，帮助其培养良好的价值观、是非判断的能力。

由此可见，老师在课堂上能重视语文的熏陶感染作用，就是要清楚地意识到教学内容的价值取向，把时代和民族倡导、尊崇的主流价值观贯穿于语文课堂教学的全过程。学生学习语文的过程，就是接触大量感性的语文材料的过程，也是自主地能动地建构文化意义的过程。这种接触和建构，对学生精神领域的影响往往是终身的。

（2）遵守品语明道，文道统一的原则。

在小学语文教学中，语言文字的品读与思想教育的明理是并存的，也就是说语文知识的传授与情感教育是水土交融的，它们互相融合，互相渗透。如果小学语文教学脱离了教材中的语言文字的品读，而大谈情感熏陶，那这样的情感熏陶只能是空洞的说教；反之，没有情感熏陶的语文教学，知识技能也是苍白无力的。

因此在小学语文教学活动中，对于蕴含着生动而丰富的情感元素的语文学科来说，做到文情互融、文道统一是非常关键，有助于更好地落实教学目标。语文教师可以通过介绍作者写作背景，指导文本朗读，引导学生欣赏作品，归纳总结写作手法等方式，不仅让学生深刻解读课文内容，掌握一定写作技能技巧，还能让学生在思想上获得形象、具体的教育成效。在学习的过程中，学生不单单掌握了基础的语文学习技能技巧，而且在文章的语言品读中潜移默化地接受了情感的熏陶，逐渐确立正确的世界观、人生观、价值观。

例如，当我第一遍读《一枝白玫瑰》这篇课文时，始终有一种强烈情感震撼着我的心灵，使得我深深地沉浸到课文所描述的情境中。一个 5 岁小男孩的妈妈和妹妹因为一起车祸永远地离开了他。小男孩为了满足妹妹的心愿，虽然身无分文，可还是去商店里买妹妹最喜欢的洋娃娃，哪怕买不起摸一摸、看一看也行。最后，在作者的帮助下，小男孩不仅了却了心愿，而且还买了一枝妈妈最喜欢的白玫瑰，作者被小男孩的这份亲情深深感动了，特地买了一捧白玫瑰去殡仪馆，最后含着热泪离开了。

课文中没有中心句，但字里行间充满着感人的亲情，人与人之间的真情。所以，教学设计时，我没有急于去把握这节课教学的重点与难点，没有按照既定的故事情节的发展线索按部就班的讲解课文内容，而是对现有教学内容作重组与提炼，使知识恢复鲜活，与人的生命、生活、情感息息相关，使它呈现出生命态。课堂教学时，我抓住作者的话语和举动，直接导入引起作者疑问的小男孩的反常表现，从而自然引出反映小男孩悲伤的句子，随后让学生紧扣文本，随着重点词句的理解、感悟、朗读，引起学生强烈的情感共鸣，使学生的情与作者、小男孩的情感融为一体，从而达到了本课的教学目标，让学生在语文学习中不断丰富和完善自己的生命世界，体验丰富的学习人生，满足生命的成长需要。

我想，教学对学生的价值不能只停留在让学生理解课文，掌握重难点上，如此感人的课文正是充分展现了本学科独特的育人价值，可以让学生在这篇课文中感受到人性的真、美、善，让学生去体会人间的真情是多么的可贵与感人。

(3) 遵守披文入情，因势利导的原则。

俗话说“文以载道”，教师可以充分利用教材本身的育人功能，选择恰当的时间，适宜的机会，巧借材料，融情感于行文中，纳情感在文字里，如春风化雨,于悄无声息中,让学生在欣赏享受中不知不觉地受到教育,得到培养。

例如,有些小孩子处于一个自控能力弱的阶段,上课时爱做小动作,好动,不专心听讲,非常调皮,经常招惹伙伴,在家对长辈也不够敬重。我在教课文《小乌鸦爱妈妈》时,抓住"懂事""可爱"两个词语引导学生一步一步朗读,在反复朗读的画面中让学生在读中体会小乌鸦"飞来飞去找虫子"时的劳累,"一口一口喂妈妈"时的耐心,感受小乌鸦喂妈妈的不易,是那样的孝敬妈妈,关心他人。在一次又一次反复诵读过程中,学生的感情渐读渐浓,收到了意想不到的效果。回家后,几乎每个孩子都向自己的父母表达了自己的感恩之情:有的送上了一个深深的吻,有的绘制了精致的心愿卡,有的端上了一杯浓浓的香茶,还有的为父母做了一件力所能及的小家务。从家长的反馈中,我们看到了语文课堂上的情感教学在家庭生活中得到了深化,学生在课堂上学到的理性知识转化为一种内心情感,并且外显于自己的言行之中。

在学习课文《微笑着承受一切》《妈妈,我们要活下去》时,学生很自然就想到了"5·12"汶川大地震,当时的场面通过电视和新闻媒体让所有的人都为之动容,全国乃至世界人民都伸出援手。有了这样的感受,学生纷纷发表自己的见解,有的为文中人物的安危担忧,有的发自内心的为文中人物鼓劲加油,还有的为文中的人物出谋划策,寻找自救方法。这些见解无不透露出学生对生命的尊重,对生存的渴望。整个过程无须老师过多的分析与讲解,学生通过自己的阅读、自己的理解、自己的感受、整合已有的知识和经验,已经认识到:生命的宝贵,不管是自己的,还是别人的,必须珍惜和爱护生命。

诸多的课文学习,多样的教学方法,教师善于挖掘课文中隐含着的生活技能和精神食粮等德育资源,披文入情,感染学生,感化学生。

(4) 遵守识字释词,有机渗透的原则。

在文化认同教育的过程中,要引导学生"热爱祖国的语言文字","在正确、主动地学习、使用语言文字中,感受祖国语言文字丰富的文化内涵和审美价值,提升自己的文化品位,深化热爱祖国语言文字的感情"。

古老、神秘的汉字,是建构中华文明大厦的"秦汉砖瓦"。汉字,最简洁、最经济,信息量最大,历史文化最丰富,因而也是学生最具有教育功能的精神文化的载体。在识字教学中,老师可以根据每个生字的特点,采用多种方法,使学生感受汉字世界的有趣。

例如一年级识字教学。首先,教师要鼓励学生自主识字。尽管学生初上学,但是对于许多汉字,他们并非是一张白纸,让孩子自己开动脑筋,观察字形,展开联想,组织语言,他们会有了不起的发现。当学习"红""圆""西"时,请学生说说自己的识字小窍门。有的学生说:"我来记'圆',我做动作(用手摆成圆形,并透过这个圆形对着一个小朋友说),这里藏着一个小苗苗儿童团员呢!”有的学生说:“我知道‘红’是‘红绿灯’的‘红’。”还有的学生说:“我知道‘西’是《西游记》的‘西’。”……学生交流得不亦乐乎!

其次,教师倡导联系生活识字。“课”是学生熟悉的一个生字,老师可以让学生找朋友来记“课”。一下子,教室里热闹起来,“语文课”“上课”“课程表”“下课”,学生发现原来生字的作用可真大呀,可以组成那么多的词语。

再次,识字与口语表达、课文理解紧密联系起来。如老师教学“也”字时,可以选用课文中的句子说一说:“欢欢有一个谜语,________。”因为课文中有句子可寻,所以学生立刻说出了答案。进而老师可以联系实际情况练习说话:“我带眼睛,________。”“他有一把漂亮的尺子,________。”“他听课很认真,________。”学生说得有滋有味,从中也初步了解了字义。通过一个“也”字的学习,学生理解了课文,训练了思维,发展了语言,真是一举多得,也真正体现了汉字的作用。

语文课文学习是一个对话的过程,与教材对话,与作者对话。教师应该让学生知道作者在创作每一篇文章时,都会有自己的写作的原动力,也就是自己的创作动机,可能有的是为了阐述表明一种观点,有的是为了抒发自己一种情感,有的是为了引证说明一个道理,不过作者创作的这些内容,不像演员或者画家是用直接、直观的形象呈现在观众眼前的,而是以语言文字为媒介、把丰富的内容、深刻的思想蕴含在语言文字之中。因此,语文教师在让学生精细地解读文章的思想内容、感悟蕴含在文章内部的德育教育时,必须在“有机渗透”上下功夫,要把情感教育始终贯穿在语文课堂教学的全过程,贯穿在学生对文章的语言文字的品悟之中,从引领学生“读文品词析句”入手,逐步达成“悟道怡情养性”的目的。

(5) 遵守以小见大,联系生活的原则。

小学阶段,德育教育的目的是提高小学生的基础能力,最终目的是让小学生的习得良好品德在现实生活实践中自然流露,把学生逐步培养成为社会主义现代化需求的新人。所以,小学语文教学除了在课堂上利用课文中的生动事例激发学生的情感,使学生动之以情外,还要与学生的现实生活实践紧密结合,挖掘学生生活中细小的事件,细小的举动,对学生晓之以理,导之以行。

如学习了《小溪生病了》,懂得保护自然环境是每个人的责任,从自己做起,自觉做保护环境的小卫士;学习了《父亲的叮嘱》,懂得无论做人还是做事都要实事求是;学习了《留住今天的太阳》,让学生从小养成珍惜时间的良好品行。所有这些教学内容都是可以与学生的生活现状紧密结合的,让学生在自己的现实生活状态中感同身受,启迪情智。

例如,教学课文《称赞》。你看,《称赞》中的小刺猬和小獾相处得多么融洽,多么富有人情味儿! 小獾说:“在我有点儿泄气的时候,是你称赞了我,让我有了自信。”小刺猬说:“你的称赞消除了我一天的疲劳!”看来,只要发自内心的称赞,即使是平淡如水的一句话,也会产生意想不到的效果。在课文学习时,老师可以联系生活让学生进行听说练习。在生活上,在工作中,我们都希望受到别人的称赞,得到别人的肯定,无论谁能得到老师的一句表扬或者伙伴的一句称赞,也就满足了。让学生明白:其实,爱听好话,这是人们的正常心理,获得他人和社会的认可,这是人的正常需要。善于发现别人的优点的人,往往善于称赞别人。即使别人存在问题较多,也能给予应有的肯定。要想获得别人的称赞,得先学会称赞别人。通过课文的学习让学生感受人与人之间发自内心的真诚赞美会给人带来自信、勇气和愉悦,学会善待生命,善待他人。

2. 小学语文教学中实施文情互融关系的举措。

小学语文教材编选的每一篇课文,在语文知识教学、思想品德教育的不同层面隐含着不同侧重点,语文教师应该细读文本,立足教材特点,有组织、有目的、有针对地对小学生进行一个方面的品质教育,切勿泛泛而谈,切忌上纲上线,切忌贴标签式的政治说教。如有的课文描写了祖国的壮丽河山,教师就应借此激发学生热爱祖国的激情;有的课文塑造了革命先烈的光辉形象,教师就应引导学生继承、发扬革命光荣传统;有的课文揭示了旧社会少年儿童的悲惨命运,教师就应借此点拨学生热爱共产党、热爱新中国的情怀……小学语文教材都是从我国和世界文学宝库中采撷来的一束束璀璨夺目的奇葩,教材中蕴含着丰富的思想和深邃的哲理,对小学生的德育教育都有推动作用,作为语文教师要认真研究教材,选择适宜的教学方法,实现德育的真正内涵。

(1) 在拼音拼读识记教学中培养文明礼仪。

汉语拼音教学中蕴含着文明礼仪教育的人文关怀。一年级新生对语文这一抽象概念的认识是从汉语拼音开始的,而且学习汉语拼音的过程是比较单调枯燥的,但是一年级学生情感却是不稳定的,直观形象思维占优势。因此,在教汉语拼音的过程中,教师在注重培养学生学习语文兴趣的同时,可以根据学生年龄特征,选择直观具体的事物和生动活泼的形式,如巧编故事,化抽象为具体,化呆板为生动,这不仅能提高学生的注意力,激发学生学习的兴趣,还能引起学生良好情感的产生,有利于教学,更有利于德育渗透。老师在学生识记过程中培养爱心,培养学生合作意识,培养文明礼仪的人文精神。

例如:我在教学 ü 与 j、q、x 拼读须去两点时,曾问学生:“用什么好办法来记住?”一个男孩响亮地回答:“j、q、x 小淘气,见到 ü 眼就挖去。”说完得意之情溢于言表。“挖掉双眼”是一件多么残忍的事! 从孩子嘴中很随意说出尤其让人心颤。我想：这可能是孩子从学前教育获取的知识。我忙说："小鱼多可爱呀，挖掉双眼不就死了吗？"孩子们七嘴八舌讨论起来："我养了两条金鱼，我可爱它们了。""是啊，是啊，我还给它们喂食呢！"发言的孩子不好意思地低下头，说："我听别人说的。"我笑着说："相信每一个同学都非常喜爱小动物，都爱和它们交朋友的。"同学们使劲点点头。于是，顺势利导说："小 ü，是个有礼貌的孩子。"我又说了句顺口溜："小 ü 有礼貌，见到 j、q、x，摘帽行个礼！"学生一边念顺口溜，一边模仿着动作，欢笑中记取了这个拼音规则。

例如：整体认读音节较难理解，我利用动画课件编了一个小故事："大 y 是个热心肠的人，谁有困难就去帮助谁。瞧，小 i 在家发愁，他自己不能单独出门，大 y 来了，他们在一起组成了 yi，就高兴地出门了。同学们，你们也要向大 y 学习，要帮助有困难的人，好不好？""好。"学生齐声答道。随后，学生们头顶标有字母的小帽，开始自编自演。瞧，小故事编得多精采，有的说："w、u 一开始挺骄傲，谁也瞧不起对方，可他们什么事也干不成。后来他们手拉手成了好朋友，就高兴地跳起舞来……"还有的说："小 u 一开始爱吐口香糖，大 y 来帮助，小 u 就讲卫生了，不再随地吐泡泡了。"寓教于乐，学生不仅牢固掌握了知识，而且在潜移默化中增长了团结友爱、文明礼仪的意识。

又如在学"aoe"这个韵母时，我是以自编的故事《小燕子回家》引入的：春天到了，小燕子从南方飞回了，她看到春天祖国像一个大花园。她又见到了自己的伙伴，小姑娘、白鹅、大公鸡。小姑娘正在为明天歌咏比赛作准备呢，看她长大嘴巴（aaa）练声练得多认真哪。因为她要演唱的歌曲就是《我们的祖国像花园》。大公鸡看到了小燕子回来了，高兴得欢呼起来"ooo"，腼腆的大白鹅不好意思弯下了长长的脖子，样子就像"eee"。让我们也到这美丽的花园和他们一起做游戏吧。在故事中，孩子们聆听、模仿、大胆展示不仅掌握了"aoe"的音和形，也感受了伙伴间的热情、友情。

语文课程丰富的人文内涵对学生的精神领域的影响是深广的。希望老师的这些努力，能在孩子稚嫩的心田撒播友爱、团结、文明的种子。

（2）在识字写字指导教学中培养审美情趣。

低年级的识字教学是置于阅读材料中的学习。汉字置于语境中构成了语言节奏，发生了语意变化，产生了文字的美感，传递着作者的情感，教师应当善于激发并且点燃学生学习的兴趣和欲望，以润物无声的教学达成学生学习语文的逐渐感悟，以活泼生动的教学带给学生快乐的学习情绪，从而让学生产生爱上语文的情感。

识字、写字教学是小学语文的重要环节。语文教师在组织识字、写字教学中应该依据中国传统的汉字的构词规律，运用美育教学的原则，有机渗透德育。引导学生仔细观察,探求汉字构字的奇妙,引申汉字与日常做人处事之间的联系,将识字、写字教学与人格教育相机结合,让学生在情趣盎然的汉字学习中掌握汉字的文化,感受中国汉字的审美情趣,同时明白做人的道理。

如在教学“种”这个字时,我故意把“种”字左边“木”的一点写成“捺”,请学生打开书仔细地观察一下书上的“种”字,看两种写法有什么不同。学生火眼金睛,迅速发现书上的“种”字中“木”做部首时“捺”变为了“点”,还说:“书上的字写得比较漂亮。”我顺势引导:中国自古就是礼仪之邦,素有“互相谦让”的好传统。“木”做部首时末笔“捺”变为“点”,右边的“中”写得瘦一点,两个相互谦让,都让出一点地方给对方,彼此和谐相处,使整个字看起来挺拔有生气。可以说,字如此,做人更是这样,平时同学们之间交往时理应互相谦让,团结友爱。最后请学生回忆所有学过的生字中还有哪些汉字在字形上也是互相谦让,书写美观的例子。学生思维活跃起来,列举出很多类似的汉字。学生通过这样的字形结构分析,不仅清晰地记住了独体字做部首时有的捺变为点,有的横变为提,还从中受到了美德的教育,提升了审美品位。

老师在指导学生书写时也可以适时渗透谦让的美德精神。学生刚学写字,在四线格中的字母往往是“顶天立地”。我通过示范比较,强调说:“同学们,字为什么不能占满格呢?因为写字就如做人,在上要懂得尊敬老人,在下要懂得爱护小弟弟小妹妹。左右为什么要有空呢?”我伸出双臂,大摇大摆走向教室门,问:“老师这样走好不好?”同学们笑得前仰后合,答道“不好!”“别人就不好出门了!”“对了。和朋友们在一起,要为别人多想一想。”我注意到那些横跨书桌的小胳膊悄悄地收回了。

记得已故语文教育家商友敬先生曾经大力呼吁:“还给孩子活泼泼的心灵、活泼泼的语言、活泼泼的世界、活泼泼的童年。”低年级的识字写字教学就应该让学生活泼泼的学,活泼泼的识,活泼泼的写。

(3)在语言文字训练中培育民族精神。

语文学习必须是以语言文字为载体的,学生的语文学习过程也一定是将知识的积累,技能的掌握和情感、态度、价值观的提升融为一体的过程。只有通过对课文的整体感悟和循序渐进的教学设计,才能不断引导学生深入体会和感受祖国语言文字的魅力,才能真正在语文课堂教学中继承和弘扬民族精神。

例如,五年级的一篇课文《开国大典》,它是进行民族精神教育很好的素材。在做课前教学设计时,我强调引导学生对课文进行反复咀嚼,力图透过充满魅力的语言,感悟作者行文中蕴含的无限激情,从而激发学生热爱党、热爱领袖、热爱新中国的感情。课堂上老师在着力提升学生边读边体会、边读边感受的能力的前提下,引导学生、组织学生交流自己的体会和感受,培养学生的国家意识、国家观念。

教学时,我紧紧扣住与开国大典有关的时间、地点、事件三大要素进行语言文字训练。简单地看是在进行说话练习,实质上是对课文主要内容进行概括,同时也给了学生一个情感的基调:庄严、隆重、激动人心。这样学生对课文的主要内容和情感基调有了一个初步的整体把握。

接着,我在一个"读"上下工夫,引导学生在反复朗读的基础上去感悟课文所要表达的情感。当读到参加开国大典的人员时,我强调了课文对工人队伍和农民队伍的描写,抓住"直奔"和"赶"这两个词语,让学生感受到工人、农民生怕耽误了开国大典时间的焦急心情。通过朗读,学生感受到了此时的天安门广场已经是人的海洋,红旗翻动像海上的波浪,人们都在焦急地等待着开国大典那一刻的到来。当学生回答我的问题说"红旗像海上的波浪,人群像海上的波浪,人们的心情像海上的波浪,心潮澎湃,久久不能平静"时,可以感受到学生的情绪已经随着课文在变化,已经走进了课文,真正在感悟作者所要表达的情感了。

然后,我变换教学的组织形式,变读为讲,通过简笔画帮助学生感知会场环境的布置。表面上看老师在画画,实质上是老师在帮助学生记忆课文中所描绘的会场场景,学生读读,老师画画,自然和谐。接着,我又引导学生自己借助简笔画说说会场场景,读读讲讲,讲讲读读。当读到"八面红旗迎风招展"时,要求学生跟着老师的手势读,透过这个手势,老师把当时会场中庄严隆重、激动人心的气氛传染给了学生。这时学生仿佛自己成了从四面八方汇集到一起的群众队伍中的一员,内心充满了期盼,焦急地等待着开国大典那一刻的到来。

在教开国大典的典礼仪式部分时,第一部分强调对毛主席的庄严宣告的感悟。第二部分是感受人民群众激动自豪的心情。延续着先前的感情,我引导学生体会毛主席的庄严宣告,一位学生朗读了主席的庄严宣告以后说:新中国成立了,每个人都充满了喜悦和自豪。另一个学生说:人民摆脱了奴隶的枷锁,当家做主人,朗读时就得热情洋溢。又有一个学生说:新中国的成立是多少代人的梦想,来之不易,读的时候就得饱含深情。还有一个学生说:正是无数革命先烈抛头颅洒热血,才换来了新中国的诞生,所以要读得庄严……学生的发言让我看到了学生情感的投入,学生已经沉浸在开国大典激动人心的场景之中。

在这个过程中,我清楚地看到了学生情感发展变化的过程,这个过程不是一步到位的,而是随着学生对课文的深入理解循序渐进的,是伴随着一个又一个不断深入的语文活动来完成的。正因为是深入挖掘语言文字、循序渐进而产生的情感,所以才显出学生发自内心的深刻感悟。

(4)在美文诗篇朗读中融入环保生命教育。

在小学语文教材中有一类课文选编的都是一些文质兼美的文章,而这些文章往往凝结着作者本人的情感精华。因此,老师在语文课堂上可以利用文美的好材料,以"文美""意美"调动学生学习语文知识的积极性,陶冶学生高尚情操,培养学生学好语言文字的热情和能力。文美,就是让学生在品味祖国语言文字的优美中,激发喜爱祖国语言文字,努力学习语文科的热情。意美,一是立意深远,耐人寻味;一是构思巧妙,浑然天成。教学中,抓住这类文章让学生领略大自然的美丽风光,感受人与自然的和谐美。老师用点拨诱导与自主感悟相结合,引导学生感悟人生哲理,树立关注环境生态,珍惜爱护生命的意识。

课文中描绘的美丽多姿的山川景物也随处可见,如那"风吹草低见牛羊"的辽阔草场,"疑是银河落九天"的庐山瀑布,那"惊涛拍岸,卷起千堆雪"的赤壁浪花,那"千里冰封,万里雪飘"的北国风光,那"万山红遍,层林尽染"的南国秋色,那故乡的榕树,故都的秋景……这些材料经过教师绘形、绘声、绘色的渲染,再由学生诵读、品味、鉴赏,久而久之,就会在他们内心深处激发出对祖国山川的热爱,对青春年华的珍视,对完美人格的追求,对理想事业的渴望等健康美好的思想品德,最终达到帮助学生树立理想、追求生命价值的目的。

例如小学五年级教材中的课文《桂林山水》,教师在教学中可以通过多种形式诵读、品读,使桂林水的静、清、绿,山的奇、秀、险,宛若浮现在学生面前,让学生有身临其境之感,教师引领学生从文章的优美词句中感受到桂林山水的秀丽多姿,激发学生对伟大祖国壮丽山河的喜爱之情。

又例如《一个小村庄的故事》,这是一篇环保教育题材很好的作品。课堂上我提问:"如此美丽的小村庄为何会消失的呢?"提问激发了学生探究的欲望,带着质疑,学生趣味盎然,阅读效率大大增强。我让学生读文后,通过画画,启发孩子感受小村庄以前的美丽,这与课文后半部分形成鲜明对比。同时引导学生看图进行语言表达训练,在进行语言表达训练中,孩子理解了"枝繁叶茂""清澈见底""湛蓝深远""清新甜润"等词语,感受到了小村庄环境的美丽。

我又引导学生感悟小村庄的变化。先让学生找出表示时间变化的词语,从"一年年""一代代"中,感受到这个变化需要的时间很长很长,然后重点引导学生关注一代代的人们都做了些什么,把有关的句子用"——"画出来。学习重点句子"谁家想盖房,就拎起斧头到山上去,把树木一棵一棵砍下来"时,我抓住“谁家”问孩子:“你家想干什么?”学生说出了“盖新房”“做家具”“砍柴火”等种种人们只顾自己的生活所需而做的乱砍滥伐的事情。最后理解“靠斧头得到的一切”时,继续追问刚才回答“你家想干什么”时的学生们:“你家的新房子呢?”“你家的家具呢?”“你家的工具呢?”“你家的柴火呢?”“你家的木棚呢?”这样的追问,孩子们很形象地理解了“一切”,也理解了这“一切”都是环境所付出的代价。我适时地补充了有关文字和影像资料,让学生更直观地去感受,在读、品、悟的过程中充分地感受到环保的重要,懂得了小村庄人的随意砍伐造成了这场灾害,这是大自然对人类的报复。

最后一个问题让学生写:“我想对小村庄的人们说……”学生不仅认识到了乱砍滥伐就会遭到大自然的惩罚,还由衷地感叹,为了重新拥有美丽的环境,为了我们的家园更加美好,为了我们的生命生活得更有品质,人人都要爱护环境,维护生态的和谐发展。

生命教育的根本就是教育学生注重对生命的认识和感悟,提升生命质量,实现生命价值,挖掘生命潜力,使生命得到更好的发展,并让学生知道如何实现个人的和谐发展,与家庭、他人、自然、社会的和谐,从而高质量地完成生命的历程。

小学语文教材中这样一篇篇美文让每一个学生懂得:生命是一种美丽,要学会欣赏;生命是一种善良,要学会感恩;生命是一种关爱,要学会在乎;生命是一种责任,要学会履行;生命是一种宽容,要学会谅解;生命是一种付出,要学会磨炼;生命是一种尊重,要学会理解;生命是一种和谐,要学会相处。

(5) 在唐诗宋词赏析中陶冶品行情操。

在我国,诗的历史源远流长,产量极其丰富,其中的许多诗至今仍闪烁着璀璨的光芒。在上海市小学语文新教材中,推荐背诵的古诗文都是历代名篇佳作,具有很高的审美价值和很强的艺术感染力,而且短小精悍,词句优美,韵律和谐,趣味性浓。小学儿童正处于记忆、语言、思维发展的黄金时期,多背古诗词,对于促进智力发展、培育良好的品德情操不失为一种行之有效的方法。

① 在古诗教学中培养学生乐观向上的心态。生活中总会遇到不如意的事,因而有一个对待挫折的良好心态是现今的小学生的紧迫问题。在古诗教学中,要引导学生学习古代诗人那种乐观豁达的良好心态,增强抵抗挫折的能力。例如《江雪》深刻反映了诗人在逆境中的心情,尽管处境孤独,但非常执着,于是我们看到了一幅雪景图,更看到了一位战士的形象。例如《游园不值》蕴含了很深的哲理:新生事物总是生机盎然不可阻挡的,总会被认可获得成功的。例如《泊船瓜舟》表达了作者实行变法虽然遭受挫折,但对前景仍充满希望的积极心态,“春风又绿江南岸,明月何时照我还”更是寓含他等到官

复原职再有作为的坚定信念。

② 在古诗教学中学会重情重义，珍惜友谊。例如《九月九日忆山东兄弟》先是从自我角度细腻地描写了对亲人的牵挂，后又从故乡亲人角度展开合理的想象，写了他们对“我”的惦念，这样别致的构思，使全诗思亲之情特别感人。例如《赠汪伦》中的“桃花潭水深千尺，不及汪伦送我情”，不仅表达了李白的好友的深情厚谊，更是为后人留下千百年来口口相传的不朽名篇。在古诗教学中让学生充分感受那种人与人之间的真挚情义，可丰富学生的情感世界。

③ 在古诗教学中让学生感受劳动人民劳动的艰辛，培养学生怀有一颗悲悯之心。例如唐代诗人李绅的悯农诗，诗中通过“春种一粒粟，秋收万颗子”和“四海无闲田，农夫犹饿死”强烈的对比，使诗歌的主题和意境具有无比的震撼力。在诵读，学生认识到社会主义制度的优越性，激发起学生痛恨旧社会、热爱新社会的感情。例如《江上渔者》一诗中作者把人们的视线从“渔”导向了“人”——那在江中与风浪拼搏的“渔者”，从而期望人们跳出“但爱”的局限，即喜食鱼，更应把劳动者的疾苦牢记心间。在教学中培养学生对劳动者的尊重、关心和同情。

④ 在古诗教学中，感受古代杰出人物和劳动人民自强不息、坚决维护国家独立的品质，激励学生从小树立报国之志。例如《示儿》中所表露的诗人陆游的爱国之心令人肃然起敬，一位 85 岁的抗金老将领，因没有看到国家的统一抱憾而去，期盼能有收复失地的一天。例如《菩萨蛮 · 书江西造口壁》中流露出辛弃疾抗敌决心被阻挡的悲伤与忧愁。

⑤ 在古诗文的教学中，使学生对祖国广袤、秀丽的山河加深认识，激发学生热爱祖国壮美河山的思想感情。例如《敕勒歌》以雄浑的气势，描写了阴山下美丽富饶、广阔无垠的草原风貌。例如《黄鹤楼送孟浩然之广陵》《登鹳雀楼》《望庐山瀑布》《晓出净慈寺送林子方》等诗篇以清新、明快的笔调描绘了如诗如画的祖国河山，不仅表现了诗人热爱祖国的深沉感情，而且渗透了诗人积极进取蓬勃向上的精神。《望天六门山》描写了长江的浩大气势，表现了动态美和蓬勃的生命力。《饮湖上初晴后雨》短短 28 字，把西湖的美景写得淋漓尽致。《望庐山瀑布》是一首妇孺皆知的杰作，李白为何能如此饱满激情地表现出庐山美景呢？学生会明白是因为诗人对祖国大好河山的热爱之情。

课例：全国著名特级教师、语文情境教育的创始人李吉林老师在教学古诗《宿新市徐公店》时，用板画诗意的方法，把情感体验发挥得淋漓尽致，使语文教学真正成了美的教学。师：“请你们谈谈诗，想想如果根据诗意作画，该画些什么？”生：“要画篱笆。”师：“篱笆要画得密还是松一点？要说出理由。”生：

"要画得松一点。因为诗中说'篱落疏疏','疏疏'就是不密的意思。"生:"还要画小路。"师:"为什么?是怎样的小路?"生:"要画一条狭长的小路,因为是'一径深'。"学生个个跃跃欲试,还有的说,树上只画些小叶,树下要画些落花,因为是"枝头花落未成阴"。讨论到画面上要不要画蝴蝶时,学生们争论得更有趣了。有的说:"要画蝴蝶,不画蝴蝶怎么体现'儿童急走追黄蝶'呢?"有的说:"不要画蝴蝶,诗上已经说了'飞入菜花无处寻'。"为了让诗的意境更深入地促进学生体验,李老师提示一句:"注意是'追黄蝶',而不是'追蝴蝶'。"学生从中得到启发,说:"飞入菜花无处寻,是因为菜花是黄的,黄蝶也是黄的,分辨不清哪是黄蝶哪是菜花,所以还是要画黄蝴蝶的,不过要画在菜花丛中。"又有一位学生补充:"蝴蝶最好被菜花遮住一部分,露出一点翅膀,就更有意思,也才能把'飞入菜花'的'入'表现出来。"……

这真是诗中有画,画中有诗,浓浓的诗情画意让学生尽情体验,让想象展翅飞翔,让生命的活力尽情释放,这种状态是自由的、宽松的,因而也最容易激发创新意识。这一案例生动地告诉我们:正因为"体验"侧重于对情感的体会和验证,因而语文教学比之其他学科更需要体验的参与。体验的这种个性特征,可以有效地提高人的审美能力和语文综合素养,使人不仅成为技术主体和科学主体,而且成为精神主体和审美主体。

(三)小学语文教学中实施文情互融关系的途径

小学语文教学中的情感教育通常指的是关于自己祖国语言的情感教育。祖国语言负载着自己祖国和民族的思维方式、思想感情,传承着自己祖国绵延不息的文化,具有深刻的底蕴。课堂教学是进行德育的主要场所,它以教材为本,教材中有极其丰富的德育内容,诸如爱国主义、艰苦奋斗、民族自豪感等。所以,应该把语文教学与德育工作相结合的重点放在课堂教学上。

我们要通过语文教学充分开发学生的潜能,把情感教育融汇在听、说、读、写的各个环节,采用学生喜闻乐见的形式,使之和谐统一,让学生在接受语言文字训练的同时,体会作品的内在蕴含,培养积极主动的学习精神,达到传文受道的目的。

1. 挖掘教材内容,充分发挥文本的情感感染力。

小学语文教材非常关注学生年龄特征,把内容全面、类型多样、蕴含丰富的文章编入其中。如有的课文,歌颂英雄人物事迹,让学生在自发主动的学习状态下,了解历史,感受英雄人物可歌可泣的性格特点和光辉事迹;有的课文,文质优美,赞美大自然,歌颂美好生活,以之从小培养学生正确的人生观,培养学生热爱自然、热爱生活;有的文章,用童话诉说一个美丽动人的故事,启迪学生做人的道理,教给学生做人的本领;有的课文,紧跟时代科技发展步伐,启迪学生智慧，培养学生求新求异的思维能力和创新精神；有的课文，节选古代优秀篇什，让学生从小感受中国文化的源远流长和精美……

在语文教学过程中，教师要抓住各类课文特点，把德育教育目标分化渗透于其中。以自主阅读为主，在读中感悟，再加之教师精妙的点拨诱导，动之以情，晓之以理，持之以恒，导之以行。在语文学科那些文质兼美的文学作品中，即是一块块的情感天地，教师都可以通过富有情感的教学、巧妙的教学手段，激发培养学生真挚情感，使学生能更深刻地感受文章蕴含的真、善、美，激发培养学生爱祖国、爱自然、爱生活的真挚情感，使学生在学习中不单掌握一定的语文知识技能，而且得到思想品德熏陶，不断提高自己的道德情操，使之成为学生积极向上的动力，也确保教学中德育渗透取得更大效果。

（1）紧扣文本题眼，开启学生情感共鸣。

如果说课题像一篇课文的“眼睛”的话，那透过这双“眼睛”就可以“走进文章灵魂的深处”。我们可以把文章题目中的关键词称为“题眼”，抓题眼来阅读文章，对于我们把握文章的中心主旨，概括课文主要内容，理清文章的脉络很有帮助，也能激起学生的情感共鸣，引发阅读的兴趣。

例如课文《镇定的女主人》的教学，可以紧紧扣住题眼“镇定”重组文本，并可抓住“镇定”“吩咐”这词语，通过查字典理解词义，再引导学生结合文本，借助言语实践，由浅入深地理解词义，感受女主人的沉着冷静和机智，从而对女主人产生敬佩之情。

例如《微笑着承受一切》的课文教学重点是帮助学生理解面对生活的挫折和困难，人们应该保持一种乐观积极的生活态度，从而使生命的价值得以体现。上这堂课时，我紧紧抓住课题中的“一切”一词，让学生阅读课文，概括桑兰在那天遭遇的不幸，引导学生了解从此以后桑兰将面对生活上和精神上的困苦。接着引导学生抓住文中具体写桑兰遭遇不幸后的表现的语句仔细品读，感受桑兰是以积极主动的态度面对所遇到的“一切”，从而理解课题中“承受”一词的意思。通过补充一些桑兰目前从事工作的资料，让学生感受桑兰乐观的生活态度使她在遭遇天大的不幸之后仍然能快乐地过着有意义的生活，使学生从中受到启示。

又例如《特殊的葬礼》是一篇有关环境保护的记叙文。作者通过描写塞特凯达斯大瀑布过去的壮观和现在日渐枯竭的景象，说明环境破坏给大自然带来的严重危害。作者把重点笔墨放在对瀑布昔日壮观和今日枯竭不同景象的描写上，意在凸显这场葬礼的“特殊”意义，从而增强人们保护环境，热爱地球的积极情感。

在教学这篇课文时，我发现“塞特凯达斯大瀑布”对于学生而言非常陌生,若能抓住文章中那些朴素又生动的语言描写,并适当借助一些可视可听的声像资料,我们完全可有效引导学生理解课文内容,并增强学生想象能力。于是,我采用的是"紧扣文本题眼"的教学策略,即抓住文章题目,紧扣题眼"特殊"一词,教给学生初步读懂这一类文章的一般方法,感悟语言文字的能力,同时,借助文本语言材料和必要的声像资料,展开丰富的想象,从而激发学生热爱自然,爱护地球的情感。

(2) 抓住关键词句,激发学生情感体验。

在小学语文课堂教学中要实施德育与智育的统一,是不能离开语言文字训练的环节去进行德育的,更不能让语言文字训练从属于德育。作者的思想感情往往蕴含在文章的字里行间。在语文教学中,如果我们引导学生抓住课文的关键字、词、句深入剖析品味,并把德育渗透到语言文字的讲析中,不仅容易领悟文章的主旨及其深刻的内涵,让学生在加深课文语言文字的品读中,迸发感情火花,达到语文课堂教学的育人目的,还能达到智育与德育的自然融合。

例如,学习《摇花船》《家乡的桥》这两篇课文时,可以引导学生重点理解"故乡的桥像一条条血脉,网布在大地母亲的身上""长相忆,最忆家乡的桥""这种幸福的感觉一直保持了很久"这几句句子的含义,体会句中包含的作者对家乡浓浓的爱。从家乡的桥与家乡的人民的生活之间的联系,摇花船的民间习俗与"我"对儿时幸福的回忆之间的联系的角度,来引导学生学习,体会作者描述的家乡的生活情趣,抒发的是对家乡的热爱之情。

古人云"文以载道",语文作为重要的文化载体,承载着人类文化方方面面的思想,它与人的生命活动、精神活动有着天然的联系。在语文教材中有大量的有关生命教育的经典作品,作品中人物用他们健康高尚的心灵世界,去影响和规范学生的心理结构,所以语文学科是先天的生命教育的一个重要的教育资源。

如《最后的玉米》是一篇人文性很强的童话故事,全文采用拟人的手法,讲述了一个收获的季节里,一个长得很棒的玉米,满怀希望地等待老婆婆来采摘,可是他一次又一次地失望了。就在眼看着同伴们一个个被老婆婆摘走,自己心灰意冷时,他听到了老婆婆的夸奖,终于明白了自己获得了最高荣誉——被留作明年的种子。在教学中,我通过提炼重点词句来帮助学生体会玉米的心情变化,有机地渗透生命教育的理念,让学生感受玉米"自信—灰心—抱怨—感激"的心路历程,同时通过多种形式的朗读、评读,给学生创造一个想象、互动的平台,在读中有所感悟,在读中培养语感,在读中受到情感的熏陶,使学生体会感悟人生的道路上,总会遇到挫折,但在逆境中对自己要有信心,有本领的人一定会被发现,本领越强,用处越大,帮助学生体会到生命的意义。让他们联系生活实际畅谈感受,在品读的过程中能有所启示:不管在什么情况下,都要对自己充满信心。让他们入情入境地体会玉米的自信和感激,这是本课要力求达到的一个效果。

在教学中,我最大的感受就是要抓住文章中的关键词句,引导学生解读本文,激活他们的心灵,为学生们提供一个温馨、和谐的人文环境,倾注更多的人文关怀,激发起孩子们的情感体验,点燃起孩子们的心灵的火花。

(3) 分析人物形象,深化学生情感领悟。

中华民族孕育和培养了一批又一批英雄豪杰、仁人志士。在他们身上,无不闪烁着我们民族最耀眼、最动人、最可以世代相传的人文精神和思想光辉。因此,在分析这些作品时,我积极引导学生感受这些人物伟大精神力量和人格力量,久而久之,使学生辨别是非曲直、真善美丑,培养其形成正确的人生观、价值观、审美观。如孔子"学而不厌,诲人不倦"的治学品质,诸葛亮"鞠躬尽瘁,死而后已"的献身精神,范仲淹的"居庙堂之高则忧其民,处江湖之远则忧其君"的忧国忧民思想,"不以物喜,不以己悲"的阔大情怀和"先天下之忧而忧,后天下之乐而乐"的政治抱负,鲁迅"横眉冷对千夫指,俯首甘为孺子牛"的战斗精神和崇高境界等,都体现了中华民族丰富的伦理道德观和做人的道理。"路漫漫其修远兮,吾将上下而求索"的屈原,"人生自古谁无死,留取丹心照汗青"的文天祥,"安得广厦千万间,大庇天下寒士俱欢颜"的杜甫,他们优秀的精神品质,在教材中熠熠生辉,使学生受到人生的启迪,心灵的净化,有利于提高他们的思想道德水平。

例如课文《将相和》的教学,要重点引导学生联系"渑池会"上蔺相如的表现,了解他到底有什么"能耐",同时启发学生思考蔺相如这么有能耐,可是面对廉颇的挑衅他为什么一再躲避,从而体会蔺相如以国家利益为重、不计较个人得失的爱国精神。在教学中,我也避免把廉颇当作"反面教材",而是从廉颇这样的大将军最后"负荆请罪"的举动中感受他也同样把国家的利益放在心头,只是一时被嫉妒迷了心窍,一旦醒悟,他立刻主动请罪,也是非常难能可贵的。教学时,我安排了让学生两个人合作说说廉颇来到蔺相如家"负荆请罪"时,他们之间所说的话,通过这样的叙说的训练进一步感受他们以国家利益为重的可贵的民族精神。

对学生来说,日常生活中榜样的力量是无穷的。因此,在小学语文课堂教学中,让学生感受人物形象,特别是英雄、模范人物的光辉形象,是小学语文教学渗透德育的重要方法。如教课文《丰碑》时,我引导学生思考,老战士其实就是军需处长,可自己还活活冻死,这是为什么?(把所有的棉衣都让给战士们穿)"当将军知道后愣住了,为什么?而你怎么想呢?"学生在此时都纷纷发表自己的想法,体会到了军需处长那种毫不利己、专门利人的崇高品质。这种品质就像一座丰碑屹立在战士们的心中。这让学生方法看到老军需处长忠于革命、舍己为人、无私奉献的崇高形象，受到了革命传统教育。

教师还可以运用教材中人物的对比来渗透德育。在人物的比较中，使课文中的主要正面人物的思想品质鲜明地表现出来，成为学生敬慕、模仿的对象。如人教版三年级课文《信箱》，文中两兄妹性格共通点是：对待管信箱这一任务都热情卖力，不同点是：哥什提亚缺少妹妹娃丽那种关心别人、助人为乐的精神，而娃丽最终拿到了管理信箱的钥匙。教学中通过人物的对照，可以培养学生的是非观念、道德审美情趣。

又如《武松打虎》《赤壁之战》这两篇课文教学时，我着重引导学生抓住文中一些主要人物的言行来体会他们的性格特点，使学生初步了解中国文学史上这些耳熟能详的人物，激发学生进一步了解这些人物的愿望，从而引导学生走进名著。

2. 语文实践活动，不断点燃学生的情感火花。

通过语文课外活动对学生进行德育是语文整体教育的组成部分之一。语文课外活动能丰富学生的语文知识，促进学生语文能力的提高和思想品德的熏陶。活动的设计要贴近学生的思想实际并注意有层次性和针对性。

小学语文教学中的德育，涉及社会生活的方方面面，必须开辟多条渠道，使德育像涓涓细流流到学生心田，如课内与课外结合，课堂与生活结合，集中与分散结合，阅读与写作结合。渗透各种德育内涵的语文活动，是对语文课堂教学的补充，是学生增强素质的另一途径。教师可以利用课余时间组织学生，指导学生读有关的书，开展各种语文活动如诗歌朗诵比赛，成语故事比赛，收集简报，做手抄报，开讨论会、讲演等。这些活动能丰富学生的语文知识、技能，提高学生的素质，也使学生在潜移默化中得到思想熏陶，激发他们积极向上的情感，又让学生能感受到祖国语言文字的精炼形象，祖国灿烂文化的源远流长，从而激发他们的爱国情感。

（1）创设情景，课本剧编排表演中激发情感。

我们身边蕴藏着许多自然、社会、人文等多种语文课程资源，要有强烈的资源意识，积极开发和利用各种语文课程资源，设计丰富多彩的小学语文活动课。语文课外活动可以适度地调节学生的心理，促进学生良好心智的发展，所以，它不仅是小学语文课堂教学的有效补充，也是在学科中实施德育渗透的重要途径。小学语文活动课的形式多姿多彩，如“新闻发布会”“好书推介会”“辩论会”“影视欣赏活动”“戏剧表演赛”等。通过语文活动课的设计、实施可以激发学生学习语文的兴趣，让学生得到充分的动脑、动手、动口的机会，促使每一位学生自觉学习，自主发展，在小学语文的实际运用中丰富语文知识，发展智力,促进小学生身心健康的全面发展。小学语文活动课为学生学习能力的培养提供了大舞台,它既可以调节小学生紧张的学习生活状态,又可以增强小学生参与意识和竞争意识,促进小学生良好心理品质的形成,同时可培养学生热爱祖国、热爱家乡、热爱社会主义的感情,促进他们树立正确的人生观和价值观、良好的思想品质、健康的生活情趣,提高他们的审美能力。

(2) 激发习文,作文实践活动中孕育情感。

小学语文课是开放的学科,它来源于生活,又服务于生活,因此在语文教学过程中,应组织学生进行多元德育教育。因为,德育教育不仅仅存在于小学语文阅读教学之中,小学语文作文课中的德育元素也是不容忽视的。小学语文作文教学中可以培养学生仔细观察事物、透彻分析事物、客观认识事物的习惯和能力,可以训练学生娴熟地运用口头或书面语言及表现技巧等再现事物的特质,形成一定的写作技能。学生在观察、感悟、分析事物的习作过程中,一定会产生种种思想情感,对所写事物产生并表达出一定的见解或评价,所以语文作文教学中也承担着德育教育的责任。

学生非常喜爱参加各种各样的活动,但多半是欣赏其有趣、好玩,而不注重观察活动过程,这时,老师就要注意引导学生有序的去观察,发现事物的特点。

例如,有一年元宵节,我邀请了部分家长,在班级中组织学生开展做汤团的亲子活动。在活动中,学生既亲身体验到了做家务的辛苦和乐趣,也理解和体谅到了父母的辛苦,而且在做汤团的过程中懂得了学会与人合作,更是增进了孩子与家长的感情交融。而后学生一篇篇颂亲情、赞友情,体验深刻,生动感人的作品跃然纸上,以此达到育人目的。

又如:母亲节那天,我在班内号召孩子们回家为妈妈做一件力所能及的小事,并用自己喜欢的方式表现出来,可以画画,也可以写话(字数不限,写出自己的感受与妈妈的神态和语言)等。第二天,作品收上来后,我看见孩子们的作品真是五花八门,有的帮妈妈洗脚,有的帮妈妈做家务,有的给妈妈捶背……其中大部分画都配有简短的文字,孩子们将自己的感受都表达出来。于是,我又举办画展,将孩子们的画张贴在教室里,让大家参观学习,通过这次活动不仅锻炼了孩子们实践能力,而且还是一次良好感恩教育,同时也提高了孩子们的书面表达能力。

写周记、写日记也是在小学语文课外写作活动实施德育渗透的一种有效载体。有位特级教师说:"日记是'道德长跑',每天坚持,使人心灵求真、向善、爱美。"绝大多数学生在自己的日记里说的都是真话,心里话,这便起到了使人求真的作用。"写日记能规劝人积极上进,劝人改过自新。许多学生在日记中针砭假恶丑,赞扬真善美……这便起到了教人爱美、向善、求真的作用。"

教师应充分发挥小学语文教学中写周记、写日记等写作形式中的德育功效。

在小学语文课外写作活动中实施语文德育的阵地还有编写板报、出墙报等各种形式。这些写作活动不仅能激发学生的写作热情，而且能培养学生的创新能力和创造精神。

这正如苏霍姆林斯基曾说:“我们可以形象地说，由道德概念到道德信念的道路是从行为和习惯开始的，而行为和习惯中又渗透着儿童对于所见所为事物的深刻情感和个人态度。”

(3) 交流沟通，学生作文评价中绽放情感。

俗语说：文如其人。这说明了作文教学中德育渗透的特征，既教学生作文，同时也在教学生做人。

在常规的作文教学中，德育的渗透是体现在学生的“写”这一方面，即让学生在作文的过程中感受生活，形成正确的人生观、世界观，丰富情感，陶冶情操。而教师对作文的“评”这一方面，则只是从作文技巧方面进行，忽略了其德育的功用。其实在学生的作文评语中蕴含着德育教育的大好契机。因为学生在文章中出现的思想品德、情感个性等方面的问题，教师在批改评判作文时如加以引导点拨，因势利导，能更好地教育学生，引导学生树立良好的三观。

① 在作文评语中利用童话故事、名人故事进行情感熏染。中高年级的学生随着身心发展，在品行方面也有了很大的变化。他们渴望知道更多的事情，渴望学到更多的知识，但是，由于他们涉世不深，思想欠成熟，所以辨别是非的能力也比较弱。作为语文教师，在对学生的作文批改时，需要利用他们耳熟能详的故事适时地对学生进行引导教育，如寓言故事、童话故事、名人故事、成语故事等。在学生作文的评语里，教师恰当地提示学生想起这些读过的、学过的小故事，去感受故事中蕴含着的深刻的哲理，引起情感共鸣，给自己以启迪，促进他们身心的健康成长。

如有一位学生在作文中说，看到别的同学穿着名牌衣服，用着名牌学习用品，吃好的、穿好的、玩好的，他觉得他们过得才是“幸福”，而自己没有就是十分“不幸福”的。看到这里，我在给他的作文评语的最后写道：希望他再去读读本学期学过的一篇童话《幸福是什么》，就会明白什么是真正的幸福。这让学生懂得“幸福”不应该只是停留在对物质生活的追求、享受之上，而是追求理想和真理，获得内心的自由、安宁和幸福。

又如有一个学生在文章中写道，他总是觉得自己没有别人聪明，学习没有什么动力。于是，在他的作文评语中，我提到了牛顿的故事，告诉他：牛顿小时候并不聪明，学习成绩也不好，曾被老师赶出学校，但在妈妈的教育和自己的努力下，最后成为了一名科学家的故事，让学生明白只要一点一滴地努力去学就有希望学好知识。

② 在作文评语中,利用鼓励性语句进行品行激励。“如果少年没有理想或缺乏正确而远大的理想,他就可能暮气沉沉、无所作为。只有引导他们树立正确远大的理想,才能给他以前进的正确方向和巨大力量,为形成正确的人生观和科学的世界观打好基础。”心理学家还告诉我们,处在少年时期的小学生心底里是非常希望得到鼓励与赞扬的。针对小学生这一心理以及德育的内容要求,我常常在学生作文的评语中加入鼓励与赞扬的话语,使学生读着评语有所触动,有所满足,有所启示,并以此来对学生进行品行教育。

如有的学生作文水平不错,在他的作文中也表露出将来要当一名小作家的美好愿望时,我在他作文评语中这样写道:“从文章的字里行间,我知道你是一个有很强的写作能力,有较好的文字功底的孩子,只要你朝着认定的目标不断努力,你一定会写出更好的文章,你的梦想也会成为现实,相信你自己吧!”有的学生在作文中表现出很强烈的社会责任感和远大的人生抱负,我在他的作文评语中这样写:“你是一个责任心强且有远大志向的孩子,我把一句话送给你:‘一个人追求的目标越高,他的才力就发展得越快,对社会就会越有益。你会成为这句话的写照,对吗?我想回答是肯定的’。”我在学生的作文评语中利用鼓励性语句,对学生进行理想教育,收效颇丰。

③ 在作文评语中,利用开导性语句进行个性教育。有些小学生对事敏感,易于冲动,但是对许多事情的看法不尽正确,而且很容易把不正确的认识、观点变成自己的观念,从而形成为偏差的个性。在学生的作文中这方面的情形最容易出现,教师应借此机会对学生进行心理的疏通与开导,逐步培养和发展学生的健康、独立的个性心理。

如有学生的文章中写自己被老师误解而遭受不应该的批评,他因此认为老师是对自己有偏见,觉得这个世界不会有公平可言。于是我在他的评语中写道:“被人误解的确是一件痛苦的事情,何况还要挨批评!不过我想,一次的误解和一次的批评不应该变成了全部。你是否可以找个机会与老师当前解释这件事呢?既可以解除你的心结,又可以消除老师对你的误解,何乐而不为呢?试试看吧,你会得到一个满意的结果。”这样一番话让学生走出了误区。

又如有的学生在作文中表现出一种不积极进取的情绪,我就会在评语中写下这样的话语:“你不知道吧,老师惊奇地发现,你是一座巨大的金矿,里面蕴藏着无限的智慧、爱心和热情,所有这一切,都等着你自己去挖掘和提取。赶快行动起来吧。”我想,生活中,人总会遇到一些不如意的事情,而此刻如有人在一旁加以开导、解释,学生就会朝着积极、健康的方向发展。

④ 在作文评语中,利用认同性语句进行情感提升。德育的过程是培养学

生品德的过程。学生由于自身思想、心理发展的不成熟,在许多方面还无法完全把握对事物的爱憎、好恶的正确态度,他们需要有人加以认同,激发学生的情感,树立正确的价值观。

如学生在作文中会对班级、校园、社会上的一些不良行为发出感叹、批评,每到这个时候,我会在他们的评语中这样写:“我也有同感,你疾恶如仇的性格让我钦佩,我相信你能用你的笔淋漓尽致地揭露出生活中存在的丑恶的行为!”激励学生树立正确的是非观、价值观。有学生的文章中写的是一些好人好事、社会新风尚等内容,我就在他的评语中写上“看了你的文章,我内心深感欣慰,因为你发现了生活中的真、善、美,生活会因为这些人与事而变得更加美好”。给学生予以肯定,使他们更能体会到生活中的真、善、美,激发学生热爱生活的情感。

(四) 小学语文教学中德育渗透的几点建议

1. 强调语言文字教学的以生为本,重视学生内心情感体验。

“注重体验”是《语文课程标准》重要的教育理念之一。在其“前言”的“正确把握语文教育的特点”中明确指出:“注意教学内容的价值取向,同时也应尊重学生在学习过程中的独特体验”;在“总目标”中,则把“具有独立阅读的能力,注重情感体验”列为其中一项;在“实施建议”中又强调“要珍视学生独特的感受、体验和理解”。可见,“注重体验”不仅是语文教育的“特点”,而且是语文教育的“目标”,是语文教育的实施方法。

所谓“体验”,就是指“人们在实践中亲身经历的一种内在活动,体验更多是指情感活动,是对情感的种种体会和感受”。为什么今天的小学语文教学特别关注体验?也正因为作为学习主体的小学生在语文教学过程中那种内在的知、情、意、行的亲历和验证,对于学生语文素养的形成并发展,为学生的全面发展与终身发展打好基础,具有重要意义。

“体验”是一个过程,它从亲历的实践开始,进而获得认识,形成情感,最后产生感悟,并且逐渐积累成为最可宝贵的精神财富,并以此作为今后生命之旅的底蕴。体验的这种特性,全面关联着小学语文课程、教材改革的新理念、新精神,主要表现在:

一是操作的实践性。体验的“亲历”,就意味着要在生活中去亲身参与并且动手操作,这就离不开语文的实践运用。

二是形象的直观性。让学生亲身经历,便不可能完全是理性的、抽象的认识,大量的应当是形象的、直观的,这才会有体验的产生。显然,这很符合语文教学的基本特点。

三是情感的共生性。学生的亲历总是与情感同生共存。因为“亲历”最容易激发情感。“体验”更多的便是指在亲历中获得情绪的感染和情感的体味。由“体”生“验”,这与语文教学注重熏陶感染是一致的。

四是自主的选择性。体验是极具个性化的行为,可以最充分地享受自主选择权。语文教学也只有尊重了学生的主体地位,才谈得上效率和效益。

五是自由的创造性。体验具有最鲜明的个体特点,最尊重个性的张扬。在体验活动中,学生享有很大的自由空间,所有这些方面都会有助于强化学生的创新意识,培养创新精神。

小学语文教学是学生、教师、文本互动、融合、提升的复杂过程,而学生主体的体验,是这一过程发挥最佳功效的重要保证。

2. 注重教师的言传身教,建立和谐师生关系。

注重小学语文教学中语文教师言传身教的熏陶感染作用,就是要发挥语文教师独特的人格魅力,用教师自身的人文精神去滋润、去涵养、去提升学生的人文素养和品位。在语文课的教学中,要使学生有感悟,教师首先要有感悟;要使学生能体验,教师首先要能体验;要使学生受感动,教师首先要受感动。只有当教师热情投入、真情流露、热情洋溢、激情四射的时候,才能真正做到以情悟情、以心契心、以神会神,学生才能感受到真正的熏陶和感染。从这个意义上说,语文教师本身人文素养是非常重要的。

小学语文教材中涉及的知识内容广泛,文章体裁多样,任何语文知识的教学,老师都可以在适当的时候、适宜的范围内创造出一个师生情感交融的氛围。例如声情并茂的散文,老师可通过朗读把优美的声音形象呈现于学生面前;平淡如水的说明文,可借助形象风趣的话语解说其中的事理;说理性文章,可用通俗的哲理把学生引入严密的逻辑世界。教材是进行思想教育的凭借。因此,教师应充分、全面、深入地研读教材,准确把握教材中蕴含的教育因素,注重思想内容和语言文字的内在联系,根据教材的特点和小学生的年龄、身心发展特点,适时、适度地进行品德教育,把小学语文教学中语言文字的训练和思想品德教育有机地结合起来。

首先,小学语文教学中,语文教师是学生的镜子,是学生直接模仿的榜样,教师的情感、态度和价值观对学生起着最直接、最重要的影响作用。语文教师在课堂上一言一语、一举一动生动地进行品德教育,在课后言行一致、以身作则,以优雅的仪表、文明的谈吐表现出的良好形象,就会对学生道德风貌的健康培养起到良好的表率典范作用。

其次,小学语文教师在教学中必须熟悉和了解学生,做他们的知心朋友,彼此互相尊重,相互信赖,使他们感到教师的心和他们的心是息息相通的。老师对每个学生应该有正确、全面的看法,不能把道德与语文学习成绩等同视之,更不能有认识定势,要看到后进生的闪光点和优生的不足。理想的教师应该是公平的、对学生一视同仁的、不存偏见的教师；是理解学生、亲近学生、和学生打成一片、和学生多交流的教师；是身教重于言传的教师；是和学生相处融洽，对学生默默关心、暗中了解情况，对学生宽松，与学生心心相印、像朋友一样的教师。

再次，在语文教学中，语文教师要注意道德情感陶冶，要民主平等地与学生进行思想交流、探讨问题，老师用自己真挚的感情点燃学生的情感，以自己满腔的热情去点燃学生的热情，用高尚健康的道德情操影响学生的情操，把品行教育无痕地渗透到学生的心灵中，使语文教学中的教育功能真正起到“春风化雨，润物无声”的作用。

总之，小学语文教师只要把握住语文教材中的情感的特征，将语文教学与情感教育互相融合起来，充分发挥小学语文教学中教师自身的榜样作用，营造民主和谐的师生关系，小学语文教学中教育的奇迹才有可能创造。

【专家点评】

本课题基于小学语文教学的实际问题，兼顾理论和实践开展研究，较好地呈现了语文学科“立德树人”目标在课堂中的落实。

当下的语文教学受教育形势或传统教育观念的影响，在小学语文学科的教学中，文道如何兼顾尚存在不少误区，“文情互融”的提出具有现实意义，能帮助教师更科学合理地处理“工具性”与“人文性”的统一。课题研究之初，作者做了大量的文献索引与学习，对当今世界各国在语文教育的过程中处理语文学习与文本情感之间的关系作了全面梳理，从专家学者到课堂教学的现状作了深入阐述，为课题的实践研究打下了扎实的基础。

作者从处理文情互融关系的“策略、举措、途径”三个方面，结合具体课例，作了细致的分析和提炼。在此基础上作者提出了“文情互融”的五大原则，即“遵守熏陶感染，潜移默化的原则；遵守品语明道，文道统一的原则；遵守披文入情，因势利导的原则；遵守识字释词，有机渗透的原则；遵守以小见大，联系生活的原则”，强调了“文情互融”要合理渗透、巧妙融合。作者还以教学片断的方式列举了“文情互融”的实施举措：“在拼音拼读识记教学中培养文明礼仪，在识字写字指导教学中培养审美情趣，在语言文字训练中培育民族精神，在美文诗篇朗读中融入环保生命教育，在唐诗宋词赏析中陶冶品行情操”，实施的路径比较清晰，具有较强的操作性。从结题论文可见，该研究“基于文本细读，重于教学实施，巧于文情互融”，不突兀、不叠加、不造作。

当然，语文课文具有天然的人文和情理因素，在“文情互融”的语文课堂实施过程中，我们还需把握好分寸，做到“‘融’于语文学习，切忌‘高’于语文学习，情感泛滥。”（薛峰）

图书在版编目(CIP)数据

见证穿越：小学语文教学改进实践探索/李永元、谢江峰主编.—上海：上海社会科学院出版社，2017

ISBN 978-7-5520-2137-0

Ⅰ.①见…　Ⅱ.①李…　Ⅲ.①小学语文课—教学研究　Ⅳ.①G623.202

中国版本图书馆 CIP 数据核字(2017)第 238936 号

见证穿越——小学语文教学改进实践探索

主　　编：李永元　谢江峰
特约编辑：张小忠
责任编辑：陈如江
封面设计：周清华
出版发行：上海社会科学院出版社
上海顺昌路 622 号　邮编 200025
电话总机 021-63315900　销售热线 021-53063735
http://www.sassp.org.cn　E-mail:sassp@sass.org.cn
排　　版：南京展望文化发展有限公司
印　　刷：上海天地海设计印刷有限公司
开　　本：710×1010 毫米　1/16 开
印　　张：24
插　　页：1
字　　数：430 千字
版　　次：2017 年 10 月第 1 版　　2017 年 10 月第 1 次印刷

ISBN 978-7-5520-2137-0/G·694　　定价：78.00 元